双百优秀裁判文书的

形 与 神

—— 裁判思路与说理技巧 ——

商事、海事海商、知识产权卷

最高人民法院审判管理办公室　编

人民法院出版社

图书在版编目（CIP）数据

双百优秀裁判文书的形与神：裁判思路与说理技巧.
商事、海事海商、知识产权卷／最高人民法院审判管理
办公室编. -- 北京：人民法院出版社，2022.7
ISBN 978 - 7 - 5109 - 3478 - 0

Ⅰ.①双…　Ⅱ.①最…　Ⅲ.①商法 – 审判 – 法律文书
– 研究 – 中国②海事法规 – 法律文书 – 研究 – 中国③海商
法 – 法律文书 – 研究 – 中国④知识产权法 – 审判 – 法律文
书 – 研究 – 中国　Ⅳ.①D926.134

中国版本图书馆 CIP 数据核字（2022）第 048000 号

双百优秀裁判文书的形与神
——裁判思路与说理技巧（商事、海事海商、知识产权卷）
最高人民法院审判管理办公室　编

策划编辑	李安尼	
责任编辑	张　怡	
出版发行	人民法院出版社	
地　　址	北京市东城区东交民巷 27 号（100745）	
电　　话	（010）67550691（责任编辑）　　67550558（发行部查询）	
	65223677（读者服务部）	
客服 QQ	2092078039	
网　　址	http：//www. courtbook. com. cn	
E - mail	courtpress@ sohu. com	
印　　刷	河北鑫兆源印刷有限公司	
经　　销	新华书店	

开　　本	787 毫米 × 1092 毫米　1/16	
字　　数	450 千字	
印　　张	28.5	
版　　次	2022 年 7 月第 1 版　2022 年 7 月第 1 次印刷	
书　　号	ISBN 978 - 7 - 5109 - 3478 - 0	
定　　价	95.00 元	

前　言

　　裁判文书是人民法院代表国家依法行使审判权、适用法律解决纠纷的载体，是明确当事人法律权利义务的重要形式，直接体现国家强制力，具有高度的严肃性和权威性，其质量集中反映了人民法院的司法能力和司法水平。法官制作裁判文书必须严格依据事实和法律，时刻保持高度的责任心，严谨规范、精益求精。优秀裁判文书能以案释法，既体现法律尺度，又展现司法温度；既反映法官的法律专业功底，又展示法官论证说理的能力以及语言组织能力，在解决争议、化解矛盾纠纷的同时，明确法律规则和价值导向，增强社会对司法裁判的认同感和对公平正义的获得感，形成与社会道德建设、社会主义核心价值观的有效共振。

　　最高人民法院始终高度重视裁判文书质量，自 2018 年以来持续开展全国法院"百篇优秀裁判文书"评选活动，通过层层选拔，甄选出了一批政治效果、法律效果和社会效果相统一的优秀裁判文书。获奖裁判文书来自全国各级法院，覆盖刑事、民事、行政、赔偿、执行等各种类型。为充分展现人民法院裁判文书制作水平，全方位发挥精品文书的引领示范作用，本书特选取了第一届、第二届、第三届获奖的裁判文书，集中展示优秀获奖文书、裁判要旨、撰写心得、专家评析等，展现人民法官的裁判思路，分析说理技巧，帮助读者剖析优秀裁判文书的"形"与"神"，以供全国法律从业者学习参鉴。

编者

2022 年 4 月

目　　录

第一章　商事类

第一节　与企业有关的纠纷

第二节　与公司有关的纠纷

第四节　与破产有关的纠纷

第五节　证券纠纷

第二章 海事海商和涉外类

第一节 海事海商纠纷

第二节 涉外商事纠纷

第三节　申请承认与执行法院判决、仲裁裁决案件

第三章　知识产权和竞争类

第一节　知识产权权属、侵权纠纷

第二节　不正当竞争纠纷

第一章　商事类

第一节　与企业有关的纠纷

1. 昆明大树园林生态股份有限公司和丁某某、石林艾森园林工程有限公司联营合同纠纷案 *

【关键词】

　　案外人申请再审　民事调解书　侵害案外人利益

【裁判要旨】

　　在案外人以调解协议侵害案外人利益为由申请再审的再审案件中，人民法院应从案外人主张被侵害的权益是否真实合法，以及调解协议是否侵害了案外人利益两个方面进行审查。

一、简要案情

　　2008 年 5 月 11 日，昆明大树园林生态股份有限公司（以下简称大树公司）与石林艾森园林工程有限责任公司（以下简称艾森公司）签订《联合体协议书》，约定双方组成联合体，参加安宁市昆安高速公路两侧 30 米范围内绿化工程投标。中标后，双方又达成一份《联合体协议》，对双方的职责分工、项目资金管理及分配原则等问题作了进一步明确，即大树公司为联合体主办方，负责与业主沟通、联系，负责苗木定位放线，负责解决施工过程中

---

　　* （2016）云民再 74 号。

的技术问题以及竣工资料、竣工图的绘制；艾森公司负责施工所需资金的筹措、保障，负责施工机械设备、苗木及施工人员的组织、保障及完成施工任务；联合体以大树公司的名义在安宁市银行开立一般存款账户作为该项目专用账户，业主拨付的工程款全部进入该账户，再由此账户按照大树公司15%、艾森公司85%的原则分配。2008年7月20日，安宁市林业局与大树公司签订安绿合〔2008〕绿化字第19号《昆安高速公路沿线景观绿化工程合同书》，约定合同开工日期为2008年5月20日，竣工日期为2008年7月25日，大树公司按合同约定施工，并进行三年管养至2011年6月10日；工程资金的支付办法严格按"3∶3∶3∶1"支付方式进行，即2008年验收合格支付工程总价的30%，2009年验收合格支付总价的30%，2010年验收合格支付工程总价的30%，2011年验收合格支付工程总价的10%。2008年7月16日、7月18日，大树公司以转账方式共向艾森公司支付14 495 915元。上述工程于2008年7月完成主体绿化施工（第一阶段），进入管养阶段。2012年11月5日，云南正宇工程造价咨询有限公司作出建设工程预（结）算审计验证定案表，上述工程审定金额为56 790 059.27元。

2009年3月19日，艾森公司实际控制人张某1向丁某某出具借款凭据，载明其于2007年8月13日向丁某某借款人民币1785万元，以其本人或艾森公司拥有的昆安公路绿化工程款为质押物，艾森公司在担保人处加盖印章。2009年5月24日，艾森公司向丁某某出具承诺书，承诺上述借款已用于公司经营，公司同意承担该笔款项本金的还款义务。2009年5月艾森公司实际控制人张某1死亡，艾森公司的经营处于非正常状态，后歇业，除本案所涉应收工程款外，无其他财产。2009年6月11日，丁某某以借款合同纠纷诉至云南省昆明市中级人民法院（以下简称昆明中院），请求判令被告艾森公司偿还其欠款人民币1310万元，双方于2009年7月1日达成调解协议，昆明中院于同日作出（2009）昆民四初字第71号调解书（以下简称71号调解书），确认艾森公司欠丁某某借款1310万元，并确定了还款期限及利息计算方法。

2009年6月22日，大树公司诉至昆明中院，请求判令被告艾森公司归还工程欠款人民币1500万元，并承担案件受理费。诉讼过程中，双方达成调解协议，昆明中院于2009年7月8日作出（2009）昆民一初字第110号民事调解书（以下简称110号调解书），确认艾森公司已经收到大树公司转给的人民币1500万元昆安高速公路沿线景观绿化工程款项，双方解除该工程合作关系，由大树公司继续投资该工程，并单独受益，该工程的任何收益与艾森公司无关，大树公司放弃对艾森公司1500万元工程款的追讨。

另查明，2008年9月19日，艾森公司为购买绿化树木向中国农业银行石林彝族自治县支行贷款1480万元，由云南瀚基融资担保有限公司（以下简称瀚基公司）提供保证担保，同时由艾森公司以其本案所涉应收工程款9000万元中的1500万元及其他工程的应收工程款作为权利质押反担保，并在中国人民银行征信中心办理了登记。后艾森公司未归还贷款，瀚基公司代为偿还贷款本息后提起诉讼，昆明中院于2010年10月12日作出（2009）昆民四初字第123号民事判决，判决艾森公司向瀚基公司偿还代偿款本息，艾森公司不能按期履行时，瀚基公司对质押反担保的应收工程款优先受偿，其他担保人承担相应担保责任。判决生效后，昆明中院将本案所涉绿化工程应收工程款中的800万元执行偿还给瀚基公司。

2011年6月7日，丁某某以案外人身份向云南省高级人民法院（以下简称云南高院）申请再审，请求依法撤销110号调解书，云南高院指令昆明中院再审本案。

昆明中院（2015）昆民再重字第1号民事判决认为，大树公司要求艾森公司归还联营绿化工程的1500万元工程款的请求，没有事实依据，不予支持。110号调解书损害了丁某某及其他债权人的合法权益，依法应予撤销。判决撤销110号调解书；驳回大树公司的诉讼请求。大树公司提出上诉，请求撤销（2015）昆民再重字第1号民事判决，驳回丁某某的再审请求，维持110号调解书。云南高院二审认为，（2009）昆民一初字第110号案的发生及庭外调解协议的达成不符合常理，110号调解书的形成经过违反法律规定，侵害了案外人的权益，依法应当撤销。《最高人民法院关于适用〈中华人民共和国民事诉讼法〉的解释》第424条第2款规定："在案外人申请再审的案件中，案外人不是必要的共同诉讼当事人的，人民法院仅审理原判决、裁定、调解书对其民事权益造成损害的内容。经审理，案外人的再审请求成立的，撤销或者改变原判决、裁定、调解书；再审请求不成立的，维持原判决、裁定、调解书。"据此，（2015）昆民再重字第1号民事判决驳回大树公司的诉讼请求不当。故判决维持昆明中院（2015）昆民再重字第1号民事判决"撤销110号调解书"之判项；撤销该判决"驳回大树公司的诉讼请求"之判项。

二、撰写心得

本案争议焦点为：110号民事调解书是否应当撤销。审理本案过程中，承办法官注意到，丁某某持与艾森公司因借款合同纠纷达成的71号调解书，以案外人身份对艾森公司与大树公司就联营合同纠纷达成的110号调解书申请再审，但丁某某并非110号案件必要共同诉讼当事人，其因71号调解书对艾森公司享有的系普通债权，并不享有优先受偿权，且因71号案件系调解结案，丁某某与艾森公司之间的债权债务关系并未经过实体审理，大树公司对丁某某对艾森公司享有的债权明确提出了异议。承办法官据此确定了本案审理及裁判思路：首先需要确定丁某某债权的真实性，并查明110号调解书涉及的艾森公司放弃的昆安高速公路沿线景观绿化工程收益权与71号调解书确定的丁某某对艾森公司享有的债权之间的联系，才能确定110号调解书是否损害案外人丁某某的权益，是否应当依法撤销。承办法官在判决中作了抽丝剥茧的证据分析，并采用叙议结合的论证方式，以增强裁判文书的逻辑性和说理性。

首先，关于丁某某对艾森公司享有债权的真实性问题。2009年3月19日，艾森公司实际控制人张某1向丁某某出具借款凭据，载明其于2007年8月13日向丁某某借款人民币1785万元，以其本人或艾森公司拥有的昆安公路绿化工程款为质押物，艾森公司在担保人处加盖了印章。2009年5月24日，艾森公司向丁某某出具承诺书，承诺上述借款已用于公司经营，公司同意承担该笔款项本金的还款义务。71号调解书及110号调解书均已生效后，艾森公司法定代表人张某2于2009年8月17日再次向丁某某出具承诺书，认可71号调解书确认的1310万元借款均用于安宁绿化景观工程，并承诺用该工程款清偿。诉讼中，丁某某提交了部分债权凭证（借条、收条），张某1的秘书及司机出具了书面情况说明并出庭作证，以上证据相互印证，可证明71号调解书所涉借款具有真实性，丁某某据71号调解书对艾森公司享有的债权成立，且艾森公司承诺用在110号调解书中放弃的安宁绿化景观工程收益还款。

其次，110号案的发生及庭外调解协议的达成不符合常理。经查明，大树公司与艾森公司组成联合体、共同参加昆安高速公路绿化工程投标及施工，协议约定大树公司主要负责工程的技术问题及与业主的沟通联系，具体工程施工及资金筹措等责任由艾森公司承担，业主方的资金拨付要在每年验收合格后方才进行。据此，该工程依约应由艾森公司全额垫资完成，安宁市林业局及大树公司均不负有向艾森公司预付工程款的合同义务。根据大树公司于2009年6月23日向安宁市林业局报送的《昆安高速公路两侧绿化工程施工情况说明》，工程已于2008年7月完成了景观绿化任务，大树公司起诉中认可其拨付给艾森公司的 1500 万元（含税）是从安宁市林业局支付的 1700 万元工程款项中支付的，而《昆安高速公路沿线景观绿化工程合同书》明确约定，安宁市林业局对工程资金的支付办法严格按"3∶3∶3∶1"支付方式进行，即 2008 年验收合格支付工程总价的 30%，2009 年验收合格支付总价的 30%，2010 年验收合格支付工程总价的 30%，2011 年验收合格支付工程总价的 10%。故大树公司收到的 1700 万元是安宁市林业局根据《昆安高速公路沿线景观绿化工程合同书》"3∶3∶3∶1"的约定向联合体经办人大树公司支付的第一期工程款，大树公司又根据《联合体协议》"艾森公司享有业主拨款 85%"的约定分配给艾森公司 1500 万元（含税），是第一期工程完工后艾森公司应得的工程款收益。大树公司在 110 号案件中起诉艾森公司归还工程欠款 1500 万元，但双方并无建筑工程合同法律关系，也不存在该 1500 万元工程欠款的债权债务关系，艾森公司在业主方只支付了 30% 第一期工程款、工程尚未最终结算、且其享有后续工程款 85% 分配份额的情况下，背离大树公司起诉的建筑工程法律关系，与大树公司达成了其退出联营、放弃工程大部分收益，以"抵偿"并不存在的 1500 万元工程欠款的庭外调解协议，不符合常理。

再次，110 号民事调解书的形成经过违反法律规定。在 71 号案中，丁某某于 2009 年 5 月 31 日向云南诚信律师事务所甘某某律师出具授权委托书，由其代理起诉艾森公司归还借款 1310 万元，案件受理时间为 2009 年 6 月 11 日；6 月 15 日，双方庭外达成调解协议；6 月 20 日，艾森公司向法院申请调解；7 月 1 日，法院主持双方调解，同日按双方庭外达成的调解协议制作民事调解书，送达双方生效。在 110 号案中，大树公司于 2009 年 6 月 19 日向前案已经代理丁某某对艾森公司起诉的甘某某律师出具授权委托书，并于同日向法院对艾森公司提起诉讼；根据艾森公司 6 月 25 日向法院提交的调解申请的内容记载，调解申请提出前双方已经达成调解协议；7 月 8 日，法院主持双方调解，同日按双方庭外达成的调解协议制作民事调解书，送达双方生效。从上述时间节点上看，两案的审理期间大部分重合，在 71 号案中，甘某某律师接受丁某某委托对艾森公司提起诉讼，其清楚知悉艾森公司欠款并承诺用涉案工程的工程款偿还，双方于 2009 年 6 月 15 日已经达成了庭外调解协议，在此前提下，其又于 6 月 19 日接受大树公司的委托，提起 110 号案，于 6 月 25 日前达成了艾森公司放弃后续工程款抵偿欠款的庭外调解协议，并且在明知艾森公司已经放弃工程后续收益的情况下，于 7 月 1 日和丁某某一起参加了 71 号案的法庭调解，确认了丁某某与艾森公司庭前调解协议。《律师执业行为规范（试行）》第 64 条规定："在未征得委托人同意的情况下，律师不得同时接受有利益冲突的他方当事人委托，为其办理法律事务。"① 对于涉案工程后续工程款，丁某某与大树公司之间存在利益冲突，对此甘某某律师是明知的，其作为一名执业律师，在已经接受丁某某委托的情况下，对于和委托人存在利益冲突的 110 号案本应主动回避，不得再接受大树公司的委托，现无证据证明其接受大树公司的委托征得了在先委托的丁某某的同意，其在 110 号案中的代理行为违反了《律师执业行为规范》。

最后，110 号调解书的内容侵害了案外人的权益。71 号调解书涉及的借款是艾森公司的实际控制人张某 1 为公司的生产经营向丁某某所借，在确定债权债务关系的借款凭据中明确以艾森公司拥有的昆安高速公路绿化工程款做质押，事后艾森公司也在承诺书中承诺还款，在艾森公司通过 110 号调解书放弃了安宁绿化景观工程后续工程款收益后，其法定代表人张某 2 还再次向丁某某出具承诺书，认可 71 号调解书确认的 1310 万元借款均用于安宁绿化景观工程，并承诺用该工程款清偿。艾森公司已经歇业，法定代表人下落不明，无证据显示其除了已经质押给其他案外人的涉案工程应收账款之外还有其他财产。艾森公司在与丁某某达成偿还借款 1310 万元的 71 号调解书，并承诺用涉案工程款偿还后，又与大树公司达成内容不合常理、程序违反规定的 110 号调解书，放弃其唯一财产，损害了丁某某的合法权益。另据（2009）昆民四初字第 123 号生效民事判决查明的事实，2008 年 9 月 19 日，艾森公司用其在所涉绿化工程中的应收工程款向瀚基公司提供了 1500 万元权利质押反担保，并依法办理了质押登记，故艾森公司是在明知其涉案工程应收账款上存在瀚基公司质押权的情况下，与大树公司在 110 号案中达成案外调解协议，放弃涉案工程后期收益，该行为亦侵害了瀚基公司的合法权益。同时，因（2009）昆民四初字第 123 号民事判决并未采信 110 号调解书，而是认定质押有效，支持了瀚基公司的优先受偿权，艾森公司在 110 号调解书中"放弃"的工程后期收益在（2009）昆民四初字第 123 号民事判决的执行过程中已被部分强制执行，故 110 号调解书的内容已被变更，不再具有确定性。

综上所述，艾森公司和大树公司在 110 号案中达成的调解协议侵害了案外人的利益。《最高人民法院关于人民法院民事调解工作若干问题的规定》第 12 条规定："调解协议具有下列情形之一的，人民法院不予确认：（一）侵害

---

① 对应修改为《律师执业行为规范（试行）》（律发通〔2018〕58 号）第 51 条。

国家利益、社会公共利益的；（二）侵害案外人利益的；（三）违背当事人真实意思的；（四）违反法律、行政法规禁止性规定的。"① 据此，110 号调解书依法应当撤销。

在案件处理上，昆明中院（2015）昆民再重字第 1 号民事判决撤销 110 号调解书正确，但判决驳回大树公司的诉讼请求不符合法律规定。根据《最高人民法院关于适用〈中华人民共和国民事诉讼法〉的解释》第 424 条第 2 款②之规定，在案外人申请再审的案件中，案外人不是必要的共同诉讼当事人的，人民法院仅审理原判决、裁定、调解书对其民事权益造成损害的内容。经审理，案外人的再审请求成立的，撤销或者改变原判决、裁定、调解书；再审请求不成立的，维持原判决、裁定、调解书。故（2015）昆民再重字第 1 号民事判决驳回大树公司的诉讼请求错误，二审予以撤销，当事人可以提起新的诉讼解决相关纠纷。

（包靖秋，云南省高级人民法院法官）

三、专家评析

本案系案外人对民事调解书申请再审的案件。判决围绕案外人提出的各项原审民事调解书应当撤销的事实及法律主张，对有争议的案件事实重新审理认定，结合案外人申请再审的相关法律规定，从多个方面作出充分论述，依法作出判决，维护了申请再审的案外人的合法权益。该判决格式规范，语言通顺流畅，逻辑层次清晰，辨法析理透彻。在对双方争议事实的审查认定部分语言简洁准确，证据归纳层次清晰，论证充分；判决理由逻辑性强，说理充分，判决结果正确。

（点评人：金霞，昆明理工大学法学院副教授，硕士生导师）

（2016）云民再 74 号裁判文书原文

---

① 对应《最高人民法院关于人民法院民事调解工作若干问题的规定》（2020 年修正）第 10 条。

② 对应《最高人民法院关于适用〈中华人民共和国民事诉讼法〉的解释》（2022 年修正）第 422 条第 2 款。

第二节 与公司有关的纠纷

2. 上海伟仁投资（集团）有限公司与江西景德镇汉光陶瓷有限公司公司解散纠纷案*

【关键词】

公司解散 人合性 期待利益受损 其他途径不能解决

【裁判要旨】

公司经营管理是否发生严重困难应侧重于从"人合性"角度所呈现出的公司治理机构运行状态来评判；公司继续存续是否会使股东利益受损既需审查现实层面，更应强调期待利益；被解散公司的股东彼此间不愿意收购各自股份或不愿解散公司的股东虽表示愿意收购诉请解散公司股东的股份，但经法院审查其已无力收购，可认定构成通过其他途径不能解决。

一、简要案情

2012 年 4 月 18 日，景德镇汉光公司、上海汉光公司、黄某、上海伟仁公司、上海安济公司签订《江西景德镇汉光陶瓷项目合作协议书》，约定：景德镇汉光公司通过《股东会决议》同意上海汉光公司、黄某将其持有景德镇汉光公司的共 49% 的股权分别转让 44% 给上海伟仁公司、5% 给上海安济公司；景德镇汉光公司注册资本由 1000 万元人民币增资至 6000 万元，公司治理结构为股东会、董事会、监事会等。2014 年底，景德镇汉光公司进行生产，2015 年 10 月停产，其间并无盈利。停产后，公司被列入经营异常名录，厂房土地被拍卖、员工相继遣散及面临大量诉讼。2017 年 9 月 20 日，景德镇汉光

---

* （2019）赣 02 民初 59 号。

公司形成股东会决议，同意成立公司资产核查工作小组，核查公司资产、制定资产处置草案供股东审议等。2017 年 11 月 1 日，景德镇汉光公司形成临时股东会决议，内容涉及对公司的生产设备、办公设备等资产进行处置等。上海汉光公司、上海伟仁公司、上海安济公司作为股东在景德镇汉光公司停产之后，相互间发生矛盾，彼此互不信任，上海伟仁公司主张 2016 年 11 月 4 日形成的所涉罢免李某某董事长职务、成立董事会工作组的临时董事会决议及上海汉光公司主张 2016 年 11 月 12 日形成的所涉选举李某某等担任董事，组成新一届董事会的临时股东会决议均具有效力，但上海伟仁公司、上海汉光公司对上述各自所主张的决议彼此间互不认可，决议内容实际也未执行。在本案调解时，上海伟仁公司表明不同意调解，不同意收购上海汉光公司股权，也不同意上海汉光公司收购其股权，上海安济公司亦表明不同意调解，坚持依法解散公司。

本案是公司解散纠纷，属变更之诉。公司作为市场经济的主体，参与及退出市场经济活动均需遵循法律规制。（1）关于上海伟仁公司是否具有提起公司解散之诉的主体条件。上海伟仁公司是通过 2012 年 4 月 18 日签订《江西景德镇汉光陶瓷项目合作协议书》，以股权转让和增资形式，出资 2640 万元取得景德镇汉光公司 44% 股权，2013 年 7 月 20 日的《江西景德镇汉光陶瓷有限公司章程》及景德镇汉光公司"企业信用信息公示报告"中载明内容对上海伟仁公司所占上述股权比例亦作出确认。故上海伟仁公司符合提起解散公司诉讼占股比例股东的要求，其具有主体条件。（2）关于景德镇汉光公司是否存在经营管理发生严重困难，继续存续会使股东利益受到重大损失问题。首先，即使包括上海伟仁公司、上海汉光公司互不认可的 2016 年 11 月 4 日临时董事会决议、2016 年 11 月 12 日临时股东会决议在内，景德镇汉光公司最后一次所作决议即 2017 年 11 月 1 日临时股东会决议的时间至今已届二年以上，此后该公司并未召开并作出股东会或董事会决议。其次，不仅在景德镇汉光公司 2015 年 10 月停产之后，其股东上海汉光公司、上海伟仁公司、上海安济公司发生矛盾，彼此互不信任，而且景德镇汉光公司董事组成即 4 名董事是由上海汉光公司推选、3 名董事是上海伟仁公司推选，而根据公司章程规定，对公司的经营计划的投资方案、制定公司的年度财务预、决算方案、制定公司的利润分配方案和弥补亏损方案事项的决定须经三分之二以上的董事同意。再次，从公司现行状况来看，景德镇汉光公司自 2015 年 10 月停产后未恢复生产，公司无盈利，员工相继遣散，公司自 2015 年 7 月 10 日至 2017 年 7 月 6 日及 2018 年 7 月 5 日至今被列入经营异常名录，且自 2016 年起，景德镇汉光公司爆发大量诉讼纠纷，公司位于景德镇城区三宝村的土地使用权及地上附着物亦被司法拍卖。因此，作为经营范围具有制造功能的景德镇汉光公司已丧失进行生产的基本物质、人员基础，公司所存的严重经营管理困难是显而易见的，公司已不能使股东投资获得回报收益，相反继续存续只会使股东尤其是上海伟仁公司、上海安济公司的利益受损。承上，可以认定景德镇汉光公司存在经营管理发生严重困难，继续存续会使股东利益受到重大损失问题。（3）关于是否具有其他途径可以解决景德镇汉光公司存在经营管理发生严重困难的问题。一方面，景德镇汉光公司股东间存在矛盾，彼此互不信任，公司董事亦是上海汉光公司、上海伟仁公司分别推选，庭审中上海安济公司坚持依法解散公司，上海伟仁公司也表明不同意收购上海汉光公司股权，也不同意上海汉光公司收购其股权，且公司股东间矛盾存在时间较长，其间过程并未弥合，相反不断加深，经作调解工作亦难以协调各方分歧。另一方面，从景德镇汉光公司股东上海汉光公司、上海伟仁公司、上海安济公司均认可并形成有效的股东会决议内容来看，2016 年 9 月 2 日的临时股东大会决议，内容所涉股东同意对持有公司的股份或资产进行处置，转让给景德镇珠山区政府或政府平台单位等，2017 年 11 月 1 日的临时股东会决议，内容所涉对公司的生产设备、家具、办公设备等资产进行处置等。亦即一定程度上，景德镇汉光公司各股东在处置公司股份、资产，终止合作上形成了合意。再者，上海汉光公司作为景德镇汉光公司最大占股比例股东，其经营期限自 2018 年 12 月 7 日届满，上海市第二中级人民法院于 2019 年 11 月 11 日已判决维持撤销该公司经营期延长的临时股东大会决议，该公司即将面临解散，由其完成对景德镇汉光公司其他股东股权的收购亦不现实。而景德镇汉光公司经营管理发生严重困难，也无盈利，并深陷诉讼纠纷之中，由其回购上海伟仁公司、上海安济公司股权实无可能。是故，可以认定现已无其他途径可以解决景德镇汉光公司存在经营管理发生严重困难问题。综上，上海伟仁公司诉请解散景德镇汉光公司的条件成就，遂判决解散景德镇汉光公司。

二、撰写心得

　　裁判文书的重要性不言而喻，其是人民法院诉讼活动的最终载体，是人民法院确定当事人权利义务的唯一凭证，具有极强的法定性和严肃性。同时裁判文书在一定程度上能够反映出法官的个人品质、法律理念、业务水平，可以说裁判文书就是法官最好的名片。制作好裁判文书既是法官的基本职责，也是提高案件审判质效的需求，更是契合法院开展争创工作的要求。作为一名从事审判实践的法官，不管是类案检索以达统一裁判尺度，还是借鉴参照以提升审判业务技能，全国法院百篇优秀裁判文书均是上乘之作，百篇优秀裁判文书具有很高的标准：事实陈述准确、论理论证透彻、法律援引精准、语言表达凝练、文书格式规范，具有一定指引作用。就笔者本人而言，在办案中如何提高审判质效也是不断实践，努力改进的过程，之前的两届百篇优秀裁判文书笔者经常翻阅，从中进行比照、借鉴，在裁判思路、文书架构、释法说理方面获得了不少启示。以下结合笔者主审的（2019）赣02民初59号公司解散纠纷案，谈谈在审理及制作本案文书中体会，谈不上是经验，认识有不足之处，敬请各位同仁指正。

　　2018年6月1日，最高人民法院出台《关于加强和规范裁判文书释法说理的指导意见》，这为法官在办案中提高裁判文书释法说理水平和裁判文书质量提供了遵循，就（2019）赣02民初59号案件而言，在该案裁判文书制作过程中着重把握的环节与方法有以下方面：一是诉辩部分要进行概括归纳，但也要增删有度，有时当事人诉状篇幅过多过长，不进行概括归纳就明显冗杂繁琐，这会造成文书重点主次不能突出，但是有的又大幅去删减，只标题化去引述，而这样又使表述不够完整全面。所以，这方面我们不能忽略，要在平时工作去斟酌和把握。（2019）赣02民初59号案，概括原告、被告、第三人诉、辩、述意见时，在不遗漏各自主要观点上，进行了提炼，力求达到了准确、全面、简洁。二是要列举各方的举质证及加强对证据的认证（除简易程序外）。这一部分很重要，不对证据进行认证后面的查明事实无法得来，而且这方面也是目前我们不少办案法官容易忽略的，如有不少裁判文书就没有举质证列明，更谈不上对证据分析认证，直接来"经本院查明事实如下"，或先写出"查明事实部分"，后面说明以上事实有什么什么证据为证。《人民法院民事裁判文书制作规范》全面规定了裁判文书要素，其也是要求对证据进行认证，通常来说"打官司就是打证据"，但法官如不能展示其认证的过程，当事人对其官司的输赢就会完全不明就里。相反，一篇说理透彻的裁判文书应根据证据规则，运用逻辑推理和经验法则，围绕证据的关联性、合法性和真实性，进行全面、客观、公正地审查判断，详细阐述证据是否采纳和采信的理由，实质上认证的过程其实是法官认定法律事实的过程。在（2019）赣02民初59号案审理中，笔者对各方提交的证据在庭前召开了会议，先行就举质证作了处理，各方对证据都充分发表了意见，开庭环节对申请证人出庭作证作了安排和保障，庭后制作文书不仅列明各方的举质证内容，而且围绕证据的三性作了详细的认证。三是要努力还原与查明客观事实。这一环节为后面裁判说理打下了关键性基础，至关重要，真正难判的案子就是对事实真伪不明的判断，事实认定难在很大范围上客观存在。很多案件现有证据看是一回事，但经仔细推敲却发现是另外一回事，只有透过现有证据表象抽丝剥茧才能最大限度还原案件事实。另外，查明事实部分也不能过于简单，三言两语就结束，有的裁判文书查明事实部分只有一二百字，有的又把当事人的陈述过多地直接写进去。怎样去写出查明事实部分，可以按事情发生前后的时间，不同事实的事理逻辑去写明。（2019）赣02民初59号案办理过程中，笔者在对各方证据认证的基础上，按照时间、公司股东矛盾发展变化先作了编排，后在查明事实部分进行全面表述，这样使该案查明事实部分既显得脉络清楚，又能基于证据认证下查明准确全面。四是准确归纳争议焦点和释明事理法理。当事人的争议焦点是当事人发表诉辩意见及举证、质证和庭审查明的中心，也是裁判文书说理的逻辑起点，准确归纳、总结、发掘当事人的争议焦点是阐明事理法理的基础。这一部分很是重要，一定要多琢磨与推敲。同时按照最高人民法院《关于加强和规范裁判文书释法说理的指导意见》规定，裁判文书要做到"事理""法理""情理""文理"四理兼顾，不仅是分析解决问题及争取达到法律认知与社会认知相协调的过程，也是公理、情理、经验法则等因素考虑其中相互糅合，使我们的裁判文书出彩的地方。文书的这一环节，也是笔者在（2019）赣02民初59号案中着重关注的，本院认为部分，首先直接点明本案是公司解散纠纷，属变更之诉，也进一步说明公司作为市场经济的主体，参与及退出市场经济活动均需遵循法律规制，在归纳各方诉、辩、述意见后，总结出本案的争议焦点为即诉请解散公司的条件是否成就，后紧接围绕"公司经营管理发生严重困难""继续存续会使股东利益受到重大损失""通过其他途径不能解决"公司司法解散的三个方面的实质性要件展开说理论析，文书本院认为部分总体上做到了条理清楚、论证严密、说理透彻。

以上是笔者在审理（2019）赣02民初59号公司解散纠纷案及日常办案中对裁决文书制作的点滴体会，比较零散，不成体系。

（欧阳国，江西省景德镇市中级人民法院法官）

三、专家评析

一篇好的民事裁判文书主要体现在两个方面，一是形式上符合民事裁判文书的规范，二是裁判说理充分。首先，从这篇民事判决书的形式上来看，整篇判决书格式较为规范，尤其是在"案件由来和审理经过"部分详细交代了该案经历的程序性事项，在举证、质证、认证部分阐述了证据采信、事实认定的过程、依据，可谓繁简得当、层次清楚。其次，该判决书的裁判说理是一大亮点。股东申请人民法院解散公司的条件，《公司法》第182条作了原则性规定，对于认定公司经营管理发生严重困难的标准，《最高人民法院关于适用〈中华人民共和国公司法〉若干问题的规定（二）》第1条列举了四种公司经营困难的情形，但在司法实践中如何适用上述法律司法解释对公司解散标准作出准确的判断仍然是审理此类案件的难点。本案的判决说理对于如何认定"公司经营管理发生严重困难，继续存续会使股东利益受到重大损失"给了一个清晰的指引，即：二年以上未召开并作出股东会或董事会决议，僵局双方董事比例接近无法达成三分之二以上的董事决议，认定已经符合《最高人民法院关于适用〈中华人民共和国公司法〉若干问题的规定（二）》第1条第1款第1项、第2项公司经营严重困难的法定情形，公司内部运行机制失灵，公司僵局已经形成。同时，结合公司已负债涉及多起诉讼、长期处于歇业状态的事实，认定公司僵局状态的持续会使股东利益遭受重大损失。基于上述认定，公司解散的实质条件已成就。该论证说理，根据事实，适用法律，化繁为简，逻辑严密，对于统一类案的裁判标准具有指导意义。最后，当事人对本案息诉服判，判决的社会效果给该判决书作出了最好、也是最恰当的注释。

（点评人：徐快华，江西省高级人民法院民二庭副庭长）

（2019）赣 02 民初 59 号裁判文书原文

3. 许某某和泉州南明置业有限公司、林某1 与公司有关的纠纷案[*]

【关键词】

董事会决议　公司决议无效之诉　适格原告　直接利害关系

【裁判要旨】

1. 人民法院应当根据《公司法》《最高人民法院关于适用〈中华人民共和国公司法〉若干问题的规定（四）》（以下简称《公司法司法解释（四）》）以及《民事诉讼法》的规定审查提起确认公司决议无效之诉的当事人是否为适格原告。对于在起诉时已经不具有公司股东资格和董事、监事职务的当事人提起的确认公司决议无效之诉，人民法院应当依据《民事诉讼法》第119条①的规定审查其是否符合与案件有直接利害关系等起诉条件。

2. 内地和香港特别行政区合资经营企业的董事会对于合营一方根据法律规定委派和撤换董事之事项所作的记录性文件，不能成为确认公司决议无效之诉的对象。

一、简要案情

许某某原名许某1，2003年3月11日更名为许某某。我国香港特别行政区南明置业有限公司（以下简称香港南明置业有限公司）于1993年1月12日成立，股东为许某2、杨某1，各占1股。后许某2于2006年11月28日将其名下1股转让给徐某某。泉州南明娱乐有限公司于1995年12月29日成立，公司注册资本2000万元，投资总额2500万元。其中，香港南明置业有限公司出资1400万元，占70%股份，泉州市鲤城区地产开发公司出资480万元，占24%股份，泉州市北峰对外加工装配有限公司出资120万元，占6%股份。

---

* （2017）最高法民终18号。

① 对应《民事诉讼法》（2021年修正）第122条。

公司章程规定，合营公司设董事会，是公司最高权力机构，决定合营公司的一切重大事宜，其中人事方面包括决定聘用总经理、会计师等高级职员；董事会由八名董事组成，其中香港南明置业有限公司委派 4 名，泉州市鲤城区地产开发公司、泉州市北峰对外加工装配有限公司各委派 2 名，三方在委派和更换董事人选时，应书面通知董事会。1996 年 10 月 4 日，《香港南明置业有限公司第一次董事会记录》形成，林某 2、徐某某、杨某 1、许某某均在其上签字。该董事会记录载明，我国香港特别行政区南方纺织有限公司、许某某、刘某某、林某 2、黄某某、戴某某六方合作组成香港南明置业有限公司，其中，我国香港特别行政区南方纺织有限公司占股 50%，许某某、刘某某、林某 2、黄某某、戴某某各占股 10%；公司集资港币 2500 万元，按各自股份比例出资等。2000 年 8 月 9 日，香港南明置业有限公司出具《委派书》记载："原南明娱乐有限公司董事长林某 1 先生及港方董事许某 1、郭某某先生因工作调动及身体原因，不再担任南明娱乐有限公司董事。现委派王某某先生担任南明娱乐有限公司董事长；委派刘某某先生、万某 1 先生为南明娱乐有限公司港方董事。原董事吴某 1 先生保持不变。"2000 年 8 月 9 日《泉州南明娱乐有限公司董事会决议》载明："泉州南明娱乐有限公司董事会成员林某 1、郭某某、许某 1（原文为许某 3）、杨某 2、万某 2、吴某 2、张某某因工作调动或身体原因不再担任公司董事。经董事会研究决定更换董事人员如下：王某某（港方董事，任董事长），刘某某（港方董事，任总经理），万某 1（港方董事），颜某某、杨某 3、郑某某、郭某 1，原港方董事总经理吴某 1 先生不再担任总经理，但仍担任董事一职。特此决议。"董事会成员落款处有林某 1、杨某 2、万某 2、吴某 1、许某 1 签名。许某某主张此处"许某 1"的签名系被伪造。2003 年 12 月 2 日，泉州市鲤城区地产开发公司、泉州市北峰对外加工装配有限公司将各自持有的股权全部转让给香港南明置业有限公司，泉州南明娱乐有限公司自此变更为港商独资企业，后于 2007 年 1 月 29 日变更名称为泉州南明置业有限公司。

本案中，许某某以泉州南明置业有限公司召开董事会免除其董事职务、造成其投资收益损失为由，向福建省高级人民法院提起诉讼，请求确认泉州南明置业有限公司 2000 年 8 月 9 日的董事会决议无效，并判令泉州南明置业有限公司、林某 1 按泉州南明置业有限公司收益的 10% 连带赔偿其经济损失。福建省高级人民法院一审认为，1996 年 10 月香港南明置业有限公司的董事会记录仅记载了六方投资人约定对香港南明置业有限公司注资的情况，许某某主张其已实际出资港币 250 万元依据不足；香港南明置业有限公司作为依法设立的公司，在财产及责任方面与其发起人、董事和成员等截然分离，具有独立的法律地位，即便许某某对香港南明置业有限公司出资，其所形成的财产也应归香港南明置业有限公司所有；许某某不是泉州南明置业有限公司或香港南明置业有限公司的登记股东，只是通过约定向香港南明置业有限公司投资，再由香港南明置业有限公司投资设立泉州南明置业有限公司，许某某与香港南明置业有限公司之间不存在委托投资关系，许某某也不是泉州南明置业有限公司的实际投资人，不是本案的适格原告，故裁定驳回许某某的起诉。

许某某不服一审裁定向最高人民法院提起上诉，最高人民法院认为，首先，对于公司股东、董事、监事等提起的公司决议无效之诉，人民法院既要适用《公司法》及其司法解释的规定，亦应依据《民事诉讼法》及其司法解释审查原告是否与案件有直接利害关系。提起公司盈余分配诉讼的原告，亦应当具有股东身份，或者与公司盈余分配有其他直接利害关系。其次，根据《中外合资经营企业法》①及泉州南明置业有限公司章程规定，泉州南明置业有限公司的董事由合营各方委派和撤换，自香港南明置业有限公司 2000 年 8 月 9 日包含解除许某某董事职务内容的《委派书》到达泉州南明置业有限公司时起，许某某即不再具有泉州南明置业有限公司董事职务。公司董事会决议应当反映董事会的商业判断和独立意志，案涉董事会决议虽然包含许某某不再担任董事职务的内容，但仅系对既有法律事实的记载，体现的只是合营企业股东的意志，该部分内容虽有董事会决议之名，但并不能构成公司法意义上的董事会决议。《公司法司法解释（四）》第 1 条规定可以由公司股东、董事、监事等请求确认无效的决议，并不包括本案所涉不体现董事会意志的记录性文件。再次，公司法上的实际投资人是以出名股东的名义在该出名股东出资义务范围内投入资金、实物等并最终享有投资权益的民事主体，其应当与名义股东之间建立以此为内容的合同关系。许某某并无证据证明其与香港南明置业有限公司之间就香港南明置业有限公司作为出名股东、许某某作为实际投资人形成了相应合同关系。许某某以其出资实际用于泉州南明置业

---

① 该法已于 2020 年 1 月 1 日《外商投资法》施行后失效。

有限公司这一嗣后事实主张其系泉州南明置业有限公司实际投资人，缺乏事实和法律依据，故裁定驳回上诉，维持原裁定。

　　本案的主要争议焦点为，委派制下内地和香港特别行政区合资经营企业中依法由香港特别行政区方股东决定职务任免的董事能否就公司关于记录其职务任免的名为董事会决议的文件提起确认无效之诉。

二、撰写心得

　　本案是由合营企业解除公司董事职务而引发的与公司有关的公司决议效力确认及公司盈余分配纠纷案件。本案涉及的问题，除需要确认涉港民商事纠纷涉及的准据法外，主要包括公司决议效力确认及公司盈余分配两项诉请能否一并起诉、审查一审原告诉讼主体资格的法律适用及审查事项范围等。其中，本案的核心焦点问题在于公司的间接投资人能否对公司决议效力及公司盈余分配直接提起诉讼。

　　第一，关于本案两项诉请能否一并审理问题。与公司有关的纠纷案件与其他类型纠纷的案件相比具有一个鲜明的特点，虽然当事人最终关注的是其个人经济上的收益，但其往往先遵循《公司法》及其司法解释的规定就公司经营管理决策等问题提起一个程序性的、确认性的诉求，然后再提出自己的核心诉求。对于当事人在一个案件中提出该两类诉讼请求，人民法院能否一并予以审理，《公司法》《民事诉讼法》及其司法解释等现行法律、司法解释并无明确规定。由于现行民事诉讼法司法解释对于合并审理已经作出规定，结合本案案情，可以通过当然解释的方法，"举重以明轻"，类推适用民事诉讼法司法解释中有关合并审理的规定处理两项诉请能否一并审理的问题。根据《最高人民法院关于适用〈中华人民共和国民事诉讼法〉的解释》第221条的规定，基于同一事实发生的纠纷，当事人分别向同一人民法院起诉的，人民法院可以合并审理。据此，基于同一事实发生纠纷，同一当事人向人民法院起诉提出不同诉讼请求的，人民法院亦可以一并审理。本案中许某某系以泉州南明公司解除其董事职务并由此剥夺了其分配投资收益等权利为由向一审法院起诉，提出了确认2000年8月9日《泉州南明娱乐有限公司董事会决议》无效以及要求泉州南明公司及林某1连带赔偿其相当于投资收益的经济损失两项诉讼请求。该两项诉请均由许某某主张的其系泉州南明公司实际投资人、其董事职务及投资权益被不当侵夺这一事实而引发。参照《最高人民法院关于适用〈中华人民共和国民事诉讼法〉的解释》第221条的规定，该两项诉请可以由人民法院一并予以审理。一审法院根据许某某向泉州南明公司、林某1主张权利系基于同一事实的情形，确认许某某提出的两项诉讼请求均系与公司有关的纠纷一并予以审理，于法有据。被上诉人林某1关于许某某在本案中的两项诉讼请求分属不同的法律关系、不应合并审理的主张不能成立，故不应予以支持。

第二，关于本案《公司法》与《民事诉讼法》的适用规则问题。《公司法》作为一部有关公司设立、运营、管理及争议解决的综合性法律，《公司法》及其司法解释既有实体性规范，又有程序性规范。据此有观点认为，《公司法》关于与公司有关的诉讼的规定，系作为《民事诉讼法》一般规定的特别法而存在，与公司有关的纠纷应优先适用特别法而非一般法。具体就本案而言，既然《公司法》第22条及《公司法司法解释（四）》第1条已经明确了提起确认公司决议无效之诉的条件，审查本案原告是否适格即不再适用《民事诉讼法》第119条及相关司法解释的规定。由此可以认为，《民事诉讼法》第119条系规范所有民事诉讼起诉条件的原则性规定，其规范意旨决定了但凡当事人提起民事诉讼，均需符合其规定的起诉条件。《公司法》及其司法解释等针对诸如与公司有关的纠纷等特定类型纠纷的特点而就起诉条件作出的特别规定，应属于对《民事诉讼法》规定的起诉条件的具体化，应在民事诉讼法的统摄之下予以规范适用，而不能排除民事诉讼法的适用。《公司法》第22条第1款仅规定了认定公司决议无效的条件，即公司决议内容违反法律、行政法规的无效。《公司法司法解释（四）》第1条主要针对提起公司决议无效或者不成立的诉讼主体作出规定，即应由公司的股东、董事、监事等提起该类诉讼，该条同时要求人民法院应当依法予以受理。人民法院受理该类诉讼所依据的法律，显然应当包括《民事诉讼法》及其司法解释。根据《民事诉讼法》第119条的规定，提起诉讼的原告必须与本案有直接利害关系，据此，对于确认公司决议无效之诉以及公司盈余分配之诉等与公司有关的纠纷，人民法院既要适用《公司法》及其司法解释的规定，又要适用《民事诉讼法》及其司法解释的规定，综合审查原告是否与本案具有直接利害关系，是否符合起诉条件。如人民法院在立案后发现原告与案件并无直接利害关系，则原告的起诉不符合《民事诉讼法》规定的起诉条件，根据《最高人民法院关于适用〈中华人民共和国民事诉讼法〉的解释》第208条第3款的规定，应当裁定驳回其起诉。本案一审法院在受理后审查许某某与本案是否具有直接利害关系，并以此判定许某某是否为本案适格原告，适用法律正确。

第三，关于本案许某某与案涉文件有无直接利害关系问题。这是本案二审审理的核心问题，也是二审审理的主要焦点之一。由于 2000 年 8 月 9 日《泉州南明娱乐有限公司董事会决议》确认许某某不再担任公司董事一职，从形式上看，似乎是由该文件决定了许某某董事职务的免除，许某某的权益因 2000 年 8 月 9 日《泉州南明娱乐有限公司董事会决议》而受到影响，两者之间存在事实上的关联关系。但是，认定一项诉讼的原告是否适格，应当审查其与案件有无法律上的直接利害关系，而不能仅考察其与案件在事实上是否有牵连。本案中，虽然许某某主张其基于泉州南明公司实际投资人身份获得公司董事职务，但在法律上其系基于合营一方香港南明公司的委派。同理，许某某丧失泉州南明公司董事职务，亦系基于香港南明公司根据《中外合资经营企业法》及泉州南明公司章程的规定而作出的更换公司董事的决定。2000 年 8 月 9 日，《泉州南明娱乐有限公司董事会决议》形成时，泉州南明公司属于内地和香港特别行政区合资经营企业，根据该类企业参照适用的《中外合资经营企业法》的规定，合营企业董事会的人数组成由合营各方协确定，并由合营各方委派和撤换，泉州南明公司章程具体规定了合营各方委派董事的人数及委派、更换规则。香港南明公司作为合营一方，根据法律和公司章程规定于 2000 年 8 月 9 日作出《委派书》解除许某某董事职务，自该意思表示以书面形式到达泉州南明公司时起，许某某的董事职务即予解除。故许某某董事职务解除的原因，不是 2000 年 8 月 9 日《泉州南明娱乐有限公司董事会决议》，而是合营一方 2000 年 8 月 9 日作出的《委派书》。在此值得特别关注并且必须予以回应的是，应当如何看待 2000 年 8 月 9 日《泉州南明娱乐有限公司董事会决议》。根据《公司法》规定，董事会作为公司经营决策机构，可以依照法律或者公司章程规定的权限和表决程序，就其审议事项经表决后形成董事会决议，但该决议应当反映董事会的商业判断和独立意志。就解除许某某董事职务该项事实而言，案涉《泉州南明娱乐有限公司董事会决议》虽然有董事会决议之名，但并无董事会决议之实，其所体现的只是合营企业股东的意志，该部分内容仅系泉州南明公司董事会对既有法律事实的记载，不属于公司法意义上的董事会决议。因此，本案所涉不体现董事会意志的记录性文件内容并不属于《公司法司法解释（四）》第 1 条规定的可以诉请确认无效的决议。虽然在对外关系上，2000 年 8 月 9 日《泉州南明娱乐有限公司董事会决议》可以作为办理公司董事变更登记的依据文件等用途，但在内部关系上，2000 年 8 月 9 日《泉州南明娱乐有限公司董事会决议》并非许某某董事职务丧失的原因，无论其在形式上是否存在瑕疵，均不影响香港南明公司更换其董事职务的效力。一审裁定关于许某某与案涉泉州南明公司文件之间不具有直接利害关系、许某某并非该项诉讼适格原告的认定正确，应当予以维持。

第四，关于许某某与公司盈余分配有无直接利害关系问题。这也是本案二审审理的主要焦点之一。《公司法》并未对实际投资人作出规定。《最高人民法院关于适用〈中华人民共和国公司法〉若干问题的规定（三）》第 24 条第 1 款规定，有限责任公司的实际出资人与名义出资人订立合同，约定由实际出资人出资并享有投资权益，以名义出资人为名义股东，实际出资人与名义股东对该合同效力发生争议的，如无《合同法》第 52 条规定的情形，人民法院应当认定该合同有效。《最高人民法院关于审理外商投资企业纠纷案件若干问题的规定（一）》第 15 条第 1 款规定，合同约定一方实际投资、另一方作为外商投资企业名义股东，不具有法律、行政法规规定的无效情形的，人民法院应认定该合同有效，一方当事人仅以未经外商投资企业审批机关批准为由主张该合同无效或者未生效的，人民法院不予支持。根据前述规定，公司法上的实际投资人，是以出名股东的名义在该出名股东出资义务范围内投入资金、实物等并最终享有投资权益的民事主体，并非所有向公司实际投入资金的主体均为公司实际投资人。本案许某某并非泉州南明公司的登记股东，其主张自己为泉州南明公司实际投资人，并据此请求按照出资比例分配公司盈余，因此本案需要重点审查其与香港南明公司之间是否形成了委托投资合同关系或其他类似关系。本案许某某举示的 1996 年 10 月 4 日《香港南明置业有限公司第一次董事会记录》并未明确记载许某某等六方集资的目的是否专门用于香港南明公司履行对泉州南明公司的出资义务。许某某主张香港南明公司作为"投资通道"除了作为股东设立泉州南明公司外并无其他营业，但各方约定共同集资的数额大于香港南明公司对泉州南明公司负有的认缴出资义务，两者并不相符。本案现有证据并不足以证明许某某等六方与香港南明公司之间存在关于香港南明公司作为出名股东、许某某作为实际投资人的委托投资关系或其他类似合同关系。许某某以其出资实际用于泉州南明公司这一嗣后事实为由主张其系该公司实际投资人，缺乏事实和法律依据。另外需要指出的是，实际投资人并非股东，法律所保护的仅是其基于与名义股东之间的合同安排而享有的投资权益，并非股东所能享有的全部权益。况且，即便许某某所持的其与香港南明公司存在委托投资关系进而成为泉州南明公司实际投资人的主张成立，根据《最高人民法院关于适用〈中华人民共和国公司法〉若干问题的规定（三）》第 24 条第 2 款及《最高人民法院关于审理外商投资企业纠纷案件若干问题的规定（一）》第 15 条第 2 款、第 3 款的规定，其亦不能直接向泉州南明公司主张投资权益，而应依法向香港南明公司主张。

第五，关于本案许某某与林某 1 有无直接利害关系问题。由于许某某起诉将林某 1 与泉州南明公司列为共同被告，本案亦应一并审查许某某与林某 1 之间是否具有直接利害关系。如前所述，许某某并非本案董事会决议无效之诉的适格原告，林某 1 作为泉州南明公司的董事长在 2000 年 8 月 9 日《泉州南明娱乐有限公司董事会决议》文件上签字的行为，系履行职责的职务行为，依法不能产生对许某某的个人责任。加之许某某与泉州南明公司盈余分配之间亦不存在直接利害关系，并非请求盈余分配诉讼的适格原告，林某 1 作为泉州南明公司的法定代表人亦非本案的适格被告。因此许某某与林某 1 之间亦不具有直接利害关系。由于一审裁定对此没有作出认定，二审裁定依法予以明确。

第六，关于本案其他相关问题的处置。由于本案系对一审驳回起诉的裁定依法予以维持，本案涉及的但与认定原告主体资格无关的其他事实，如许某某与其他五方之间以及许某某六方作为一个整体与香港南明公司之间法律关系的性质、许某某在我国香港特别行政区的投资情况等，于本案中均无须予以确认。因本案无须就许某某的诉请进行实体审查，许某某申请调查取证、笔迹鉴定、委托审计、证人出庭作证于本案并无必要，一审法院不予准许正确。但为了引导当事人依法维护自身权益，本案民事裁定书指出，如许某某等主体认为其权益遭受损害，可根据相应法律关系另行主张权利。

（王旭光，最高人民法院法官）

三、专家评析

本案是比较典型的确认公司决议无效等与公司有关的纠纷。随着中国对外开放的深入推进，投资环境渐趋宽松、友好，合营企业不断增多，通过向合营一方投资进而间接向企业投入资金成为一种趋势。当前，虽然《公司法》《中外合资经营企业法》及相关司法解释对公司股东及其他投资人权益的保护逐步完善，但通过向合营股东投资以间接向合营企业投入资金引发的纠纷仍不在少数。在该类纠纷中，对于间接投资人身份的认定，以及其能否以股东或者实际投资人身份提起与公司有关的诉讼，是最关键、最需解决的问题。

根据《公司法》第 22 条第 1 款规定，公司决议内容违反法律、行政法规无效。当事人据此提起确认公司决议无效之诉，必然涉及有权提起该类诉讼的原告主体范围问题。《公司法司法解释（四）》第 1 条在《公司法》第 22 条第 1 款的基础上予以明确，规定："公司股东、董事、监事等请求确认股东会或者股东大会、董事会决议无效或者不成立的，人民法院应当依法予以受理。"该司法解释虽然对提起确认公司决议无效之诉的原告作出规定，但现行公司法律和司法解释对于提起诉讼时已经不具备公司股东、董事、监事身份，以及针对虽有决议之名但无决议之实的公司文件提起的确认公司决议无效之诉的情形，并未作出明确规定。在遇到起诉时公司董事职务已被解除，以及公司文件虽有董事会决议之名但无决议之实情形时，对起诉人是否为适格原告、公司文件与其有无直接利害关系的认定与判断仍缺乏明确的《公司法》依据。此外，关于间接投资人身份的认定，虽然《最高人民法院关于适用〈中华人民共和国公司法〉若干问题的规定（三）》第 24 条以及《最高人民法院关于审理外商投资企业纠纷案件司法解释（一）》第 14 条对实际投资人及其权益保护作出了规定，但是并未对通过向股东投入资金进而间接对公司投资的情形作出明确规定。因而，人民法院在处理类似案件时，需要根据《公司法》《民事诉讼法》及其司法解释的规定，并结合案件实际情况作出认定和处理。

提高裁判文书说理性是推进司法改革，提高审判质量的重要内容。本案二审裁定通过充分的说理论证，确立的核心裁判规则主要有两点：一是人民法院应当根据《公司法》《公司法司法解释（四）》以及《民事诉讼法》的规定审查提起确认公司决议无效之诉的当事人是否为适格原告。《公司法司法解释（四）》第 1 条虽然明确了《公司法》第 22 条规定的公司决议效力瑕疵之诉的原告范围，但其是否具备提起该诉的主体资格，仍应依照《公司法司法解释（四）》第 1 条指示参照的法条，结合个案情事予以确定。《公司法司法解释（四）》第 1 条规定公司股东、董事、监事等有权请求确认公司决议无效或者不成立，对于在起诉时已经不具有公司股东资格和董事、监事职务的当事人，以及以"等"字涵盖的其他主体提起的确认公司决议无效或者不成立的诉讼，人民法院应当依据《民事诉讼法》第 119 条的规定审查其与案件是否有直接利害关系，是否符合《民事诉讼法》规定的起诉条件。二是公司法意义上的董事会决议，是作为公司经营决策机构的董事会根据法律或者公司章程规定的权限、议事方式和表决程序，就其审议事项经表决形成的反映董事会商业判断和独立意志的决议文件。根据《中外合资经营企业法》的规定，中外合资经营企业的董事由合营各方委派和撤换，不属于董事会决议事项。中外合资经营企业的董事会对于合营一方根据法律规定委派和撤换董事事项所作的记录性文件，不是公司董事职务发生变动的原因，其所体现的只是合营企业股东的意志，不构成公司法意义上的董事会决议，没有诉的必要性和实效性，因此不能成为确认董事会决议无效之诉的对象。

总体上来说，本案民事裁定书在法律适用的论证说理方面作了很多努力，厘清了《公司法》与《民事诉讼法》的适用规则，对确认公司决议无效之诉原告与案件是否具有直接利害关系、何为公司法意义上的董事会决议等进行了充分的说理论证，并根据上诉人实际身份情况及其董事职务解除的原因，作出最终裁决，明确了相应裁判规则，在法律适用方面具有较强的指导意义，是处理确认公司决议无效纠纷十分难得的参考案例。

（点评人：蒋大兴，北京大学法学院教授）

（2017）最高法民终 18 号裁判文书原文

4. 北京博源工贸有限公司与西藏信托公司、崔某返还公司证照纠纷案*

【关键词】

让与担保　名义股东　实际股东　诉讼意志代表　公司证照

【裁判要旨】

公司证照和法定代表人对外均具有代表公司意志的表象作用。股权让与担保案件中，确定公司意志代表权行使主体，应首先解决公司内部名义股东和实际股东权利行使争议。受让人虽为工商登记股东，但仅为名义股东，取得的是担保权人资格，一般并不参与公司的日常经营和管理，除另有特殊约定外，实际股东可通过股东会决议方式形成公司意志，来确定公司意志诉讼代表权主体。在名义股东的担保债权已受清偿、股权让与担保目的已实现前提下，其继续控制目标的公司证照丧失合法依据，可能致公司利益受损，为保障公司正常运营，名义股东应将公司证照返还给实际股东。

一、简要案情

胡某、曹某合计持北京博源工贸有限公司（以下简称博源公司）100％股权。博源公司关联企业因向西藏信托公司借款，博源公司对西藏信托公司该债权提供抵押担保。为保证西藏信托公司抵押权的实现，胡某、曹某将所持博源公司股权变更登记至西藏信托公司名下，并将博源公司的证照、土地产权证书交付西藏信托公司持有。股权让与担保期间，西藏信托公司持博源公司证照与征收部门签订了征收补偿协议。为此，博源公司的名义股东与实际股东就双方之间的股东资格及权利行使产生分歧，并就博源公司的诉讼意志代表权及公司证照返还问题产生争讼。据此，胡某持实际股东胡某、曹某新作出的股东会决议将名义股东西藏信托公司诉至北京市石景山区人民法院，

---

* （2019）京 0107 民初 13506 号。

要求返还博源公司的证照。

法院认为，综合当事人的诉辩意见及查明的事实，本案争议焦点问题有三：一是股权让与担保行为是否导致胡某、曹某股东资格和股东权利的丧失；二是胡某是否具有代表博源公司提起本案诉讼的主体资格；三是西藏信托公司是否应当将所持有博源公司公章、证照予以返还。

首先，关于股权让与担保行为是否导致股东资格及股东权利丧失问题。

当事人通过办理股权变更登记方式为债权提供担保的，基于担保物权的性质，股权作为担保物仅起到担保债权的作用；就双方内部关系而言，权利受让人仅在担保范围内享有优先受偿的权利，而不能直接取得股权。已生效判决认定胡某、曹某分别系持有博源公司80%、20%股权的实际股东，且胡某、曹某与西藏信托公司就博源公司股权的处理，系股权让与担保性质。此外，博源公司的日常经营及管理等事宜亦一直由胡某掌控，西藏信托公司并未曾参与。虽西藏信托公司系在博源公司工商登记中记载的股东，但仅为名义股东。对外关系上西藏信托公司虽取得了博源公司的股权，在外观上享有相应股东地位；但在内部关系上，西藏信托公司仅是取得相关债权中的担保权人资格。胡某、曹某将其持有的股权转让给西藏信托公司并办理工商变更登记，其目的是担保西藏信托公司债权的实现，而非通过转让行为使西藏信托公司获得博源公司的股权、经营权。故在公司内部关系上，胡某、曹某与其股东身份有关的出席、表决等权利并未发生转移，涉案股权让与担保行为并未导致胡某、曹某股东资格和股东权利的丧失。

其次，关于胡某是否享有代表博源公司提起本案诉讼的主体资格问题。

对法定代表人变更事项进行登记，其意义在于向社会公示公司意志代表权的基本状态。根据商事外观主义及公示原则，工商登记的法定代表人对外具有公示效力，对涉及公司以外的善意第三人因公司代表权而产生的外部争议，应基于工商登记商事外观主义和表见代理制度处理。但在股权让与担保前提下，对公司名义股东与实际股东之间因法定代表人任免等产生的公司内部争议，应当以实际股东召开的股东会所产生的任免决议等有效决议文件为准，并在公司内部产生法定代表人变更的法律效力。本案中，仍应以由实际股东组织召开的选举新法定代表人的有效股东会决议为准，新的法定代表人是公司诉讼代表人。

公司的股东会为公司的最高权力机关，董事、董事长应当执行股东会的决议。在公司公章缺位或公司内部对意志代表权发生争议时，董事长或董事可以在股东会授权范围内代表公司意志，代表公司参与诉讼，并在起诉状中签名、签署有关授权委托手续。本案中，代表博源公司提起诉讼签署的起诉状及授权委托书等相关诉讼材料的均为胡某。鉴于胡某、曹某作为实际股东，依法享有博源公司股东资格及股东权利。且两位股东作出的股东会决议变更董事、法定代表人为胡某，对公司内部产生法律效力。胡某作为股东会新选任的法定代表人，在股东会授权范围内，针对返还公司公章、执照的问题提起本案诉讼行为，代表博源公司的意志和真实意思表示。

最后，关于西藏信托公司是否应当返还博源公司公章、证照问题。

公司公章、证照作为公司的合法财产，对外不仅代表公司的意志和表象，更是公司日常经营所必需。公司对公章、证照等所有权，具体体现为股东大会决议、董事会决议或经理决定保管人，由保管人按照公司的规定进行保管和使用。当公司的公章、证照由他人无权控制、占有时，公司的法定代表人可以依据《物权法》《民法总则》[①] 和《公司法》的相关规定，要求非法占有人返还。

公司印章、证照等作为公司财产和公司经营活动中进行意思表示的手段，公司法定代表人有权进行管理，并可代表公司要求他人返还。本案中，博源公司将印章、证照等文件交由西藏信托公司，其目的系担保西藏信托公司债权的顺利实现，故在股权让与担保的情况下，胡某作为博源公司的实际股东、新法定代表人，有权掌握公司相关证照。因西藏信托公司就相关的债权已经得到实现，相关股权让与担保的目的已经得到满足，现西藏信托公司未能进一步证实其继续持有博源公司公章、证照的其他合法情形，故其继续持有公章、证照将会导致博源公司的经营活动等无法正常开展，进而可能损害博源公司的合法权益。

博源公司虽将涉案公章、证照等交付西藏信托公司，但双方并未明确约定保管期限，博源公司可随时要求西藏信托公司予以返还，现博源公司提出了返还请求后，西藏信托公司应当及时归还。

综上，原告博源公司请求被告西藏信托公司返还涉案公章、证照的主张，有事实和法律依据，法院予以支持。

---

① 现为《民法典》。

二、撰写心得

　　裁判文书就是法官最好的名片。一篇优秀的裁判文书更是承载着法官的法律信仰，解决纠纷的同时，更要诠释社会规则，指引和规范社会行为，向社会公众释放公平正义的能量。这篇裁判文书涉及的是股权让与担保下的公司证照返还纠纷。实践中，对于由谁持有保管公司的公章证照，公司内部时常上演着争夺大战。股权让与担保案件中，由于存在名义股东和实际股东两方面主体，因法律对名义股东和实际股东的股东资格及权利行使范围，没有具体规定。在缺少法律规定及同类生效裁判的情况下，要确定公司意志代表权由谁行使就更加复杂。在这起案件办理及裁判文书写作中，我们正是从尊重商事主体意思自治和维护诚信原则的角度出发，确定公司内部对公司代表机关意思表示的争议，以公司内部有效决议确定公司意志和意志代表，对公司以外第三人因公司意志代表权的外部争议，应基于商事外观主义原则处理，以最大程度在实现民法公平和商法效率之间的利益平衡，保障交易安全和促进交易秩序的稳定，从而营造良好的营商环境。裁判文书是当事人认同法律权威、服判息诉的主要依据。我们要继续发扬司法工匠精神，对每一份判决努力做到精雕细刻，如琢如磨，主动担负起自身的社会责任。

　　裁判文书不仅是法官的名片和脸面，还彰显法官的魅力，体现法官的法律信仰，传递公平和正义的力量。关于如何撰写一篇优秀的裁判文书，笔者想应主要从以下几个方面入手：一是从选好案件素材入手，巧妇难为无米之炊。选择案件应具有新颖性、典型性、疑难性：在案件事实认定或法律适用上存在一定难度。二是精心准备庭审，日常注重积累，博学善思，发挥团队集体智慧。一篇优秀的裁判文书是集体智慧的结晶，是审判团队共同努力的结果。对于疑难案件要注重搜集事实认定及法律适用中所涉及法学前沿理论研究成果，做好类案检索，掌握案件裁判尺度和标准。三是要庭审规范，充分展开论辩。庭审技能和裁判文书写作技能，是法官的基本技能、立身之本、核心竞争力。裁判文书要完整体现诉讼过程，反映当事人的诉辩争点、请求权和抗辩权基础规范，判决书对核心证据认定、诉辩争点说理要有清晰的脉络，容易看懂和理解。通过庭审环节，在纷繁复杂案件中发现无争议事实和争议事实，归纳事实及法律适用争议焦点问题；通过分配举证责任，通过举证、质证、认证发现事实，确保查明的事实均有证据支撑，接受客观事实考验，作为裁判基础小前提必须基础牢靠。四是论证严密，说理充分。裁判文书缺乏论理或论证不充分，公正性会被产生合理怀疑。要努力做到在判决中阐明事理、释明法理、讲明情理、讲究文理，敢于说理、善于说理，以理服人。通过解释和寻找法律基础规范，根据查明案件事实或者根据举证责任分配作出妥当的裁判结论，通过公开法官内心确认的过程和自由裁量依据，在事实的认定、法律的适用、法律的效果方面，经得起检验。五是符合程序正义和格式要求。裁判文书应反映案件受理时间、适用诉讼程序、审判组织、证据交还等环节。对整个案件有清晰的思路。从裁判文书确定的立案、裁判时间知晓案件审理周期，体现审判效率高低。对鉴定事项、调查取证是否准许、追加被告、第三人、准许撤回部分起诉、放弃部分诉讼请求等反映司法程序性公正事项要有回应。通过公开诉讼程序透明度，使当事人感受程序公正，增加对裁判结果信任度，体现依法高效审判水平。

（张英周，北京市石景山区人民法院法官）

三、专家评析

本案是典型的股权让与担保下，对公司诉讼意志代表权争夺引发的公司证照返还纠纷。公司证照和法定代表人对外均具有代表公司意志表象作用，往往成为公司意志代表权行使主要争夺的对象。股权让与担保案件，确定公司意志代表权行使主体，要首先解决公司内部股东资格及股东权利行使争议，解决名义股东和实际股东资格认定问题。该裁判文书逻辑清晰、论证严密、说理透彻，所展现的裁判观点与裁判规则，对公司内部治理争议解决，作出了前瞻性的有益探索，回应了长期以来理论和实务中对股权让与担保效力的争议，更是明确了股权让与担保下，公司内部名义股东与实际股东权利行使的范围，解决了公司对外意志表象的核心问题，对同类案件具有一定借鉴意义。

（点评人：李洛云，北京市高级人民法院民二庭庭长）

（2019）京 0107 民初 13506 号裁判文书原文

5. 南京童乐星空游乐设备有限公司和张某 股东资格确认纠纷案[*]

【关键词】

　　股东资格确认　冒名

【裁判要旨】

　　判断公司股东是否属于被冒名者，可以从主客观两个方面进行分析。主观上，被冒名者没有出资设立公司、参与经营、分享利润、承担风险的意思表示，也无为自己或者他人与公司其他股东有设立公司的合意，且根本不知其名义被冒用。客观上，冒名者向公司履行出资义务，并实际参与公司的经营管理、享有权利并承担风险，而被冒名者既无出资之意，也无经营之实，但股东名册、公司章程及工商登记等却将其列明为股东。

一、简要案情

　　童乐星空公司于 2015 年 3 月 2 日设立，注册资本 500 万元，其中股东林某出资 225 万元、股东杨某出资 135 万元、股东李某出资 140 万元，出资时间均为 2050 年 2 月 28 日，林某担任法定代表人。2016 年 1 月 29 日，童乐星空公司股东变更为伍某、李某，其中伍某出资 200 万元、李某出资 300 万元，法定代表人变更为李某。2016 年 8 月 19 日，童乐星空公司股东变更为李某、王某，其中李某出资 400 万元、王某出资 100 万元，法定代表人仍为李某。

　　经邵某某介绍，张某与李某相识。2016 年 8 月 15 日，为全面实施三方共同投资、共同合作经营的决策及股份制管理，张某、李某、邵某某签订投资合作协议，第 1 条约定：三方合资开办南京童乐星空儿童游乐设备有限公司，邵某某出资 100 万元现金占股份 20%、张某出资 250 万元现金占股份 50%、李某出资技术与设备占股份 30%，出资时间均为 2016 年 7 月 28 日。第 2 条为股权份额和股利分配。第 3 条为合作期内的事项约定，其中第 1 款约定公

---

　　[*]（2019）苏 01 民终 1884 号。

司正常经营，合作永久生效；第 3 款约定不允许合资人转让自己的出资；第 4 款约定……清算后如有亏损，不论合资人出资多少，先以合资共同财产偿还，合资财产不足清偿的部分由合资人按出资比例承担。第 4 条约定，在成立股东会后，全权委托李某作为公司运作的总负责人（法人），全权处理公司的所有事务，必须实现公司一元化领导，独立处理公司事务，张某、邵某某不得参与企业管理以及人事任免。如有以下重大难题和关系公司各股东利益的重大事项，由股东会研究同意后方可执行：（1）单项费用支付超过 1 万元；（2）新产品的引进；（3）重大的促销活动；（4）公司章程约定的其他重大事项。第 5 条系关于增资的约定。第 6 条约定，本协议未尽事宜三方共同协商，本协议……自三方签字、手印确认后生效。签约三方在落款处分别签名捺印。同日，签约三方还在"南京童乐星空游乐设备有限公司股东签字页"上分别签名捺印。

该协议签订后，张某参与童乐星空公司经营工作，并担任公司副总经理。2016 年 9 月 27 日，童乐星空公司向工商部门提出申请，将股东由李某、王某变更为李某、邵某某、张某。2016 年 10 月 13 日，经工商登记童乐星空公司股东变更为邵某某、张某、李某，其中邵某某出资 100 万元占股份 20%、张某出资 250 万元占股份 50%、李某出资 150 万元占股份 30%，法定代表人仍为李某。2016 年 12 月 18 日，童乐星空公司召开会议，决定对童乐星空公司进行结业清盘，并进入清算流程。邵某某、张某、李某在该会议决定上签字。此后，童乐星空公司一直未成立清算组进行清算，李某依据该会议决定诉至法院要求进行强制清算，在诉讼中张某提出自己不是童乐星空公司的股东。因有关强制清算的案件的处理，有待张某股东身份的确定，故张某提起了案涉股东资格确认之诉。

据李某提供的 2016 年 8 月 15 日童乐星空公司章程附表所载，童乐星空公司股东名册：张某出资 250 万元、邵某某出资 100 万元、李某出资 150 万元技术与设备，出资时间为 2050 年 2 月 28 日，邵某某、张某、李某在股东签字页签名。张某提出 2016 年 8 月 15 日的童乐星空公司章程根本不存在，是童乐星空公司及李某为了诉讼需要临时制作。童乐星空公司于 2016 年 9 月 27 日提出股东变更申请时，将 2016 年 9 月 19 日的股权转让协议、2016 年 9 月 27 日的股东会决议、2016 年 9 月 27 日的章程修正案作为基础材料提供给工商部门。2016 年 9 月 19 日的股权转让协议约定，李某将其持有的童乐星空公司 250 万元股权转让给张某，转让价款为 0 元；2016 年 9 月 27 日的股东会决议同意接受邵某某、张某为童乐星空公司股东，同意李某将其持有的童乐星空公司 250 万元股权转让给张某；2016 年 9 月 27 日的章程修正案对原章程第四章公司注册资本及股东名册进行修正，即将李某出资 400 万元、王某出资 100 万元修正为张某出资 250 万元、邵某某出资 100 万元、李某出资 150 万元。张某提出 2016 年 9 月 19 日股权转让协议、2016 年 9 月 27 日股东会决议上的签名均不是其所签、2016 年 9 月 27 日章程修正案其没有参与讨论，是李某一人签名，故均不予认可。

二、撰写心得

党的十八届三中全会作出的《中共中央关于全面深化改革若干重大问题的决定》第一次明确把"增强法律文书说理性"确定为健全司法权力运行机制改革的重要内容。最高人民法院于 2015 年发布的《最高人民法院关于全面深化人民法院改革的意见——人民法院第四个五年改革纲要（2014—2018）》亦提出"推动裁判文书说理改革"。本案裁判文书的写作，正是建立在客观说理、充分说理、有效说理的价值追求之上。

本案一审的裁判逻辑是股东合作协议没有实际履行，在工商变更登记中的 2016 年 9 月 27 日章程修正案之前不存在 8 月 15 日章程，加上股权转让协议及股东会决议上非张某本人签名，故一审主要进行了形式审查，对张某的股东身份进行了否定性评价。但同时，一审又认为三方虽未办理公司成立手续但已实际共同经营，故形成公司清算意见符合常理。这里存在一个逻辑冲突，三方共同经营的是哪一个实体，如果就是业已存在的童乐星空公司，那么张某与登记股东之间是什么关系？是隐名股东与显名股东之间的协议关系吗？显然，这又与微信聊天内容不一致。

本案二审从这一逻辑冲突入手，着重审查 2016 年 8 月 1 日至 2016 年年底持续进行的文字和语音微信聊天内容。针对部分聊天内容的含义，要求张某的委托诉讼代理人限期核实、解释并予回复。综合聊天内容、当事人解释意见与本案二审争议焦点，将聊天内容的查证、证明目的、证据关联与争议焦点在说理部分一并展开，有效提升二审事实查明、认定与论证的效率和效果。

试举一例，在论证"张某应当知晓其系以股权受让的方式继受取得童乐星空公司股东的资格"时，文书以这样的方式展开论证：股东资格按照取得方式的不同分为原始取得和继受取得两种，在此前所述张某应当知晓童乐星空公司系存续法人事实的基础上，因童乐星空公司登记的注册资本为 500 万元，投资合作协议约定三人出资的总额亦为 500 万元，故张某不可能以原始取得的方式获得股东资格，只能以继受取得的方式获得股东资格，而股权受让系继受取得方式中最为常见、最为普遍的一种。童乐星空公司的股东信息在公示范围之内，基于签约三方之间的相互信任，对此进行介绍、了解符合常情常理。签约三方决定合资开办童乐星空公司并非一蹴而就，从引荐认识、合作条件磋商到签约成功必然经历一个过程。根据"男人帮"微信群中的聊天内容显示，在投资合作协议签订之前，李某于 2016 年 8 月 10 日 13 时 42 分要求张某发送身份证件号码，并称"我要做公司股权变更"，张某予以回复。2016 年 8 月 12 日 13 时 42 分张某@李某，询问"用老账号汇款没有问题吧""股东没有变更，不会有影响吧"。李某回复："理论上没有什么问题啊。"法案中，张某确认李某在签订投资合作协议之前一直使用的都是"股权变更"这一说法，索要张某身份证件号码系为拟定投资合作协议。法院认为，前述两者可以印证一个事实——李某已向张某表明系以股权变更方式实现投资合作协议约定的合作目的。在投资合作协议签订之后，李某于 2016 年 8 月 26 日10：10 告知："公司股权变更，办理费用 3000 元，开发票税点 500，我先垫付了，到时有发票的。"2016 年 10 月 20 日 10 时 55 分李某发送了公司准予变更登记通知书和童乐星空公司新营业执照的图片并告知"股权变更全部好了，新的营业执照已经拿到了"。本案中，张某回复其对前一条信息没有在意，对后一条信息由于李某没有@张某，其没有点开，没有看过，亦未回应。法院认为，"男人帮"微信群的组成人员与童乐星空公司工商登记所示的三位股东及监事完全对应，李某发送的公司准予变更登记通知书内容涉及所有成员，在没有@某一成员的情况下，带有广而告之的性质。李某发送图片和信息的时间处于工作日的工作时间段内，结合张某认可该微信群用于工作交流的事实，以及张某之前对于"股东没有变更"是否影响用款安全的关注程度，张某前述回复意见令法院难以采信。现工商档案信息显示张某的出资数额、出资方式与投资合作协议约定内容一致，并不违背张某本人的真实意思。虽然童乐星空公司及李某没有提供证据证明争议股东会决议及股转让协议上"张某"的签名系本人所签的事实，但其均表示系由代办公司代为办理股权变更登记事宜，这与证人王某的证言相互印证，故由他人代签名等不规范操作行为并不足以证实以 0 元受让童乐星空公司 50% 的股权并非张某本人的真实意思。

笔者自 2002 年从事商事审判至今已 18 年有余。2006 年审理毁林事件所致损害赔偿纠纷一审案件，2011 年审理本市唯一一例财产保险合同纠纷一审案件，2013 年审理巨型购物中心委托管理合同纠纷本反诉一审案件，历经千辛，查明案情，追寻法律依据。今，终于凝成股东资格消极确认之诉的二审判决以飨读者，辨法析理、公正裁判，乐在其中。

（陆正勤，江苏省南京市中级人民法院法官）

三、专家评析

有学者指出，"一个民事案件的裁判文书及其裁判观点，将比其引据的民事法律条文对法律的实在效果和司法的实际权威性产生更广泛的影响"。裁判文书是法院审理特定案件的过程、依据、理由、结论的集中反映，是承载全部诉讼活动和法官推理的重要载体，亦是法院审判和执行工作的最终产品。裁判文书代表着法院的司法形象与司法能力，文书质量的好坏不仅直接关系到当事人的切身利益，也关系到法律的权威和法院的公正。因此，优秀裁判文书的导向与影响应当引起法官的重视，优秀裁判文书在写作与制作上的特色也需要予以发掘。

裁判文书制作是说明、记叙、议论等各种表达方式的综合运用，是法律与文书的有机统一和融合。提升裁判文书质量，应当倡导共性与个性的有机融合。一方面，鉴于司法的特性，裁判文书在内容要素、结构模式方面应当遵循必要的格式规范，实现同类裁判文书制作的相对统一，体现裁判文书的严肃性和规范性；另一方面，在遵守一定格式规范的前提下，应当允许法官根据案件的具体情况，有选择恰当的表达手段、语言风格的自由空间，激发法官的创造性，增加职业成就感。

从实体层面看，本案系股东资格消极确认之诉，实践中此类案件较为新颖，本案判决为解决此类纠纷提供较为详尽的审理思路与周密的裁判规则，有利于此类案件统一裁判尺度。

从写作方式上看，这篇裁判文书更大的价值在于对微信聊天记录的充分挖掘和深度应用。实践中，微信、QQ、短信等文字、语音、视频证据内容日渐增多、形式日益繁复。法院在查证、论证过程中，如何将碎片式的信息有效摘取、利用，如何以系统化的方式呈现、评价，是此类裁判文书写作的一大难题。这篇文书中，未循惯例，在经审理查明部分以平面铺排的方式一一展开（若如此，该文书势必乏善可陈），而是将微信聊天记录的查明、论述与案件说理相结合，并且，这种结合是法院询问、引导后，当事人解释、回应后确定的，并非法官主观臆断的结果。如此，确保作为论据的聊天记录之客观性、关联性，确保法官中立的立场。

（点评人：杭鸣，江苏省南京市溧水区人民法院院长）

（2019）苏 01 民终 1884 号裁判文书原文

6. 刘某某和陈某某、温某某、海南万宁北大鹏飞实业 有限公司、孙某股权转让纠纷案 *

【关键词】

　　瑕疵股权转让　　效力认定　　恶意串通　　证明责任

【裁判要旨】

　　股权转让协议已就股权转让的主要内容即股份份额和价款进行明确约定，且符合双方股权交易的现实情况以及基本逻辑和生活经验的，应认定该协议的效力。股权转让协议的受让人并未将股权转让款支付给出让人或者出让人并未收到股权转让款的，属于股权转让履行阶段的问题，不能据此否定股权转让协议的效力。一方当事人主张对方当事人存在恶意串通事实的，有义务证明该事实存在的可能性能够排除合理怀疑，否则应承担不利的法律后果。

一、简要案情

　　陈某某为万宁康华房地产开发有限公司（以下简称康华公司）的主要股东，该公司名下原登记有 4 宗共 33 亩的国有农用地使用权。2011 年 12 月 8 日，陈某某与孙某签订《合作开发房地产合同》，约定陈某某以上述土地为实物出资，孙某以现金出资进行房地产合作开发，双方共同成立项目公司即海南万宁北大鹏飞实业有限公司（以下简称鹏飞公司），注册资本 1000 万元，陈某某占公司 30% 股份（股款 300 万元），孙某占公司 70% 股份（股款 700 万元）。同日，陈某某又与鹏飞公司（时任法定代表人孙某）签订《合作开发房地产合同》，两份合同的内容基本一致。2013 年 1 月 2 日，陈某某与鹏飞公司（时任法定代表人孙某）签订《补充协议》，确认陈某某占有上述合作开发合同项下房地产开发项目 30% 的房屋，并确实办理上述土地过户，改变用途手续。孙某为陈某某垫付了"土地变性手续费"752 万元，"土地出让

────────────

　　* （2019）琼民再 42 号。

金"1701.5 万元。同时，约定陈某某以将来分得的房屋折价抵偿孙某的垫资。2013 年 5 月 7 日，鹏飞公司作出两次股东会决定。第一次股东会主要内容为，同意孙某将其持有的 70% 股份中的 40% 转让给赵某、姜某某、温某某，同意陈某某将其持有的 30% 股份转让给刘某某和温某某，其中，刘某某受让 28%，温某某受让 2%。第二次股东会决定主要内容为，确认股东转让后各股东的持股比例以及确定由刘某某接替孙某担任法定代表人。该两份股东会决定书的落款时间为 2013 年 4 月 28 日。同日，陈某某、孙某、刘某某、赵某、温某某、姜某某签订《股权转让协议书》，约定：孙某将其持有的 700 万元（占股 70%）股份中的 400 万元（占股 40%）股份出让，由赵某受让 140 万元（占股 14%），姜某某受让 140 万元（占股 14%），温某某受让 120 万元（占股 12%）。陈某某将其持有的 300 万元（占股 30%）股份出让，由刘某某受让 280 万元（占股 28%），温某某受让 20 万元（占股 2%）。同日，鹏飞公司向万宁市工商局申请变更股东和法定代表人，股东变更为孙某、刘某某、温某某、赵某、姜某某，法定代表人由孙某变更为刘某某。变更登记申请表上载明刘某某、温某某等新股东的出资时间为 2013 年 4 月 22 日，该表附有刘某某的身份证件信息及其签名。该申请表的落款时间为 2013 年 4 月 28 日。2013 年 5 月 28 日，鹏飞公司分六次每次 50 万元将共计 300 万元的款项转入陈某某个人开立的中国建设银行万宁支行的账户，但每转入一笔 50 万元即被悉数转出。其中，从陈某某该账户分次转给孙某的款项共五笔计 250 万元，转给温某某一笔 50 万元，合计转至孙某、温某某二人账户 300 万元，陈某某实际并未取得该笔股权转让款。经查，转款过程陈某某并不在现场，均由鹏飞公司的财务人员陈某 1 代为办理。2013 年 5 月 30 日，陈某某所持的 30% 股份被核准变更至刘某某和温某某名下。2013 年 8 月 30 日，陈某某与孙某签订《解除合同认定书》，约定孙某以向陈某某赔付 400 万元为对价条件，双方解除此前签订的全部合作合同。孙某至今未支付该 400 万元。

因与刘某某、温某某、孙某股权转让协议纠纷，陈某某诉至海南省万宁市人民法院，请求判令：（1）确认陈某某与刘某某、温某某及孙某于 2013 年 5 月 7 日签订的《股权转让协议书》无效；（2）刘某某、温某某返还陈某某在鹏飞公司 30% 的股权（股值 300 万元），并责令其办理股权回转变更登记手续；（3）刘某某以股价 280 万元为基数，温某某以股价 20 万元为基数，向陈某某支付至股权变更登记在刘某某、温某某名下起至再变更登记回转至陈某某名下期间的银行贷款利息损失（暂计至 2013 年 12 月 31 日，刘某某应计付利息为 100 339.73 元，温某某应计付利息为 7 167.12 元），以及律师代理费 30 万元；（4）孙某、鹏飞公司对刘某某、温某某的股权返还和赔偿责任承担连带责任。

本案的争议焦点为：（1）陈某某与刘某某、温某某签订的鹏飞公司股权转让协议是否有效；（2）鹏飞公司是否对刘某某、温某某返还股权承担连带责任。

二、撰写心得

裁判文书是法院呈现给当事人的反映诉讼进程、诉讼结果的法律凭证，是连接和沟通法院和社会公众的纽带和桥梁。裁判文书最大的价值在于为当事人和社会公众所认可、信服和接受，使司法公信力得以彰显。一份优秀的裁判文书，首先体现在其制作的规范性，即按照法院民事裁判文书制作规范和标准的要求，做到民事裁判文书要素齐全、结构完整、格式统一、逻辑严密、条理清晰、文字规范、繁简得当。一份优秀的民事再审裁判文书概莫能外。在此基础上，根据笔者制作民事再审裁判文书的体会，一份优秀的民事再审裁判文书出炉，至少应从以下几方面着眼和入手。

（一）明确界定再审审理范围

民事诉讼尊重当事人的处分权，采取"不告不理"的处分原则。《最高人民法院关于适用〈中华人民共和国民事诉讼法〉的解释》第405条"人民法院审理再审案件应当围绕再审请求进行。当事人的再审请求超出原审诉讼请求的，不予审理；符合另案诉讼条件的，告知当事人可以另行起诉"①的规定，已对再审的审理范围作出了规定。鉴于再审的对象是生效裁判，原审裁判结果正确与否，当事人的再审请求是否能得到支持，是再审裁判必须作出回应的问题，也是民事再审裁判文书制作的基础问题，是优秀裁判文书不可或缺的必备要素。因此，民事再审裁判文书的撰写中，必须对问题予以重视。以笔者撰写的（2019）琼民再42号民事裁判为例，刘某某的再审请求为：撤销一、二审判决，驳回陈某某所有诉讼请求。围绕其再审请求，本案再审的审理范围就包括两个层面：一是对原审判决是否正确进行评价；二是在对原审判决评价的基础上，对本案进行相应的裁判。具体而言，本案的审理范围

---

① 对应《最高人民法院关于适用〈中华人民共和国民事诉讼法〉的解释》（2022年修正）第403条。

为：（1）原审判决对案涉股权让协议书效力及对鹏飞公司承担连带责任的认定等相关问题进行审理；（2）根据审理情况作出相应的判项。在审理范围确定后，审理的重点就得到突出，既利于厘清当事人提出与审理范围无关的问题，又利于避免因无的放矢而导致的裁判文书冗长、重点不突出的问题。

（二）准确归纳案件争议焦点

争议焦点是法官归纳并经过当事人认可的关于证据、事实和法律适用争议的关键问题。根据《民事诉讼法》第 133 条第 4 项①的规定，需要开庭审理的，通过要求当事人交换证据等方式，明确争议焦点。可见，争议焦点既是庭审的主要内容，也是制作裁判文书的主线。准确归纳争议焦点，对于裁判文书中证据认定、事实认定和说理部分的论述，具有关键意义。以本案为例，本案属于抗诉案件，抗诉机关的抗诉旨在引发本案的再审，但是抗诉机关的意见，对于本案的争议焦点的归纳不可或缺，应该高度重视。抗诉机关对案涉股权转让协议是否为陈某某的真实意思表示、刘某某及温某某等人是否支付股权转让款、刘某某及温某某和孙某等人是否存在恶意串通、鹏飞公司是否对刘某某及温某某返还股权承担连带责任等问题提出抗诉。在制作裁判文书时，笔者一方面注重客观全面归纳抗诉机关的抗诉意见，在法院和检察院对同一问题的不同看法中，审视原审生效判决在认定事实、适用法律等方面是否存在问题，进而提炼本案可能存在的争议问题，另一方面在庭审听取诉辩双方的意见的基础上，进一步聚焦本案争议的问题，最终形成裁判文书的争议焦点，即：（1）陈某某与刘某某、温某某签订的鹏飞公司股权转让协议是否有效；（2）鹏飞公司是否对刘某某、温某某返还股权承担连带责任。笔者的体会是，通过对争议焦点的概况、归纳和提炼，既可以让法官全面梳理和吃透案情，有利于公正处理案件，又可以精准识别案件的主要问题，实质性解决争议。

（三）完整体现证据认定情况

《民事诉讼法》第 152 条第 2 项，②《最高人民法院关于适用〈中华人民共和国民事诉讼法〉的解释》第 103 条第 1 款、第 105 条的规定，未经过当事人质证的证据，不能作为认定案件事实的根据；法院要对证据进行审核、判断，并公开判断的理由和结果。因此，经过庭审质证的证据，应该在裁判

---

① 对应《民事诉讼法》（2021 年修正）第 136 条第 4 项。
② 对应《民事诉讼法》（2021 年修正）第 155 条第 2 项。

文书中予以完整体现，既是法律和司法解释的规定，也是裁判文书必备的要素，必须在制作裁判文书中有一个清晰的认识。与一、二审案件相比，再审案件大多数证据都已在一、二审举证、质证并在裁判文书中予以认定，重点和难点问题是对于再审新证据的认定上。以上文提及的案件为例，双方当事人均在再审阶段新提出了多份证据，裁判文书在表述上对庭审中举证、质证情况完整表述，并在此基础上，分别作出认定：对于二审判决后形成的证据，认定为新证据；对于一审庭审前已客观存在，不认定为新证据，但如该证据与本案事实存在关联，为全面查清案情，对证据予以采纳；对于再审庭审后提交，超出合理的举证期限，且上述证据一审庭审前已客观存在的，不认定新证据，同时，如该证据与本案事实存在关联，但无法证明当事人主张的，对证据不予以采纳。对于原审已提交的没有争议的证据，则一笔带过。通过对证据的分析认证，最大限度还原本案的基本事实，为判决认定的事实和理由打下坚实基础。

（四）高度重视裁判文书说理

裁判文书说理是法官对证据采信、事实认定内心确信的阐述，是对法律适用根据的公开展示。再审裁判文书说理的重点要放在依法纠错、保证国家法律统一适用上，实现审判的终局性，维护司法权威。以上文提及的案件为例，本案系因股权转让引发的纠纷，争议的主要焦点是双方当事人签订的股权转让合同的效力问题。实践中，在当事人签订的股权转让合同内容及履行存在瑕疵的情况下，如何认定股权转让协议的效力，是审判实务中的重要问题。鉴于股权是一种综合性的独立性权利，股权转让本质上属于权利的买卖，会导致股权归属和公司财产控制关系的变化。若股权转让合同被确认无效，必然在合同双方当事人、公司及利益相关者间造成重大影响。因此，在股权转让合同纠纷案件中，对于股权转让合同效力的确认应慎重对待。同时，股权转让合同与一般民商事合同并无不同。裁判文书基于上述问题，注重厘清此类案件的审理思路，依照合同法及公司法等相关法律及司法解释的规定，从意思表示的真实性、双方股权交易的现实履行情况、无效合同法定事由的证明责任分配及证明标准，以及基本逻辑和生活经验等多个角度进行分析，对股权转让协议的效力综合作出认定。在具体的写法上，采取总分的写法，首先从归纳的争议焦点出发，分别进行论述，在每个争议焦点的论述上，对双方当事人争议的具体问题均作出回应。最后再对观点进行总结。在裁判文书的制作中，笔者注重对原生效裁判错误的理由充分论述，确保说理的透彻性，达到让当事人明辨是非曲直，确保司法公正的目的。

总之，笔者体会，一份优秀的裁判文书的制作，需要"如切如磋，如琢如磨"，需要精心的打造，需要付出相当的努力。这个中滋味，如人饮水，冷暖自知。其中，不仅是法官个人努力的结果，也凝聚着合议庭、法官助理、书记员等集体智慧的结晶。所做这一切的目的，无非是让人民群众通过裁判文书真真切切感受到司法的公平正义。

（吴浩云，海南省高级人民法院法官）

三、专家评析

本再审判决的亮点之一，就是依照"合同效力和合同履行相区分"的原则，将看似复杂、证据繁多的案件条分缕析，得出《股权转让协议书》有效、公司不承担连带责任的结论，从而撤销一、二审判决并驳回一审原告陈某某（再审被申诉人、二审被上诉人）的诉讼请求。再审判决能够准确掌握和理解"合同区分原则"，并据此对合同效力问题作出了正确的判断。

合同区分原则，就是将合同效力问题和合同履行问题区分看待，合同履行中的问题一般情况下不影响合同效力。其价值在于通过不以履行问题否定合同效力，确保合同相对人能够获得公平的权利救济，如依据合同向相对方主张违约责任等。具体到本案，本案在再审审理阶段归纳出两个焦点问题：一是股权转让协议的效力问题；二是公司是否承担连带责任的问题。

第一，关于《股权转让协议书》的效力问题。陈某某参与召开的股东会，作出陈某某将其股权30%以300万元转让给刘某某、温某某二人并与刘某某、温某某等人签订了《股权转让协议书》，后办理了股权变更登记，陈某某不再是大鹏飞公司的股东，刘某某、温某某二人成为股东并持有30%的股权。前述行为有陈某某在股东会决议、《股权转让协议书》、股权变更登记部门的亲笔签名等为证。陈某某无证据证明在前述行为过程中受到欺诈、胁迫，也无证据证明股权受让方及公司原法定代表人、股东孙某与受让方恶意串通损害其利益。故该《股权转让协议书》有效。

未履行支付股权转让款的义务不影响合同的效力。在股权转让合同签订后，受让方取得股权后，转让方何时取得股权转让款，这实际上是合同履行的问题。本案中，陈某某称其未收到股权转让款且该款严重低于其在公司资产的估值等，作为主张《股权转让协议书》无效的主要理由。受让方刘某某、温某某二人辩称股权转让前陈某某欠鹏飞公司 500 余万元，故依照陈某某口头意思表示 300 万元转让款支付给了鹏飞公司且证明公司确已收到该款等。

　　笔者认为，陈某某是否收到股权转让款以及何时收到，涉及履行《股权转让协议书》的问题，与协议书的有效性无关。协议书并未特别约定股权转让协议书的效力与股权转让款的支付、股权变动时间的先后顺序，故不能以未支付转让款而倒推股权转让协议书无效。这是区分合同生效和合同履行的具体体现。

　　第二，鹏飞公司是否对刘某某、温某某返还股权承担连带责任。笔者认为，解决了第一个焦点问题，第二个焦点问题就不存在。但需要说明的是，向公司登记机关办理变更登记，不是股权转让双方的责任而是公司的责任。合同区分原则，在之前的《物权法》和现在的《全国法院民商事审判工作会议纪要》《民法典》均有明确规定。最高人民法院的司法解释和案例判决都有对该原则的适用和分析。

（点评人：冯春萍，海南师范大学法学院教授）

（2019）琼民再 42 号裁判文书原文

7. 九江联豪九鼎投资中心（有限合伙）和谢某 与公司有关的纠纷案 *

【关键词】

　　多层次资本市场　　对赌协议　　股份回购　　时效

【裁判要旨】

　　多层次资本市场环境中，对赌协议的股份回购请求权，应结合投融资法律关系特征及交易模式、过程、当事人约定目的、约定沿革、约定体系、条款内容等因素综合衡量。未约定履行期限的股份回购请求权时效起算点，应自权利人通知履行而回购义务人明确表示不履行起，通知期限没有约定或者约定不明的，应以鼓励投资为原则，对其合理性进行实质审查。

一、简要案情

　　1999 年 8 月 23 日，北京吉芬时装设计有限公司（以下简称吉芬有限公司）成立，股东包括谢某。2011 年 7 月 1 日，甲方九江联豪九鼎投资中心（有限合伙）（以下简称九江九鼎中心）、苏州天玑钟山九鼎投资中心（有限合伙）（以下简称苏州九鼎中心），乙方吉芬有限公司与丙方谢某、孔某某签订《增资扩股协议》，约定：各方致力于实现公开发行上市，甲方以现金形式向吉芬有限公司增资 7000 万元，其中，九江九鼎中心增资 3374 万元，占投资后吉芬有限公司注册资本的 7.23%。协议签署后，各方应当促使吉芬有限公司尽快启动在境内公开发行股票并在证券交易所上市的工作，公司应当尽力在 2014 年 6 月 30 日之前完成 A 股市场上市申报并获受理。

　　同日，上述主体签订《补充合同》，约定：本次投资完成后，如果乙方 2014 年 6 月 30 日前未提交发行上市申报材料并获受理；或者乙方 2014 年 12 月 31 日前没有完成挂牌上市，甲方有权选择在上述任一情况出现后要求乙方

* （2019）京 03 民终 9876 号。

购买甲方持有的全部股权。

2011年7月14日，九江九鼎中心向吉芬有限公司支付3374万元。2011年8月1日，九江九鼎中心被登记为吉芬有限公司股东。

2014年3月14日，吉芬有限公司整体变更为北京吉芬时装设计股份有限公司（以下简称吉芬股份公司）。

2014年4月，吉芬股份公司召开董事会及股东大会，审议通过《关于吉芬股份公司申请公司股票在全国中小企业股份转让系统挂牌并公开转让的议案》，九江九鼎中心出席董事会并在股东大会决议上签章。

2014年4月19日，各方就拟签署的《九江九鼎中心、苏州九鼎中心与谢某之协议书》（以下简称《协议书》）的内容通过电子邮件进行了协商。九江九鼎中心的代表向谢某的代表发送邮件明确："我们的出资人和法务部不会轻易给权利设限制的。您说得很对，如果三年后公司情况发展得很不好，我自然也会提出回购，但是，我们出资人绝不会同意主动缩短时间。"

2014年5月4日，谢某、九江九鼎中心、苏州九鼎中心、吉芬股份公司签署《废止协议》，约定：吉芬股份公司拟申请其股票于全国中小企业股份转让系统挂牌并公开转让，为协助公司实现本次挂牌，各方希望解除、废止《增资扩股协议》《补充合同》中对公司具有不利影响的条款。

同日，甲方九江九鼎中心、苏州九鼎中心与乙方谢某签订《协议书》，约定：乙方承担对甲方持有的吉芬股份公司股份的回购义务，具体约定为：除非甲方另以书面形式同意延长，如果（1）吉芬股份公司2014年6月30日前未提交发行上市申报材料并获受理；或者（2）吉芬股份公司2014年12月31日前没有完成挂牌上市。甲方有权选择在上述任一情况出现后要求乙方及/或乙方指定的第三方购买甲方持有的全部吉芬股份公司的股份。受让价款计算方法与《补充合同》相关内容一致。九江九鼎中心称《协议书》为其主张回购权的直接合同依据。

2014年5月、7月，北京市金杜律师事务所与广发证券股份有限公司分别出具《法律意见书》《公开转让说明书》，对《废止协议》《协议书》中的相关约定予以披露。

2014年7月11日，全国中小企业股份转让系统有限责任公司向吉芬股份公司发送《关于同意吉芬股份公司股票在全国中小企业股份转让系统挂牌的函》。吉芬股份公司在新三板挂牌后，未进行过A股上市申报。

2018年5月23日，九江九鼎中心向北京市丰台区人民法院提起诉讼，后撤回该案起诉，于2018年8月9日再次提起本案诉讼。

一审法院经审理认为，《协议书》中的"挂牌上市"应理解为新三板挂牌。首先，《增资扩股协议》关于回购的条款已被废止，该协议与《协议书》在缔约目的、签订主体等方面均存在差异，故两份协议各自相互独立，不能作统一理解；其次，吉芬股份公司审议通过新三板挂牌的相关议案时，九江九鼎中心作为股东表示同意且在决议上加盖公章。因双方均认可吉芬股份公司不可能同时A股上市和新三板挂牌，故九江九鼎中心作为投资公司，同时作为吉芬股份公司股东，在同意新三板挂牌申请后，应明确知晓吉芬股份公司不能在A股上市的后果。现吉芬股份公司已在新三板挂牌，故九江九鼎中心主张的回购条件未成就，其关于谢某履行回购义务并支付回购款、违约金的诉讼请求，无事实依据。据此判决驳回九江九鼎中心的诉讼请求。

一审判决后，九江九鼎中心向北京市第三中级人民法院提起上诉。

二审法院审理认为：《协议书》约定的股份回购条件均指向吉芬股份公司A股上市，一审法院关于相关协议相互独立，不能作统一理解的认定，未充分考量协议签订过程和条款关系，应予纠正，其关于《协议书》约定的股份回购条件应理解为新三板挂牌的认定，亦未结合投资领域的法律关系特性及全案案情，亦应予以纠正。根据查明事实，吉芬股份公司既未制作上市申请文件向证监会申报并获受理，亦未完成A股上市，故《协议书》约定的股份回购条件已经成就。据此判决：撤销一审判决，改判谢某向九江九鼎中心支付股份转让款。

二、撰写心得

裁判文书是法官对审理案件的付出，是司法公开的答卷，更是让群众感受公平正义的载体。裁判文书的制作过程，是法官将其司法经验和理性思考，通过特定载体完整记录下来的过程，凝聚了法官在整个办案历程中的创造性劳动。以下结合审判工作实践，谈一谈对裁判文书结构规范的理解和体会。

撰写裁判文书通常要对结构制作的内容要求、语句要求和技术要求进行研究，讲求规范操作。与一般文章篇章结构相比，裁判文书结构有其特殊性，程式化要求比较高，这是由裁判文书的基本功能决定的。

从裁判文书撰写的结构特点看，首先，应做到结构完整，条理清楚。为了确保表述内容的合法、有效、完整，裁判文书对篇章结构的完整性和条理性的要求较为严格；不同裁判文书具有其特定的结构要素及排列序次，每一结构成分又包括特定事项，都具有不同法律意义，因此要搭建完成清晰的逻辑框架。其次，需要注意内容严谨，详略得当。裁判文书中需要避免出现不妥帖的章节和语词，还应克服片面强调内容简要而盲目从简的倾向，做到凡应详尽说明的内容不能苟简，而需要简要表达时同样言简意赅。

从文书结构制作的基本要求看，首先，要准确反映案件的客观规律及其内在联系。裁判文书是诉讼活动的客观反映。法官需要在审理案件时，在正确掌握、全面理解法律的前提下，通过查明案件事实，分析内在联系，运用写作方法，决定裁判文书的结构安排。其次，要服从并服务于表达文书主旨的需要。文书写作中，哪些内容为主、哪些内容为次，哪些内容先写、哪些内容后写，哪些内容概括、哪些内容具体，哪些地方叙述、哪些地方议论，怎样安排层次和段落等，都要根据主旨来确定。围绕文书主旨安排结构，文书才会严谨统一。最后，要重视段落在文书结构中的作用。通过段落划分，可以表现法官思维发展的步骤，也能使读者认识文书的层次结构和理解文书的内容。

从裁判文书事实部分的结构看，包括案件事实和证据事实，构成裁判理由和裁判结果的根据。制作裁判文书，要把事实叙述清楚，要按案件发生、发展和终结的先后顺序，把案件的来龙去脉、发展过程、因果关系以及当事人的法律责任通过证据链连接在一起叙写清楚。具体而言，首先，裁判文书应当事实认定清晰。对此，可重点把握来源合法、内容完整、层次分明以及重点突出几个原则；关于事实查明的结构可以选择按照时间顺序进行说明，或按照主要法律事实或争议焦点问题区分板块，分部分对相应的查明内容进行说明；关于查明的形式，文字表述作为主要形式的同时，必要时也可以列举表格、图例或示意图。其次，证据运用需恰当。关于证据部分的表述，完整全面的格式包括对当事人的举证质证情况的反映，以及对证据是否采信的分析论证，也就是说明认证的观点和对证据取舍的过程。根据案件的不同情况，可采用前置式、后置式、穿插式、清单式等方式列举及认证证据。再次，争议焦点需突出。争议的事实和理由是案件事实的重要组成部分，也是裁判文书论述评判的基础和立足点，应当具体明确地予以记叙，为展开论理打好基础。最后，因果关系要明确。法律行为的因果关系是重要的，有目的行为和无目的行为，往往涉及争议问题的不同性质；造成后果与未造成后果，也直接影响争议问题的严重程度。有无因果关系，是当事人是否要承担法律责任的关键因素。裁判文书叙述案件事实需要将目的、行为、后果三者之间的联系交代清楚。因此当叙述某一案件事实时，对当事人的行为与案件的结果之间有无内在必然联系，要叙述清楚。

从裁判文书说理部分的结构看，裁判理由阐明的过程是针对当事人的诉讼请求，根据认定的案件事实，依照法律规定，明确当事人争议的法律关系，阐述请求权是否成立，依法应当如何处理的过程，是裁判文书最重要的部分。在撰写说理部分时，首先，需选择好裁判文书说理的形式。通常可运用法律关系命名式或争议焦点归纳式进行梳理。法律关系命名式主要是根据案件涉及的各项法律关系命名并依此分层次阐明裁判理由，而争议焦点归纳式主要是归纳当事人之间的争议焦点并以此分层次阐明裁判理由。具体应根据案件情况进行选择。其次，需完整和具体地适用法律法规。裁判文书说理首先需要概述法律规范，法律规范概述包括直接援引、裁判依据引用、附录法律条文三种模式，他们都是形式逻辑三段论中大前提的表现形式。通常情况下，在论证裁判理由时，需要准确、完整和具体地引用有关法律条文。要把据以定性、定责的法律规定和司法解释等规范性文件全部引用，同时要引出法律条文外延最小的规定。再次，应突出依法论理，增强说理性。可从争讼的民事法律关系是否存在、当事人实施的民事行为是否有效、对当事人的诉讼请求是否予以支持、当事人对争讼问题是否应当承担民事责任、承担何种民事责任、对争讼标的物如何处理、判决适用的法律以及如何适用该法律等要素增强文书的说理论证。最后，应坚持从个案实际情况出发。具体到个案，说理方法可从以下几个方面把握：一是以事实情节为基础，运用有关法律条文和法学理论，论证查证事实与适用法律之间的逻辑关系；二是以逻辑演绎为主，同时采取其他论证结构，达到论证透彻的目的；三是以法理分析为主，兼顾情理分析，或者结合主流价值观、重要社会政策进行论理，达到情、理、法浑然一体的说理目的。特别是对一些社会影响较大、有特殊教育意义的案件，运用情理分析则具有增强说理效果的作用，也是裁判文书写作的亮点。

（尚晓茜，北京市第三中级人民法院法官）

三、专家评析

本案作为对赌协议类纠纷，具有一定代表性、典型性及新颖性：代表性主要表现在本案是新三板制度刚刚在全国铺开不久后，之前签订过对赌协议的投资者，对目标公司的发展及对赌目标作出的阶段性调整过程中引发的纠纷；典型性主要在于争议时间跨度长，协议数量多，目标公司没有上市成功，案件争议涉及股权回购行使条件、阻却条件及回购权行使期间约定不明时的认定等典型问题；新颖性主要表现在，本案的核心问题在于资本市场不同层次的板块并行运作时，对赌条件既约定挂牌、又约定IPO上市，则退出条款实际指向的是对哪个层次板块进入不能的制度设置问题。

　　具体到裁判文书的撰写，从内容来看，判决书对焦点问题的分析和处理贯穿始终，在整体上展示了对赌协议类纠纷案件的审理思路，结合法律规定及资本市场交易规则，认定投融资主体对回购条件的真实意思，在行文逻辑及说理上均具说服力。同时提出股份回购条件成就时，法院仍应审查权利人行使股份回购请求权是否存在股份限售、权利变更或者消灭等阻却事由；以及对股份回购请求权诉讼时效起算点进行实质审查等观点。此外，本案还包括对以下内容的探讨：同意新三板挂牌是否意味着放弃上市；对于专有约定内容在不同协议中能否作不同一的解释；新三板挂牌过程中对于A股上市作短时间内的对赌安排应当如何理解。从文书形式来看，判决书体现了格式规范、用语准确、要素齐全的特点，补充查明的事实主次分明、结构完整，争议焦点的论证条理清晰、依据充分。从裁判观点的导向性看，判决书对一审裁判作出改判，旨在表明审理资本市场领域纠纷案件时，应当全面考量当事人主体的交易特性及法律关系特征，分析不同层次资本市场中投资者的板块选择，在正确把握上述因素的基础上作出综合判定。

　　本案裁判文书有益于统一类案裁判尺度，即对于新三板挂牌和上市都有所约定的对赌类案件，如何确定对赌条款的指向以及适用问题，起到了良好的示范作用。更为重要的是，通过该案的审理，传递了倡导诚信守约履约、鼓励投资、尊重商事惯例的信号，发挥了引导资本服务实体经济的效果，营造了资本市场领域良好的营商环境。因此，本案裁判文书具有较为典型的案例参考价值。

　　（点评人：侯军，北京市第三中级人民法院立案庭庭长，北京市审判业务专家）

（2019）京03民终9876号裁判文书原文

8. 云南新瑞安投资控股（集团）有限公司和
杨某股权转让纠纷案*

【关键词】

股权转让合同　解除法定标准

【裁判要旨】

股权转让合同中约定的负有"配合办理"工商登记变更义务的当事人，如果已经积极地消除了法律意义上的障碍，就应当认定其已经完成了配合义务。股权转让，是当事人对公司经营前景进行综合判断后的商业行为，股权转让和公司资产之间的确存在一定的关联，但绝非简单的对应关系，当事人以公司资产缩水为由主张对方违约，并请求解除合同的，人民法院应予综合审查，不能仅以此为由解除合同，以维护当事人对合同履行及交易结果的合理期待，维护市场交易稳定、有序、安全和高效。

一、简要案情

2014 年 9 月 27 日，杨某与云南新瑞安投资控股（集团）有限公司（以下简称新瑞安公司）签订《内部股权转让协议书》，明确：杨某系云南螺蛳湾市场置业发展有限公司（以下简称螺蛳湾置业）登记在册的合法股东，持股 39.1838%。在签订本协议之前，新瑞安公司已受让了目标公司部分股东的股权，但尚未办理工商变更登记手续。本协议约定的股权转让属于目标公司内部股东之间股权的相互转让。在签订本协议之前，杨某知晓目标公司的其他股东向新瑞安公司转让股权，并对此作出了放弃优先购买权的决定。双方约定：新瑞安公司受让杨某股权的总价为 104 833 450 元，按下列时间和金额分批向杨某支付，第一笔在 2014 年 10 月 12 日之前支付履约定金 2 709 500 元。第二笔在新瑞安公司支付了履约定金之日后一个月内（即 2014 年 11 月 12 日前），包含履约定金在内共支付 10 483 345 元。第三笔在 2015 年春节之前，

---

* （2017）云民终 87 号。

新瑞安公司向杨某支付股权转让价款 10 483 345 元。第四笔股权转让款 81 413 315 元由新瑞安公司在 2016 年 5 月 30 日前，以每 3 个月为一个支付点，每个支付时点支付 16 282 663 元，分 5 次支付完毕。最后一笔股权转让价款 2 453 445 元由杨某获得其他股东授权，对披露债务提出处理意见，并在处理完之后的 7 个工作日内由新瑞安公司支付。当新瑞安公司履行了第一笔付款义务后，杨某协助新瑞安公司办理新瑞安公司先前已经受让的股权的工商变更登记手续。当新瑞安公司履行了第二笔和第三笔支付义务后，杨某对所转让股权中的约 20% 协助办理工商变更登记手续。以后每当新瑞安公司支付一次股权转让款，则杨某须协助新瑞安公司办理相应股权的工商登记变更。转让款全部支付完成日之后，杨某不再是目标公司的股东，新瑞安公司成为持有目标公司 39.1838% 股权的股东。如杨某不按约定配合新瑞安公司办理股东变更工商登记或者不按约定移交目标公司实物、文件的，新瑞安公司有权顺延下一笔转让价的支付，预期移交超过 15 天的，视为杨某拒绝履行本协议。在此情况下，杨某除须向新瑞安公司支付本协议转让价款总额的 10% 的违约金外，给新瑞安公司造成经济损失的，还须赔偿损失，新瑞安公司还有权解除本协议。新瑞安公司不按约定支付转让价的，在此情况下，除须向杨某支付本协议转让价款总额 10% 的违约金外，给杨某造成经济损失的，还须赔偿损失，杨某并有权解除本协议。

协议签订后，2014 年 10 月 14 日，新瑞安公司向杨某支付了第一笔款项 2 709 500 元，后续未支付。

《股权转让协议》第 10 条附则中明确，杨某所转让的股权中，有一部分股权属于杨某收购了目标公司其他股东的股权，但尚未办理股权变更登记手续。经查，杨某陆续收购目标公司的其他股东股权后，截至 2015 年 11 月 19 日，工商登记显示杨某持有螺蛳湾置业 39.0062% 的股权。

杨某向云南省昆明市中级人民法院起诉，请求判令新瑞安公司履行《内部股权转让协议书》，立即支付杨某股权转让款 104 833 450 元及资金占用费至实际清偿全部转让款之日止，并赔偿杨某违约金 10 483 345 元。

新瑞安公司反诉请求：撤销《内部股权转让协议书》，判令杨某返还新瑞安公司股权转让款 2 709 500 元，并按同期贷款利率赔偿利息损失至其实际还清款项之日止。

一审法院审理认为，杨某在与新瑞安公司签订《内部股权转让协议》时，其股权比例确实未达到协议中约定的转让比例，但是根据诉争股权转让协议

第 10 条第 4 项，表明新瑞安公司知晓签订协议时杨某的股权比例并未达到诉争协议约定的比例，并不存在杨某故意隐瞒自己的股权比例而欺诈新瑞安公司的情况，并且杨某确实按照协议的要求陆续收购公司其他股东的股权以达到协议所要求的股权比例。诉争股权转让协议不符合合同法规定的可撤销条件。

诉争协议的合同根本目的在于股权转让，杨某为履行该合同陆续购买了其他股东的股权，现合同股权转让的根本目的依然可以实现。至于杨某是否违反协助义务，原审认为在诉争协议中并未明确具体约定该种协助的具体内容和范围，此处协助新瑞安公司办理工商变更手续应当是合理范围内的协助，新瑞安公司所提供的证据不能证明合同达到法定解除的条件。诉争合同并未丧失履行的可能性和可行性，现杨某完成了大部分股权收购，虽然与诉争协议的比例差距有 0.1776%，但是这较小比例的差距并不影响协议本身目的的实现，杨某现要求新瑞安公司支付股权款，因第五笔股权转让款的支付为附条件支付，杨某并未举证证明该条件已经完成和达到，因此，第五笔股权转让款原审不予支持。第一笔股权转让款因已经支付完毕，因此也应当在总数中予以扣除。对于第二、三、四笔股权转让款，除对 0.1776% 股权部分所对应的股权转让款原审不予支持外，其余股权转让款共计人民币 99 493 490.2 元予以支持。该部分的资金占用费从第四笔款项应当支付的最后期限 2016 年 5 月 30 日起计算至款项付清之日止，利率按照同期人民银行贷款利率计算。

综上，一审判决：一、由新瑞安公司向杨某支付股权转让款人民币 99 493 490.2 元及资金占用费（自 2016 年 5 月 30 日起至款项付清之日止，按照同期人民银行贷款利率计算）。二、驳回杨某的其他诉讼请求。三、驳回新瑞安公司的全部反诉请求。

一审宣判后，新瑞安公司不服，上诉至云南省高级人民法院。

当事人在本案二审中的争议焦点为：（1）《内部股权转让协议书》应否解除？（2）新瑞安公司和杨某何方违约？违约责任如何承担？即新瑞安公司应支付股权转让款，抑或杨某应退还股权转让款？

二、撰写心得

承办人在撰写该篇文书时，严格遵循最高人民法院的文书样式，要素齐备，体例规范，主张客观展示案件审判过程。注重整篇布局，详略安排较为得当，注重文书行文的严谨性，在说理部分重点着墨，对上诉人的主张为何不能成立，进行了分项充分论述，由事而理，法理互见，由理而断，言之成理，以理服人。

第一，当事人以对方违约为由主张解除合同的，人民法院应审慎把握，从严认定。显然，双方当事人在本案中并未达成解除合同的一致意见。对于新瑞安公司有关合同解除的主张，承办人在撰写文书时进行了概括分析，分层次说理，概括分析新瑞安公司解除合同的理由，共计有三：一是主张杨某拒不协助新瑞安公司办理股权变更工商登记合同；二是主张杨某未提供目标公司的总负债不超过 1.5 亿元的相应文件，加之对方肆意处置资产，致使目标公司资产缩水，间接影响了股权价值；三是主张杨某持有的股权未达到其承诺的 39.1838% 。该文书从多个角度对新瑞安公司的主张进行了逐一分析。（1）《内部股权转让协议书》约定杨某所负的协助新瑞安公司办理股权变更的义务，但对杨某履行协助的时间点不明确，"协助"的具体内容亦不明确，致使法院无法精确界定杨某所负的合同义务，也无法评判杨某是否违反合同约定。案件审理过程中，从双方当事人的诉辩主张可知，至少可以得知杨某在诉讼期间并未拒绝办理股权转让登记。杨某已经提供证据表明，其向新瑞安公司转让股权的事宜，已经得到了目标公司股东同意，其他股东已经明确放弃了优先购买权，由此可见，杨某协助新瑞安公司办理股权转让已经不存在法律意义上的任何障碍。在此基础上，为了让新瑞安公司理解法院说理的初衷，在该份裁判文书中，法院进行了正反两个方面的说理。在前述无证据表明杨某拒不配合移交股权及未配合转让股权的基础上，继续明确，在合同较为详实地记载了当事人的送达地址，且约定本协议项下的通知应以快递、传真、电子邮件或挂号信方式发出的情况下，新瑞安公司并未提交证据表明其曾按合同的前述约定方式催促杨某履行合同义务。（2）关于处置资产，是否致使目标公司资产缩水，是否间接影响了股权价值问题。文书首先，从事实上进行了明确，目标公司出让房产或租赁房产的同时，也得到了相应的对价，仅凭这几份合同，尚不能证明新瑞安公司主张的"因该合同的签订和履行，导致目标公司的资产缩水"的事实。其次，从商业上进行明确，股权转让和公司资产之间的确存在一定的关联，但绝非简单的对应关系，公司资产并非决定股权价值的唯一因素。最后，还向新瑞安公司指出，如若目标公司负债超过 1.5 亿元，新瑞安公司亦可依据合同约定向杨某主张权利，此情形并不导致新瑞安公司签订合同的目的不能实现。（3）关于杨某持有目标公司的股权未达到其承诺的 39.1838% 的问题。《内部股权转让协议书》第 10.4 条约定："鉴于杨某所转让的股权中，有一部分股权属于杨某收购了目标公司其他股东的股权，但尚未办理股权变更登记手续"，由此可见，新瑞安公司在签订合同时理应知晓目标公司的工商登记中记载的杨某股权定然不是合同中的39.1838%，根据工商登记显示，杨某为新瑞安公司39.0062%股权的登记股东，这虽与合同约定存有差距，但差距甚微，杨某将工商登记于其名下的39.0062%股权转移登记在新瑞安公司名下并无障碍，本案并未出现"出卖人因未取得所有权或者处分权致使标的所有权不能转移"的情形，加之新瑞安公司事先也已经知晓杨某持的股权中有部分股权并未进行工商登记的事实，新瑞安公司据此主张合同解除没有事实和法律依据。

第二，在商业合同中，通常会约定一方当事人负有协助义务，配合义务等，在审判实践中，是否主动配合、配合是否到位往往成为双方的争议点，也成为法院裁判的难点。本案当事人尽管约定股权转让方对股权转让负有协助义务，但合同对"协助"的具体内容约定并不明确，致使法院无法精确界定义务方所负的合同义务内容，也无法评判其是否违反合同约定。承办人在撰写本篇文书时提出，转让方经取得公司其他股东放弃优先购买权的承诺，义务方办理股权转让已经不存在法律意义上的任何障碍，受让人可以随时变更股权登记，这就意味着当事人的协助义务已经完成。用是否存在法律上的障碍来判断当事人的配合义务是否完成，这一标准对于此类问题的处理具有一定的典型意义和示范意义。

第三，对于当事人提出的目标公司资产缩水问题，本案文书充分将此回归到商业属性上，将当事人违约和商业经营风险区分开来，对公司资产和股权转让对价之间的关系进行了界定，明确公司如何运转及运转的经济效益如何，应系股权转让合同签订和履行过程中的商业风险。公司资产和股权转让对价之间的确存在一定的关联，但绝非简单对应，仅凭资产缩水，当事人主张其合同目的不能实现，法院应不予支持。

（王超，云南省高级人民法院法官）

三、专家评析

该份文书充分体现了主审法官的文字功底。文书语言准确，逻辑严密，文字通畅，布局合理，详略得当，逻辑清晰，注重文书行文的严谨性，层次清晰。文书格式体例规范，结构分明，层次谨严，要素齐备，客观展示了案件审判过程。比如，对证据进行了较为细致的分析，对于上诉人提出解除股权转让合同的主张，二审精准概述了各方当事人的理由，焦点揭示简明扼要。说理部分是本篇文书的着墨重点，对上诉人的主张为何不能成立，进行了分项说理，充分论述，由事而理，法理互见，由理而断，言之成理，以理服人。

该份文书充分体现了主审法官良好的法律素养。本案当事人尽管约定股权转让方对股权转让负有协助义务，但合同对"协助"的具体内容约定并不明确，致使法院无法精确界定义务方所负的合同义务内容，也无法评判其是否违反合同约定。本篇文书提出，转让方已经取得公司其他股东放弃优先购买权的承诺，义务方办理股权转让已经不存在法律意义上的任何障碍，受让人可以随时变更股权登记，这就意味着当事人的协助义务已经完成。用是否存在法律上的障碍来判断当事人的配合义务是否完成，这一标准对于此类问题的处理具有一定的典型意义和示范意义。

该份文书充分体现了主审法官较好的商业常识。对于当事人提出的目标公司资产缩水问题，本案充分将此回归到商业属性上，将当事人违约和商业经营风险区分开来，对公司资产和股权转让对价之间的关系进行了界定，明确公司如何运转及运转的经济效益如何，应系股权转让合同签订和履行过程中的商业风险。公司资产和股权转让对价之间的确存在一定的关联，但绝非简单对应，仅凭资产缩水，当事人主张其合同目的不能实现，法院应不予支持。

该份文书充分体现了法院的社会担当。合同解除，关乎商业秩序的稳定，影响着当事人对合同履行及交易结果的合理期待，直接关系到市场交易是否稳定、有序、安全和高效。法院在评判当事人是否违约，以及合同应否解除时，引"法"讲"理"，既充分客观展示了法院裁判过程，又充分体现了法院辨法析理过程，循此判决，能够使赢得官司的当事人清清楚楚，输掉官司的当事人明明白白，可以让当事人在其中感受到公平正义，充分体现司法的定分止争功能。

该份文书展现司法对社会主义核心价值观的引导功能。文书在还原客观事实的基础上，认定股权转让方不违约，认定合同应当继续履行，通篇体现了法院极力倡导商主体应当"诚信"，重诺守约，这对于树立良好的社会秩序具有积极的作用。

必须客观指出的是，由于法院受理及审理案件数量原因，每个法官的工作量都十分大，可以看出该份文书是法院、法官诸多文书中的日常习作，并非为参加评比而进行过"精雕细琢"的作品，文书中依然存在着个别用词不够精准，甚至错漏字的情形。

综合而言，点评人认为，该份文书获得首届全国百篇优秀法律文书还是实至名归的。

向坚守社会正义的法院人致敬。

（点评人：于定明，云南财经大学法学院教授，法学博士）

（2017）云民终 87 号裁判文书原文

9. 兰州群英工贸有限公司和北京金源利丰资产管理有限公司、唐某、贾某某股权转让纠纷案[*]

【关键词】

拟制送达　虚假承诺　连带保证责任

【裁判要旨】

1. 公告送达的效力范围不及于受送达公司的股东，受送达公司涉诉情况不属于股东应当知道的事项。

2. 失信被执行人名单现不宜被视为公众普遍知晓的事项，不属于当事人之外的第三方应当知道的事项范围。

3. 保证合同是否受主合同不成立、被撤销的影响，要视保证合同的具体约定内容而定。保证合同明确保证人需对被保证人的承诺承担连带保证责任的，主合同因被保证人虚假承诺构成欺诈被撤销的，保证人的保证责任不得免除，应当对被保证人因合同被撤销所承担的责任后果承担连带保证责任。

一、简要案情

中联担保公司 2013 年 9 月 16 日时的股东分别为唐某、金源利丰公司，二者分别持股 73.86%、26.14%，法定代表人为贾某某。

群英工贸公司经与贾某某、唐某协商一致，达成了落款为 2013 年 9 月 16 日的股权转让协议，主要内容为，金源利丰公司、唐某将各自所持的中联担保公司的全部股权转让给群英工贸公司，贾某某自愿为金源利丰公司、唐某的股权转让提供连带保证；股权转让总价款为人民币 180 万元，本协议签订之日先付 50 万元作为本次股权转让的保证金，剩余股权转让款待股权变更登记及资产交接全部完成后 5 日内全部付清；金源利丰公司、唐某同意由贾某某代为收款，金源利丰公司、唐某承诺和保证，截至转让协议签订之日，中

---

[*] （2017）京 0111 民初 4048 号。

联担保公司没有任何对外担保业务，本协议签订之日前，中联担保公司的全部债务已由金源利丰公司、唐某负责清偿完毕，如在本协议签订之后发现仍有未清偿的债务（包括但不限于隐形债务和担保债务），由金源利丰公司、唐某承担连带清偿责任，如因债务问题导致中联担保公司利益受损的，由金源利丰公司、唐某共同向群英工贸公司赔偿全部损失，由保证人贾某某承担连带清偿责任。上述情况如有虚假，金源利丰公司、唐某须向群英工贸公司支付股权转让总价款30%的违约金，并由金源利丰公司、唐某以及贾某某承担连带赔偿责任。协议落款处除有群英工贸公司的盖章、贾某某、唐某的签名外，还加盖了显示为金源利丰公司的公章。该枚公章后在诉讼中经鉴定不是金源利丰公司的公章。

2013年9月13日，群英工贸公司向贾某某支付了50万元。2013年10月17日，中联担保公司的股东由唐某、金源利丰公司变更为群英工贸公司，法定代表人由贾某某变更为宋某某。2013年10月25日，群英工贸公司又向贾某某支付了50万元。2014年3月1日，邵某某受群英工贸公司委托，将10万元以转账方式支付给唐某，贾某某出具了收款10万元的收条。

签订协议时，唐某、贾某某未告知群英工贸公司中联担保公司此前在北京市朝阳区人民法院的29个案件中被法院判决对案外人的债务承担连带责任且案件已生效的问题。2015年3月18日，中联担保公司因未履行该系列生效判决确定的债务，被列入中国执行信息公开网发布的失信被执行人名单中。2016年2月17日，朝阳区人民法院因中联担保公司等未履行上述29个案件的债务，裁定依法查封冻结中联担保公司名下全部工商登记。但截至2017年本案庭审之日，北京市企业信用信息网、国家企业信用信息公示系统关于中联担保公司的信息中，并无中联担保公司被列入经营异常名录或严重违法失信企业名单的内容。

2016年5月31日，群英工贸公司向北京工商登记申请服务平台提交了中联担保公司的公司变更登记申请未获通过，理由是中联担保公司在黑名单中。2016年8月，群英工贸公司到朝阳区人民法院了解中联担保公司的涉诉情况。2016年11月30日，群英工贸公司将金源利丰公司、唐某、贾某某诉至房山区人民法院。

经一审法院到相关法院调查，未发现有群英工贸公司、宋某某于2014年或2015年收到中联担保公司涉诉或被执行情况通知的信息，亦未发现其他能够证明群英工贸公司在起诉时间点一年前便得知可撤销事由的证据材料。

本案的争议焦点为：一是本案争议的股权转让协议是否成立。二是若群英工贸公司与唐某之间的股权转让合同成立，则是否属于可撤销合同。三是若群英工贸公司与唐某之间的合同为可撤销合同，则群英工贸公司请求撤销其与唐某之间的股权转让协议的请求是否已过法定除斥期间。四是若群英工贸公司与金源利丰公司之间的股权转让合同不成立，群英工贸公司与唐某之间的股权转让合同被撤销，则金源利丰公司、唐某、贾某某各自是否需要承担返还股权转让款的义务，若需承担返还股权转让款的义务，所需返还的具体金额为多少。五是若股权转让协议不成立或被撤销，则群英工贸公司主张适用违约金条款的请求是否成立。六是若股权转让协议不成立或被撤销，贾某某是否需要承担保证责任及承担保证责任的范围。七是群英工贸公司对贾某某的请求是否已过保证期间。

二、撰写心得

撰写裁判文书是一项核心司法能力，是法官的立身之本，每一名法官都有自己的见解和方法。在这里，笔者仅谈谈个人的一些认识和感受，不妥之处，请大家批评指正。

对于法治社会来说，裁判文书具有指引、评价和教育功能。加强裁判文书的释法说理，是党的十八届三中全会、四中全会提出的明确要求，是让人民群众在每一个司法案件中感受到公平正义的必然要求，也是提高司法公信力的必然要求。

对于每一个司法案件来说，裁判文书应当是整个卷宗的浓缩和精华。越是有争议的案件，就越需要有说服力的判决。既要让赢的人清楚、输的人服气，又要让案外人能够清楚明了案件的审判过程和裁判推理过程，从而得出与裁判结果相同的结论。一份事实详略得当、证据分析透彻、说理充分有据的高质量文书，将整个司法活动的过程公开、公正、透明地呈现在社会公众面前，是对误解和臆测的最好解释和回应。裁判之外，再无他言。

裁判文书写作需要靠水磨功夫，绝不是一朝一夕之功。除了自身审判经验与业务能力的点滴积累，还需要多看多学，借鉴别人的经验与智慧。中国裁判文书网中发布的很多优秀裁判文书，在法官的大局意识、人文情怀、专业底蕴、办案思路及写作文采等诸多方面，均有独到之处，值得再三品读。笔者经常整理类案裁判文书集锦，分门别类留存，博采百家之长，从模仿和借鉴开始，在实践和总结中提高，久而久之，受益良多。

关于具体的写作方法，笔者按照审判规律和自己的工作习惯，总结了"研类案、定思路、亮心证、析道理"四个步骤。

一是搜集类案资料，查找法律依据，研究案件涉及的热点难点和法学理论问题，储备知识，开阔视野，磨炼思维。

二是起草庭审提纲，总结争议焦点，形成细致全面的审理报告，明确文书写作的思路。

三是论证分析证据，围绕"证据三性"和证明力展开论述，将法官"心证"的过程公开，阐明证据采纳与否的理由。

四是充分说理、严密论证，从事理、法理、情理、学理、文理五个方面考虑，反复雕琢裁判观点，深入浅出，让当事人与社会公众明了裁判的推理过程。

除以上四个步骤外，结合本案，笔者再谈两点具体感受。

（一）用语准确精练，繁简得当；文书结构严谨，逻辑鲜明

裁判文书不是文学作品也不同于论文。潘庆云教授认为："由于法律语言以准确为生命，要严格按照法律科学、逻辑事理和其他科学原理认定事实、推测理由和作出处理决定，因此表述时必须咬文嚼字，力求做到周密严谨、天衣无缝，以体现法律语言的科学性，从而形成了比较显著的严谨周密风格。"对于诸如当事人信息、证据认定及说理部分等核心内容，法官应对用词用句反复斟酌，做到严谨准确，每处表述有确凿的来源或根据。在遵循当事人原意的基础上，法官还应概括归纳当事人冗长的诉辩意见，通篇能用尽少的文字语句表达清楚的，绝不过多赘述，力求文风利落，句句精华；当然，对于争议较大之处，则应不吝笔墨，力求阐述到位。

裁判文书也是法官表达和沟通的载体之一，需要遵循语言表达和文章写作的逻辑与规律。在文章结构上，除却相关裁判文书规范对本身结构的要求外，应当按时间、事件（或地点）、因果关系及重要性等逻辑顺序，调配好文书的结构层次，以争议焦点统领证据分析、事实查明和说理部分的内容，条理清楚，层层推进。这篇裁判文书便围绕着合同不成立、合同撤销、撤销合同请求是否已过除斥期间、合同不成立及撤销的法律后果、担保人的担保责任承担等多个争议焦点，按时间、因果关系等逻辑顺序，依次展开论述，对于撤销合同请求是否已过除斥期间的，因属于本案争论的核心问题，法官用了较多笔墨，充分阐述了法院认定撤销合同请求未过除斥期间的理由。复杂案件的裁判文书应当达到这样的效果——公众看过后，对主要案情、焦点问题及法院认定事由结构一目了然、对号入座品读即可，不至于产生"绕晕""不知所云"的感受。

（二）抓好典型案件的规则引导和价值导向作用，将社会主义核心价值观融入释法说理的过程，引领社会风尚

司法公开，裁判文书上网，加之自媒体的迅猛发展和广泛传播，裁判文书的受众已经从个案的当事人发展到社会公众。优秀的裁判文书，能够积极回应人民群众对公正司法的要求和期待，发挥正面引导作用，引导人们向善向好。法官不能满足于埋头结案，要有社会责任感和大局意识，有意识地发现挖掘典型案件，敢于亮剑，发挥司法裁判的规则引领和价值导向作用。我们在办理一起请求确认仲裁协议无效的案件中，申请人以拒绝配合安排询问、不接电话、要求邮局在谈话日再投递传票等行为意图拖延诉讼的进程，传票投递成功后，申请人又请求撤回申请，我们经合议拒绝了申请人的撤回请求，在文书中对仲裁协议有效进行确认的同时，写明了当事人拖延诉讼的各种具体行为，表明了法院为何不同意其撤回申请的请求，并对其违背诚信原则、拖延诉讼的行为进行了批评。文书上网后，申请人还曾请求撤下文书，因不符合文书不公开情形，法院未予准予。这篇获奖文书则是因股权出让方在签订合同时违背诚信原则，作出虚假承诺而引发的请求撤销合同的纠纷，最终的裁判结果也向社会公众表明，违背诚信之行不可取。本案对于社会信用体系的建设和完善有一定的启示作用。公司登记部门、人民法院之间可以加强信息的共享协作，公司登记部门可将失信被执行人名单、企业涉诉情况整合后全面纳入企业信息查询系统，以使公众更加便利、直观地了解拟交易或投资的企业的资信情况和潜在风险，让企业的失信情况无所遁形，促进企业诚信守法经营。在本案裁判作出后不到四年的时间里，几家有影响力的企业登记信息查询平台 App 中已经载入了企业的涉诉信息，对社会公众了解涉诉企业情况、决定投资合作的决策有重要参考价值。上述两案，虽有繁简之分，但均发挥了评价和规范一类负面行为，教育和引导社会公众遵循诚信原则的作用。

术业有专攻。在审判工作压力持续加大的情况下，法官可以先从几类擅长的案件类型入手，循序渐进，磨炼文书写作能力。受益于北京市房山区人民法院过去几年中繁简分流机制和专业化审判团队建设工作的深入推进，在此期间，笔者带领团队成员办理了大量公司诉讼、合同纠纷案件，在案中反复练习、深入总结，提升了办案能力和文书写作水平。

裁判文书的写作过程，让笔者深刻体会到"功不唐捐，玉汝于成"的道理。每一个付诸心血的案件，每一份精心打磨的判决，不仅是对当事人的交代，更是法官不忘初心的坚持。笔者深知自己还存在很多不足，会珍惜荣誉，加倍努力，兢兢业业办好每一个案子，踏踏实实写好每一份文书，为法治建设贡献自己的力量。

（于颖颖，北京市房山区人民法院法官）

三、专家评析

该篇裁判文书是关于民事主体因违背诚信原则而承担相应法律后果的典型案例。诚信原则是民事活动应当遵循的基本原则，对于正在全面推进市场经济和建设信用社会的中国更具重要意义。本案是因股权出让方在签订合同时违背诚信原则，作出虚假承诺而引发的请求撤销合同的纠纷，在当时的背景下，公司涉诉信息尚未完全能够从公开渠道获得，股权转让方在股权转让时违背诚信原则，作出虚假承诺，受让方基于对其承诺和保证人的保证的信任而受让股权，因此受到损失，双方利益失衡。审理中，法院发现另一股权出让方被冒名签署合同，合同部分不成立，因此，本案包含了合同不成立、被撤销两种情形下法律后果的处理，以及对应情形下保证责任承担的审查问题。作为一个合并之诉，处理起来比较复杂。案件涉及了合同的撤销权是否已过除斥期间的具体审查认定，合同被撤销时违约金条款能否继续适用，合同部分不成立、部分被撤销时保证人的保证责任是否可以免除等多个颇有争议的法律问题。合议庭围绕争议焦点，区分合同不成立、可撤销两种情形，对争议逐一回应，裁判思路清晰，论述充分。本案裁判的作出，让背离诚信的民事主体为其失信行为付出代价，能够起到引导、敦促民事主体在从事民事活动时恪守诚信原则，不得将获利建立在损害他人合法权益基础上的作用，从而有利于减少交易人为调查相对人的情况不得不支出的额外交易成本，促进交易效率，维护交易安全。

特别需要指出的是，第一，在此案作出前的审判实践中，对于冒用他人名义签署的合同，多有对此作出合同无效的认定，此文书从合同成立的要件分析出发，明确了此种情形下合同应为不成立。第二，合同部分不成立、部分被撤销的情形下，该案没有机械地参照适用担保法中"主合同无效担保合同无效"的规定，而是根据保证人承诺的具体保证内容出发，认为保证人承诺在债务人存在虚假陈述、给债权人造成损失的情况下承担保证责任的，应当就债务人因虚假陈述构成欺诈而致合同撤销所应承担的责任后果承担保证责任。

同时，该案的裁判对我国信用体系的建设和完善也有一定的启示作用。目前，已经有一些社会营利机构在做企业征信情况的整合工作，并发布了相关的 App 应用软件，但这些软件目前受众范围有限，主要用户集中在比如法律、金融等专业部门和人员的范围内。公司登记机关、人民法院、税务部门等之间可以加强信息的共享协作，公司登记机关可将人民法院失信被执行人名单、企业涉诉情况整合后全面纳入企业信息查询系统，以使公众更加便利、直观地了解拟交易或投资的企业的资信情况和潜在风险，让企业的失信情况无所遁形，促进企业诚信守法经营。

此案判决事实清楚，结构清晰，逻辑严密，行文严谨，层层递进，论述充分，对于上述争议一一作出回应，对于今后类案的裁判有重要的借鉴作用。

（点评人：马军，北京市第四中级人民法院民事审判庭庭长，北京市审判业务专家）

（2017）京 0111 民初 4048 号裁判文书原文

10. 青海金三角面粉有限公司和白某某、刘某2、仲某某、中央储备粮平安直属库有限公司、青海中储粮金三角面业有限公司损害公司利益责任纠纷案[*]

【关键词】

　　股东代表诉讼　损害公司利益责任

【裁判要旨】

　　股东在无法通过监事会提起诉讼的情况下，可以自己的名义提起股东代表诉讼。主导公司生产经营的控股股东和公司管理人员应按照公司规章制度规定履行审批和竞价程序，确保交易公平合理。控股股东和公司管理人员利用交联关系损害公司利益的，应对公司损失承担赔偿责任。

一、简要案情

　　2011年6月11日，青海金三角公司与中央储备粮西宁直属库（以下简称西宁库）、中央储备粮乐都直属库（以下简称乐都库）签署《出资协议书》，协商成立中储粮金三角公司。协议约定，公司注册资本金100万元，其中青海金三角公司出资49万元持股49%，西宁库出资40万元持股40%，乐都库出资11万元持股11%，公司经营管理由西宁库和乐都库主导进行。2011年6月12日，股东制定了《公司章程》，选举马某某、方某某、汪某某、赵某1、刘某1组成公司董事会，任命马某某为公司董事长并兼任总经理，聘任汪某某为公司财务负责人。2011年6月20日，公司登记成立。2011年6月30日，股东又签署《股权转让及增资扩股协议书》，约定西宁库将40%的股权无偿转让给乐都库，公司股东变更为青海金三角公司和乐都库，持股比例分别为49%和51%，公司注册资本增加至3161.3万元，增资后由青海金三角公司出资1549万元，乐都库出资1612.3万元。该协议还约定原告享有股东会33%

的表决权，乐都库享有股东会67%的表决权。根据2011年11月29日的《股权转让及增资扩股协议书》，公司董事会5名董事全部委派产生，其中乐都库委派董事3名，青海金三角公司委派董事2名，董事长由乐都库委派。根据股东会决议和章程修正案，乐都库委派董事马某某、白某某、汪某某，青海金三角公司委派董事赵某1、刘某1组成董事会，上述董事会组成人员中由马某某担任董事长，白某某担任公司总经理，汪某某为公司财务负责人。2012年3月，由于股东乐都库人事变动，公司于3月24日召开了2012年度第一届股东会第一次会议并形成决议，同意乐都库更换并重新委派董事，将原董事马某某、汪某某变更为刘某2、仲某某，青海金三角公司继续委派赵某1、刘某1为公司董事，并同意乐都库委派刘某2为公司董事长、法定代表人，白某某为公司总经理，仲某某为公司财务负责人，但仅约定监事会由青海金三角公司派出二人，平安库派出一人，未明确公司监事会的具体构成人员。2015年9月，乐都库根据其上级主管部门的要求与平安库合并，并被撤销法人资格，公司股东变更为平安库。

为了解公司的经营情况，青海金三角公司要求中储粮金三角公司提供会计账簿、股东会决议、董事会决议、监事会决议和财务会计报告以及其他经营性资料以供查阅被拒，遂向青海省西宁市城东区人民法院提起诉讼，请求判令公司履行法定义务，该院经调解作出（2016）青0102民初1543号民事调解书。2017年4月4日，青海金三角公司向中储粮金三角公司法定代表人刘某2通过EMS邮寄了《关于中储粮金三角公司提起诉讼的请求》，次日，刘某2收到了上述邮件。2017年5月31日，一审法院收到青海金三角公司递交的起诉状。2017年3月30日，平安库将其持有中储粮金三角公司的51%股权和债权在北京产权交易所挂牌交易，其中51%的挂牌价为7 341 858元。

本案争议焦点为刘某2、白某某、仲某某、平安库应否赔偿中储粮金三角公司经济损失42 244 484.88元（包括价差损失21 491 696.7元和收入减少损失20 752 788.18元）以及如何承担赔偿责任的问题。

本案争议焦点涉及中储粮金三角公司控股股东平安库、董事、高管是否利用关联关系从事损害公司利益的关联交易，以及是否未尽忠实勤勉义务，违反法律法规或公司章程损害公司利益，应否承担损害赔偿责任等问题的认定和判断。

第一，被上诉人平安库、刘某2、白某某、仲某某的身份问题。

从《中储粮金三角公司2012年度第一届股东会第一次会议记录》《中储

粮金三角公司 2012 年度第一届董事会第一次会议记录》，可以看出刘某 2、白某某、仲某某均由乐都库委派担任中储粮金三角公司董事。其中刘某 2 为中储粮金三角公司的董事长和法定代表人，白某某为总经理，仲某某为三名副总经理之一，分管财务部（财务负责人）工作。根据《公司章程》中公司董事、高级管理人员的资格及责任的相关规定，以及《公司法》第 216 条第 1 款第 1 项"高级管理人员，是指公司的经理、副经理、财务负责人，上市公司董事会秘书和公司章程规定的其他人员"，第 2 项"控股股东，是指其出资额占有限责任公司资本总额百分之五十以上或者其持有的股份占股份有限公司股本总额百分之五十以上的股东"的规定，平安库作为占股 51% 的控股股东以及刘某 2、白某某、仲某某作为中储粮金三角公司董事或高级管理人员，符合公司法所规定的损害公司利益的责任主体身份。

第二，本案是否存在关联交易以及与平安库、乐都库、西宁库原粮买卖中是否存在价高质次并因各被上诉人原因造成原粮霉变丢失损害中储粮金三角公司利益问题。

首先，中储粮金三角公司 2011 年 6 月 20 日设立之初注册资本为 100 万元，股东为西宁库（40%）、乐都库（11%）和青海金三角公司（49%），之后 6 月 30 日经增资扩股，注册资本达到 3161.3 万元，乐都库受让西宁库全部股权，成为持股 51% 的控股股东，青海金三角公司仍保持 49% 的股权。西宁库、乐都库和平安库均系中国储备粮管理总公司直属企业。《公司法》第 216 条第 1 款第 4 项规定："关联关系，是指公司控股股东、实际控制人、董事、监事、高级管理人员与其直接或者间接控制的企业之间的关系，以及可能导致公司利益转移的其他关系。"乐都库作为控股股东，相关的交易合同和公司文件显示刘某 2 同时任乐都库、平安库和中储粮金三角公司法定代表人。白某某、仲某某均系乐都库委派的董事并担任公司高管。青海正信会计师事务所有限公司青正会审字（2017）第 15、16、17 号《审计报告》，包括《审计报告》所依据的公司会计凭证可以证明，2012 年 4 月至 2014 年乐都库作为控股股东，刘某 2、白某某、仲某某作为公司管理人员具体经营管理期间，中储粮金三角公司的采购原粮主要来自平安库、乐都库和西宁库等，二审出庭作证的证人严某某、赵某 2、张某某的证言，均证实中储粮金三角公司主要从平安库、乐都库、西宁库购进原粮的事实。因此，中储粮金三角公司经营期间存在关联交易的事实成立。

其次，案涉原粮买卖是否存在质次价高，造成差价损失 21 491 696.7 元的问题。青海金三角公司诉求刘某2、白某某、仲某某、平安库承担赔偿责任提供了主要证据为中储粮金三角公司《采购管理办法》《关于小麦霉变污染事故及相关责任人处理情况的通报》《关于对平安库14、18、26号仓调入原粮情况汇报》《关于对成品库问题相关责任人处理情况的通报》《关于对成品面粉短库问题相关责任人处理情况的通报》，甘肃励致安远会计师事务所甘励会审字（2012）第259号《审计报告》和青海正信会计师事务所有限公司青正会审字（2017）第15、16、17号《审计报告》。本院认为，青海金三角公司提交的以上《审计报告》，从证据的分类上属鉴定意见范畴，法律规定并未限制当事人自行委托鉴定，同时也赋予另一方当事人有证据足以反驳并申请重新鉴定的权利。对上诉人青海金三角公司提交的以上《审计报告》，各被上诉人以作出《审计报告》的主体不具备相应资格及《审计报告》对价格认定不实为由不认可，但并未提供能够证明审计单位和人员不具备审计资质的证据。各被上诉人经一审法院释明，仅对《审计报告》表示简单否认，并未按《最高人民法院关于民事诉讼证据的若干规定》第28条①"一方当事人自行委托有关部门作出的鉴定结论，另一方当事人有证据足以反驳并申请重新鉴定的，人民法院应予准许"的规定提出足以反驳的证据，也未申请重新鉴定。作出审计报告的青海正信会计师事务所以及会计人员具有合法资质，无证据证明其审计程序违法违规。该事务所营业执照载明其经营范围包括会计报表审计、清产核资、资产评估、经济效益评估等业务。其于本案作出的审计报告合法有效，其证据效力应予采信。各被上诉人认为，该会计事务所不具备价格评估的资格，审计报告不具证明效力的质证意见，无事实和法律依据，不予采信和支持。中储粮金三角公司2011年12月下发的《采购管理办法》中规定：第2条本规定所称的采购主要指以下四种：产用原粮及成品粮及副产品的各类包装物、缝口绳等。第4条采购程序：填报《物资采购审批表》，主管领导核准后，报总经理（总经理办公会议或董事会）批准后购买。第5条新物资及大宗物资的采购原则上先订立采购合同，经总经理办公会议审查后方可实施。第6条大宗物资、设备和原粮采购必须经总经理办公会议研究后实施，具体是：采购价值超过200万元的原粮采购，总价值超过10万元的包装物采购，单台设备超过一万元的采购，必须由总经理办公会讨论通过后，报董事

---

① 《最高人民法院关于民事诉讼证据的若干规定》已于2019年修正，修正后第41条规定："对于一方当事人就专门性问题自行委托有关机构或者人员出具的意见，另一方当事人有证据或者理由足以反驳并申请鉴定的，人民法院应予准许。"

长审核批准后实施。第 9 条规定，采购的原粮要符合生产加工的要求，要经过检验并出具《质量检验单》。该采购办法第 10 条还规定，需要有供货商长期供货的物资采购，必须寻找至少两家的供应商进行竞价和比较，择优确定一家后再签订购销合同。但以上各被上诉人除认为依法签订了买卖合同外，均未提供乐都库控股经营期间，就案涉交易决策过程和合同签订履行，通过召开过股东会、董事会或总经理办公会履行了合法的内部决议决策程序的证据，也未提交平安库、西宁库、乐都库与公司交易的买卖价格合理公道和质量经检验合格的证据，应承担举证不能的不利后果。经一审法院对青海正信会计师事务所出具的上述审计报告的评估过程进行了解，该事务所系以中储粮各直属库与他方签订的购销合同确定的价格作为市场参考价，没有证据否定该等合同的真实性，会计事务所参考同时期同行企业就粮食交易形成的购销价格，具有客观性和合理性，该事务所虽证明对于涉案粮食的市场价格未考虑粮食的品质，但原因在于中储粮金三角公司没能提供相关质量检验材料，且二审中证人严某某证言，其 2011 年 6 月至 2014 年 11 月期间在中储粮金三角公司担任销售部部长，从事销售工作。中储粮金三角公司存续期间的原粮来自平安库。原粮品种单一，不是新鲜小麦，同期相对于省内直属库价格成本价格高。原粮购进程序也不符合公司要求，原粮从平安库配进，公司没有选择的权利。证人赵某 2 证言，2011 年 6 月开始担任中储粮金三角生产部长。中储粮金三角公司加工的小麦的来源是平安库、西宁库调的，品质是五年以上的轮换粮。证人张某某证言，曾担任中储粮金三角公司生产车间副主任。原粮来源是平安库调的粮食，粮杂质多。以上证人没有证据证明与青海金三角公司存在有碍作证的特殊利益关系或其他利害关系，均在中储粮金三角公司分别从事不同岗位的工作，其证言具有客观性，证人证言也证明所收购的粮食来源于平安库、西宁库和乐都库，存在质量问题，与审计报告内容能够相互印证，证人证言具有本案的证明效力，其证明内容应予采信。各被上诉人和原审第三人不认可证人证言的真实性和关联性。认为证人证言不符合二审新证据的要求，证人与原告有利害关系。证人不是公司股东和决策人，达不到知晓公司管理决策的层次，证言没有真凭实据的质证意见，不能支持。另外，中储粮金三角公司 2012 年 6 月形成的《关于对平安库 14、18、26 号仓调入原粮情况汇报》中也反映从平安库调入的原粮存在二次着水，不完善粒超标的问题，足以证明中储粮金三角从平安库、西宁库和乐都库购进的原粮存在价高质次以及没有按照公司采购办法等规章制度履行审批和竞价程序的事实。一审法院以该审计报告缺乏充分的市场调查及国家权威部门数据，审计报告不能证明原粮存在质量问题为由不予采信，属举证责任分配不当，认定事实错误，应予纠正。各被上诉人举证的国浩青审（2012）708C336号、信会师报（2013）220879号、天职业字（2014）6107号、信会师报（2015）222983号、大信审字（2016）第1-01098号、甘鼎会字（2015）276号等审计报告，仅是对中储粮金三角公司年度资产负债、利润、现金流量等客观情况作出的审计结果，该等报告内容并不能够证明案涉原粮交易和买卖的正当性和交易价格的公道合理，且反映了公司负债的事实，证明公司存在损失的实际情况。该年度审计报告并不足以推翻青海金三角公司所提交的青正会审字（2017）第15、16、17号《审计报告》和甘肃励致安远会计师事务所甘励会审字（2012）第259号《审计报告》反映价格过高的事实。根据中储粮金三角公司章程规定，董事长为公司法定代表人行使主持股东会、召集主持董事会，代表公司签署董事会权限内的重要文件等职权。总经理主持公司生产经营管理工作，组织实施董事会决议，组织实施公司年度经营计划和投资方案等职权。因此，作为主导公司生产经营的控股股东和公司管理人员，应就案涉原粮交易价格公平合理，与公司关联交易的正当性承担证明责任和义务。而刘某2、白某某和平安库提供的证据均不足以证明各直属库与中储粮金三角公司进行原粮采购买卖时履行了以上审批和竞价程序，不能证明交易价格公平合理。本案中，各被上诉人抗辩认为采购依法签订了买卖合同，符合公司章程规定，根据《最高人民法院关于适用〈中华人民共和国公司法〉若干问题的规定（五）》第1条①"关联交易损害公司利益，原告公司依据公司法第二十一条规定请求控股股东、实际控制人、董事、监事、高级管理人员赔偿所造成的损失，被告仅以该交易已经履行了信息披露、经股东会或者股东大会同意等法律、行政法规或者公司章程规定的程序为由抗辩的，人民法院不予支持"的规定，本院不予采信和支持。综合以上事实，控股股东乐都库存在利用交联关系损害公司利益的事实，违反了《公司法》第21条"公司的控股股东、实际控制人、董事、监事、高级管理人员不得利用其关联关系损害公司利益。违反前款规定，给公司造成损失的，应当承担赔偿责任"的规定，应对交易价格过高造成的公司损失承担赔偿责任。刘某2和白某某接受乐都库的委派作为中储粮金三角公司

---

① 该条已于2020年12月29日修正。

董事，并分别担任法定代表人和总经理，其任职期间的行为违反了《公司法》第147条第1款"董事、监事、高级管理人员应当遵守法律、行政法规和公司章程，对公司负有忠实义务和勤勉义务"和第149条"董事、监事、高级管理人员执行公司职务时违反法律、行政法规或者公司章程的规定，给公司造成损失的，应当承担赔偿责任"以及《公司章程》第49条"董事、监事及高级管理人员应当遵守公司章程，忠实履行职务，维护公司利益，不得利用在公司的地位和职权为自己或他人谋取利益"的规定，亦应对交易价格过高造成的公司损失承担赔偿责任。青海正信会计师事务所青正会审字（2017）第15、16、17号《审计报告》证明，2012年4月1日至2014年12月31日，采购原粮64 154 526公斤，差价损失共计21 491 696.7元。其中2012年4月1日至12月31日，采购原粮24 537 624公斤，采购均价每公斤2.14元，同期市场均价每公斤1.98元，差价每公斤0.16元，差价损失3 926 019.84元；2013年1月1日至12月31日，采购原粮24 174 223公斤，采购均价每公斤2.42元，同期市场均价2元，差价每公斤0.42元，差价损失10 153 173.66元；2014年1月1日至12月31日，采购原粮15 442 715公斤，采购均价每公斤2.48元，同期市场均价每公斤2元，差价每公斤0.48元，差价损失7 412 503.2元。鉴于公司董事和高管刘某2、白某某是接受乐都库委派从事经营管理行为，且平安库吸收合并了乐都库的事实，应由平安库承担赔偿责任，刘某2和白某某对平安库不能赔偿的部分承担补充赔偿责任。另根据中储粮金三角公司第一届董事会第一次会议决议，仲某某作为公司三名副总经理之一只是分管公司财务部工作，虽具董事和高管身份，但公司章程中仅规定副总经理和财务负责人协助总经理工作，并未规定副总经理和财务负责人享有公司经营管理决策权，本案亦无证据证明其存在违反公司章程、规章制度和法律法规的侵权行为，青海金三角公司主张其承担赔偿责任，事实依据不足，不予支持。

再者，关于原粮霉变、短少等造成出品率低，减少销售收入损失20 752 788.18元的问题。从青海金三角公司提供的证据内容看，青中储面字（2012）第010号《关于小麦霉变污染事故及相关责任人处理情况的通报》的内容中明确事故主要原因系采购保管部人员自作主张违规运作；原粮保管员没有责任心，把关不严；装卸队野蛮装卸等。青中储面字（2012）第011号《关于对成品库短库问题相关责任人处理情况的通报》认定短库问题的主要原因：落实制度不严，违规出库；责任意识差，监督失控，领导失职（值班领导和采购保管部部长、综合部部长等）。当日开票提货制度执行不力，隔日提货时有发生。门卫形同虚设，验证制度没有落实。青中储面字（2012）第010、第044号《关于对成品面粉等短库问题及相关责任人处理的情况通报》认定问题的原因在于，保管部对各库进行了划区分库任管理，在落实的过程中出现偏差，保管员上有政策、下有对策；各库保管员没有进行认真清点验收签字接收产成品，违反公司入库程序。保管部没有落实责任制管理，保管员随意发货，造成责任不清、数字不准。以上均是由于履行保管、装卸、验货等具体职责的工作人员未尽职履责导致原粮霉变短少。且根据以上文件，中储粮金三角公司已就原粮小麦腐烂变质、库存成品面粉、大米无故丢失等事故对具体工作人员和负有领导责任人员进行了追责处理。青海正信会计师事务所有限公司青正会审字（2017）第15、16、17号《审计报告》载明公司亏损主要存在的问题还有财务制度不健全、投入产出比和销售成本等问题。以上问题不可完全归责于控股股东和公司董事高管，青海金三角公司提供证据不足以证明刘某2、白某某、仲某某和平安库是因原粮霉变短少导致销售减少的直接责任人，对青海金三角公司该项损失赔偿不予支持。另外，二审期间，青海金三角公司申请对中储粮金三角公司2012年4月至2015年12月期间的经营亏损及亏损原因进行鉴定，本院认为，青海金三角公司的鉴定申请未在一审以及二审指定的举证期间提出，不符合《最高人民法院关于民事诉讼证据的若干规定》第25条当事人申请鉴定，应当在举证期限内提出的规定，对该鉴定申请不予准许。

二、撰写心得

裁判文书是人民法院行使审判权适用法律解决纠纷的重要文书，是人民法官审理案件辨析曲直，明法释理、定分止争、弘扬社会主义法治和维护司法公信力的重要载体。裁判文书不仅反映案件的审理过程和裁判结果，也直接影响着司法审判的质效和权威。三十年来的职业生涯中，笔者经历了从牧区基层法院到省高级法院的大跨度执业转换，也经历了从书记员、助审员到审判员各岗位历练。无论角色如何转换，笔者始终坚持在每一起案件中履行好职责，制作好每一份法律文书。笔者承办（2019）青民终91号案件凝聚着审判团队集体智慧和心血，所制作的裁判文书有幸荣获第三届全国法院百篇优秀裁判文书。现就制作撰写裁判文书总结几点不成熟的体会。

（一）公平正义的裁判结果是制作好裁判文书的价值体现

人民法院的司法审判就是严格适用法律审理和解决社会矛盾纠纷，维护和实现惩恶扬善，匡护正义的固有价值。案件审理中，法官必须结合案件事实和法律规则进行价值判断和目的解释。法官最重要的能力在于结合长期司法实践积累的认知和经验，通过认定事实和法律规定之间进行逻辑考量，作出是非价值上的判断。司法裁判中，无论是判决还是裁定，均须援引明确的法律规定，但适用法律是否正确，取决于对案件事实的准确认定和对法律精神的准确理解。只有充分理解法律规定的立法原意和内在精神，在程序实体、法律规范、人文习俗、道德世俗、价值导向等方面融合统一，最大限度地确保案件公正处理并获得当事人、社会公众的认可接受，实现政治效果、法律效果和社会效果的有机统一，才能做到裁判文书所彰显的"裁之有理、判之有据"。

（二）明晰个案的法律特点是制作好裁判文书的重要保障

一篇优秀的裁判文书离不开审理中对案件事实、法律关系、争议焦点的准确判断和界定。本案是一起典型的小股东代表公司起诉控股股东损害公司利益诉讼案件。该类纠纷一定程度上是公司内部矛盾激化的突出表现，实质是公司各相关主体对各自实体权益的争夺。股东代表诉讼为中小股东提供了司法救济渠道。一方面可以使公司损害得到赔偿，维护中小股东的合法权益。另一方面制约和规范公司治理行为，发挥抑止违法行为的作用。结合此类案件的性质和特点，本案二审审理没有局限于一审证据不足的裁判逻辑和全部判驳的裁判结果，而是着眼于小股东正当权益的维护和控股股东是否因关联交易而存在损害公司利益以及举证责任分配等焦点问题，结合当事人诉辩主张，对各方证据的合法性、客观性、关联性及证明力大小综合归纳分析，准确适用证据规则，正确分配举证责任，运用严谨的逻辑推理，采信证据，认定事实，为颠覆性改判奠定了扎实的事实基础。二审判决生效后，当事人向最高人民法院申请再审亦被驳回，确保了良好的裁判效果。

（三）敬业奉献的政治担当是制作好裁判文书的质量保证

人民法院作为党领导下的审判机关，必须旗帜鲜明讲政治，践行司法为民，公正司法，着力解决人民群众最关心最直接最现实的利益问题，努力让人民群众在每一个司法案件中感受到公平正义。好的裁判文书用老百姓听得懂的语言释法说理，注重正面宣传引导，能够增进人民群众对司法的理解、认同和支持。能够发挥司法的教育、评价、引领、规范功能，促进社会生态风清气正，海晏河清。只有秉承更科学的审判理念、把握更精准的审理方向，兼顾更高效的审理效率，辅助更智慧的科技助力，充分应用信息化技术，在查法用法，类案检索、智慧审判等方面助力审判和文书制作，才能审理好每一起个案，制作好每一份法律文书。一份优秀的裁判文书必定是贯穿社会主义核心价值观来引领社会新风尚，必定是司法工作者司法良知和职业操守的完整体现。

（四）通俗规范的语言表达是制作好裁判文书的必要条件

裁判文书语言文字表达要求严谨周密、凝练简洁、措辞恰当、语义明确，没有歧义。制作者需要对法言法语和法律术语有熟悉的掌握和经验的积累。同时，对于专业性过高，社会公众难以理解的法言法语，做好简明扼要，通俗易懂的解释表达，是制作者智慧和能力的表现，也是写好裁判文书的必然要求。胜诉者胜诉和败诉者败诉的原因、理由和依据，通过规范严谨的法言表达，准确简洁的辨法析理，公正严明的裁判结果完整呈现，力求使当事人感受到裁判者清楚明晰的量裁思路，规范严谨的文书表达，合法有据的是非判断，引导其息诉服判，亦发挥出裁判文书所应具有正确的引领示范和积极的社会导向作用。

（五）规范有据的裁判格式是制作好裁判文书的法律要求

最高人民法院出台的裁判文书制作规范和一体遵行的标准化文本，既是严格公正司法的必然要求，也是司法行为规范化、公开化的最好体现。制作好裁判文书必须认真学习领会最高人民法院出台的裁判文书制作规范和诉讼文书样式，确保裁判文书撰写做到格式统一、要素齐全、结构完整、繁简得当，逻辑严密、文字规范。对于文书结构涉及的首部、事实、理由、裁判依据、裁判主文、尾部等具体的规范要求和标准化规程，制作者应了然于心，熟悉掌握。此外，还要高度重视和注意裁判文书制作的技术化规范要求和检查校对。裁判文书的排版字体、标点符号、数字使用、计量单位、段落排序、印刷规范等技术化标准都要符合国家公文印制标准。在传统人工校核的基础上，利用文书智能编写系统和文书智能校对系统等智能纠错软件，加强对裁判文书的勘误校对，有效杜绝差错瑕疵，从而使裁判文书制作更加高效、准确、规范。

（刘俊，青海省高级人民法院法官）

三、专家评析

本案是一起典型的中小股东代表公司起诉控股股东损害公司利益诉讼案

件。一审法院以原告青海金三角公司现有证据不能证明公司高管的履职存在违背法律及《公司章程》的行为，依据《民事诉讼法》第64条①的规定，判决驳回原告青海金三角公司的诉讼请求。本案二审审理该案没有局限于一审证据不足的裁判逻辑和全部判驳的裁判结果，而是着眼于非控股股东正当权益的维护和控股股东是否因关联交易而存在损害公司利益以及举证责任分配等焦点问题，通过对一二审在案的各方证据的合法性、客观性、关联性进行综合分析认证，并对涉案关键证据的证明力的大小进行综合归纳分析评判，做到精准适用证据规则，正确分配举证责任，运用法律思维和严谨的逻辑推理，客观依法采信证据，认定涉案公司的控股股东及其委派到涉案公司的有关高管人员与该涉案公司存在关联交易，并给涉案公司造成巨额经济损失的事实，为颠覆性改判奠定了扎实的事实基础。在裁判理由依法说理方面，承办本案的主审法官，一是通过全面仔细审阅涉案公司首届股东会会议记录和首届董事会会议记录，从公司法人治理结构入手，结合查证事实，精准适用公司法的相关规定，正确认定涉案公司之控股股东以及该公司董事或高级管理人员，符合公司法所规定的损害公司利益并承担赔偿责任的主体身份。二是通过全面仔细审阅涉案公司的《公司章程》及多份《审计报告》，认真分析相关证人证言，结合查证事实，精准适用公司法及有关公司法的司法解释的相关规定，准确界定涉案公司的控股股东及其委派到涉案公司的有关高管人员与该涉案公司存在关联交易，并给涉案公司造成巨额经济损失，为此确定该涉案公司的控股股东及其委派到涉案公司的有关高管人员对上述经济损失承担赔偿责任。在法律适用方面，针对改判事项，做到援引法律、司法解释依据明确具体，确实、充分，且针对性强。另该判决书的制作体例，做到格式统一、要素齐全、结构完整、繁简得当，逻辑严密，语言文字表达严谨周密、凝练简洁、措辞恰当、语义明确，没有歧义。

（点评人：倪胜利，青海省高级人民法院聘用评查法官）

（2019）青民终91号裁判文书原文

---

① 对应《民事诉讼法》（2021年修正）第67条。

第三节　合伙企业纠纷

11. 尹某某、袁某某、张某和赵某某合伙协议纠纷案*

【关键词】

　　微信公众号　合伙　网络虚拟财产

【裁判要旨】

　　1. 微信公众号属于网络虚拟财产，具有独立的财产价值。因虚拟财产与现实财产之间的联系是不断变化的，其价值难以通过评估或市场价格确定，需要综合考量预期收益、影响力、传播力、与主观因素的依赖度等因素确定。

　　2. 各方对微信公众号共同商定合作运营事宜，以智力、劳务等方式共同出资，对账号共同管理，共负盈亏的，构成个人合伙关系；合伙运营的意思表示不限于传统书面协议，以实际行动或在新媒介上对外公示的方式同样可以确认。

一、简要案情

　　本案所涉微信公众号名称为"重要意见"（微信号"zhongyaoyijian"），系以被告个人名义注册。在筹备期间，原、被告主要通过微信群聊的方式沟通微信公众号 logo 设计等具体事宜。随后以被告名义开立银行账户作为公共账户，申请公共邮箱作为文章发布审核、业务运营的沟通平台。2016 年 1 月 31 日，涉案微信公众号发布第一篇文章，名为《开篇的话》，文中提到这个公众号不是 1 个人的，至少是 4 个人的。涉案微信公众号分别以原、被告 4 人名字设立专栏，内容则以 4 人分别或合署发表文章的形式呈现，吸引了近 10 万粉丝。在微信公众号设立 1 周年之际，原、被告 4 人发布合体文，文中写道

　　* （2018）沪 0106 民初 17926 号。

"找不到我们想看的有关消费和生活方式的公众号，于是就卷起袖子做了一个……这里的开始，是因为好朋友。如果没有朋友，这一切也就不再有意义"。涉案微信公众号的盈利模式为原、被告与广告商确定品牌合作、费用支付等事项后，通过撰写软文或好物笔记的方式为品牌进行推广和营销，以获取广告收入。其中，软文由广告商支付定额广告费；好物笔记由广告商前期支付基础广告费，后期根据商品导流所产生的交易金额，支付二期广告费。自盈利以来，涉案微信公众号的年收入达 300 余万元，各方已就部分收入进行了分配。分配方式为软文收入中 20% 作为招商费给项目合作推荐人或对接人，30% 作为撰稿费给撰稿人，剩余部分扣除编辑费后由原、被告四人平均分配；好物笔记收入中的 20% 作为招商费给项目合作推荐人或对接人，60% 作为导流费给撰稿人，剩余部分扣除编辑费后由原告袁某某、原告张某和被告三人平均分配。后因原被告之间发生分歧，自 2017 年 7 月被告多次修改账户密码，部分收益款在被告处未进行分配，各方最终在 2018 年 6 月无法继续合作，故原告诉至法院，要求涉案微信公众号由被告继续运营，被告按微信公众号价值折价补偿 3 原告各 100 万元，并对剩余收入逐项进行分配。

被告辩称：涉案微信公众号由被告申请、注册并享有使用权，原告方虽然与被告在公众号的文章撰写上有合作，但不能认定各方系合伙关系，共同享有公众号；同时，公众号所有权属腾讯公司，没有商业属性，所谓的公众号价值具有不确定性，不应在法律上认可其价值并进行分配，故不同意原告诉请。

审理中，原、被告均表示，若法院认定各方构成合伙关系，则同意合伙关系于 2018 年 6 月 13 日解除。

此外，经原告方申请，上海立信资产评估有限公司出具《资产价值分析报告》，认为"重要意见"微信公众号使用权在价值分析基准日 2017 年 7 月 13 日的市场价值为 400 万元。

本案的争议焦点在于：原、被告以"重要意见"微信公众号作为盈利模式的载体，其合作方式是否构成合伙关系；涉案微信公众号的属性和价值怎样认定；涉案微信公众号取得的收入应如何分配。

二、撰写心得

裁判文书是法官精心孕育的生命，也是一项系统性工程，是人民法院依法行使审判权的集中体现，也是办案质量的综合反映，其重要性不言而喻。

作为法官，如何能撰写出一篇优秀的裁判文书？这是法律职业者不断追求的目标，也是笔者一直在努力探索和追寻的方向。笔者认为，优秀的裁判文书至少需要具备以下几个重要特征。

（一）行文规范、要素齐备

裁判文书的写作虽然带有法官个人色彩和个性魅力，千人千面，但倘若最基本的框架、结构、要素都不同，则容易导致社会公众对司法裁判产生随心所欲、标准不一的误解，导致司法权威受到影响。最高人民法院从1992年推行统一的文书样式到2016年新民事诉讼文书样式的发布，都在试图通过标准化、规范化的制式文本，明确裁判文书的写作要素，为法官撰写文书提供指引和规范，进而增强裁判文书的统一性和稳定性，提升司法权威和公信力。一篇规范的裁判文书由标题、正文、落款三部分组成，正文包括首部、事实、理由、裁判依据、裁判主文、尾部。行文规范、要素齐备是一篇裁判文书的骨架和基石，只有基础打好方能有后续血肉的填充，乃至灵魂的升华。

（二）事实清楚，争点明确

司法裁判以事实为依据，以法律为准绳。正确认定事实，是准确适用法律的前提。事实查明的完整性、属实性依赖于对证据的客观认定，应当结合诉讼各方的举证质证以及法庭调查情况，运用证据规则、经验法则和逻辑推理，围绕证据的真实性、合法性和关联性进行全面、客观的评价，以此确定最接近客观真实的法律事实。撰写文书时要避免出现"完全型判决书"，不仅耗费法官大量时间精力，对当事人而言，也难以把握判决弓的实质焦点，陷入文字堆砌的迷雾。案件事实的表述应当繁简得当、重点突出，区分对待当事人无争议与有争议的事实，或依时间先后顺序叙述、或依内在逻辑关系陈述，做到灵活应变又不失章法。

（三）论据严密、说理透彻

裁判文书释法说理的目的是通过阐明裁判结果的形成过程和正当理由，提高裁判的可接受性，使裁判文书成为向社会公众展示司法公正形象的载体，进行法治制教育生动的教材。裁判文书的说理部分是裁判主文的依据，是将经审查认定的事实与裁判结果联系起来的纽带和桥梁，如果说规范的样式是裁判文书的骨架，精准的事实认定是裁判文书的血肉，说理论证则是裁判文书的灵魂。优秀的裁判文书应当体现清晰的审判思路，具备严谨的逻辑结构，擅长连点为线、聚线为面，形成严密有说服力的论证，提升释法说理的接受度和认可度。

（四）树立规则、传递正义

裁判文书制作的第一层面当然也是最基础的层面，即解决个案当事人之间的争议，起到定分止争的作用。但优秀的裁判文书应当追求更高层面的价值，即明确裁判规则，对某一类型的案件起到示范和指导作用。同时更应该引领风尚，向社会传递积极的引导、正向的核心价值，充分发挥司法裁判在国家治理、社会治理中的规则引领和价值导向作用，积极回应人民群众对公正司法的要求和期待，以司法公正引领社会公平正义。

"法者，治之端也"，而法官手持天平、身着法袍，肩负着公正司法的职责与使命，面对堆积如山的卷宗，面对纷繁复杂的法律关系，面对案多人少的审判压力，如何能几十年如一日辛勤耕耘，通过一份份优秀的判决书让人民群众切身感受到公平正义？

首先，要有信仰和追求，秉承初心。于法官而言，裁判文书可能仅仅是一个案件的结案方式，但对当事人而言，与其自身利益息息相关，甚至攸关生死，于人民群众而言，是司法公正与否的切身体会。我们应当肩负起使命，坚定对法治的信仰，对正义的追求，用真心回应当事人的诉求，用真心对待每个案件。仍记得作为初任法官时半路接手的一起案件，当事人对合同效力存在质疑，对供货数量、价格也都存在争议。案件账目繁杂、疑点重重，当事人之间又剑拔弩张，矛盾难以调和，这对刚刚办案的笔者来说是一个不小的挑战。每每感觉气馁想要放弃时，回想成为一名法官的初衷不就是为了化解矛盾，定分止争吗？细想作为一名法官的职责不就是查明事实，实现公平正义吗？于是沉下心来，在案卷中抽丝剥茧，一遍遍地翻看庭审笔录，研读证据材料，一次次地核对账目，查阅法条。最后终于从当事人的陈述和证据之间找到逻辑漏洞和突破点，从权利外观要件和主观因素要件出发，认定本案不构成表见代理，但存在事实上的买卖关系。根据现场确认，结合证人陈述认定供货数量。对货物清单载明的价格，比照网上公示价格论证合理性。最终该案文书被评为上海法院优秀裁判文书，这是对笔者工作的肯定和鼓励，也更让笔者明白了不忘初心、坚定信仰的重要性。信仰犹如黑暗中的一盏明灯，指引我们前进的方向，也在遇到挫折时给我们带来力量，催人奋进。

其次，要有积累和沉淀，无惧考验。裁判文书的撰写彰显法官功力，也是对法官综合能力的考验。法律是死的，而社会是不断发展和进步的，作为法官要灵活运用法律，适应新的社会问题，弥合社会需要与既有法律之间的差距，有效解决现实问题，这需要不断探索和学习。当我们具备足够的经验积累和岁月沉淀时，才能足够自信和果敢，在撰写裁判文书时敢于完整呈现内心确信的过程，包括对证据的审查认证，对事实的认定把握，对裁判结果的推理过程；敢于直面争议焦点，做到事事有回应，不回避、不逃避。而这一切来源于法官对判决理由和结果的自信，来源于主动公开内心确信的过程接受社会监督的果敢，来源于日积月累的知识储备和办案经验。我们要脚踏实地，一步一个脚印，在案件中学习成长，不断积累审判经验，用一个个鲜活的案例充实自己的经验，拓宽自己的头脑。

最后，要有力度和温度，情理兼容。裁判文书一方面应该彰显法律的力量，体现规则意识；另一方面也应该传递司法温度，体现为民之情怀。正如习近平总书记所说："法律并不是冷冰冰的条文，背后有情有义。要坚持以法为据，以理服人，以情感人，既要义正辞严讲清'法理'，又要循循善诱讲明'事理'，感同身受讲透'情理'，让当事人胜败皆明、心服口服。"裁判文书应当体现出法的尺度、理的适度和情的温度，一份判之有法、论之有理、不失常情的裁判文书，才能被当事人真正信服，被人民群众真心接纳。

（林彬，上海市静安区人民法院法官）

三、专家评析

该案系全国首例因合伙运营引发的微信公众号财产分配案。在流量经济时代，微信公众号的数量呈现爆发式的增长，功能也不再局限于传统意义上仅仅作为发布信息的载体，而是逐步发展为一种新型电子商务模式，集广告收入、导流收入等多种盈利模式于一体。互联网时代在线商业模式不断涌现，呈现出新样态、新特点，也面临新问题、新挑战。该案便是因涉及新型网络虚拟财产和传统个人合伙关系融合所引发的纷争，事实繁杂、法律适用困难。

该判决书分部阐明事实、层次分明、详略得当。本院认为部分紧密围绕争点，既考虑了合伙的实质特征，又兼顾电子商务的特殊属性，认定各方虽在出资种类、经营方式、收入结构等方面均存在特殊性，但究其实质仍符合共同商定、共同投资、共同经营、共享收益等个人合伙的基本特征；从独立性、支配性、价值性三个方面，首次明确了微信公众号的网络虚拟财产属性，认定其具有独立的财产价值；同时对于微信公众号的价值确认，考虑到虚拟财产与现实财产之间的联系是不断变化的，难以仅通过评估和市场价格来确定，因此综合考量了预期收益、影响力、传播力、与主观因素的依赖度等因素，最终合理确定了微信公众号的价值。

纵观整篇判决书具有如下特点：（1）条理清晰，详略得当。虽然案件事实繁杂、细节诸多，但文书在事实查明部分作了很好的概括，从涉案微信公众号的筹备和运营情况、发生争议的相关情况，以及收入和分配情况三大部分入手，对整个事实进行了准确的描述和恰当的概括，富有逻辑性和层次性，在保有裁判文书规范性的同时又不失灵活性。（2）逻辑缜密，论证详实。该判决书对原、被告的诉辩称意见一一作了回应，详尽有力的论证，严谨透彻的说理，层层递进，环环相扣，结论的得出水到渠成，裁判结果令人信服。（3）确立规则，正向引导。该判决书确立了微信公众号作为网络虚拟财产的法律属性、价值的认定标准，明确了涉微信公众号等网络虚拟财产构成个人合伙关系的审查要件，不仅填补了法律空白，同时对个人新型财产权利的保护具有重要意义，对今后类似案件的审判具有指导和借鉴作用，体现了法律效果和社会效果的统一。

（点评人：杨代雄，华东政法大学法律学院教授，博士生导师，中国民法学研究会理事）

（2018）沪 0106 民初 17926 号裁判文书原文

第四节　与破产有关的纠纷

12. 中国农业银行股份有限公司绍兴越城支行和绍兴金宝利纺织有限公司及绍兴市柯桥区国家税务局破产债权确认纠纷案*

【关键词】

　　债务人破产　税收债权　抵押债权　清偿顺序

【裁判要旨】

　　企业破产后税收债权与抵押债权就抵押物的清偿顺序，《企业破产法》第 109 条、第 113 条，《税收征收管理法》第 45 条规定不一致。从《企业破产法》《税收征收管理法》相关规定的特别法属性、税收债权优先于抵押债权对破产偿债体系可能造成的影响、税收债权优先于抵押债权对宏观市场经济可能造成的影响等方面进行分析，可以认定破产语境下抵押债权就抵押物应优先于税收债权清偿。

一、简要案情

　　2013 年 6 月 4 日，中国农业银行股份有限公司绍兴越城支行（以下简称农行越城支行）与绍兴金宝利纺织有限公司（以下简称金宝利公司）签订《最高额抵押合同》一份，金宝利公司以其名下的上述房地产，为农行越城支行与其自 2013 年 6 月 4 日起至 2015 年 6 月 3 日期间内办理各类业务形成的债权，在最高额 2026 万元范围内提供抵押担保，双方办理了抵押登记手续。2014 年 5 月 27 日、28 日，农行越城支行与金宝利公司分别签订《流动资金借款合同》各一份，约定金宝利公司向农行越城支行借款金额分别为 905 万元、505 万元，合计 1410 万元，农行越城支行按约向金宝利公司发放了上述借款。

　　* （2017）浙 06 民终 1119 号。

2012 年 5 月 31 日，原绍兴县国家税务局向金宝利公司作出绍县国税处［2012］5 号《税务处理决定书》，认定金宝利公司违规办理出口退税 40 874 305.41 元，违规免抵增值税 782 397.68 元，该局作出以下处理决定：对上述违法事实追回违规出口退税 40 874 305.41 元，追缴违规免抵增值税 782 397.68 元。对于上述应追缴的违规免抵增值税 782 397.68 元，如未在规定期限内缴纳入库，则自逾期之日起根据《税收征收管理法》第 32 规定依法加收滞纳金。2014 年 11 月 3 日，绍兴市柯桥区国家税务局（以下简称柯桥国税）福全分局出具《绍兴金宝利纺织有限公司有关情况》一份，载明：（1）金宝利公司欠缴所属 2014 年 4 月增值税税款：1 411 063.47 元（滞纳时间自 2014 年 5 月 20 日起），截至 2014 年 9 月 28 日，滞纳金为 93 130.19 元；（2）据稽查局提供数据，至 2014 年 9 月 29 日止，金宝利公司尚欠缴应追回违规出口退税 33 714 135.87 元；（3）据市局出口退税内部管理系统查询金宝利公司尚有 3 747 963 美元出口销售未申报未处理，应补提销项税 3 705 237.2 元。2014 年 10 月 10 日，原绍兴县国家税务局在绍兴市国家税务局官网上刊登 2014 年度第三季度欠税公告，载明金宝利公司截至 2014 年 4 月，欠缴的增值税为 1 411 063.47 元，税款所属期起、止期均为 2014 年 4 月。2015 年 1 月 14 日原绍兴县国家税务局在绍兴市国家税务局官网刊登 2014 年度第四季度欠税公告，载明金宝利公司欠缴增值税为 33 714 135.87 元，税款所属期起、止期间为 2006 年 1 月至 2010 年 7 月，税款属性为稽查部门查补罚没。2016 年 10 月 13 日，柯桥国税在绍兴市国税局官网刊登 2016 年度第三季度欠税公告，载明金宝利公司欠缴增值税款为 1 411 063.47 元。

2014 年 9 月 28 日，本案一审法院依金宝利公司之申请裁定对其进行破产清算，并依法指定浙江大公律师事务所担任破产管理人。2014 年 11 月 5 日，农行越城支行向金宝利公司之管理人申报案涉 1410 万元有财产担保债权。2014 年 11 月 26 日，金宝利公司之管理人确认农行越城支行的上述 1410 万元债权为有财产担保债权，但是绍兴市国税局其中 37 419 373.07 元税收优先权优先于该有财产担保的债权。

2016 年 11 月 3 日，农行越城支行诉称：金宝利公司破产管理人认定柯桥国税享有的 37 419 373.07 元税收债权优于农行越城支行有财产担保的 1410 万元债权有误，应予以撤销，农行越城支行对金宝利公司抵押的不动产折价或拍卖、变卖所得的价款在债权数额 1410 万元范围内享有优先受偿权，且优先于柯桥国税的税收债权受偿。

金宝利公司辩称：争议税收债权产生在抵押权设立之前，管理人依据《税收征收管理法》认定税收债权就抵押物优先于抵押债权受偿并无不当。

柯桥国税意见与金宝利公司一致。

案件争议焦点：农行越城支行对金宝利公司享有的案涉有财产担保的1410万元债权与柯桥国税对金宝利公司享有的37 419 373.07元税收债权之间，何者更具有优先性。《企业破产法》第109条规定："对破产人的特定财产享有担保权的权利人，对该特定财产享有优先受偿的权利。"第113条第1款规定："破产财产在优先清偿破产费用和共益债务后，依照下列顺序清偿：（一）破产人所欠职工的工资和医疗、伤残补助、抚恤费用，所欠的应当划入职工个人账户的基本养老保险、基本医疗保险费用，以及法律、行政法规规定应当支付给职工的补偿金；（二）破产人欠缴的除前项规定以外的社会保险费用和破产人所欠税款；（三）普通破产债权。"《税收征收管理法》第45条第1款规定："税务机关征收税款，税收优先于无担保债权，法律另有规定的除外；纳税人欠缴的税款发生在纳税人以其财产设定抵押、质押或者纳税人的财产被留置之前的，税收应当先于抵押权、质权、留置权执行。"《企业破产法》与《税收征收管理法》对企业破产后税收债权与抵押债权就抵押物的清偿顺序规定并不一致，适用法律的不同直接影响本案的裁判结果。

一审法院认为，本案应适用《税收征收管理法》的相关规定，柯桥国税的案涉税收债权优先于农行越城支行的抵押债权，判决驳回农行越城支行的全部诉讼请求。二审经审理认为，从《企业破产法》与《税收征收管理法》相关规定何者具有特别法属性、税收债权优先于抵押债权对破产偿债体系可能造成的影响、税收债权优先于抵押债权对宏观市场经济可能造成的影响三方面进行分析，认为在破产语境下抵押债权就抵押物应优先于税收债权清偿，遂撤销一审判决，改判支持农行越城支行的诉讼请求。

二、撰写心得

裁判文书获奖，主要原因在于案件本身的价值，案件所涉及的法律问题有现实意义，法官做的只是把问题梳理好，然后作出裁判。笔者十来年办案写判决书的体会如下：

1. 热爱自己的工作。法官有较为重要的社会职能，要为社会成员之间的纠纷矛盾提供符合正义观的争端解决方案。但从微观上讲，法官是一份普通的工作，和其他所有职业一样，有着自己的喜怒哀乐。爱岗敬业是所有劳动者的职业要求，法官也包括在内。喜欢自己正在从事的职业，是值得庆幸的事。很幸运，笔者很享受精妙的法律思维带来的快感，从办理的一件件案件中获得了很高的满足感，并热爱所从事的职业。法官如果不热爱自己的工作，工作质量自然打折扣，在主观上就为制作高质量裁判文书制造了困难，业务能力能否提高不说，裁判文书能不能充分体现已有的业务能力也不可知。

2. 培养法律敏感性。审理案件是寻找大前提法律规定、确定小前提案件事实、形成结论作出裁判的过程。审理疑难复杂案件，往往难以迅速找到法律依据并识别出有法律意义的案件事实，这需要法官的双眼不断往返于案情和法条之间，过程较为痛苦，但这也是最能体现法官业务能力的地方。优秀的法官对法律问题应该具有高度的敏感性，这种能力可以称为"法感"，"法感"良好就可以快速预判案件，高效完成找到法条、查清事实、作出裁判等事项。很遗憾，法律规定具有天然的滞后性，即使近年来立法事业突飞猛进，但现行法律规定仍然无法精准调整所有纷繁复杂的社会关系。法官需要不断学习法律，尤其是学习基础法学理论以培本固原。同时不断学习指导案例、典型案例，关注本领域内的热点、难点问题，努力培养"法感"，确保审理的案件不发生方向性错误。

3. 重视裁判文书制作。笔者从事过民事、商事、刑事等审判工作，时间最长的是商事审判工作。在笔者看来，商事审判的工作方式和民事、刑事审判存在一定区别，商事审判更注重梳理清晰的裁判规则。商事审判要特别重视裁判文书制作，他可以为市场经济中的商事主体提供明确的行为预期，在规则层面指导市场行为，从而提高市场交易效率，避免不必要的法律纠纷。从某种程度上讲，明确的裁判规则可以起到治未病的功效，在根本上解决商事诉源治理问题。商事案件当事人的理性成分相对更高，商事法官不能过多地以调解等方式追求案结事了，更应该在裁判文书中详尽回应当事人的各种事实和法律主张，为双方提供公正的裁判。因此，笔者在办理商事案件过程中，将主要精力放在裁判文书的制作上。

4. 提高庭审针对性。庭审过程是各方当事人诉讼攻防的过程，各方为了尽可能地让本方意见获得法官支持，会穷尽所有事实和法律武器。如果任由当事人信马由缰地陈述观点，将让整个庭审变得非常散漫。提高庭审针对性可以为裁判文书的制作带来诸多便利，感受比较深的是以下三点：第一点是要求原告方有明确的诉讼请求，看似简单，实际却是很多当事人甚至律师都容易犯的错误。有的属于诉讼能力不足，也有的是当事人使用所谓诉讼技巧故意为之。第二点是要求原告方有清晰的法律依据和事实基础，不允许存在任何模糊地带，每个模糊地带都是裁判文书制作时面临的难点。通过询问或释明等方式将原告诉请的事实和理由固定下来，庭审范围就有了明确的界限，也就为裁判文书的论证说理划定了范围。第三点是严格要求被告方围绕之前已经确定的诉请请求及事实、理由陈述意见，一旦超出范围马上制止，每一句超范围的意见都是审理本案不需要的，会无端增加裁判文书的制作难度。完成前面三点，在法律适用问题上就可以归纳出明确的争议焦点，至于事实问题、证据问题只需要交给举证规则依法处理即可。当然，在前述三点事项的进行过程中，会遇到当事人表达能力不强、不服从引导、诉讼突袭等各种情形，需要法官庭审驾驭能力来保障，这是不断积累、逐渐提高的过程。待庭审结束，如果不涉及金额计算等需要反复核查才能确保无误的事项，可以当庭宣判。当庭宣判可以大幅度提高办案效率，避免时间拖长之后需要"炒冷饭"，能解决记忆曲线对办案的影响，同时能有效避免当事人在庭后提交各种证据材料让案件陷入是否再次开庭两难的尴尬境地。

5. 结语。经过充分的庭前准备和有针对性的庭审，最终裁判文书的制作只是水到渠成的过程，法官只需要将提炼出的争议焦点利用法律知识以三段论的逻辑方式加以论证即可。从中可以看出，被评为优秀裁判文书的判决书，案件本身的作用是举足轻重的，需要案件有一定的影响力或案件涉及的问题具有参考价值，法官只是按照一视同仁的裁判方法作出裁判而已。

（黄哲锋，浙江省绍兴市中级人民法院法官）

三、专家评析

本案争议焦点在于破产背景下，税收债权和抵押担保债权就抵押物进行受偿的顺序，关系到税收机关、抵押权人及全体破产债权人的重大权益，涉及《企业破产法》第 109 条、第 113 条和《税收征收管理法》第 45 条的适用问题。破产程序中税收债权与抵押债权就抵押物的清偿顺序问题一直是破产衍生诉讼中的热点难点问题，主张抵押债权优先一方提出国家税收不能与民争利、《税收征收管理法》第 45 条是特别法等理由，主张税收债权优先一方则认为公共利益应当优先于私利、《企业破产法》第 109 条、第 113 条是特别法等理由，但争论均停留在学术讨论层面，司法实务中，本案是浙江省内第一案。

二审判决从《企业破产法》第 109 条、第 113 条与《税收征收管理法》第 45 条的调整范围，《税收征收管理法》第 45 条对整个破产债权清偿体系带来的巨大冲击，《税收征收管理法》第 45 条系《物权法》第 170 条[①]的例外情形不能作为其优先适用的理由，税收债权的优先性在破产程序中应适当受限四方面进行说理，论证破产程序中抵押担保债权优先于税收债权受偿，本案因优先适用《企业破产法》的相关规定。

解决破产程序中税收债权与担保物权冲突问题，可以从以下几个方面来考量。第一，物权和债权的关系。一般而言，物权请求权理应优先于债权请求权，"买卖不破租赁"等只是例外情形。第二，一般法与特别法的关系。破产法对税收债权有明确规定，反观税法，目前的税收制度无论在实体还是程序上，均缺乏与破产程序相配套的制度规定，导致在清算程序中因为税收债权的清偿而严重降低后顺位普通债权人的清偿比率和重整程序中因为税收不确定或者税负过重而严重阻碍重整程序的顺利推进。从这个意义上讲，在本案涉及的问题中，《企业破产法》第 109 条、第 113 条的规定系针对企业破产状态下的分配规则，应优先适用。第三，一般优先权与特别优先权的关系。一般优先权是指对债务人非特定的财产享有优先权，特别优先权是指对债务人的特定财产享有优先权。破产程序中，一般优先权需要在破产财产变价后按照规定的清偿顺序受偿，特别优先权则不受破产程序限制，可以在清偿程序之外受偿。按照这种分类方式，在本案中，税收优先权属于一般优先权，担保物权属于特别优先权，担保物权之效力应优先于税收债权。从上述三组对比看，在破产程序中税收债权均不能获得优于担保物权的效力。

《企业破产法》是企业在丧失清偿能力状态下所适用的法律，是市场经济主体的救治和退出机制，其实施的主要作用在于保障债权公平有序受偿、完善优胜劣汰竞争机制、优化社会资源配置。目前，税法的相关实体和程序规定绝大部分主要是针对正常经营的商事主体制定的，在企业破产实践和立法大步发展的情况下，需要税法等配套的法律制度进一步细化和完善，明确在破产状态下的税收程序和实体规则，提升社会治理体系和治理能力，完善市

---

① 对应《民法典》第 386 条。

场主体退出制度和市场经济法律体系。

　　（点评人：王雄飞，浙江省高级人民法院民五庭副庭长，四级高级法官，上海财经大学法律金融学博士）

（2017）浙 06 民终 1119 号裁判文书原文

13. STX 造船海洋株式会社和 STX（大连）造船有限公司、STX（大连）造船有限公司管理人一般取回权纠纷案*

【关键词】

建造中船舶 所有权 取回权

【裁判要旨】

船舶承建方与买方双方在多份协议中对于建造中船舶所有权的归属及所有权何时发生变动均未作明确约定。在船舶建造合同履行过程中，船舶承建方以自身名义与供应商签订买卖合同，采购船用钢板、船舶设备等船舶材料，取得了原材料的所有权；之后，投入大量人力、物力对自有船舶材料进行设计、加工、添附、组装等工作，使其成为在建船舶，原始取得在建船舶所有权。船舶一直停泊在承建方的厂区码头，处在其占有与实际控制下，并未交付给买方。在建船舶应归建造人所有。

一、简要案情

2010 年 5 月 14 日、10 月 28 日，STX 大连（承建方）与韩国 STX 造船（买方）签订《船舶建造合同》，上述合同均以韩文和中文两种文本签订。2014 年 6 月 6 日，大连市中级人民法院裁定受理 STX 大连的重整申请。2014 年 9 月 26 日，韩国 STX 造船以"《船舶建造合同》为承揽合同，韩国 STX 造船自建造开始即取得了船舶的所有权，已付清全部价款，其为合法所有权人"为由，向破产管理人提交《取回申请书》，要求取回案涉两艘船舶。管理人认为案涉《船舶建造合同》属于买卖合同，在建船舶尚未完成交付，STX 大连仍实际占有两艘船舶，故对韩国 STX 造船申报的取回权不予确认。在破产重整程序中，管理人将案涉船舶拍卖，拍卖款项为 2.18 亿元。2016 年 5 月 12 日，韩国 STX 造船以 STX 大连及破产管理人为被告向大连市中级人民法院提

---

* （2016）辽 02 民初 203 号。

起诉讼，请求判令：（1）确认其有权取回两艘船舶；（2）确认其有权获得前述两艘船舶拍卖所得的全部款项及利息；（3）确认其为案涉两艘船舶的合法所有权人；（4）二被告连带支付两艘船舶拍卖所得的款项2.18亿元人民币。

本案争议焦点为：（1）本案的法律适用。（2）原告主张的法律关系在本案中能否合并审理；破产管理人在本案中应否作为被告。（3）原告要求确认其为案涉在建船舶的所有权人、有权取回案涉船舶、有权获得拍卖款项的请求应否支持。

大连市中级人民法院经审理后认为：（1）关于本案的法律适用。韩国STX造船为外国法人，本案具有涉外因素，属涉外商事案件。取回权纠纷属破产衍生诉讼，在程序上应当适用《企业破产法》及《民事诉讼法》涉外民事诉讼程序的相关规定。《船舶建造合同》约定，如果因合同语言翻译而引起分歧的，以韩语内容为准。在韩文文本中没有"本合同书按照《大韩民国法律》有关条款的规定来执行"字样，故根据《涉外民事关系法律适用法》第37条、第41条之规定，根据最密切联系原则，本案被告住所地、合同履行地、在建船舶所在地均在辽宁省大连市，故应适用中华人民共和国法律。（2）原告主张的法律关系在本案中能否合并审理；破产管理人在本案中应否作为被告。本案中，韩国STX造船的诉请共涉及两个法律关系，其一为一般取回权纠纷，其二为管理人责任纠纷。取回权纠纷与管理人责任纠纷法律关系不同，当事人地位不同，不应在同一案件中一并处理。但经法院多次释明，原告韩国STX造船坚持将破产管理人列为本案共同被告，并坚持其全部诉讼请求。鉴于韩国STX造船系基于对破产管理人作出的《取回权审查结论通知书》有异议并向法院提起确认取回权的诉讼，其在取回权诉讼中增加的要求破产管理人承担给付责任的请求与本案不属于同一法律关系，不予审理。根据《民事诉讼法》第119条第2项之规定，起诉的条件之一是"有明确的被告"，即被告不存在是否"适格"的问题，仅存在是否明确的问题。只要原告提出了明确的被告，且符合其他起诉条件，人民法院就应当受理并进入实体审理程序。至于破产管理人是否为争议的法律关系主体、是否应当承担民事责任，属于实体审理问题。（3）原告要求确认其为案涉在建船舶的所有权人、有权取回案涉船舶、有权获得拍卖款项的请求应否支持。至双方发生争议之时，案涉《船舶建造合同》所约定的船舶并未建造完毕，属在建船舶，故本案涉及建造中船舶的所有权归属问题。双方在合同中对于建造中船舶所有权的归属及所有权何时发生变动均未作明确约定。关于船舶所有权，我国《海商法》及《物权法》均有规定，但是，对于建造中船舶的所有权归属，我国《海商法》并没有明确规定。在《船舶建造合同》履行过程中，STX 大连以自身名义与供应商签订买卖合同，采购船用钢板、船舶设备等船舶材料，取得了原材料的所有权；之后，STX 大连投入大量人力、物力对自有船舶材料进行设计、加工、添附、组装等工作，使其成为在建船舶，因此，原始取得在建船舶所有权的是 STX 大连。"在建船舶"作为动产，其所有权变动应遵循我国《物权法》中关于动产物权变动的一般性规定。我国《物权法》第 6 条规定："动产物权的设立和转让，应当依照法律规定交付。"第 23 条规定："动产物权的设立和转让，自交付时发生效力，但法律另有规定的除外。"即"动产物权变动自交付时生效"。在破产管理人处置案涉在建船舶之前，船舶一直停泊在 STX 大连的厂区码头，处在 STX 大连的占有与实际控制下，并未交付给原告。因此，案涉在建船舶应归建造人所有，属于被告 STX 大连的财产。

大连市中级人民法院于 2018 年 7 月 9 日作出（2016）辽 02 民初 203 号民事判决书，驳回韩国 STX 造船的诉讼请求。

二、撰写心得

（一）裁判文书的事实认定是说理的基础

事实清楚、让人读懂是裁判文书的基本准则。因此，选择恰当的叙事方法很重要。本案双方证据多，争议大，且案件事实之间存在时间交叉，因此采用归纳法，将不同的事实首先分类，然后对同一类相关事实按时间顺序叙事。本案即将事实划分为《船舶建造合同》签订与履行、破产重整及债权申报、船舶处置及诉讼过程等四大部分，保证了认定事实清楚，逻辑清晰。

（二）吃透案情，准确总结争议焦点

争议焦点是引领案件审理、纠纷解决的主线和枢纽。一方面，争议焦点是裁判文书的核心内容，决定了裁判文书涉及哪些法律问题，裁判文书写什么；另一方面，争议焦点关系到裁判文书说理的着力点。法官必须从双方对抗中寻找争议点，并在此基础上充分听取双方的主张，从而为对争议作出判断创造条件。

本案标的额高达 2.18 亿元人民币，案件的审理不仅涉及准据法的适用、破产管理人的诉讼地位、船舶建造合同的法律属性、在建船舶的所有权归属等法律问题，同时涉及债权人、债务人的重大利益。如处理不当，不仅会导

致债务人可分配财产的减少，侵害其他债权人及广大职工的利益，更会导致破产案件的审理陷入被动局面，增加社会不稳定因素。本案原告为韩国企业，为了行使在建船舶的取回权，不仅将债务人、管理人均列为被告，同时在诉请中涉及多个无关联的法律关系，并坚持主张适用韩国法律。经过几次证据交换，合议庭反复斟酌、讨论后确定了关于准据法的适用、程序问题以及实体诉请应否支持等三个争议焦点。鉴于我国《海商法》及《物权法》对于船舶所有权均有明确规定，但对于建造中船舶的所有权归属问题并没有明确规定。因此，在对争议焦点论述时，着力点放在"在建船舶"的所有权归属问题上。

对于"在建船舶"的所有权归属，本裁判文书主要从以下三点论述：

第一，双方在两份《船舶建造合同》中就合同标的、价格、付款方式、设计和图纸、参数的修改和变更、造船责任及工作范围、交船时间、质量保证等内容作出约定，此后的多份变更协议对款项支付时间、船舶交付时间进行了变更，但对于建造中船舶所有权的归属及所有权何时发生变动均未作明确约定。在《船舶建造合同》履行过程中，STX 大连以自身名义与供应商签订买卖合同，采购船用钢板、船舶设备等船舶材料，取得了原材料的所有权；之后，STX 大连投入大量人力、物力对自有船舶材料进行设计、加工、添附、组装等工作，使其成为在建船舶，因此，原始取得在建船舶所有权的是 STX 大连。"在建船舶"作为动产，其所有权变动应遵循我国《物权法》中关于动产物权变动的一般性规定。我国《物权法》第 6 条规定："动产物权的设立和转让，应当依照法律规定交付。"第 23 条规定，"动产物权的设立和转让，自交付时发生效力，但法律另有规定的除外"，即"动产物权变动自交付时生效"。在破产管理人处置案涉在建船舶之前，船舶一直停泊在 STX 大连的厂区码头，处在 STX 大连的占有与实际控制下，并未交付给韩国 STX 造船。因此，案涉在建船舶应归建造人所有，属于 STX 大连的财产。

第二，韩国 STX 造船称《合同变更合议书》为物权变动合同，自协议生效时即发生效力，不以交付为条件，并援引我国《物权法》第 24 条①及《船舶登记管理办法》第 34 条之规定，以证明其主张。我国《物权法》第 24 条"船舶、航空器和机动车等物权的设立、变更、转让和消灭，未经登记，不得对抗善意第三人"系关于船舶等特殊动产物权的变动以登记作为对抗要件的

① 对应《民法典》第 225 条。

规定，案涉争议标的物为"在建船舶"，而非"船舶"。即使在建船舶根据《船舶登记管理办法》第34条"申请办理建造中船舶所有权登记，应当提交下列材料：（一）船舶建造合同，如建造合同对建造中船舶所有权约定不明确的，还应提交船舶建造各方共同签署的建造中船舶所有权归属证明"之规定可以办理登记，也要根据双方合同约定或者另行达成的权属证明以确定在建船舶的所有权，办理在建船舶所有权登记。如上所述，双方签订的两份《合同变更合议书》，是"为了工程的顺利进行和工期的遵守以及船舶规格的确定"，并非当事人之间订立的关于在建船舶所有权的设立和转让合同，即并非韩国 STX 造船所称的物权变动合同。

第三，在案涉船舶被大连海事法院因另案查封时，STX 大连虽书面承认韩国 STX 造船为两艘船舶的所有权人，但是，在大连海事法院对案涉船舶采取保全措施时，除 STX 大连外，韩国 STX 造船、韩国农协银行亦提出异议，均声称自己是所有权人。大连海事法院在异议审查时，并未认定韩国 STX 造船是案涉船舶的所有权人。在大连海事法院采取保全措施时，作为债务人的 STX 大连为避免因保全而无法向韩国 STX 造船交付船舶，其所陈述的事实与现查明的事实并不相符，故对其在另案中的陈述，不予采纳。

（贾春雨，辽宁省大连市中级人民法院法官）

三、专家评析

随着我国市场经济体制的逐步完善，企业破产案件呈逐年增长趋势，随之而来的破产派生诉讼案件层出不穷，新类型疑难案件不断涌现，对人民法院审判工作提出了更高的要求。取回权纠纷即为破产派生诉讼中的一种。取回权是指债务人进入法院破产案件审理程序后，对于债务人占有的不属于债务人的财产，或债务人作为买受人尚未支付全部价款并实际控制的财产，财产所有人或出卖人所享有的取回该财产的权利。本案为一起取回权纠纷案件。原告为韩国企业，标的额高达 2.18 亿元人民币，双方当事人争议非常激烈。不仅涉及法律适用、破产管理人的诉讼地位、船舶建造合同的法律属性、案涉在建船舶的所有权归属等法律问题，亦因涉及债权人、债务人的重大利益，如处理不当，会产生重大的社会影响。不仅会导致债务人可分配财产的减少，侵害其他债权人及广大职工的利益，更会导致破产案件的审理陷入被动局面，增加社会不稳定因素。该判决针对三个争议焦点问题，即（1）本案的法律适用。（2）原告主张的法律关系在本案中能否合并审理；破产管理人在本案中应否作为被告。（3）原告要求确认其为案涉在建船舶的所有权人、有权取回案涉船舶、有权获得拍卖款项的请求应否支持等逐一分析，层层深入，观点清晰，论理充分，认定事实清楚、适用法律正确，在一审宣判后，双方均未上诉，实现了法律效果和社会效果的有机统一。

（点评人：吴耀明，辽宁省大连市中级人民法院二级高级法官）

（2016）辽 02 民初 203 号裁判文书原文

第五节　证券纠纷

14. 姜某某与北京政泉控股有限公司、北大医药股份有限公司等证券虚假陈述责任纠纷案*

【关键词】

代持股份　证券　虚假陈述　上市公司

【裁判要旨】

代持股份事项属于《证券法》第 67 条所称重大事项，上市公司应当进行如实公告，否则构成证券市场虚假陈述。投资者是否能获得赔偿，还应对代持股份事项与其损失之间是否具有因果关系予以认定。

一、简要案情

2013 年 6 月 14 日，北大医药公司在中国证监会指定信息披露网站发布《关于股东协议转让公司股份的签约提示性公告》。2014 年 7 月 12 日，北大医药公司在中国证监会指定信息披露网站发布《关于 5% 以上股东减持股份的公告》，载明北京政泉公司于 2014 年 7 月 7 日至 11 日，通过深圳证券交易所集中竞价交易系统减持北大医药公司无限售流通股股份×股，占北大医药公司总股本的 1.73%，减持后，北京政泉公司持有北大医药公司股份数量为×股，占北大医药公司总股本的×%，不再是持有北大医药公司 5% 以上股份的股东。

2014 年 10 月 20 日，北京政泉公司分别向深圳证券交易所、中国证券监督管理委员会重庆监管局发送《关于北大医药公司股东涉嫌违法关联交易和信息虚假披露的举报函》，举报其与北大资源公司之间的代持北大医药公司股权事宜涉嫌重大违规违法问题。10 月 28 日，北大医药公司向北京政泉公司发

送问询函，根据北大医药公司收到的深圳证券交易所公司管理部《关于对北大医药股份有限公司的关注函》（公司部关注函［2014］第334号）的要求，请北京政泉公司就其公司是否存在利用上市公司内幕信息进行内幕交易的行为进行核实并作出书面说明回复。10月29日，北京政泉公司作出《关于内幕交易的复函》。2013年7月，北京政泉公司在李某1提供的代持协议上签章，并按李某1的安排买入×万股股票，后按照李某1的要求，配合他指定的李某2、郭某某、田某等人卖出股票。北京政泉公司仅在卖出股票时提供相关手续帮助，具体卖出时机及交易对象均由前述人员全面负责和具体操作，其毫不知情。2014年6月，北京政泉公司对2013年度合同进行清查发现：买入股票的一笔大额资金来源于李某1控制的深圳市康隆科技发展有限公司，股票卖出所获全部款项直接转入北大资源公司账户内，但李某1曾提及这些款项将最终落入包括深圳市康隆科技发展有限公司等他的私人公司账户；代表李某1操作此项业务的人均与北大医药公司有关联关系，北大医药公司是北大方正集团有限公司的下属公司，股票的实际受让人是北大方正集团有限公司的关联公司，与北大医药公司就股票转让所发布的公告明显不一致；北京政泉公司买入股票后，北大医药公司即爆出与北大进行战略合作等利好消息，股票涨幅巨大，李某1等人在股票高点示意北京政泉公司将股票抛出，获利将近4亿元。北京政泉公司认为股票代持存在严重违法违规，存在李某1等人利用事先掌握的内幕信息操纵北大医药公司股票大涨，随后抛出获利的内幕交易行为，造成了巨额国有资产的流失。北大医药公司的前两大股东、股票的出让方北大医疗公司、股票的实际受让方北大资源公司等均与李某1所在的北大方正集团有限公司存在关联关系，而北大医药公司在公告中隐瞒了此次交易为关联交易的事实，属于虚假披露。

2014年11月2日，北京政泉公司在其官网上发布了前述举报函、问询函及复函，并发布《关于北京政泉公司代持北大医药公司股票事宜的声明函》。11月3日，证券时报网、新浪财经、腾讯网、凤凰财经等网络媒体就北京政泉公司举报北大系内幕交易、北大医药公司停牌核查消息进行转载、报道。11月4日，北大医药公司在中国证监会指定信息披露网站发布《关于媒体传闻核查停牌公告》。

2017年5月5日，中国证监会作出（2017）44号《行政处罚决定书》，载明：2013年6月，北京政泉公司通过北大医药公司公告拟受让北大医疗公司出让的×万股北大医药公司股票，占北大医药公司总股本的比例为6.71%，于 2013 年 9 月完成股权过户手续。2013 年 6 月至 9 月，北京政泉公司与北大资源公司签订《股份代持协议书》。

2017 年 5 月 10 日，北大医药公司发布《北大医药股份有限公司关于收到中国证券监督管理委员会〈行政处罚决定书〉的公告》，将前述（2017）44 号《行政处罚决定书》的内容进行披露，并表示根据行政处罚决定书的内容，公司因涉嫌违反证券法律法规被中国证监会立案调查事项已调查、审理终结，公司股票不会因上述处罚决定而被暂停上市或终止上市。公司目前经营状况正常，敬请投资者注意投资风险。

2014 年 7 月 2 日至 2014 年 10 月 30 日期间，姜某某分多笔共计买入 × 股北大医药公司股票，成交金额为 × 元；2014 年 7 月 3 日至 2014 年 10 月 29 日期间，姜某某分多笔卖出 × 股北大医药公司股票，成交金额为 × 元；2014 年 11 月 21 日至 2014 年 12 月 11 日期间，姜某某分多笔卖出 × 股北大医药公司股票，成交金额为 × 元。

二、撰写心得

一份叙事清楚、说理透彻、论证严密、结果明确的裁判文书，犹如一部彰显社会正义、传播法律精神的宣言书，能够对社会生活起到广泛而直接的指引、示范、教育作用。反之，一份叙事不周、说理不清、论证欠缺、结论模糊的裁判文书，既严重影响了法院的权威形象，也不利于司法公正的真正实现。《中共中央关于全面深化改革若干重大问题的决定》指出，"增强法律文书说理性，推动公开法院生效裁判文书"；《中共中央关于全面推进依法治国若干重大问题的决定》指出，"加强法律文书释法说理"。这是中央基于当前社会现实与人民群众需要而提出的明确要求，加强与完善民事裁判文书写作意义重大，以此作为司法体制改革的一个重要环节和撬动民事审判方式改革的重要支点，推动司法改革，提高民事裁判公信力。

我国清末思想家严复曾谈到译事三难，信、达、雅。结合多年民商事审判工作经历，窃以为将此三条作为裁判文书撰写所追求的标准也是颇为适宜，以下逐项分享。

信者，忠也。优秀的裁判文书应当最大程度地忠于客观事实，并能通过证据制度总结提炼出清晰的法律事实。撰写案件事实的基本要求是条理清楚、简明扼要。条理清楚是指对于复杂案件，要能够分清主次，按照一定的顺序逐一写明；简明扼要是指，写哪些事实，事实写明到什么程度，都要取决并服务于诉讼请求。从表现形式上看，案件事实是法院对证据材料拟证明的事实进行归纳和整理，而不是简单地、机械地对举证过程进行罗列、堆砌。当事人为证明一个事实，可能举示多份证据，如果机械地罗列全部证据材料，不仅判决书的篇幅冗长，而且让人看后一头雾水、不知所云。简而言之，证据是证据，事实是事实。案件事实是由证据证明的法律事实，在案件事实的表述上，证据代替不了事实。当多个证据证明一个事实时，判决书要直接写明根据证据认定的事实，而不是简单地罗列证明这一事实的多个证据材料的内容。判决认定的事实应该是明确的、清楚的，不能让读者根据证据的内容自己去推断事实。

达者，通也。古法谚云，法律不理琐碎之事。一篇优秀的裁判文书一定要罗列出最核心、最具争议性的焦点问题，并围绕该焦点问题展开合逻辑性论证。民事裁判文书撰写是兼容共性与个性的统一体。一方面，应当在尊重民事裁判文书撰写共性原则的基础上，借助类案检索机制，对共性信息进行量化处理，制定通行的规范文本，还可以对案件进行类型化总结，使规范格式和模板更加具有适用性和可操作性，提高审判效益，节约审判成本。另一方面，也应尊重裁判文书的个性化表达。不同性质、不同类型、不同审级的民事案件，有其自身的特点和特有的表现形式。每一个案件都是不同的，规范民事裁判文书写作时，应当为个性化表达留足空间，这个空间也是展现民事裁判文书说理灵魂、展示民事裁判公信力的关键所在。讲到合逻辑性论证，三段论是无法回避的重要论证方法，但是仅有三段论是不够的，应当充分运用三段论和其他论证方法，将民事裁判结果得以成立的理由分析清楚、论证充分，真正体现说理的表达效果；同时，还要关注民事裁判文书论证的内部要素，诸如论证的对象、方法、争点、焦点等。这些问题，无不蕴含着民事裁判文书需要遵循的法律精神，也就是民事裁判文书说理的核心内容，是将基础论证知识运用于司法裁判说理的专业问题，是属于法律文书说理独有的方法论问题，需要认真梳理和总结，更需要将这些具体方法运用于民事裁判文书说理规范意见的制定和实施过程中。

雅者，理也。法官固然应受成文法的拘束，但一篇优秀裁判文书不应仅有法律依据，还应有充满理性光芒的法理与人性光辉的情理。"徒法不能以自行"，法官适用法律离不开解释法律。尽管我国的立法较为通俗易懂，但仍不能否认每一条法律规则背后都涵盖了丰富的法理。更何况，法条竞合、新旧法适用难题也并非罕事，法官不仅要列明裁判依据，更应该阐明法律背后的法理，即将单调的法条通过解释学方法挖掘出法理基础并体现于个案裁判中。诚然，成文法具有一定的滞后性，事物发展变化的特性也决定了法律漏洞的客观存在，此时法理才是裁判文书具有说服力的关键之所在。同时，优秀裁判文书应该是带着人性的温度，寓情于理、以情服人、以理服人，能够让当事人产生共鸣，让所有阅读裁判文书的案外人产生共鸣，以此体现司法的权威与指引功能。

（张翀，重庆市高级人民法院法官）

三、专家评析

本案系证券虚假陈述责任纠纷。本案虽然以"维持原判"为判决结果，却并不照搬一审判决书的内容，事实表述更为清楚明了，详略得当；归纳焦点准确细致，说理充分透彻，逻辑推理令人信服。

（一）案件事实陈述详略得当

首先，二审虽然对上诉人提交的证据作出"不予以采纳"的判断，但实际补充《重大事项停牌公告》等一系列信息公开前后半年，北大医药公司股价上涨下跌价格及幅度，使案件事实更丰满直观。其次，对信息公开的具体内容，按时间先后顺序进行列举，也能使阅读者对公司重大信息是否予以公开、公开程度如何有直观感性认识，从而为下一步说理奠定基础。

（二）对案件争议焦点归纳详细全面

虚假陈述责任的因果关系认定比较复杂，这是审判实务界公认的。将"因果关系"作为焦点，对于审判人员而言并非难事。但作者首先将"代持股份事项是否属于重大事件"作为讨论分析的第一个焦点，更切中痛点。

（三）说理充分，逻辑关系严密

1. 二审"本院认为"部分，对"代持"事项属于"重大事件"作出肯定判断。以《证券法》和相关司法解释，以及中国证监会的行政处罚决定书认定，确认公司"对涉案股份代持事项未履行信息披露义务，构成证券市场虚假陈述"。

2. 上诉人（原告）买入和卖出股票的时间段与公司违法行为时间段恰好重合，是否就足以判断与其损失确定有关联？不能排除偶然性，则无法认定二者之间必然的因果关系。判决书表述为"提交的证据不足以证明其受虚假信息影响而购买股票"更保证了表述的周延性。

3. 分析"减持"与"利空（盈利）"关系来判断上诉人原告"诱多型虚假陈述"理由是否成立。从"控股股东减持股票，通常会被认为是利空消息，会导致股价下跌"常理性判断入手，陈述减持与利空（盈利）的逻辑关系，并列举本案所涉股票跌幅高于同期同类股票价格及深证综指的跌幅，得出"不应导致投资者积极买入股票，而应是卖出股票"的结论。又，股东减持，但原告并无相应证据证明受让方（北京政泉公司）有实力（使股价有上涨趋势），从而上诉人（原告）所述"属于诱多型虚假陈述"理由自然无法成立。

4. 分析上诉人（原告）进行投资行为的实际原因。前述事实部分，已经表述公司的投资建设项目等利好消息，使得股票上涨，又遇"牛市"，本案上诉人（原告）买入股票正是在此期间，完全符合普通股民"买涨不买跌"的心理，而与公司代持信息违法行为之间却没有正相关关系，即并非受代持股份事项的影响。

由此，"上诉人（原告）股票受损失与公司虚假陈述之间无因果关系"的论点得到充分证实，判决结果也就顺理成章。防止矫枉过正，对维护证券市场的秩序划出很好的规则边界。

（点评人：杜丹，重庆市高级人民法院民二庭庭长、三级高级法官）

（2019）渝民终 343 号裁判文书原文

15. 创金合信基金管理有限公司和山东山水水泥集团有限公司公司债券交易纠纷案 *

【关键词】

　　败诉方　律师费用承担　合法合理　诚信诉讼

【裁判要旨】

　　原告主张被告承担其为本案诉讼支付的律师费，法院综合考量以下因素后予以支持：首先，被告在诉讼中存在过错。被告存在严重违约行为，诉讼中无合理理由提出管辖权异议，在被法院驳回后继续上诉，无故逾期提交证据，明显恶意拖延诉讼进度，滥用诉讼权利，损害原告利益；其次，针对被告一系列不诚信诉讼行为及本案涉及的专业性问题，原告为保障自身合法权益，聘请专业律师为其提供法律服务，具有合理性与正当性；最后，原告主张律师费的数额在合理范围之内。

一、简要案情

　　被告山东山水水泥集团有限公司（以下简称山水公司）在银行间市场交易商协会注册，先后发行了 15 山水 SCP001、15 山水 SCP002 债券。15 山水 SCP001 发行总量为 20 亿元，发行日为 2015 年 4 月 14 日，兑付日为 2015 年 11 月 12 日，遇节假日顺延，期限为 210 天，票面年利率为 5.3%，计息年度天数 366 天，兑付方式是到期一次性还本付息。15 山水 SCP002 发行总量为 8 亿元，发行日为 2015 年 5 月 14 日，兑付日为 2016 年 2 月 12 日，遇节假日顺延，期限为 270 天，票面年利率为 4.5%，计息年度天数 366 天，兑付方式是到期一次性还本付息。创金合信基金管理有限公司（以下简称创金公司）创金合信昭尊 2 号资产管理计划持有 1000 万元的 15 山水 SCP001、2000 万元的 15 山水 SCP002。被告山水公司已向原告创金公司兑付 15 山水 SCP001、15 山水 SCP002 存续期内利息，至今未兑付 15 山水 SCP001、15 山水 SCP002 的本

---

　　* （2016）粤 0391 民初 903 号。

金。原告请求判令：（1）被告山水公司向原告偿付 15 山水 SCP001、15 山水 SCP002 本息共计 30 002 652 元；（2）被告向原告支付逾期违约金 870 836 元；（3）被告承担原告支付的合理律师费用 30 万元；（4）被告承担本案的全部诉讼费用。庭审中，原告放弃第一项诉讼请求中的利息差额 2652 元。

本案经广东省深圳前海合作区人民法院审理，认为双方的争议焦点为：原告的诉讼主体是否适格；违约金的计算基数如何确定；被告应否承担原告律师费用。对于以上争议焦点，法院综合评判如下：

关于原告是否适格的问题。创金合信昭尊 2 号资产管理计划在购买被告发行的债券后，被告未能依约还本付息，依照《证券投资基金法》第 19 条第 11 项的规定，原告作为基金管理人，可以其名义代表基金份额持有人行使诉讼权利或者实施其他法律行为，故原告诉求被告还本付息具有法律依据，法院予以支持。

关于违约金的计算基数问题。募集说明书第十章"发行人违约责任"部分明确约定："发行人如未履行超短期融资券还本付息……，则按逾期金额每日 0.21‰承担违约责任。"该条文义清晰，结合前后文明显可知被告募集说明书中所载"逾期金额"应包括本金及利息。第三章"主要发行条款"部分第 10 项相关约定为"超短期融资券利率在超短期融资券存续期限内固定不变，不计算复利，逾期不另计利息"。就该文义分析，应指在债券存续期限内不计收复利，但涉案债券已经逾期，不属于"融资券存续期限内"。该项所称"逾期不另计利息"，按照"利息"的通常理解，应有别于复利、违约金，依照文义应理解为逾期之后不再计收期内利息，但并未排除被告支付逾期违约金的义务。从体系解释的角度，第三章"主要发行条款"部分，涉及债券利息利率方面的约定，规范的是发行行为，而第十章"发行人违约责任"部分，涉及被告迟延支付本金及利息的违约金方面的约定，直接针对本案所涉的违约情形，故本案理应优先适用第十章的约定。根据《合同法》第 41 条①规定，对格式条款有两种以上解释的，应当作出不利于提供格式条款一方的解释。本案募集说明书系被告提供的格式合同，即使认为该说明书第三章的约定与第十章互有矛盾致生歧义，也应作出不利于被告的解释。从利益衡平的角度，复利、逾期利息与违约金属于不同的法律概念，"不计算复利""逾期不另计利息"不等于被告对迟延支付利息的违约行为无须承担支付违约金的民事责

---

① 对应《民法典》第 498 条。

任。如果被告关于违约金计算基数不包括逾期利息的抗辩主张成立，则意味着被告对迟延支付利息的违约行为不承担违约责任，不补偿原告应收款项被占用期间的损失，有违诚信原则和公平原则。因此，原告请求被告支付违约金的计算基数系本金及期限内利息之和，具有事实和法律依据，法院予以支持。

关于被告是否应承担原告的律师费问题。第一，被告逾期兑付债券利息、未返还本金等严重违约行为，给原告造成了严重的经济损失。根据《合同法》第113条①规定，原告依法诉请被告支付因其违约行为而造成的律师费损失依法有据。第二，涉案的募集说明书系单方制定，具有格式条款的性质，双方并没有对有关争议解决的内容事前协商，原告亦没有条件在事前就该募集说明中对律师费的分担与被告进行约定，被告以原告诉请律师费的损失没有合同依据理据不足。第三，本案被告委托专业律师代理提起管辖权异议、管辖权异议上诉，在涉案债券付息时间、违约金计算基数等一系列问题上提出异议，对原告举示的证据大部分不予认可。原告若无专业法律人士介入，在缺乏诉讼技能、法律专业知识的情况下亦难以正确应对被告诉讼代理人及被告的抗辩，最终难以维护其合法权益。第四，被告故意提起管辖权异议并上诉等行为，滥用诉讼权利、拖延承担诉讼义务，造成原告巨额资金被继续拖延占用、司法资源被不必要的浪费，在本案中存在过错。第五，根据粤价〔2006〕298号《广东省物价局、司法厅律师服务收费管理实施办法》，本案不存律师费偏高不合理的问题，且约定分期支付律师费的方式不违反法律法规、行业惯例，可推定待付律师费将得到支付，故对原告请求予以支持。

综上，广东省深圳前海合作区人民法院作出一审判决：被告山向原告赔偿本金3000万元、支付违约金（按每日0.21‰计付）、赔付律师费30万元。宣判后，各方当事人均未上诉，判决已发生效力。

二、撰写心得

司法裁判具有规则引领和价值导向的重要功能，裁判文书是实现该功能的重要方式。撰写裁判文书应确保程序无误、事实清楚，以清晰的表述、严密的逻辑、精准的说理，得出正确的判决结果。

---

① 对应《民法典》第584条。

（一）丰富知识储备，促进用法准确

法律规范是裁判大前提，依法裁判应首先确定所适用的法律，这要求法官要不断更新法律知识。要及时学习新法、补齐知识短板，使法律知识与审判实践相辅相成。深圳前海合作区人民法院成立以来，受理的复杂案件、新类型案件较多，法官既要夯实法律知识功底，及时掌握新的法律规定，确保作出公正裁判，又要在无明确法律规定时，以现有法律为基础，结合审判实践积极探索新措施、新制度，如建立律师费转付机制，运用律师费、诉讼费杠杆对非诚信诉讼行为进行惩戒，依法判决不诚信当事人承担对方当事人律师费，引导当事人诚信诉讼。同时，要努力提升案件审理专业化水平，并围绕所办理案件以点带面开展学习，尽可能提高法律知识的学习广度、深度，实现案件审理专业化和通晓法律全面化相结合。另外，还要不断提高法律检索能力，常学善用法律数据库、法律网站等资源，能够及时、高效、广泛获取相关法律法规、司法解释、指导性案例、公报案例等，确保法律适用准确、裁判尺度统一。

（二）加强释法说理，弘扬核心价值观

《最高人民法院关于加强和规范裁判文书释法说理的指导意见》要求进一步加强裁判文书释法说理工作。释法说理是将法律运用于事实评判、得出裁判结论的过程，优秀的释法说理可以促进当事人对裁判结果的理解，彰显裁判的合法性、公正性，发挥积极的法律效果和社会效果。一是依法开展审理工作。案件审理过程是查清法律事实、明确争议焦点、作出正确裁判的基础，要坚持程序与实体并重。只有审理过程中程序、实体处理均无误，释法说理工作才可能无"硬伤"。二是准确归纳争议焦点。在庭审前，法官要提前做好阅卷和庭前会议工作，尽可能全面把握当事人的诉求、理由、主要事实，对主要争议、涉及的实体法律规范作出合理预判。在庭审中，指导当事人围绕争议焦点开展诉讼攻防，确保当事人针对争议焦点充分发表意见。在撰写裁判文书时，清晰列举与争议焦点有关的证据和事实，并就争议焦点如何认定进行充分论述，使法律论证详实有力。三是传递核心价值取向。释法说理不仅应明确法律内涵，解释法律具体适用问题，还应反映法律的核心价值取向，做到事理、法理、情理、文理相统一。以"不方便法院"原则为例，其核心价值取向是促进公平正义，在适用该原则时，既要避免原告利用被告的不便因素恶意诉讼，获得潜在的不当利益，也要防止被告利用该原则规避法律责任和义务，损害原告合法权益。法官应通过裁判文书的说理部分向双方当事人传达该核心价值，真正解决争议，提升当事人的诚信诉讼意识，弘扬社会主义核心价值观。

（三）规范制作文书，提升司法公信力

规范的裁判文书能够体现司法审判的权威性，促进司法公开，提升公众的法律、规则意识。关注裁判文书细节、确保文书准确无误，具有重要意义。一是注重形式规范。用字正确、格式规范是撰写裁判文书的基本要求。目前，法院"案多人少"矛盾普遍存在，法官在力争提高审判效率的同时，更要严格确保准确。裁判文书是正式刊印的法律文件，若出现低级错误，将给当事人造成不便，有损法院工作的权威性，降低司法公信力，甚至造成不可挽回的损失。因此，裁判文书制作时要反复读认真校，注重细节规范。二是注重内容规范。语言规范也是裁判文书的基本要求，裁判文书是法律性文件，撰写裁判文书应使用"法言法语"，表述清晰准确。同时，裁判文书也要符合逻辑和结构要求，当事人请求部分、审理查明部分、审理认为部分应有序分布，避免混写。在论证法院审理认为部分时，应紧扣案件争议焦点，依次对有争议的各项法律问题进行解释，在全面充分论证的基础上做到主次分明、详略得当。

（闻长智，广东省深圳市前海合作区人民法院法官）

三、专家评析

本案判决书叙述事实清楚，适用法律准确，判决结果令人信服，是一篇优秀的裁判文书。

一是诉辩内容和争议焦点归纳完整准确、详略得当。本案为一起公司债券交易纠纷案件，法院归纳的双方的争议焦点为：原告的诉讼主体是否适格；违约金的计算基数如何确定；被告应否承担原告律师费用。针对以上争议焦点，法院逐一进行了评判。

二是本案对于律师费负担的探索具有现实意义。我国法律并未针对律师费的承担规则进行专门性规定，2016 年 9 月，《最高人民法院关于进一步推进案件繁简分流优化司法资源配置的若干意见》规定："……充分发挥诉讼费用、律师费用调节当事人诉讼行为的杠杆作用，促使当事人选择适当方式解决纠纷。当事人存在滥用诉讼权利、拖延承担诉讼义务等明显不当行为，造成诉讼对方或第三人直接损失的，人民法院可以根据具体情况对无过错方依法提出的赔偿合理的律师费用等正当要求予以支持。"该项规定赋予法官一定

的裁量权，律师费由败诉方承担不再局限于特定类型案件、当事人约定的情形，而可以延伸到各类型案件。从总体来看，律师费转付制度在我国目前适用情况保守，该制度在理论界也存在一些争议，主要原因在于，一方面，我国立法没有明文规定律师费的损失应由败诉方承担，法律适用方面存在障碍；另一方面，我国没有实行律师强制代理制度，且律师费用的数额完全是一方当事人和其委托代理人之间内部的协商，也没有关于律师费用的评定机构，因此律师费委托代理合同中关于律师费的约定不能突破债之相对性原理对败诉方产生约束力。本案对律师费转付的探索，有利于通过律师费的杠杆作用促进纠纷化解，对于引导当事人诚信理性诉讼，减少虚假、恶意诉讼具有积极意义。

三是判决关于律师费负担的问题分析论证层次分明、条理清晰。本案从两个方面来分析本案律师费负担的请求成立与否：一是原告诉求被告支付律师费是否存在正当性和合理性；二是如果原告的诉求正当且合理，律师费数额应如何确定，对于司法实践中是否支持律师费转付以及如何确定律师费具体数额具有实践价值。

（点评人：秦旺，广东省高级人民法院民二庭副庭长、三级高级法官，广东省第四届全省审判业务专家）

（2016）粤 0391 民初 903 号

第六节　保险纠纷

16. 新杰物流集团股份有限公司和东京海上日动火灾保险（中国）有限公司上海分公司保险人代位求偿权纠纷案[*]

【关键词】

责任竞合　侵权诉讼　合同抗辩

【裁判要旨】

货物运输合同履行过程中托运人财产遭受损失，承运人存在侵权与合同责任竞合的情形下，允许托运人或其保险人依据《合同法》第 122 条[①]选择侵权诉讼或合同诉讼；但是，托运人要求承运人承担侵权责任的，不能排除承运人依据货物运输合同享有的抗辩权。法院应依据诚信原则，综合考虑合同条款效力、合同目的等因素确定赔偿范围。

一、简要案情

2011 年 11 月 11 日，富士通先端科技（上海）有限公司（以下简称富士通公司）与新杰物流集团股份有限公司（以下简称新杰物流公司）签订《货物运输服务合同书》，约定富士通公司委托新杰物流公司运输发往全国各地的货物，在合同书的责任与赔偿一节中的约定："A、甲方未委托乙方办理运输保险的，对于货物不能修复的：……铁路和公路运输的货物的实际损失价值最高按损失货物对应运费的 3 倍赔偿；货物能修复的：按接近市场价的修理费赔偿，但最高不超过 20 元（人民币）千克。B、甲方未委托乙方办理货物运输保险的，乙方协助甲方索赔，按照保险定损金额赔偿。"

---

[*]（2017）沪 02 民终 6914 号。

[①]《民法典》施行后，《合同法》废止。《民法典》第 186 条规定："因当事人一方的违约行为，损害对方人身权益、财产权益的，受损害方有权选择请求其承担违约责任或者侵权责任。"

2012 年 3 月 21 日，京 AXXXXX（京 AXXXX 挂）车辆载运富士通公司的 31 托不同类型的 ATM 柜员机模块从上海运往深圳途中发生交通事故。根据事故发生的情况，交警判定该车辆驾驶员高某由于未按操作规程驾驶，存在过错，负事故的全部责任。

富士通公司在东京海上日动火灾保险（中国）有限公司上海分公司（以下简称东京保险上海分公司）处投保货物运输保险。发生上述事故后，根据公估结果，货物遭受严重撞击后损坏严重，造成货物损失金额 1 464 745 元。根据保险合同的约定，东京保险上海分公司于 2012 年 7 月 27 日向富士通公司进行了赔偿，并依法取得代位权。

发生上述损失后，东京保险上海分公司向北京市顺义区人民法院提起诉讼，要求司机高某及车辆登记所有人北京新杰物流服务有限公司（以下简称北京新杰物流公司）承担赔偿责任，后北京市顺义区人民法院因高某系职务行为驳回东京保险上海分公司对高某的起诉，并根据北京新杰物流公司的管辖异议申请将本案移送至北京市通州区人民法院。后，因东京保险上海分公司申请撤回起诉，北京市通州区人民法院于 2015 年 2 月 9 日裁定准予东京保险上海分公司撤回起诉。2016 年 2 月，东京保险上海分公司向上海市嘉定区人民法院起诉要求新杰物流集团股份有限公司承担侵权责任。

本案争议焦点：一是东京保险上海分公司起诉时是否超过诉讼时效；二是东京保险上海分公司主张新杰物流公司承担侵权赔偿责任的情况下，新杰物流公司能否以涉案运输合同约定作为抗辩。

二、撰写心得

裁判文书能否称得上优秀，一定程度上是由案件自身的特点决定的。一个有价值的法律问题，是成就一篇优秀法律文书的重要前提。但是，案件纠纷所涉及的法律问题是否有价值，这个问题离不开法官的主观判断。不同的知识背景、审判经历和专业积累，很大程度上决定了法官判断问题的准确性。本案的案由是保险人代位求偿权纠纷案，但争议的法律问题却是侵权责任与合同责任的竞合问题。责任竞合问题并非新问题，但却是法学理论和实务中颇有争议的问题，学说观点很多，实践做法也不统一。笔者在攻读博士学位期间，曾围绕该问题进行了较为全面的资料收集和系统的理论研究，深知责任竞合问题的理论深度和实践价值。因此，在承办该案时，格外留心理论研究与实践应用的结合，希望能够通过本案纠纷的处理，寻求责任竞合问题的最优解决方法，最大限度实现双方权利义务的平衡。本案最终形成的审理思路，虽然与传统方法有所不同，但并非"拍脑袋"的结果，而是在民法基本原则和责任竞合学说法理的指导下，反复对比权衡后，选择了最有说服力的解决方法。本案裁判思路是对传统裁判方法的一种扬弃和超越，它不仅能够更好地平衡争议双方的权利义务关系，也符合责任竞合理论的发展趋势，还有助于更好地贯彻自愿、公平、诚信的民法基本原则，因此本案裁判可以称得上是一种"非普通"裁判。

必须进一步说明的是，仅仅一个有价值的法律问题，还不足以成就一篇优秀的裁判文书。从法律文书撰写的具体方法来看，一篇好的文书还需要有一个好的表达方式。所谓好的表达方式，无外乎清晰、简洁、有力、有理地表达出法官对争议问题的观点和看法，这种表达必须是以事实为基础，以法律为准绳，以法理为支撑的规范表达。这就要求法官在撰写裁判文书时，准确描述争议事实，争议观点，争议双方所持理由，同时法官还必须敢于亮明自己观点，特别是在争议的问题法理规范层面并未明确规定的情况下，必须敢于借助法理去阐明自己的观点，并对自己的观点进行说理和论证。裁判要想让当事人信服，必须努力用事实、法律、法理和情理去说服当事人。本案判决不仅有幸入选全国法院百篇优秀裁判文书，而且也在 2019 年登上了《最高人民法院公报》，本案裁判对责任竞合问题的阐述和发展，也得到了学界一些专家的肯定。这真的是莫大的鼓励。

对于绝大多数法官而言，工作中遇到的案件都是普普通通的平常案件，但这并不妨碍作出"伟大的判决"。任何时候，我们都应该保持一种信念"司法裁判是一门高深的学问"。只要努力在每一个案件中寻找公平正义的最优解，迟早会会找到有价值的法理问题，找到一件甚至是一百件可以作出"伟大判决"的案件。而我们日常工作中能够做的就是，永不放松对公平正义的执着，对知识真理的追求，时刻准备着，不断积累着，耐心守候着。最后想分享的是：优秀的裁判文书是办出来，也是写出来的。从技术层面来讲，实现优秀的最佳路线就是学习"优秀""模仿"优秀，如果法官撰写的每一篇文书，都在努力展现出"优秀"的模样，当努力优秀成为一种习惯，之后的每篇裁判文书就是优秀的。与大家共勉。

（荣学磊，上海市第二中级人民法院法官）

三、专家评析

本案当事人诉争过程较为复杂，两个争议焦点：一个是诉讼时效问题，涉及诉讼时效中断的辨析和认定；另一个是责任竞合情形下的合同抗辩问题。货物因承运人原因遭受损坏形成侵权与合同责任竞合，托运人或其保险人以侵权为由要求承运人赔偿时承运人以合同约定为由进行抗辩，由于合同法并未明确侵权和合同法律关系是否可以相互影响，诉权与抗辩权应当如何处理等问题，而理论上对责任竞合时侵权责任与合同责任的实体法关系至少存在三种学说观点，不同的学说观点又与不同的诉讼标的理论密切相连，实体与程序问题交错，法官对责任竞合的审判思路和法律适用结果大相径庭，存在较为严重的适法不统一现象。

本案结合当事人提供的证据，针对两个争议焦点进行了审慎裁判，并将法官认定事实、裁判过程完整地展现在文书之中，查明事实部分认定客观、公正和准确，裁判说理部分清晰规范地逐项回应了法律争议焦点。整篇文书结构完整、行文流畅、论证严谨、表达准确。

尤其在对第二个争议焦点的说理上，裁判文书结合案情对《合同法》第122条对本案争议法律关系进行了详细地剖析阐述，鲜明地体现了合议庭裁判观点，即本案托运人要求承运人承担侵权责任，承运人可以以双方货物运输合同进行抗辩，并充分说明了选择的理由，也即托运人与承运人根据自愿、平等原则，在运输合同中就赔偿责任进行了明确约定应对双方具有约束力，且该约束力不应因托运人选择侵权之诉而失效，实现了事理、法理、情理的有机统一。作为二审案件，本案文书不仅着重强化了释法说理部分，更进一步提炼出货物运输合同纠纷责任竞合情形下的裁判规则，对类似案件的审理具有积极的指导和参考意义。

（点评人：黄伯青，上海市第二中级人民法院研究室主任，三级高级法官）

（2017）沪02民终6914号裁判文书原文

第七节　信用证纠纷

17. 交通银行股份有限公司贵州省分行和中国银行股份有限公司湖北省分行信用证及担保纠纷案[*]

【关键词】

信用证　担保责任　审单义务

【裁判要旨】

生效的刑事判决已经就本案所涉一系列信用证交易认定构成信用证诈骗犯罪，在此情形下，申请开立信用证等一系列民事行为应被认定为无效。开证行与开证申请人对于申请开立信用证行为无效均负有过错，应当各自承担相应的责任。由此，开证申请人向开证行应当支付的款项从性质上不属于信用证项下的还款，而是因过错导致行为无效后的损失赔偿款。本案涉及多重法律关系，在全面厘清法律关系的基础上，通过文义、交易过程等综合判断担保人出具担保函的真实意思，准确判断被担保的民事法律关系，进而得出正确的裁判结果。

一、简要案情

1995 年 7 月，湖北省轻工业品进出口公司（以下简称湖北轻工）与天津经济技术开发区南德经济集团（以下简称南德集团）签订《代理进口协议》（查明为事后补签），约定代理进口货物，由案外人何某编造虚假的外贸进口合同，通过湖北轻工向中国银行股份有限公司湖北省分行（以下简称中行湖北分行）申请开立信用证，由何某联系的我国香港特别行政区东泽科技有限公司作为受益人负责贴现后，将部分贴现款交给南德集团。

1995 年 9 月以后，中行湖北分行向湖北轻工提出如继续开证，必须要提

---

[*] （2018）最高法民再 401 号。

供担保。南德集团遂以支付手续费、早日偿还南德集团在中国交通银行贵阳分行（以下简称交行贵阳分行，后更改名称为交行贵州分行）的 1000 万元借款及利息并向交行贵阳分行提供反担保为条件，由交行贵州分行当时的信托投资部负责人李某某出具盖有交行贵州分行公章的筑交银信 96－007 号《见证意见书》。该意见书载明："湖北省轻工业品进出口公司：北京南德（经济）集团委托我行就与贵公司 96HBI2501－014 号合同事项见证，经我行见证该事项情况属实。我行同意在该合同到期收到贵公司通知起壹拾伍个工作日内将贰仟万美元及相关利息按当时牌价折合的人民币金额划付贵公司指定账户。"1996 年 5 月 1 日，境外议付行向中行湖北分行寄来汇票、商业发票、装箱单、备运提单，要求中行湖北分行确认单据并予承兑。1996 年 5 月 8 日，湖北轻工对上述单据予以书面确认，在承付进口单据确认书中批注"同意承兑，并同意到期付款"，并加盖了公司印章。中行湖北分行审单后未提出不符点，同意对外付款。1996 年 9 月 2 日，交行贵州分行贵阳分行在《见证意见书》上注明"经核对系我行开出的有效文件"，并加盖交行贵州分行贵阳分行的新公章。1996 年 11 月 11 日，中行湖北分行将垫付款 395.52 万美元汇至议付行指定账户，该款折合人民币 32 865 338.88 元。

1999 年，湖北省武汉市人民检察院就南德集团、牟某某等信用证诈骗犯罪一案向湖北省武汉市中级人民法院提起公诉，该院于 2000 年 5 月 30 日作出刑事判决，认定：从 1995 年 8 月 15 日至 1996 年 8 月 21 日，南德集团采取虚构进口货物的手段，通过湖北轻工向中行湖北分行共计骗开信用证 33 单，开证总金额 80 137 530 美元。其中，南德集团通过我国香港特别行政区东泽科技有限公司以及澳大利亚澳华公司、美国索斯曼公司在我国香港特别行政区渣打、丰业、东亚、运通等银行议付信用证 31 单，获取资金总额为 75 074 004.1 美元，用于偿还南德集团债务、业务支出及循环开立信用证等；南德集团及其法定代表人牟某某、职员夏某某、姚某等人为非法占有国家资金，与他人共谋，虚构进口货物的事实，骗开信用证，构成信用证诈骗罪，并判处刑罚。南德集团、牟某某、夏某某不服上述一审判决提起上诉，湖北省高级人民法院作出刑事裁定，驳回上诉，维持原判。

刑事判决作出后，中行湖北分行提起诉讼，要求湖北轻工、南德集团偿还信用证项下款项，交行贵州分行承担担保责任。湖北省随州市中级人民法院判决：南德集团非信用证交易主体，应由湖北轻工偿还信用证项下的款项，交行贵州分行承担连带担保责任。由于中行湖北分行自身存在一定的过错，对于信用证款项的利息损失，由其承担 60%，湖北轻工承担 40%。湖北省高级人民法院维持该判决，最高人民法院指令再审后，湖北省高级人民法院仍继续维持一审判决。交行贵州分行不服二审判决，向湖北省人民检察院申诉，湖北省人民检察院提请最高人民检察院抗诉。最高人民检察院向最高人民法院提出抗诉认为，第一，本案存在单据不符对外付款的情形，中行湖北分行承兑备运提单的行为极大地增加了资产损失的风险，自身亦应当承担相应的责任。第二，信用证条件变更的情况未告知担保人交行贵州分行，交行贵州分行无须再承担担保责任。因此，再审判决存在认定基本事实缺乏证据证明、适用法律确有错误的情形，该院根据《民事诉讼法》第 209 条①，第 208 条第 1 款②，第 200 条第 1 项、第 6 项③的规定，提出抗诉，要求依法再审。最高人民法院裁定提审本案。

本案争议焦点是：（1）湖北轻工向中行湖北分行申请开立信用证行为的效力如何；（2）中行湖北分行是否有过错；（3）交行贵州分行出具的《见证意见书》是否构成担保函，其真实意思是为哪个法律关系提供担保，交行贵州分行应否向中行湖北分行承担法律责任；（4）本案是否应当中止审理，移送刑事审查。

二、撰写心得

（一）关于审理案件的思路

民商事案件审理中，厘清所涉法律关系并准确认定其性质是正确审理案件的基础。本案涉及的法律关系复杂，需要抽丝剥茧，从纷繁的事实中抽出相应的法律关系并予以准确定性，包括基础交易——进口货物的买卖合同关系，外贸委托代理合同关系，开证申请人与开证行之间的委托开立信用证关系，开证行与中间行之间的法律关系，受益人与开证行之间的法律关系，担保法律关系等。根据当事人的诉辩理由，本案争议聚焦于开证行与开证申请人之间基础开立信用证产生的债权债务关系以及相应的担保法律关系。

之后，要根据法律规定认定相关民事法律行为的效力。本案涉及南德集团为达到融资目的，通过虚构基础交易，进而以作为支付手段兼具融资功能的信用证为手段，循环开立信用证，形成巨额债务，被生效刑事判决认定构

---

① 对应《民事诉讼法》（2021 年修正）第 216 条。
② 对应《民事诉讼法》（2021 年修正）第 215 条第 1 款。
③ 对应《民事诉讼法》（2021 年修正）第 207 条第 1 项、第 6 项。

成信用证诈骗犯罪。开证行作为信用证诈骗犯罪行为的被害人，在刑事追赃的基础上，通过提起本案民事诉讼向开证申请人及担保人主张债权获得救济。本案所涉开立信用证的行为及担保行为均因信用证诈骗犯罪而导致民事行为无效。

民事法律行为被认定无效后，再根据过错程度，划分当事人之间的民事责任。本案中开证行与开证申请人对于开立信用证行为无效均有过错，应当各自承担相应的责任。

对于相关联的担保法律关系，应当根据担保函的内容而非形式判断当事人的真实意思。

此外，裁判的任务不仅在于对系争事实和民事法律责任作出认定，还要注重化解深层次矛盾，为解决当事人之间因本案处理可能导致的潜在矛盾指出解决路径。

（二）关于本案确立的裁判规则

本案作为信用证领域的典型案例，对司法实践具有重大指导意义。

首先，本案明确了在生效刑事判决认定信用证诈骗犯罪的情况下，与之有关的一系列民事法律行为应归于无效的处理原则。该原则已经最高人民法院审判委员会讨论并在类似案例中确立。

本案系开证行中行湖北分行就其与开证申请人之间的委托开立信用证法律关系及相关担保法律关系提起的民事诉讼，案件涉及的基本事实已经由生效刑事判决作出认定。本案所涉信用证项下货物并未真实进口，开证申请人湖北轻工与境外公司签订的外贸合同并未实际履行。南德集团作为外贸代理的委托人与受托人湖北轻工之间就本案所涉信用证签订的《代理进口合同》系事后补签。湖北轻工接受南德集团的委托，为获得一定比例的手续费而随意为其向开证行申请开立信用证，造成信用证诈骗犯罪的严重后果。虽然没有充分的证据证明湖北轻工与南德集团共谋并构成信用证诈骗犯罪，但湖北轻工作为货物进口方，在没有真实货物进口情况下，向中行湖北分行申请开立信用证；在信用证项下单据均系伪造的情况下，在承付进口单据确认书上明确表示"同意承兑，并同意到期付款"，构成民事欺诈行为。根据行为时有效的《民法通则》第58条第1款第3项①的规定，一方以欺诈的手段使对方在违背真实意思的情况下所为的民事行为无效。因此，湖北轻工向中行湖北

---

① 对应《民法典》第58条第1款第3项。

分行申请开立信用证的民事行为应被认定为无效。

其次，本案明确了开证行的审单义务及未尽义务时应承担的法律责任。

在信用证交易中，开证行承担第一性的付款责任，其应当对信用证项下单据进行审查，这也是开证行防范风险的重要手段。本案中，开证行中行湖北分行收到境外议付行来单后，并未对信用证项下单据尽审查义务，仅凭开证申请人湖北轻工在承付进口单据确认书上签署"同意承兑，并同意到期付款"的意见即采取放任态度，对外付款，因而造成损失。开证行中行湖北分行与开证申请人湖北轻工之间的申请开立信用证合同无效，开证行中行湖北分行对此显然也负有过错，其自然应当承担相应的法律责任。

本案中，中行湖北分行因信用证付款造成的损失包括信用证项下的本金及其利息。本案判决判令湖北轻工向中行湖北分行支付与其过错程度相应比例的款项，就其性质而言，不属于合同有效情形下的付款责任，而是属于合同无效情形下的过错赔偿责任。

最后，本案明确了认定构成担保函及担保法律关系主体的标准。

担保人出具诸如《见证意见书》等文书，虽然名称上没有"保证"的表述，但从其内容看，具有保证担保的意思表示的，因而应当认定构成保证合同。

关于其究竟为哪一法律关系项下的债务提供担保，应当从文书内容所体现的当事人的真实意思进行判断，不能仅从文书抬头看。根据本案所涉《见证意见书》表达的意思，担保人交行贵州分行系为南德集团就其与湖北轻工之间的《代理进口合同》项下的债务向湖北轻工承担保证责任，而非向开证行中行湖北分行为湖北轻工所欠中行湖北分行信用证项下债务提供担保。

综上，本案判决对信用证及其担保领域的难点问题一一作出了回应，不仅明确了在生效刑事判决认定信用证诈骗犯罪的情况下与之有关的一系列民事法律行为应归于无效的处理原则，还进一步就申请开立信用证合同被认定无效后当事人之间的过错责任分配、开证行的审单义务、担保法律关系的认定等问题进行了详细分析和判断。该判决丰富了我国信用证领域的司法实践，不仅为我国司法机关处理类似案件提供了明确指引，还对市场主体、银行等金融机构从事信用证交易具有规范作用，对鼓励诚信交易、构建诚信社会，具有一定的引领和示范作用。

（三）关于文书的写作

该判决书符合人民法院裁判文书制作的格式要求，认定事实清楚，适用法律正确，裁判结果正确。

该判决书对复杂的案件事实描述清晰，表达准确，文字精练，繁简适当；对涉及的法律关系条分缕析，定性准确，说理充分透彻，对各方当事人的意见一一作出回应，说服力强；结构合理，逻辑严密，紧密根据案件事实结合相关法律规定作出正确的裁判结果。

（高晓力，最高人民法院法官）

三、专家评析

本案无论事实问题还是法律问题都比较复杂，不仅涉及涉外商事尤其是信用证问题，而且涉及刑事问题，导致其审判程序也比较复杂，从随州中院一审、湖北高院二审，到最高人民法院指令湖北高院再审，再到最高人民法院提审，历经近20年，在三级法院进行了四次审理。另外，由于此案涉及南德集团和牟某某，社会关注度也比较高。

由于案情复杂，导致法院在每次审理的过程中焦点都不尽相同。随州中院的一审判决没有指出争议焦点，但判决讨论了四个方面的问题；湖北高院的二审与再审的焦点均为两个问题，但内容不尽相同；最高人民法院的提审焦点集中在四个问题，既有程序问题，也有实体问题。最高人民法院的判决书通过对焦点问题所涉事实与法律关系的透彻到位的分析，鞭辟入里，结构清晰，语言精练，使复杂问题简单化，厘清了事实，讲透了法律，体现了撰写人深厚的法学理论尤其是信用证法上的专业功底以及处理复杂案件的能力，很有示范与指导意义。

首先，判决明确了信用证的开证申请人存在欺诈时如何处理的问题。本案属于典型的"走单、走票、不走货"的表面为国际货物买卖实则为融资或借款的信用证虚假交易案件。对于此类以合法形式掩盖非法目的的扰乱社会正常金融秩序的交易，本判决给予了明确的指引，即此类交易无效，不受法律保护，且当事人应当承担相应的责任。在类似案件中，在开证人其未付款而发现开证申请人存在欺诈时，可依《最高人民法院关于审理信用证纠纷案件若干问题的规定》第8条第3项"受益人和开证申请人或者其他第三方串通提交假单据，而没有真实的基础交易"的规定，拒绝付款。

其次，判决明确如果开证人在信用证欺诈案中存在过失或者没有履行其应有的注意义务，也要承担相应责任。判决认为，中行湖北分行作为开证人应当对信用证项下单据进行审查，然而其在收到境外议付行的来单后仅凭开证申请人湖北轻工在承付进口单据确认书上签署"同意承兑，并同意到期付款"的意见就对外付款，未尽审查义务，负有过错，应当承担相应的法律责任。这对不负责任的开证人来说是一种警示。

最后，最高人民法院的判决书通过全文引述交行贵州分行所出《见证意见书》，纠正了下级法院的一个关键事实的认定错误。在交行贵州分行承担的角色上，下级法院一直认为交行贵州分行为湖北轻工与中行湖北分行之间的债务担保人，但最高人民法院纠正了这一错误，认定交行贵州分行为南德集团与湖北轻工之间的债务的担保人。该《见证意见书》的抬头清楚显示其是发给湖北轻工发以见证南德集团与湖北轻工之间的 96HBI2501－014 号合同属实，表明交行贵州分行同意为南德集团与湖北轻工之间的合同项下的债务向湖北轻工承担保证责任。不论中行湖北分行是否向交行贵州分行核保，都不影响对该保证合同所担保法律关系的认定。下级法院在其判决书中没有全文引用《见证意见书》。

（点评人：高祥，中国政法大学教授、博士生导师，ICC China 法律与惯例委员会执行主席）

（2018）最高法民再 401 号裁判文书原文

第二章　海事海商和涉外类

第一节　海事海商纠纷

18. 东莞市莱钢钢结构有限公司、戴姆建筑工程有限公司和中国太平洋财产保险股份有限公司深圳分公司海上保险合同纠纷案[*]

【关键词】

　　海上保险合同　免责条款　被保险人告知义务　保险赔偿责任　诚信原则

【裁判要旨】

　　保险合同双方当事人经协商后就保险除外责任和免赔额、免赔率订立的条款，不属于《保险法》第17条第2款规定的免除保险人责任的格式条款。海上运输货物的装载情况，是影响保险人据以确定保险费用或者确定是否同意承保的重要情况。被保险人将载明该情况的提单交付保险人，保险人未在合同订立时谨慎核实提单记载内容、又在保险事故发生后以被保险人未履行告知义务为由主张解除合同、拒付保险金的，违反诚信原则，人民法院不予支持。

一、简要案情

　　巴西企业戴姆建筑工程有限公司（DM CONSTRUTORA DE OBRAS LTDA,

---

[*] （2019）粤民终198号。

以下简称戴姆公司）向中国企业东莞市莱钢钢结构有限公司（以下简称莱钢公司）采购一批钢结构件，贸易条款为 CIF，货物由中国虎门港运至巴西伊塔加港，货款共计 4 811 213.6 美元。莱钢公司委托深圳市联力国际货运代理有限公司（以下简称联力公司）安排该批货物运输，联力公司向东莞市中海船务代理有限公司订舱。

该批货物由"民瑞"轮承运，东莞市中海船务代理有限公司于 2014 年 6 月 24 日以"民瑞"轮船长代理人的身份签发 MR01 号提单。提单记载：货物共 98 件，其中，61 件货物装载在甲板上，由货方承担风险和运费。提单签发后，莱钢公司委托联力公司就该批货物运输进行投保。

中国太平洋财产保险股份有限公司深圳分公司（以下简称太保深圳公司）曾于 2013 年 11 月 30 日与深圳市美联保险经纪有限公司（以下简称美联公司）签订期限为一年的《货物运输保险合作协议》。协议签订后，太保深圳公司于 2013 年 12 月 3 日为美联公司开通了网上电子投保系统的投保权限。

2014 年 6 月 25 日，太保深圳公司的代理人美联公司接到"潘先生"（潘姓工作人员，真实身份不明）通过电子邮件发来的投保申请。美联公司将涉案货物运输信息录入太保深圳公司的网上电子投保系统，并告知"潘先生"承保范围不包括擦刮、压凹、腐蚀、氧化和碰撞所导致的损失及免赔额为人民币 20 000 元或所受损失的 10%、以较高者为准。太保深圳公司审核美联公司录入的投保信息后签发了保险单。保险单记载：投保的货物共 98 件，提单编号为 MR01。保险单中"承保险别"一栏记载：承保一切险，但不包括擦刮、压凹、腐蚀、氧化和碰撞所致的损失，免赔额为人民币 20 000 元或所受损失的 10%、以较高者为准。联力公司于 2014 年 8 月 5 日支付了该保险单项下的保险费。

涉案货物于 2014 年 6 月 24 日自中国虎门港起运，于 2014 年 8 月 25 日运抵巴西伊塔加港，2014 年 8 月 28 日卸货完毕。货物运输途中，"民瑞"轮先后两次遭遇恶劣天气及大浪，部分货物受损或落海遗失。该轮船长对此作出海损报告。

2014 年 7 月 21 日，莱钢公司将其在涉案海上保险合同中的权利义务转让给戴姆公司。

2014 年 8 月 7 日，太保深圳公司收到"潘先生"转发的电子邮件，被转发的邮件提及"民瑞"轮在运输涉案货物过程中出险，并附有涉案保险单、提单及货物照片。2014 年 8 月 28 日，太保深圳公司向莱钢公司发出通知称：太保深圳公司于 2014 年 8 月 7 日接到报案时才得知部分货物被装载在甲板上运输；莱钢公司未在投保时将该事项告知太保深圳公司，违反告知义务；太保深圳公司通知莱钢公司解除双方之间的保险合同；合同解除前发生的保险事故，太保深圳公司不承担保险责任。

戴姆公司、太保深圳公司分别委托相关企业对涉案货物进行查勘并出具检验报告。戴姆公司提交的检验报告载明，涉案货物损失共计 2 001 703.71 美元。太保深圳公司提交的检验报告载明，涉案货物损失共计 137 790 62 美元（不含货物残值 1973.82 美元）。

莱钢公司、戴姆公司诉至法院，请求：判令太保深圳公司向其赔偿货物损失 2 001 703.71 美元及利息、赔偿翻译服务费人民币 17 450 元；诉讼费由太保深圳公司负担。

各方当事人一致同意适用中国法律解决本案纠纷。本案诉讼中，莱钢公司、太平洋保险深圳分公司均主张"潘先生"系对方的代理人，又均称其并不清楚"潘先生"的真实姓名及下落、已无法联系到"潘先生"到庭陈述情况。

本案的争议焦点是：涉案保险单中关于除外责任和免赔额、免赔率的条款是否有效；莱钢公司是否已经履行告知义务，太保深圳公司是否有权解除涉案保险合同并拒付保险金；莱钢公司、戴姆公司是否有权提出保险索赔，其主张的赔偿金额是否合理。

二、撰写心得

一份形式规范、说理清晰、裁判正确的裁判文书，可以生动形象地展现司法分配正义的价值功能，使法治能够以"看得见"的方式得到实现。如何才能撰写出一篇优秀的裁判文书，结合本案，笔者有以下几点不尽成熟的思考。

（一）要以清晰严谨的逻辑结构作为起点

裁判文书是人民法院呈现给当事人的反映诉讼进程和诉讼结果的法律凭证。一篇要素完整的裁判文书，通常包含当事人的基本情况、案件由来、审理经过、证据的认定情况、查明的案件事实、裁判理由、裁判依据和判决主文等具体内容，并要按照一定的逻辑脉络和结构要求将这些内容组合在一起。民商事纠纷往往包含诸多不同性质社会关系交织而成的纷繁复杂的社会现象。

案件审理的过程，就是不断理清事实真相，依据法律规范对相关事实及其所形成的社会关系进行归类分析和价值评判的思维过程。法官必须充分运用自己掌握的法律专业知识和逻辑分析能力，从繁杂的案件事实中抽丝剥茧，确定好这些案件事实映射的法律问题，总结归纳出双方的争议焦点，才能最终建构起解决争议问题和撰写裁判文书的逻辑起点。本案是一宗海上保险合同纠纷案，判决书将当事人争议的问题归纳为投保过程、损失情况等事实方面的问题和保险合同条款效力、保险合同是否已经解除等法律适用方面的问题，在此基础上，围绕双方的争议焦点组织证据分类、事实认定和论证说理，以期能够清晰展现案件事实与法律适用之间的逻辑关系，彰显法律规则的适用理性，增强裁判文书的说服力。

（二）要以深入透彻的说理分析作为重点

释法说理是法官在审判工作中不容回避的重要职责，也是一篇裁判文书的生命力和灵魂。一篇优秀的裁判文书，应当完整地阐述根据查明的案件事实、适用的法律规定推导出解决争议的法律结论的具体过程，全面展示法官运用逻辑推理和经验法则形成结论的正当性理由，从而使案件当事人真正感受到其所提出的各项诉讼主张得到了人民法院的认真对待，并向社会公众展现裁判结论的公平公正。这既是传统司法审判的应有之义，也是现代司法文明的重要体现。裁判文书的释法说理，应当恪守合法性、正当性、层次性、针对性和繁简适度原则。不仅要以问题为导向阐明事理，说明裁判所认定的案件事实及其根据和理由；还要释明法理，说明裁判所依据的法律规范以及适用法律规范的理由；更要讲明情理，体现法、理、情相协调，符合社会的主流价值观。本案判决书在全面分析投保过程的基础上，认定被保险人已将载明货物装载情况的提单交付保险人，重点围绕相关证据之间是否存在印证关系、是否能够形成完整的证明体系进行说理，详细阐述了运用推定和司法认知等方法对案件事实进行判断和认定的具体过程。

（三）要以规则引领和价值导向作为亮点

司法裁判不仅具有针对个案化解纠纷、定分止争的司法规范评价功能，同时也具有引导凝聚社会共识、树立法治信仰的司法教育和引导功能。人民法院审理案件、化解矛盾纠纷的过程，本身就是发现社会问题、弥补社会管理漏洞、增进社会秩序的过程。近年来，随着人民群众法治意识的不断提高，越来越多的司法案件受到社会公众的深度关注，司法裁判对整个社会的法治意识和法治观念发挥着日益重要的影响。一篇能够充分阐释法治精神、弘扬公序良俗的优秀裁判文书，往往能够成为引领社会风尚的指向标和宣讲公平正义的法治宣传单。法官在撰写裁判文书之时，不仅应当详细释明法律规定，还应注意结合法律原意讲清法律倡导和保护的基本价值，申明立场，亮清方向，让司法更加有力量、有是非、有温度。本案判决书认定被保险人负有如实告知货物装载运输情况的法定义务，并指出保险人应当谨慎履行核保手续，对双方均为公平之举，从规则引领和价值导向方面加强论证说理，倡导保险合同的当事人恪守诚信义务，有利于规范和促进海运保险行业健康发展。

（四）要以简洁规范的裁判语言作为支点

一篇优秀的裁判文书，首先应当是一篇条理清晰、语义明确的好文章。想要将一起案件的来龙去脉、审理过程和裁判理由生动、完整地呈现给读者，作者就必须深研遣词造句、讲求谋篇布局，锤炼好自己的文字功底。裁判文书作为一种特定的法律文书，其有别于日常生活中使用的通俗文体，有着严格的行文规范和格式要求。裁判语言应当准确、朴实、简洁、规范，又要做到公正客观，避免夹杂法官个人的感情色彩。在描述某些特定的法律行为或者法律事实之时，通常需要使用一定的专业法律术语，确保概念的准确性。但是，一篇优秀的裁判文书不应通篇使用这些法律语言而脱离生活实际，也不宜采用过于学术化的写作风格、写得艰深晦涩。只有将法律事实和日常经验交织结合在一起，这样的裁判文书才能更好地讲清事理、法理、情理，更容易被当事人和社会公众接受和认可。本案作为一宗涉外海上保险合同纠纷案，既涉及跨境海运贸易等专业术语，也需要运用海商法、保险法等专门的法律知识。在起草判决书的过程中，需要将法律语言的规范性和大众语言的通俗性结合起来，避免机械枯燥、死板僵化的条文化、公式化表达方式。

裁判文书是撰写者思维能力、法律素养、价值取向、文字功底的集中反映，是一位法官最好的名片。唯有秉持匠心、臻于至善，不断地精进业务、钻研琢磨，才能锻造出更多、更好的，能够给人温度、予以力量的优秀裁判文书，真正让人民群众在每一个司法案件中感受到公平正义。

（贺伟，广东省高级人民法院法官）

三、专家评析

本案系涉外海上保险合同纠纷，涉及原告主体适格、保险合同转让、经纪与代理、提示与说明义务、如实告知义务、保险赔偿数额等问题，核心争点在于投保人（被保险人）告知义务的认定。一、二审认定与判处不一，二审改判。本案案情较为复杂疑难，合同当事人及法律关系较多，除保险合同基础关系外，还包括了保险合同转让关系、保险经纪与代理关系。当事人对事实认定和法律适用争议很大。此外，海上保险合同关系适用《海商法》，有别于一般保险合同，在一些具体问题上适用特别规则。该案具有较大的审理难度，但也因此具有较高的参考和示范价值

保险人的提示说明义务及投保人（被保险人）的如实告知义务的认定，涉及保险责任的最终确定，历来是保险合同纠纷案件中审理的难点。本案中，一、二审对这两个方面的问题作出不同的评判。一审认为保险公司对有关条款未尽说明义务，免责条款不产生效力；二审则认定该条款并非免责条款，亦非无效，并对此进行了较为详细的分析论证。一审认为，依据我国《海商法》相关规定，被保险人及其代理人未履行主动如实告知义务，则保险公司不应承担保险责任。二审则认定，保险公司未履行谨慎注意义务进行询问，并应注意到提单所载信息，没有证据证明被保险人存在故意隐瞒重要情况和违反告知义务，最终认定保险公司承担保险责任。对于上述两方面的争议问题，当事人及不同法院的认知不同，处理结果不同，利益影响甚大。由于实际情况的千差万别，统一裁判尺度的难度也颇大，仍需要审判经验的进一步总结和提升。一、二审判决对上述两个的问题的分析和论理，具有很大的借鉴和参考价值，有助于对保险市场和相关主体的规范和引导。同时，也彰显了我国涉外商事和海事司法公平公正的国际影响力。

这份二审判决书结构完整，格式规范，层次分明，条理清晰，符合民事诉讼文书样式要求。一是能够根据案件的具体情况谋篇布局，设计好裁判文书的整体思路和主体架构。同时能够将纷杂的案件事实化繁为简、进行分类叙述，条理清晰，脉络明显。二是能够简明准确地归纳出当事人诉辩主张和案件争议焦点。判决书依照法律适用法的相关规定，确定解决争议的准据法；根据查明的案件事实和相关证据，归纳出当事人争议的事实问题和法律适用问题。通过归纳出的争议焦点，勾连起案件事实认定与论证说理部分的内在逻辑联系，聚焦这些问题开展有针对性、有侧重点的论述，对当事人的诉讼

请求给予全面、准确、有力的回应。三是能够讲清讲透法理、事理、情理，坚持正确的价值导向。判决书论证说理部分，贯穿了尊重和保护当事人的意思自治、依法保障守信一方当事人合法权益的重要价值理念，平衡保护各方当事人的合法利益。

（点评人：李洪堂，广东省高级人民法院民四庭副庭长、三级高级法官，广东省首届全省审判业务专家）

（2019）粤民终 198 号裁判文书原文

19. 福州丰达船务有限公司和中国太平洋财产保险股份有限公司福建分公司海上保险合同纠纷案*

【关键词】

　　海上保险　超航区　保证义务　告知义务　不适航

【裁判要旨】

　　航区的划分与主权无关。区分航区的重要标准是避风条件、施救能力、波浪情况等因素，以便规范船舶航行安全及管理。保险船舶违反保证义务、告知义务超航区航行，且开航时不适航属于保险合同除外责任，保险人对保险船舶损失不承担赔偿责任。

一、简要案情

　　"天利69"轮由福州丰达船务有限公司（以下简称丰达船务公司）于2009年10月30日建成，挂靠、登记于天利公司名下，实际所有人和经营人为丰达船务公司。船舶最低安全配员证书、海上船舶检验证书簿及海上货船适航证书载明的航行区域为近海，船舶营业运输证核定的经营范围为国内沿海及长江中下游普通货物运输。

　　2014年10月8日（星期三）中午12时19分，中国太平洋财产保险股份有限公司福建分公司（以下简称太保福建公司）通过电子邮件向丰达船务公司发送了"天利69"轮的投保单及相应的保险条款。丰达船务公司在太保福建公司已填写的投保单上删除第一受益人的信息后，即盖章扫描并于当日14时48分发送给太保福建公司。次日，太保福建公司向丰达船务公司出具了签单日期为2014年9月30日、编号为AFUZA0023014B000022M的《沿海、内河船舶保险单》和日期为2014年10月8日的《批单》。除删除第一受益人外，保险单内容与投保单内容基本一致，记载的被保险人为丰达船务公司，船舶名称为"天利69"，航行范围为近海航区及长江A、B级，保险金额和保

_____

　　＊（2018）琼民终354号。

险价值一致，均为 1200 万元，保险期间自 2014 年 10 月 8 日 0 时起至 2015 年 10 月 7 日 24 时止。承保条件为沿海、内河船舶保险条款（CPPIC）；一切险，附加船东对船员责任险、四分之一碰撞责任、附加螺旋桨、舵、锚、锚链及子船单独损失保险条款，附加承运货物责任保险，机器因故障造成的机器本身的单独损失赔偿保险。保险单特别约定：每次事故绝对免赔额为 50 000 元或实际损失的 10%，两者以高者为准；发生全损或推定全损时绝对免赔率为 15%；主条款中关于全损免赔的规定不适用于本保险单。

2014 年 7 月 25 日，丰达船务公司与珠海横琴南海航务工程有限公司（以下简称横琴公司）签订船舶租赁协议，约定丰达船务公司将"天利 69"轮出租给该公司使用，约定的运输路径为必须航行于安全港口、航线、锚地或地点，进行合法运输；航线为湛江至南沙某岛。2014 年 10 月 13 日，"天利 69"轮开始履行船舶租赁协议项下的第三个航次，自防城港装载 4600 吨水泥后前往南沙华阳礁，于 10 月 24 日 20 时 15 分在华阳礁附近下锚，等待卸货，锚位为北纬 8°52′026″，东经 112°50′586″，锚泊正常。25 日 0840 时，"天利 69"轮备车准备移泊，09 时 15 分，移泊至北纬 8°52′131″，东经 112°50′015″抛锚，继续等待卸货，测船尾水深水下 15 米。当时天气晴，能见度 5－11 海里，东北风 4－5 级，中浪，流速不定。10 时 30 分，正在驾驶台值班的船长发现船艏向已从抛锚时的东北转向偏北，怀疑船舶搁浅。经测量核实，船左后水深 5 米，船艏吃水 5.8 米，船艉吃水 5.4 米，确认船左后部坐浅。此后，船长组织自救和联系现场拖轮拖救均未成功。22 时 17 分，向海南海事局报告，同时请求救助。22 时 30 分，"粤工拖 68"轮和"宁海拖 4002"轮两艘拖轮受三沙海上搜救分中心的指派从永暑礁赶赴事故现场实施救助。23 时 30 分丰达船务公司向太保福建公司发送电子邮件报告"天利 69"轮搁浅及施救情况，并请求太保福建公司作出下一步行动指示。09 时，太保福建公司打电话询问丰达船务公司关于"天利 69"轮实施救助具体情况。11 时 41 分，太保福建公司发电子邮件给丰达船务公司要求其尽快积极有效地采取施救，并请提供现场照片及相关文件。13 时 03 分，丰达船务公司发电子邮件告知太保福建公司事故现场相关情况。26 日 00 时 30 分和 23 时 20 分，经过"粤工拖 68"轮和"宁海拖 4002"轮两次救助，"天利 69"轮成功脱浅。脱浅后，丰达船务公司于 23 时 48 分及时向太保福建公司报告了情况。23 时 50 分，"天利 69"轮 4#、5#压载舱和机舱快速进水，船员采取的抽水和堵漏措施已不能控制住进水，船体下沉并发生右倾。27 日 01 时 10 分，两艘拖轮的拖带缆绳相继断缆，

"天利69"轮继续下沉，船舶有沉没危险。在此情形下，船长宣布弃船，全体船员安全转移到"宁海拖4002"轮。20时45分，"天利69"轮沉没，沉没地点概位为北纬8°53′589″，东经112°51′267″。21时06分，丰达船务公司告知太保福建公司，"天利69"轮已于20时45分由于船舶破损进水沉没，沉船水深约2000米。

10月28日，丰达船务公司向太保福建公司提出理赔请求，并提供了事故发生过程相关照片、船舶记录、航海日志等相关资料。12月1日，太保福建公司向丰达船务公司发出拒赔通知书，以事故发生时，被保险船舶不在保险合同约定的航区范围予以拒赔，丰达船务公司遂于2015年10月30日向一审法院提起针对太保福建公司的诉讼。

2015年4月8日，三沙海事局作出《三沙10.20."天利69"轮搁浅沉没事故调查报告》（以下简称事故调查报告），认定的事故原因为：（1）通航资料缺乏、锚泊地点不适是船舶搁浅的主要原因；（2）应急措施不当导致船体多处破损大量进水是船舶沉没的主要原因；（3）船长未能有效履行职责是事故发生的重要原因。本航次船长首次在该轮任职，第一次航行南沙海域，针对航海图书资料不充分的情况，没有制订相应的安全锚泊、待泊和靠泊计划，未能及时调整脱浅方案。因此，此次事故是由于船舶抛锚位置不适、应急措施不当导致搁浅沉没的单方责任事故，"天利69"轮应对事故负全部责任。

本案争议焦点为：（1）丰达船务公司作为原告的主体是否适格；（2）太保福建公司是否应承担保险责任。

二、撰写心得

裁判文书是人民法院行使国家审判权的体现，是司法公正的最终载体，是社会公众监督司法的重要渠道，是法官释法析理的主要工具，也是当事人服判息诉的重要依据，它不仅反映了法官的基本法律素养，也代表了法院的整体形象。一份事实认定清楚、说理分析清晰、法律适用准确的裁判文书，不仅能较好实现司法裁判定分止争的功能，也能集中体现法官的业务水平和综合能力。因此，制作好每一份裁判文书是人民法院每一位法官的重要职责，也是展示法官良好业务素质及职业操守的有效方式。笔者认为写好裁判文书要掌握好以下几个方面。

（一）严格裁判文书写作规范

规范裁判文书，能够反映司法审判的权威性。最高人民法院2016年8月出台了《人民法院民事裁判文书制作规范》和《民事诉讼文书样式》，对各级人民法院制作民事裁判文书提供了一体遵行的标准化文本，是司法活动、司法行为规范化、公开化的体现。《人民法院民事裁判文书制作规范》和《民事诉讼文书样式》对举证、质证、事实认定、裁判理由以及相关格式、排版等均作了统一规定。一个判决书能否给人留下好的第一印象，关键就在于格式和版面。严格裁判文书写作规范，对写好一篇裁判文书，确保文书要素齐全、结构完整、格式统一、逻辑严密、文字规范等均具有重要意义。只有把握科学合理的裁判文书的制作格式，才能写出程序合法、事实清楚、层次分明、有理有据的裁判文书。

（二）准确归纳案件争议焦点

《民事诉讼法》规定审理案件需要明确争议焦点。争议焦点是法官归纳并经过当事人认可的关于证据、事实和法律适用争议的关键问题。既是庭审的主要内容，也是制作文书的主线，方便组织证据认定、事实认定和说理部分的论述。争议焦点的处理，也是当事人能否信服裁判结果的重要方面。而准确理解和把握双方当事人的诉辩主张，对于案件争议焦点的归纳不可或缺。以上文提及的案例为例，本案丰达船务公司上诉请求为改判太保福建公司向丰达船务公司支付保险赔偿金 1020 万元及相应利息。而太保福建公司抗辩称丰达船务公司不是本案的适格主体，保险船舶超航区航行，被保险人违反了保证义务和告知义务，且保险船舶开航时不适航属于保险合同除外责任，保险人对保险船舶损失不承担赔偿责任。因此，在制作裁判文书时，一方面，要客观全面归纳双方的诉辩意见，审视原审判决在认定事实、适用法律等方面是否存在问题，进而提炼本案的争议事实。另一方面，在庭审听取诉辩双方的意见的基础上，进一步聚焦本案争议的问题，最终形成裁判文书的争议焦点，即：（1）丰达船务公司作为原告的主体是否适格；（2）太保福建公司是否应承担保险责任。而是否应承担保险责任，是双方争议的核心。因此丰达船务公司是否违反保证义务和告知义务，船舶开航时不适航是否属于除外责任，是本案重点调查的事实。通过对争议焦点的概况、归纳和提炼，既可以让法官全面梳理和吃透案情，有利于公正处理案件，又可以精准识别案件的主要问题，实质性解决争议。

（三）全面查明基本案件事实

法院审判案件必须做到事实清楚。这一要求不仅贯穿于案件的审理和对案件作出决断的过程中，还要体现在承载案件最终审理结果的裁判文书中。

裁判文书中经审理查明的事实是对于诉讼证据分析的结果，是裁判论理驳辩和判决主文的基础。查明事实可重点围绕当事人争议的事实展开。以上述案件为例，本案主要以双方争议焦点，即诉讼主体问题和是否应承担保险责任问题，结合双方提交的证据对案件事实进行调查认定。首先，查明丰达船务公司是否为"天利69"轮实际所有人和经营人。由此认定该公司是否为本案的适格原告。其次，结合双方提交的船舶最低安全配员证书、海上船舶检验证书簿及海上货船适航证书、"天利69"轮的投保单、船舶租赁协议及航海日志、船舶事故调查报告等证据材料，重点查明保险条款约定的航行范围为近海航区及长江A、B级，承保条件为沿海、内河船舶保险条款，而涉案船舶实际航线为湛江至南沙某岛，并在华阳礁附近搁浅、沉没。事故调查报告认定由于船舶抛锚位置不适、应急措施不当导致搁浅沉没的单方责任事故，"天利69"轮应对事故负全部责任。通过对证据的分析认证，最大限度还原本案的基本事实，为判决认定的事实和理由打下坚实基础。而相关事实认定又为判决说理及最终的处理结果提供了充分的事实依据。

（四）充分阐述判决理由依据

裁判文书说理是法官对证据采信、事实认定内心确信的阐述，是对法律适用根据的公开展示。裁判文书说理应当做到繁简得当，紧扣案件事实和法律争议，对证据审查认定、案件事实认定以及适用法律等予以充分论述。文书说理应针对当事人的诉讼请求，根据查明的案件事实，依照法律规定，明确当事人争议的法律关系，阐述上诉人的上诉请求是否成立，依法应当如何处理。以这次获奖文书为例，在这篇海上保险合同纠纷的判决书中，主要针对保险人是否应当承担保险责任进行了充分的说理。而双方争议焦点之一即保险事故发生地是属于近海航区还是远海航区，如为远海航区，则构成对保证条款的违反。《船舶与海上设施法定检验规则—国内航行海船法定检验技术规则》对近海航区作出明确定义。从该规则的制定目的出发，结合对于沿海航区、遮蔽航区等定义的内容，区分航区的重要标准，及不同航区航运风险不同，导致的保险费率可能不同的情况，并结合海事部门对南海华阳礁附近水域属于我国远海航区的网上答复意见。最终认定保险事故发生地属于远海航区，被保险人变更航行区域违反了保证条款，涉案保险合同在保险船舶离开约定航区时已自动解除。在具体的写法上，采取总分的写法，先从归纳的争议焦点出发，分别进行论述。然后再对每一争议焦点，即被保险人是否违反告知义务、船舶不适航是否属于除外责任等具体问题作充分阐述，并对一审认定不适航与船舶沉没不具有直接因果关系的错误观点进行纠正，最后再对观点进行总结。确保说理的透彻性，达到让当事人明辨是非曲直，确保司法公正的目的。

总之，裁判文书制作除了取决于文书本身制作规范之外，还与案件审理的事实查明是否清楚、焦点归纳是否准确、诉讼引导是否到位等工作息息相关。如何公平合理地解决纠纷，最终作出一份"合目的性、合规则性、合理性"三性统一，政治效果、法律效果和社会效果俱佳的判决，让人民群众在每一个司法案件中感受到公平正义，是每位法官不懈追求的目标。

（祁永杰，海南省高级人民法院法官）

三、专家评析

本案是由海南省高级人民法院作出终审判决的海上保险合同纠纷案件。纵观全案，本案的判决书撰写规范、适用法律准确、说理完备透彻，不失为一篇优秀的判决文书。

首先，从整体上看，本案判决书依照法律完整，准确地记录了法官审理案件的核心过程。本案为二审上诉案件，判决书准确记录了上诉人丰达船务公司与被上诉人太保福建公司的诉辩意见；完整列明上诉人与被上诉人提交的证据及拟证明的事实；详细记载法院质证及认证经过；在充分质证认证的基础上，对一审查明的案件事实予以确认；通过准确归纳案件争议焦点进行分段递进式的论理，得出裁判结果。

其次，从细节上看，本案判决书真实地还原了二审的质证过程，上诉人在二审中提交了9份证据，判决书从各个环节叙述了双方的质证意见，全面展示双方对案件事实、性质、证据和理由的叙述，体现出当事人充分行使权利的情况、法官居中裁判及诉辩双方在诉讼中的平等地位；本案判决书对证据的认定与分析准确，从证据的"三性"、证明内容以及与本案争议的关联度等方面一一提出了法院的认证意见，其中对部分证据的认证说明可谓是精彩的。例如，对上诉人提交的"现代汉语词典之近海、远海解释"证据，法院认证"现代汉语词典的解释可以作为知识引用，但不符合证据的法定形式，不作为证据认定"，有理有据、清晰明白。本案的判决书对案件争议焦点的归纳准确，对一审中未展开的焦点"上诉人丰达船务公司作为原告的主体是否适格"进行了补充，体现出法官对全案的熟悉程度。

最后，从法理上看，本案判决书在"法院认为"的说理部分明确具体、有针对性，裁判明晰。判决书在对证据作出认定的基础上表明对一审查明的事实予以确认的态度，在归纳焦点的基础上展开裁判说理。对照一审法院认为部分的内容可知，二审判决对一审判决认定的事实和理由进行了归纳、概括，让整个说理部分条理清晰、层次分明。其中对双方争议焦点之一即保险事故发生地是属于近海航区还是远海航区这一说理中，指出"远海航区与主权是两个不同的概念，不应予以混淆"，既是对前期证据认证的回应，也说明了为什么不支持的理由。对于保险人是否应当承担保险责任的争议，判决书从被保险人违反保证义务、被保险人告知义务、船舶开航时不适航属于除外责任三个方面进行了详细具体的说理，阐明了法律依据、情理依据，充分体现出法官的水平。

（点评人：唐欣瑜，海南师范大学法学院副教授）

（2018）琼民终 354 号裁判文书原文

20. 葡萄牙忠诚保险有限公司和史带财产保险股份有限公司海上保险合同纠纷案*

【关键词】

重复保险分摊　代位求偿

【裁判要旨】

1. 《海商法》第 225 条规定的重复保险分摊请求权构成要件应包括：（1）第一赔付保险人向被保险人作出的赔付是合理和谨慎的；（2）分摊保险人对被保险人负有赔偿责任；（3）第一赔付保险人支付的赔偿金额超过其在重复保险法律关系下应当承担的赔偿责任。

2. 重复保险分摊不以向责任人主张代位求偿为前提，分摊保险人不得以第一赔付保险人未行使代位求偿权为由拒绝分摊请求。

一、简要案情

原告葡萄牙忠诚保险有限公司与被保险人阿萨伊公司之间存在预约保险合同关系。2013 年 4 月，原告承保阿萨伊公司从中国新港港运至安哥拉罗安达港的 70 200 千克焊管，承保条件包括"货物保险——A 条款（C. E. 01）"，保险金额为 97 451. 64 美元。同年 2 月，被告史带财产保险股份有限公司承保同一批货物的运输风险，被保险人、保险标的和保险金额与原告签发的保险凭证记载一致。承保险别为中国人保海洋货物运输一切险及战争险条款（1/1/1981）。此外，原、被告各自的保险合同中均无"禁止他保条款""无分摊条款"或"按比例条款"，也未对违反重复保险通知义务的后果进行约定。

---

* （2015）沪海法商初字第 3049 号。

涉案货物于 2013 年 4 月 12 日开始在罗安达港卸载，阿萨伊公司发现货物受损，并于当日向船东提出索赔。被保险人及时向原、被告告知了货物出险情况。

受原告委托的公估公司检验后认为货损原因为积载不当，定损金额为 53 876.40 美元，约合 42 973.22 欧元。原告分别于 2013 年 7 月和 11 月对外支付了 2536.47 欧元的检验费用和 42 973.22 欧元的保险赔偿金。

2014 年 2 月 27 日开始，被告代理人开始向被保险人催要租船合同以及被保险人出具的允许被告代理人处理向承运人追偿事宜的授权书。2014 年 6 月，被告代理人通知被保险人："如没有授权书，索赔已被拒绝。"

2014 年 4 月 3 日，原告委托律师通知被告涉案货物存在重复保险情况，要求被告分摊 50% 的保险赔偿金即 21 486.61 欧元。

原告诉请法院判令被告分摊保险赔偿金 21 486.61 欧元和检验费用 1268.24 欧元并支付相应利息。

被告提出投保人及被保险人未向被告提供保险事故有关的证明和资料已导致被告拒赔、原告未证明其是否已经行使了代位求偿权、原告有关分摊检验（公估）费和支付保险金利息的诉讼请求没有法律依据等抗辩意见，要求驳回原告的诉讼请求。

上海海事法院于 2017 年 6 月 29 日判决被告向原告支付保险赔偿金 21 486.61 欧元及其利息，驳回原告的其他诉讼请求。

一审判决宣判后，原、被告均服判息诉，被告自觉履行了判决确定的支付义务。本案判决现已生效。

二、撰写心得

在我国海事审判实践中，重复保险分摊纠纷属于新类型纠纷，本案是可经公开途径查询的首例判决。我国现行法律中有关重复保险的直接法律规定仅有两条。一条是《海商法》第 225 条规定："被保险人对同一保险标的就同一保险事故向几个保险人重复订立合同，而使该保险标的的保险金额总和超过保险标的的价值的，除合同另有约定外，被保险人可以向任何保险人提出赔偿请求。被保险人获得的赔偿金额总和不得超过保险标的的受损价值。各保险人按照其承保的保险金额同保险金额总和的比例承担赔偿责任。任何一个保险人支付的赔偿金额超过其应当承担的赔偿责任的，有权向未按照其应当承担赔偿责任支付赔偿金额的保险人追偿。"另一条是《保险法》第56条规定："重复保险的投保人应当将重复保险的有关情况通知各保险人。重复保险的各保险人赔偿保险金的总和不得超过保险价值。除合同另有约定外，各保险人按照其保险金额与保险金额总和的比例承担赔偿保险金的责任。重复保险的投保人可以就保险金额总和超过保险价值的部分，请求各保险人按比例返还保险费。重复保险是指投保人对同一保险标的、同一保险利益、同一保险事故分别与两个以上保险人订立保险合同，且保险金额总和超过保险价值的保险。"两部法律有关重复保险的规定基本一致，细节上略有差异。根据"特别法优于一般法"以及"用尽海商法"的法律适用原则，在海上保险中的重复保险纠纷中，应当优先适用《海商法》第225条的规定。由于国内没有在先案例可以借鉴，相关的法律条文只有《海商法》中短短的一句话——"任何一个保险人支付的赔偿金额超过其应当承担赔偿责任的，有权向未按照其应当承担赔偿责任支付赔偿金额的保险人追偿"，那么，在该案中，原告需要证明的要件事实有哪些？被告的有效抗辩有哪些？需要证明到什么程度？看似案情比较简单的案件，随着思考的深入，才发现要解决的问题很多。

调研发现，有关《海商法》第225条规定的研究资料很少。一是立法资料不多；二是没有相关的司法解释和执法意见；三是没有公开的相关案例。通常认为，《海商法》的"海上保险合同"一章借鉴《1906年英国海上保险法》，并且海上保险实践具有显著的国际一体化特点，而长久以来英国海上保险的立法与司法实践在世界范围内被广泛借鉴。另外，英联邦独立成员国澳大利亚的法院与英国法院的裁判历来有相互借鉴的传统。因此，英国与澳大利亚两国作出的司法判例以及对它们研究所形成的权威资料，对理解与适用《海商法》第225条具有借鉴作用，笔者把调研的范围扩大到了域外著作和案例。重复保险的分摊原则在250多年前已经确立，曼斯菲尔德勋爵在1758年的Godin v. London Ass Co.案中提出，保险人（即第一赔付保险人）承担了超过其应负比例部分的赔偿的，其有权从其他承担少于应付比例的保险人（即分摊保险人）处追偿。为解决在判决说理中语言精练、没有歧义、指代清晰的问题，笔者首先从调研资料中吸收借鉴了一些我国法律并未提出的概念，比如"第一赔付保险人""分摊保险人"的表述等，将之运用到了判决的说理过程中。

　　笔者先从第一赔付保险人的分摊请求权（Right of contribution）的概念入手，调研其法律基础、成立要件、分摊范围等，再围绕分摊保险人的常见抗辩，对可能构成有效抗辩的特别约定、判断分摊保险人对被保险人是否负有赔偿责任的时间点以及分摊请求权与代位求偿权的关系等方面展开研究。

　　为总结前述调研和思考的成果，笔者完成了一篇调研论文《海上保险中重复保险分摊纠纷相关法律问题研究》，后来发表于业内权威刊物《中国海商法研究》上。在调研的过程中，该案的裁判思路逐渐清晰，同时也明确了判决书的内在主线，希望通过该案判决，可以对《海商法》第225条"重复保险分摊"的概括规定阐明裁判方法。

　　说理部分应为判决书最为精华之处。该案判决通过"立"与"破"相结合的方式，明确司法观点，得出裁判结论。在"立"的部分，提出重复保险分摊请求权的构成要件为：（1）第一赔付保险人向被保险人作出的赔付是合理和谨慎的；（2）分摊保险人在其保险合同项下对被保险人负有赔偿责任；（3）第一赔付保险人支付的赔偿金额超过其在重复保险法律关系下应当承担的赔偿责任。同时，逐一回应该案争议最大的两项抗辩，即被保险人未提供保险事故有关的证明资料导致被告拒赔以及原告未行使代位求偿权是否影响原告分摊请求权的问题，判决明确了以下观点，完成"破"的部分：分摊保险人可以行使合同项下对被保险人的抗辩，以保险事故发生时作为判断分摊保险人在其保险合同项下对被保险人是否负有赔偿责任进而负有分摊义务的时间点，但被保险人未向其提供保险事故证明资料的抗辩与被保险人向其他保险人自由求偿的权利冲突，不能成立。重复保险分摊不以向责任人主张代位求偿为前提。分摊保险人不得以第一赔付保险人未行使代位求偿权为由拒绝分摊请求。

　　当然这是比较极端的情况，笔者第一次先完成了论文再开庭，再来完成裁判文书，并且在"法官后语"中介绍了有关裁判尺度的深层次考量，这也是目前为止笔者唯一写"法官后语"的文书。裁判文书应当精练，"法官后语"并非判决书必须具备的要素，应当秉持"如无必要，勿增实体"的写作原则，只在必要时撰写。事后证明这次的尝试取得了不错的效果。

（杨婵，上海海事法院法官）

三、专家评析

我国《海商法》第 225 条已就海上重复保险分摊问题作出了规定，但一直未得到现实案件的检验。本案是我国首例海上重复保险分摊之诉，具有象征意义。本判决书一方面严格遵循成文法的现有规定，另一方面又有机补充了成文法在细节上的问题。通过本案判决，《海商法》第 225 条之规定由此变得丰满、立体而又可有力回应现实需要。

本判决书结构完整、条理清晰、语言准确，事实查明与观点论证相辅相成，以法说理与以案释法相得益彰，反映了法官深厚的法律功底和严谨的法律逻辑。

在事实查明部分，本判决书未采用依时间顺序依次列明已查明的事实这一传统裁判文书撰写方式，而是从本案系海上保险中的重复保险分摊纠纷的案件特点出发，基于原告针对重复保险要求被告予以分摊的诉请和被告的主要抗辩理由，围绕定案的要件事实，按"原、被告与阿萨伊公司之间的保险合同情况""涉案事故情况""原、被告在各自保险合同下的赔付情况以及原告向被告索赔情况"三个方面予以分类查明，既引导双方当事人围绕各自的主张完成了充分举证，又为后续裁判说理奠定了坚实基础，使整个案件事实一目了然。

在"本院认为"部分，由于本案具有涉外因素，本判决书首先对本案准据法予以确定，继而依据适用的《海商法》和查明的涉案两份保险合同情况认定原、被告之间存在法定的重复保险法律关系。后，从"原告的重复保险分摊请求权是否成立"和"原告行使代位求偿权的情况对其分摊请求权的影响"两方面展开论证说理。本判决书的说理方式尤为可圈可点。特别是在论证原告的重复保险分摊请求求权是否成立时，在法律仅作概括性规定的情况下创设性地提出成立三要件："一是原告向被保险人已经作出的赔付是合理和谨慎的；二是被告在其保险合同项下对被保险人也负有赔偿责任；三是原告支付的赔偿金额超过其在重复保险法律关系下应当承担的赔偿责任。"判决书采用"总—分—总"和"正—反"相结合的结构与论证方式，既展现了法官的逻辑思维过程，又对被告的抗辩主张逐一进行了回应，使裁判结果的得出水到渠成。

当法律法规仅有概括性和原则性规定的时候，法官如何通过逻辑推理和思辨在法律框架内完成自由裁量权的行使，运用合理合法的裁判规则和方法，作出令国内外当事人都心悦诚服的判决，本案判决作出了很好的探索和尝试，最终实现了个案纠纷解决和适时发展法律的有机统一。

（点评人：宋晓　南京大学法学院教授、博士生导师）

（2015）沪海法商初字第3049号裁判文书原文

21. 康科德联合有限公司和艾莎国际货物运输代理（上海）有限公司海事海商纠纷案[*]

【关键词】

货代扣单　胁迫　不当得利

【裁判要旨】

1. 货运代理企业对抗案外合同相对人违约行为而依法行使的"扣单"行为，可阻却违法性。即使与之无合同关系一方的商业利益客观上受到了影响，但因不具有"胁迫"的故意和违法性，故不构成对该方的"胁迫"。

2. 清偿时明知非己之债而第三人自行决定对他人债务向债权人所进行的清偿，属于"第三人清偿"型三人关系不当得利。在债务合法有效时，债权人虽取得给付，但其债权亦因此消灭，未额外获得利益，债权人不构成不当得利。

一、简要案情

2017 年 1 月，原告接受收货人委托后，向案外人捷世隆深圳公司订舱，托运 5 票货物从中国上海港海运至美国亚特大港。捷世隆深圳公司先后提供了 5 套无船承运人电放提单，抬头为"ORANGE OCEAN LINE"（橙洋公司），载明"JCL TRANSPORT AND LOGISTICS LTD"（捷世隆香港公司）作为签单代理人代表承运人签发。5 票提单上载明的交付代理均为原告。该提单样式已经中国交通管理部门登记备案。

捷世隆深圳公司接受原告委托后，委托被告出运上述货物，被告随后向长荣公司订舱出运。长荣公司为涉案货物出具了 5 套不可转让海运提单，载明的发货人均为"A. S. I. Logistic Co.，LTD O/B ORANGE OCEAN LINE LIMITED"，即"被告代表橙洋公司"，收货人均为原告。

捷世隆深圳公司注册的公司名称是捷世隆国际货运代理（深圳）有限公

---

[*]　（2017）沪 72 民初 2381 号。

司，捷世隆香港公司注册的公司名称是 JCL Transport and Logistics Limited。捷世隆香港公司独资设立捷世隆深圳公司，是捷世隆深圳公司的唯一股东。捷世隆深圳公司的法定代表人是梅拉·帕特里克·米歇尔，就是捷世隆香港公司的唯一董事和代表人 Patrick Michel MEYRAT（以下简称 Patrick）。橙洋航运有限公司注册的公司名称是 Orange Ocean Line Limited，2006 年 4 月 7 日注册于我国香港特别行政区，曾用名为 JCL AIR – SEA LIMITED。

2016 年 1 月 1 日，捷世隆香港公司与被告签订代理协议，在协议中捷世隆深圳公司被作为捷世隆香港公司的"分支机构"，两公司共同作为协议一方，以"JCL"指代。代理协议约定适用中国法，"JCL"和被告互为双方的代理，协议期限为自 2016 年 1 月 1 日起直至被解除，第 8 条约定："每月 15 日进行对账，对账单应包括双方前一个月的所有发票。质疑及说明应在对账日起 7 天内完成。双方核对无误的款项应最晚在对账日后 15 日内结清……若 JCL 未遵守双方之间关于付款的约定，ASIL CN（即被告）有权扣留海洋提单。"

2016 年 9 月 27 日，艾莎香港公司与捷世隆香港公司签订贷款协议，约定由艾莎香港公司出借 150 000 美元的短期贷款给捷世隆香港公司。

2017 年 1 月，捷世隆深圳公司和捷世隆香港公司共同的负责人 Patrick 突然失联。

2017 年 2 月 16 日，被告声称捷世隆香港公司和捷世隆深圳公司尚有款项未与其结清，因此"留置"多票货物。捷世隆深圳公司告知原告集装箱被扣。此后，原告主动联系被告，建议先释放 2 票提单项下的 4 个集装箱，并称将确保被告在 2 月 25 日另 7 个集装箱到港前收到所有到期款项。同年 2 月 17 日，捷世隆深圳公司向被告支付了包括涉案 11 个集装箱的业务款项。同年 2 月 20 日，被告向原告发送了 2 票海运提单电放件。

2017 年 2 月 21 日，捷世隆深圳公司要求被告放行即将到港的三票海运提单项下货物。次日，被告向捷世隆深圳公司发送了对账单，称未收到相应款项前无法放行集装箱。捷世隆深圳公司随后回复称："经我方核对，请知悉对账单中未包括 ASI 应向 JCL 支付的下列费用。请进行相应地更新并再次发送。"经抵消捷世隆深圳公司指出的费用后，最终形成的对账单显示截至 2017 年 2 月 22 日欠款金额为 17 725.38 美元，涉及 2016 年 9 月至 2017 年 1 月的业务，债务到期日自 2016 年 11 月 2 日起至 2017 年 4 月 1 日止。

同年 2 月 23 日，一直代表捷世隆深圳公司与被告沟通的 Eu Desmond 给各方发邮件称，由于捷世隆深圳公司欠付其 5 个月工资，并且私人垫付了涉案业务费用，其已经向法院起诉要求终止与捷世隆深圳公司的劳动合同，并自次日起不再向公司汇报工作。

同日，原告告知被告，7 个集装箱将于 2017 年 2 月 24 日到港，请被告尽快安排放货，并称如"捷世隆公司"还有应收款未付，请邮件告知详情，原告将催促支付。被告回复称"捷世隆公司"的确有应收款未付，昨日已将最新的对账单发送给他们，并将此份对账单发给了原告。原告称会竭尽所能催促"捷世隆公司"向被告支付 17 725.38 美元。此后，原告再次发邮件称，还没有收到"捷世隆公司"的答复，因货物即将到达，原告将在美国时间2017 年 2 月 23 日向被告转账 17 725.38 美元，请尽快安排电放。当天，原告向被告指定的艾莎香港公司账户汇付了 17 725.38 美元。被告在收到原告汇款前，向原告发送了另外 2 票海运提单的电放件。

同年 2 月 26 日晚，被告告知原告其法定代表人已前往我国香港特别行政区要求 Patrick 签署保函，一旦 Patrick 签字，被告就会释放最后一票提单。次日，被告向原告发送了最后一票海运提单的电放件。

同年 3 月 30 日，原告向被告发邮件称，经再次检查，发现对账单中没有"捷世隆公司"与原告间的海运，要求被告返还 17 725.38 美元。

原告康科德联合有限公司（UNIVERSAL CONCORD CO.，INC）诉称，原告对系争款项的支付系基于被告胁迫下的错误支付，该支付行为可撤销；即使不构成胁迫，被告获得的款项也构成不当得利，应当向原告返还。

被告艾莎国际货物运输代理（上海）有限公司辩称，被告不存在任何胁迫行为，被告获得的款项是基于对捷世隆深圳公司所享有的债权，原告明知系争款项与其无关，但其自愿代捷世隆深圳公司向被告履行债务，构成了有效的债务加入，被告的获益不构成不当得利。原告在货物顺利交付一个月后又要求被告返还，既不符合逻辑也有违诚信，请求法院驳回原告的诉讼请求。

上海海事法院于 2018 年 7 月 5 日判决驳回原告的诉讼请求。

一审判决后，原、被告均未提起上诉。本案判决现已生效。

二、撰写心得

本案是一起较为新颖的海事海商纠纷。原、被告均系货运代理企业。原告作为收货方的代理，委托案外人捷世隆深圳公司办理涉案运输，捷世隆深圳公司又转委托被告办理。原告与捷世隆深圳公司，以及被告与捷世隆深圳公司之间分别成立货运代理合同关系。原、被告双方虽然在海运提单上被记载为收货人和托运人，但实际是为无船承运人提单履约环节服务，没有证据证明原告对捷世隆深圳公司的转委托行为事前授权或者事后追认，因此双方之间并无直接的合同关系。在涉案业务办理过程中，捷世隆深圳公司经营出现异常。被告主张捷世隆深圳公司和捷世隆香港公司结欠被告债务，按照其与"捷世隆公司"之间的代理协议约定，拒绝在捷世隆深圳公司清偿债务之前指令实际承运人电放涉案货物，而原告急于履行受托义务，在与捷世隆深圳公司沟通无果的情况下，直接找到被告协商，答应督促捷世隆深圳公司付款。最终，原告在最后一票货物到港前夕，自行向被告支付了系争款项17 725.38美元以换取被告的电放指令。一个多月后，原告声称系争款项与涉案业务无关，要求被告返还，被告未予理会，故而成讼。原告诉称被告构成胁迫和不当得利，而被告辩称原告构成自愿的债务加入，达到目的之后再行反悔有违诚信。

判决要解决的问题一是厘清法律关系，二是查清事实经过，三是分清是非对错。从判决的谋篇布局角度讲，从证据认证、"本院查明"到"本院认为"，要始终体现法官的审理思路。本案的解题思路是：原、被告之间是何法律关系？被告采取的行为是何法律性质？被告这么做是否有法律依据？"胁迫"的构成要件是什么？被告的行为是否构成对原告的"胁迫"？"不当得利"的构成要件是什么？被告收取的、原告支付的费用是否构成"不当得利"？理清思路后，需要在判决书中条分缕析地落实这一思路。

首先，在纷繁的证据中找出要件事实。在"本院查明"部分，不能"眉毛胡子一把抓"，事无巨细地列出相关事实，而需要从纷繁的证据中梳理出可以支持裁判结果、判决说理需要用到的要件事实，对于书证中出现的大量无关信息，则必须舍弃。该判决中用了不少笔墨交代了一些看似细枝末节的事实，比如捷世隆深圳公司在涉案协议中被作为捷世隆香港公司的"分支机构"，两公司共同作为协议一方，以"JCL"指代；捷世隆香港公司和深圳公司的股权架构关系，捷世隆香港公司是捷世隆深圳公司的唯一股东，捷世隆香港公司的唯一董事就是捷世隆深圳公司的法定代表人兼总经理，该自然人是两公司共同的实际控制人；被告在邮件中称"我们已经被捷世隆公司惹恼了。15万美元左右的应收款"以及捷世隆深圳公司称"捷世隆深圳公司其实并未结欠被告多少钱，而且该些费用随时可以结清"，甚至是捷世隆深圳公司负责人失联、欠付多月员工工资、高管起诉要求终止劳动合同关系等。这些事实的铺垫，为后续说理提供了充足的论据。

其次，逐一分析当事人行为的法律性质。该案审理的难点就在于对当事人行为进行法律上的准确定性和评价。从情理上看，本案原告着实无辜。原告向被告支付的款项确实是当时情境下的无奈之举，并且原告本没有向被告的付款义务，那么为什么原告无权主张要回这笔款项？判决书必须用法言法语且通俗易懂的方式，将其中的法理讲透，否则，原告很难接受，公众很难理解，有损司法公信。

1. 关于被告行为的性质。当事人在往来邮件中表述的"留置""扣押集装箱"等并不准确，被告在涉案运输环节中并未合法占有涉案货物，不具有留置货物的现实条件。因涉案货物系作电放安排，实际承运人并未实际签发提单，因此被告不向实际承运人给出电放指令的行为与拒绝向委托人交付海洋提单具有等效性，被告实施的行为性质上是扣单而非扣货。

2. 关于被告的扣单行为是否构成"胁迫"。判决在说理部分首先用一整段分析了被告与捷世隆香港公司签订的代理协议可以约束捷世隆深圳公司，该协议约定了"若 JCL（即'捷世隆公司'，包括香港公司和深圳公司）未遵守双方之间关于付款的约定，ASIL CN（即被告）有权扣留海洋提单"。前述约定符合《最高人民法院关于审理海上货运代理纠纷案件若干问题的规定》第 7 条第 1 款的规定。基于上述双方各自义务履行先后顺序的约定，"捷世隆公司"支付前一账期的业务费用在先，被告交付此后"捷世隆公司"委托业务中取得的海洋提单在后。因此，在"捷世隆公司"欠付到期债务时，被告扣单行为性质上是行使 1999 年《合同法》第 67 条①规定的"先履行抗辩权"。虽然在被告扣单时，系争款项 17 725.38 美元中有部分债务尚未届清偿期，但由于此时捷世隆深圳公司负责人失联、欠付多月员工工资、高管起诉要求终止劳动合同关系，经营已出现严重异常，有丧失履行债务能力的可能，因此被告亦有权行使《合同法》第 68 条②规定的"不安抗辩权"，暂时中止履行。此外，被告的扣单行为的对象始终是捷世隆深圳公司，由于原告的利益在客观上受到了影响，原告主动找到被告进行协商，因此，被告不具有"胁迫"原告的故意。在原告向其支付的款项到账之前，被告释放了前 4 票海洋提单，仅扣留了最后 1 票提单，因此也不属于过度维权，并无不当。故，被告的扣单行为是其对抗捷世隆深圳公司违约行为的一种救济手段，应当受

---

① 对应《民法典》第 526 条。

② 对应《民法典》第 527 条。

到法律保护。联系"胁迫"的构成要件与本案事实，得出结论：被告的扣单行为是阻却违法性的维权行为，既不具有"胁迫"的故意，也不具有"胁迫"的违法性，因此不构成对原告的"胁迫"。

3. 关于被告受领系争款项是否构成"不当得利"。结合"不当得利"的构成要件，重点分析"谁因原告的清偿获得利益"，以此入手准确判断谁与谁之间成立不当得利。在第三人代为清偿且其清偿的债务合法有效时，债权人虽取得给付，但其债权亦因此消灭，未额外获得利益，代为清偿了债务的第三人是受损人，因该清偿行为而消灭债务的债务人是受益人。本案中，由于原告的清偿行为，被告对捷世隆深圳公司享有的债权消灭，其财产利益并未增加，而捷世隆深圳公司因本应支付的费用没有支付而增加了财产利益，因此获得不当得利的应当是捷世隆深圳公司，而非被告。

4. 关于原告清偿行为的性质。相对于债务人捷世隆深圳公司而言，原告未接受捷世隆深圳公司的委托而代其清偿债务，避免涉案货物发生堆存费、集装箱超期使用费等损失而引发捷世隆深圳公司相应的赔偿责任，属于无因管理行为，在对捷世隆深圳公司享有不当得利请求权的同时，也有权基于无因管理主张其返还原告支出的必要费用。这段在分析原告行为的法律性质的同时，实质上为原告指明了下一步维权的出路和方向。这一步貌似有些多余，但却十分重要，因为只有想通了这一步，才能使判决思路的逻辑闭环真正站住。

最后，判决还从维护法律关系稳定与诚信角度进行考量。相对于被告而言，原告作为债权债务关系的第三人在其催促捷世隆深圳公司向被告清偿债务无果后，主动提出由其向被告进行支付，是向被告作出了代捷世隆深圳公司清偿债务的单方允诺，性质上属于债务加入。在原告实际清偿前，应当允许其撤销允诺。但在原告作出允诺后又实际履行的，被告基于原告的债务加入行为而继续履行了代理合同中的交付海洋提单义务，使本案已无法恢复至被告"扣单"时的状态，因此基于诚信原则，被告的信赖利益应当予以保护，原告不得撤销允诺，不能要求返还财产，否则不利于法律关系的稳定性。

（杨婵，上海海事法院法官）

三、专家评析

本案是一起颇具特色的海事海商纠纷，发生在两家货代企业之间，但原、被告之间又不存在货运代理合同关系。本案原告以"胁迫"和"不当得利"

为由，主张已付款项的返还，除了要求法官准确把握海事海商法律法规和航运实务外，还要求法官有较深厚的民法学和法理学功底。

在事实查明方面，本判决书结合双方当事人举证质证情况，依照时间顺序将涉案关键事实逐一查明列出，全面、真实地呈现了涉案纠纷的前因后果，进而抽丝剥茧，将本案争议焦点集中在"涉案代理协议能否约束捷世隆深圳公司""关于系争款项 17 725.38 美元是否系捷世隆深圳公司结欠被告的债务""关于被告行为是否构成胁迫"和"关于被告受领系争款项是否构成不当得利"四个方面，为后续论证说理奠定了坚实的基础。

该判决的辨法析理部分读来让人印象深刻，说理深度在相关货代纠纷判决中难得一见。该判决真实、准确、全面地公开了法官的内心确信的过程。"本院认为"部分，首先依据《涉外民事关系法律适用法》正确认定了本案的准据法为中国法，然后聚焦于"关于被告行为是否构成胁迫"和"关于被告受领系争款项是否构成不当得利"两个争议焦点，论述层次清晰、说理透彻、认定严谨、一气呵成。论证过程主要是从两个维度展开的：一是从《最高人民法院关于审理海上货运代理纠纷案件若干问题的规定》第 7 条规定出发，证明了被告扣单的合法性；二是从民法基本原理及我国《合同法》（现为《民法典》合同编）出发，证明被告的扣单行为是行使合同法上的不安抗辩权，不具有"胁迫"的违法性，被告领受系争款项不构成不当得利。两个维度的论证共同构筑了本判决书结论的坚实基础。该判决在论证过程中注重法律大前提的释明，再分析对比案件事实，运用法律逻辑方法得出结论，增加了说理的科学性和权威性，让当事人"赢得堂堂正正，输得明明白白"。值得一提的是，判决还为败诉方指明了"出路"，告知了正确的维权路径。判决作出后，当事人自觉服判息诉，履行了判决，说明确实达到了胜败皆服的良好社会效果。

本案法律关系从表面上看并不复杂，但其实是涉及多方当事人利益平衡的涉外海商海事案件，对法官提出了很高要求。本判决书最后展现了法官良好的法学综合素养。法官在说理论证过程中娴熟地将国际私法、海商法、民法和法理融为一体，并积极回应了我国航运货代市场的实践需求，不仅解决了个案纠纷，也为同类案件的纠纷解决树立了成功的典范。

综上，本判决分析证据扎实，认定事实清楚，法律关系分析透彻，法律结论推导细致，充分阐述了裁判结果的合法性、合理性、正确性和唯一性。在语言表述方面，本判决书语句准确、措辞得当、指代清晰、表述凝练，同时又兼具了通俗性和可读性，为一篇优秀的民事判决书，可为来者借鉴。

（点评人：宋晓，南京大学法学院教授、博士生导师）

（2017）沪 72 民初 2381 号裁判文书原文

22. 赵某和皇家加勒比 RCL 游轮有限公司等海上人身损害责任纠纷案[*]

【关键词】

　　海事　海上人身损害赔偿责任　安全保障义务　合理限度

【裁判要旨】

　　安全保障义务人的安全保障义务是存在合理限度的。在把握合理限度问题上，一般采用以下原则：一是行业或经验普遍认知原则，义务人应根据国家行业标准就场地设施进行安排，如确无相关标准，应以诚信善良管理人可预判的风险履行保障义务；二是一般安全保障原则，按照义务人当下的经营能力，以保障必要性和客观可能性为要求，能否满足一般安全保障需求予以认定；三是风险自我防范原则，参与人及其看护义务人均负有安全注意义务。对于通常可预判风险产生的损害责任由参与人及看护义务人承担。

一、简要案情

　　80 多岁的赵某与家人一起乘坐游轮外出游玩，在进入游轮上的碰碰车场地时，赵某被外围门槛绊倒后摔倒在地，后经医院诊断为左股骨颈骨折。赵某向法院提起诉讼，要求游轮公司赔偿损失。一审法院判定双方各承担 50% 的责任，双方当事人均不服，上诉至上海市高级人民法院。案件的争议焦点在于事故的责任当事人应如何承担。

　　依照《侵权责任法》第 37 条^①第 1 款及《最高人民法院关于审理人身损害赔偿案件适用法律若干问题的解释》第 6 条^②的规定，从事住宿、餐饮、娱乐等经营活动或者其他社会活动的自然人、法人、其他组织，未尽合理限度内的安全保障义务致使他人遭受人身损害，赔偿权利人请求其承担相应赔偿

---

　　*　（2019）沪民终 225 号。

　　①　对应《民法典》第 1198 条。

　　②　该司法解释已于 2020 年 12 月 29 日修正，修正后删除了该条文内容。

责任的，人民法院应予支持。而所谓合理限度范围内的安全保障义务，法律上并没有进一步的明确规定。案件中，游轮公司认为自己承担的比例过高，赵某则认为赔偿的力度不够。二审法院从以下三方面对双方的责任进行考量：

首先，从行业与生活经验的普遍认知原则角度来看，现场图片显示，事发的门槛为碰碰车场地的围栏，高约20cm，上面贴有黄黑相间的条纹贴纸，围栏上还贴附了宽度约5.50cm的黑色金属条，高度低于围栏，但未贴有警示贴纸，可能增加游客因跨幅估计错误而跌倒的风险，因此游轮公司应负有一定的责任。

其次，从一般安全保障能力考量原则来看，赵某指出，进入碰碰车场地时，工作人员没有进行特别提醒或者搀扶。但是根据法律规定，经营者的安全保障义务不是无限的，赵某虽年逾八旬，但是完全可自主判断自己的活动能力，其随行亲属也负有一定的监护义务，而不应期许经营者安全保障义务履行面面俱到。

最后，从参与人风险自我防范原则来看，游客也应有足够的注意义务。从事发时的影像资料显示，赵某的注意力集中在别处，跨越门槛时并未低头注意脚下，其子女位于身后也并未尽到足够的看护照料义务，也是造成本次事故发生的主要原因。

通过综合分析具体情形，上海市高级人民法院最终改判游轮公司担责20%，赵某担责80%。同时，考虑到赵某年事已高，法院积极与从中协调，出于人道主义游轮公司也自愿拿出了一部分补偿，双方均服判息讼。

二、撰写心得

裁判文书作为司法裁判的"最终产品"，直接反映了案件的裁判依据和裁判理由。对于人民法院和法官来说，要努力让人民群众在每一个司法案件中感受到公平正义，裁判文书就是最好的载体和窗口。笔者认为法官撰写一份让人民群众满意的裁判文书应从以下三方面着力。

（一）把握裁判的正确方向是基础

当遭遇法律与道德的难题时，怎样的判决才称得上"公正"？如何才能传递正确的价值导向？一份优秀的裁判文书，不仅可以让双方的矛盾纷争得以平息，还应当让更多看到它的人产生更深的思考。首先，"依法裁判""案结事了"是每个法官的基本追求，为了平衡各方的诉求，法官应站在双方当事人的角度最大可能地还原事实、依法明晰责任，裁判理由尽力被各方当事所接受信服才能定分止争。切忌在对案件事实要件因素和利益救济没有考虑周全的情况下，生搬硬套某条法律规范作出裁判；或者直接适用某条法律规范直接驳回或支持当事人诉请而不阐明理由，机械裁判往往效果欠佳。其次，法官应站在社会大众普遍价值观的角度，去思考与原、被告双方身处同一立场的更多人能否认同判决。纵然法官尽力使原、被告双方接受裁判结果，但是败诉方也可能会有所怨怼，指责裁判不公或者寻求进一步裁判救济。为避免这种情况发生，法官应跳出裁判者身份，从社会大众的角度去审度裁判结果是否合理。民众朴素的价值选择往往渗透着法律的基本原则，法官需要结合具体案件明晰其中的内涵。最后，法官应站在社会主义核心价值观的角度，衡量判决的内容是否符合发展方向。2021年最高人民法院发布《关于深入推进社会主义核心价值观融入裁判文书释法说理的指导意见》，要求法官在法律框架内运用社会主义核心价值观来释法说理。如何兼顾情理法、将社会主义核心价值观融入裁判文书的释法说理当中？笔者认为应主动将主流价值观融入具体的裁判工作中，产生规则指引作用，形成"小案大道理"的社会共鸣，让司法得以有力量、明是非、有温度。具体操作应围绕案件的主要争议焦点，准确阐明事理——本案事实为什么适用或者不适用某条法律规范；详细释明法理——法律规范的立法目的和价值取向；积极讲明情理——法律规范为什么保护或不保护某种利益，或者在利益冲突中优先保护某种法益，而劣后利益可以通过什么样的路径救济，立足时代、国情、文化，综合考量法、理、情等因素，使裁判实现政治效果、法律效果和社会效果的有机统一。

回顾本案文书，在我国现有法律未对安全保障义务人履责的"合理限度"作出明确规定情况下，二审裁判不是为了平息个案矛盾"各打五十大板"，而是通过阐述安全保障义务人的履责边界，在法理中揉入社会主义核心价值观的公平和法治理念，列明受害方的自身义务和过错，理清了个案中双方的主次责任，在此基础上平衡各方利益。避免了在法律没有规定情形下无原则地"和稀泥"，以实现依法实质公平地进行裁判。

（二）对现有材料塑造加工是关键

裁判文书是调研成果的一种，亦是其他类型成果转化的源头。法官在撰写裁判文书时宜按照以下方法对材料进行整合提炼：首先，坚持裁判文书写作优先原则。作为国家机关行文的一种，以裁判文书为蓝本写就的一切案例评析、论文等调研成果均以该生效文书为基础，相应调研成果仅是相应裁判理由的延展，审判组织只对裁判文书中的观点论理负责。实践中一些案例评析观点鲜明、说理充分，但是反观相应文书只有寥寥数笔，这多是因为法官对裁判说理尚无充分把握或者结案后才发现案件具有价值可作为写作素材。但是这种成果转化多因先天不足而后天发育不良。所以，法官在调研成果转化前应首先专注于裁判文书写作。其次，坚持裁判文书规则引领思维。成就一份优秀的裁判文书绝非一蹴而就，其中包含法官大量的基础调研工作，包括类案关联案检索、法律法规与案情的反复比对适用、学术观点搜集等。当充分调研后发现现有法律规定无法具体解决案涉争议时，抑或类案裁判观点争议较大时，法官可以大胆地在现有法律规定框架内探索树立裁判规则，对规定模糊之处进行梳理明晰，从而引导类似案件审判。最后，坚持裁判文书写作与其他工作相互动。司法工作从来不闭目塞听，当疑难新型复杂案件涌入法院，法官只能与时偕行。经过一番探索思考经萃取提炼而转化为裁判观点，可能会受到立法者的青睐而被采纳。

（三）严谨规范的写作是保障

制作裁判文书应繁简得当、论证充分，力求讲究文理。最高人民法院虽然制定了裁判文书制作规范，但碍于裁判文书亦是法官的个性化"作品"，所以基于法官的理论水平、个人喜好和长期的工作习惯等因素，裁判文书的风格往往迥异。但是总体坚持的写作方向应为严谨规范，以人民群众能够理解的逻辑和方式把裁判依据和理由表达清楚，既不艰深晦涩也不随心所欲，法官的情感关切应是厚重而宏观，理性而自持的，不宜"书至激烈处，洋洋数千言"。各级人民法院应严格按照文书制作规范进行书写，语言简洁明快且通俗易懂，体例篇幅详略得当且论证充分。

"慎尔出话，敬尔威仪，无不柔嘉。白圭之玷，尚可磨也；斯言之玷，不可为也。"民众之言尚需如此慎重，作为承载法官之言的裁判文书其制作更应严肃对待。反之草率了案有时会激化当事人各方矛盾，在自媒体传播迅速的时代，很多案件经过发酵可能还会上升到群体性事件的程度，严重破坏人民群众对党的司法工作的信任。作为法官应时刻慎言思辨、慎行勤勉，方不辜负党和人民的信任。

（顾全，上海市高级人民法院法官）

三、专家评析

随着人民生活水平的提高，举家邮轮出行成为更多人的选择。国外诸多邮轮公司长期瞄准中国市场，竞争发展十分激烈，该经济业态已成为上海地区经济发展的新招牌。在邮轮运营过程中，游客人身损害赔偿纠纷案件时有发生。本篇获奖裁判文书即是该类纠纷中的典型案例，承办法官通过辨析双方责任，主动树立裁判规则，取得了良好的法律效果和社会效果，对今后类似案件的审理具有积极的指导与借鉴意义。

（一）本案价值平衡站位好

长期以来，因我国法律未对安全保障义务人履责的"合理限度"作明确规定，以致法官自由裁量尺度较大，而判决中常因缺乏系统性的规则阐述，结果可能难以令人信服。本案二审确立的把握义务人"合理限度"履责的三条原则，即行业或经验普遍认知原则、一般安全保障原则和风险自我防范原则，让更多的企业明晰了安全保障与承担责任的义务边界，也让消费者了解了自身安全防范与风险的共存。其裁判规则背后渗透的是经营者安全保障义务与消费者自身安全防范义务的关系，消费者、老年人权益保护及经营风险、营商环境保护等不同价值取向的平衡。之前个案中有法官考虑平息纠纷，权宜适用"公平责任"原则要求一方作出一定补偿，如电梯劝烟案。《民法典》第1186条作出修改，将原"根据实际情况，由双方分担损失"规定改为"依照法律的规定由双方分担损失"，避免了在法律没有规定情形下无原则地滥用原规定"和稀泥"，以实现依法实质公平地进行裁判。

（二）本案裁判理由论证好

本案讲述了一起看起来简单但蕴含着很大价值冲突的案件。法官充分有效地结合当事人的抗辩意见逐一进行回应，如游轮公司主张"生活中楼梯、人行道等高出地面一定高度的门栏或台阶比比皆是，也不需要都贴上警示标识"为己身脱责，受害人赵某主张"游乐场地入口处应有人作特别提醒及对需要照顾人群提供帮助"进而指责服务场所未尽安全保障义务，本案主审法官在设立裁判规则的同时能及时回应当事人关切，不避重就轻，既能权衡多方法益，又能准确阐明事理法理，其裁判理由令人信服。另外，文书整体要素齐全，逻辑严谨，用语准确，展现了法官较好的文字处理能力。

（三）本案社会效果影响好

本案坚持依法平等保护当事人合法权益的审判理念，不因合同一方优势的经济地位而苛责其承担不合理的责任，营造稳定、公平、透明的法治化营商环境，为各国来华投资企业提供有力的司法保障。同时，在企业有补偿意愿前提下，法官从实际解决当事人困难出发，及时固定相关补偿意愿，最终化解纠纷，也彰显了法官高效多元化解纠纷的能力。

（点评人：彭诚信，上海交通大学凯原法学院院长、博士生导师）

（2019）沪民终 225 号裁判文书原文

23. 羊某某和英国嘉年华邮轮有限公司海上人身损害责任纠纷案*

【关键词】

海事　外籍邮轮人身损害赔偿　准据法　赔偿责任限额

【裁判要旨】

1. 外籍邮轮公共场所中发生的旅客人身损害责任纠纷案件，在当事人未约定准据法，亦无共同经常居所地的情况下，不应适用侵权行为地法，应适用最密切联系原则综合考虑邮轮母港、受害人住所地等因素确定准据法。

2. 承运人是否能够享受《1974年海上旅客及其行李运输雅典公约》规定的赔偿责任限额，主要是结合承运人是否遵守邮轮母港、船籍国法律规定和行业规范，判断其是否存在"明知"及"轻率"的主客观事实作出认定。

一、简要案情

2015年8月1日，未成年人羊某某及其母亲与某旅行社签订了出境旅游合同，旅游线路名称为公主邮轮蓝宝石号上海—济州—福冈—上海四晚五天；出发日期为2015年8月2日，结束日期为2015年8月6日。8月5日，当邮轮行驶至上海以东的公海上时，羊某某独自在游泳池内发生溺水事故。事故发生后，船上医务人员立即施救。涉案邮轮决定加速回港，于8月6日凌晨3时抵达上海吴淞，羊某某由120救护车立即送往医院抢救。经多家医院全力抢救，羊某某最终变为植物人，经鉴定致残程度一级，属完全护理依赖。

经查，涉案邮轮船籍港为伦敦，船旗国为英国。船舶所有人为公主邮轮有限公司，注册在英属百慕大。从2014年4月起至2015年11月，涉案邮轮基本上都以上海港为母港，即该轮在上海港进行主要的补给。在运营涉案的

---

* （2016）沪72民初2336号。

中日韩航线时，该轮以上海港为出发港和目的港，即所有旅客均在上海港上船，然后回上海港下船。被告是涉案邮轮的船舶经营人，是一家注册在英国伦敦的英国公司。该轮在涉案事故发生一年前即 2014 年 8 月也曾发生一起成年人泳池溺亡事故。泳池边竖有中英文健康与安全须知告示牌，但并未配备任何救生员。

2016 年 1 月 11 日，原告诉至上海市黄浦区人民法院，要求被告赔偿人身和精神损害共计人民币 3 948 455.26 元，律师费及鉴定费人民币 83 020 元。后被告提出管辖权异议，案件最终移送上海海事法院进行审理。上海海事法院于 2016 年 8 月 10 日立案受理后依法适用普通程序进行审理。同年 12 月 7 日，上海海事法院经组织听证，裁定被告先行给付原告医疗费等人民币 150 000 元。

本案主要争议焦点是：（1）本案纠纷的准据法应为中国法还是英国法；（2）被告应否承担赔偿责任及各方的责任分担；（3）如果被告应承担赔偿责任，原告应获赔偿的范围和金额。

本案裁判结果表明：第一，涉外案件中，侵权行为地为外籍邮轮上的，不应直接适用船旗国法律，而是应根据最密切联系原则来确定准据法。本案中，外籍邮轮以上海港为母港，绝大部分游客为中国籍游客（包括原告）且在上海港上船和下船、原告受伤后在中国治疗并且日后在中国生活和被护理，上述因素都是与本案具有最直接、真实的联系因素，对维护受害人的合法权益影响最大，而这些因素均指向中国，因此，本案的准据法确定为中华人民共和国法律最符合公平正义的本质。

第二，原告母亲及被告对事故的发生均负有责任。被告在对游客的服务、安全保障方面既未自觉参照中国法律，也没有依据英国有关组织的规定或者建议配备救生员或者监管人员巡视以防范溺水事故的发生，存在明显的过错。被告理应采取合理的措施保证游客人身安全特别是儿童的安全。被告明知泳池可能造成溺水事故，特别是一年前已经发生过成年游客溺亡事故仍未采取措施改进，轻率地不作为对本次事故负有主要的责任。而原告作为未成年人，跟随其母亲上船，原告母亲作为法定监护人对原告的人身安全亦负有保护义务。而事故发生前，其母亲未出现在现场看护，亦负有责任。原告与被告双方的责任分担以原告 20%，被告 80% 为宜。

第三，关于赔偿范围和金额。本案中，被告针对未穿戴任何救生设施的儿童、无大人看管的儿童进入泳池，无任何询问或者劝阻等有效的防范和管理，而是采取放任的态度，被告轻率地不作为造成了本案悲剧的发生。被告的上述行为符合《1974年海上旅客及其行李运输雅典公约》第13条明知可能造成损失而轻率地不为所致的规定，据此被告无权依据公约享有承运人赔偿责任限制的权利。因此，被告应当按比例赔偿原告医疗费、护理费、交通费、住宿费、营养费、残疾赔偿金、残疾辅助器具费、住院伙食补贴、鉴定费、精神损害抚慰金和律师费各项费用。

二、撰写心得

本案为一起典型的发生于外籍邮轮上的重大人身损害赔偿责任纠纷案件，属新类型案件。鉴于上海国际航运中心的地位和我国海洋强国战略的发展，未来一定会有更多涉及国际邮轮服务业的纠纷由我国海事法院管辖。故本案的裁判结果将对在上海港经营的国际邮轮服务业以及上海国际航运中心建设产生直接、深远、持久的影响。优质的裁判规则可以为国际邮轮服务业确定良好的经营预期，可以促进外籍邮轮公司继续在上海投资，更会为国际邮轮服务业树立行业标准。因此，在撰写本案的裁判文书时，合议庭对本案的实体和程序问题都进行了充分的考量。

在程序上，本案贯彻了将社会主义核心价值观融入司法裁判的理念，对涉及未成年残疾人的弱势群体，依法适用先予执行措施，保障了弱势群体的合法权益。本案的原告，即受害人在事故发生后经多家医院抢救治疗，持续支出了医疗费、护理费用、交通费、住宿费、残疾辅助器具费等约65万元。合议庭考虑到案件审理难点较多，周期较长，依法适用先予执行措施，及时弥补了原告的损失，有助于其后续治疗，同时缓解了原告一方的诉讼情绪，取信于民，突显了以人民为中心的司法原则。

在实体上，我国相关法律法规对于若干争议焦点都留有空白，例如邮轮旅客人身损害责任纠纷中涉及的准据法适用、邮轮公共场所的安全保障义务以及海事赔偿责任限制等问题。本案对相关问题进行阐述，所明确的相关规则，引起理论和实务界的广泛讨论。在确定准据法的问题上，本案明确了侵权行为地为外籍船舶的，不能简单地将侵权行为地法律理解为船旗国法律。邮轮是用于海上旅行观光的特殊交通工具，通常处于海上航行的动态过程中，并不属于地理位置的范畴。故应根据最密切联系原则来确定本案复杂涉外侵权案件的准据法。在结合了侵权行为地、受害人住所地、船旗国、船舶所有人国籍、合同签订地、出发港及目的港、公司营业地等多个连接点后，合议庭依法确定中国法为本案的准据法。在邮轮公共场所的安全保障义务问题上，本案确立了邮轮行业的标准。不论船旗国是哪一国，以上海港为母港的邮轮，且服务对象绝大部分为中国公民，承运人就应当尊重中国游客的认知和习惯，特别是在有关人身安全的问题上，采取审慎的态度，作出与中国法律法规相符的安排，以确保游客的人身安全。邮轮不仅作为一个运输工具，更具有休闲娱乐的功能，在这样的空间范围内，未成年人一定程度上的自由活动符合普通游客的一般认知。因此，本次事故中，被告作为邮轮营运的经营者仅仅在泳池边竖立相关的警示告示牌是不够的，理应采取合理的措施保证游客人身安全特别是儿童的安全；被告明知泳池可能造成溺水事故，特别是一年前已经发生过成年游客溺亡事故仍未采取措施改进，被告轻率地不作为对本次事故负有主要的责任。该责任认定为国际邮轮行业公共场所的安全保障义务树立了行业规范，最终得到了原、被告双方的认可。在赔偿范围的问题上，被告主张享有《1974年海上旅客及其行李运输雅典公约》第6条承运人赔偿责任限额的权利。本案裁判结果表明我国作为《1974年海上旅客及其行李运输雅典公约》的缔约国，海事法院在适用国内法的同时，也会依法适用相关公约审理案件，遵循国际海事司法的规则，为外籍航运公司明确了司法预期。本案中，原、被告双方事实上存在海上旅客运输合同关系，被告的身份符合公约"履行承运人"的规定，依法可以享有承运人的赔偿责任限额。但公约第13条第1款规定，如经证明，损失系承运人故意造成，或明知可能造成此种损失而轻率地采取的行为或不为所致，承运人便无权享有第7条和第8条以及第10条第1款规定的责任限制的利益。而本案被告采取放任的态度，轻率地不作为造成了类似事故重复发生。被告的上述行为符合公约第13条明知可能造成损失而轻率地不为所致的规定，据此被告无权依据公约的规定享有责任限制的权利。

　　为了理清上述多项复杂涉外的法律问题，合议庭进行了大量的前期准备工作：组织青年法官助理对境外的相关判例进行检索翻译，走访相关海事部门对船旗国的管辖问题进行调研，多次召开专业法官会议研究相关学术著作。这些都为最终文书的撰写奠定了基础。在优秀文书的撰写方面，首先，要有发现精品的意识。承办法官具有多年海事案件的审判经验，曾办理过多起大要案，从而能够第一时间发现本案的精品价值。其次，承办法官围绕争议焦点，积极引导双方当事人提交重点证据材料。一份优秀的裁判文书离不开原、被告双方的诉辩冲突。这些都为最终的裁判文书说理提供了全面而充分的素材。最后，撰写文书需要谨慎而仔细。优秀的法律文书离不开对细节的审查。本案中涉及的证据材料正卷有 9 卷。每一笔费用的核算，每一项事实发生的日期，都需要经过仔细审查，经多项证据互相印证才能确定。任何一项疏漏都会导致优秀裁判文书的失败。因此，优秀文书的撰写必然要保持心无旁骛、小心谨慎的态度。

本案的裁判结果对于外籍邮轮在华运营规范和相关法律问题的研究均有重要的价值，对今后类案处理具有指导意义，对立法修订也具有参考价值。成功撰写一篇优秀裁判文书既离不开案件本身所固有的价值，但更离不开承办法官的精心培育和辛勤付出。

（谢振衔，上海海事法院法官）

三、专家评析

本案系一起典型的涉外海事案件，文书说理充分、逻辑清晰、适用法律准确，对多个长期困扰海事司法实践的重大疑难问题逐一回应，具有标志性意义。

首先，该案对于船旗国法在海事侵权纠纷中的适用表明了中国的司法态度。为了确保公海上航行自由和航行安全，任何在海上航行的船舶都应当具有国籍。船舶悬挂一国的旗帜后，就意味取得该国的国籍，要受到该国法律的保护和约束。船旗国法（Law of the flag, loi de pavillion）也因此成为国际法中的重要概念。我国《海商法》规定，船舶所有权的取得、转让和消灭，船舶抵押权，同一国籍船舶之间的碰撞，均适用船旗国法。该法同时规定，船舶在公海发生碰撞的损害赔偿，适用受理案件的法院所在地法。本案需要回答的是，在公海航行的船舶上发生的人身损害赔偿，应当适用哪国法律？我国现行法律没有明确规定。事实上，受属地法学说的影响，国际法领域长期存在一种观点，即当船舶航行于公海时，由于公海的特殊性质，船舶应当被视为船旗国领土的一部分。早在 1868 年，英国法院在判决中就认为"英国船舶就像一个浮动的岛屿"。国际上有专家认为，主张事故发生在公海时，应适用船旗国法，因为船旗国对船舶拥有主权，适用船旗国法符合可预见性原则。这种学术观点并没有得到广泛的支持，有学者认为，将船舶视为船旗国领土，只能理解为法律上的拟制，不能由此认为船舶真正具有国家领土的一切特征。上海海事法院在本案中认为，船舶为浮动领土的说法仅系学术观点，从而拒绝将船旗国法作为侵权行为地法律予以适用，对外充分表明了我国对于船旗国法在侵权领域适用的司法态度。

其次，该案对于最密切联系原则在侵权纠纷案件中的法律适用进行了有益尝试。本案事故发生在公海航行的英国船舶上，受害人治理和护理发生在我国国内，这些复杂的因素导致法院很难准确界定"侵权行为地"，从而导致法律适用的困难。法院在本案中创造性地将一般用于涉外合同法律适用的"最密切联系原则"运用到了本案的审理之中，对侵权行为发生地、侵权行为结果地、受害人的住所地和经常居住地、涉案船舶的船旗国、船舶所有人国籍、船舶经营人国籍、合同签订地、邮轮旅客运输的出发港和目的港、被告公司营业地等从"数量因素"和"质量因素"两个方面进行了充分比对，最终确定中国法为与本案有最密切联系的法律。在难以准确界定侵权行为地的情形下，上海海事法院将与本案具有最直接、真实的联系以及对维护受害人的合法权益影响最大的"质量因素"作为确定最密切联系原则的连接点，为将来类似复杂的涉外侵权纠纷案件的审理起到了重要的参考借鉴作用。

最后，该案对于认定承运人丧失责任限制的条件进行了精准分析。本案被告是否有权享受《1974年海上旅客及其行李运输雅典公约》赋予承运人赔偿责任限额的保护，是我国海事司法实践中的难点。公约第13条第1款规定，如经证明，损失系承运人故意造成，或明知可能造成此种损失而轻率地采取的行为或不为所致，承运人便无权享有第7条和第8条以及第10条第1款规定的责任限制的利益。"明知可能造成损失而轻率地采取的行为或不为"源于法国1898年4月8日在劳动领域的立法，被称为"不可原谅的过错"（faute inexcusable），后被广泛运用于海商法（船舶所有人丧失海事赔偿责任限制的条件）及运输法领域（承运人丧失单位责任限制的条件）之中。国际海事司法实践表明，各国对于认定"不可原谅的过错"存在着"主观评价"（in concreto）和"客观评价"（in abstracto）两种不同的态度。英国法院认为，承运人责任限制是很难被打破的（unbreakable），要求原告证明承运人"明知可能造成此种损失"，即采用了非常严格的"主观评价"标准，让突破承运人责任限制变得几乎不可能，这也充分体现了英国代表船方利益的价值取向。相比而言，法国作为"不可原谅的过错"诞生地，却采用了相对原告更为有利的司法态度，即"客观评价"标准，原告只需证明承运人"应当知道其过失可能造成损失"。上海海事法院在本案中认为："被告长期在中国从事邮轮营运，明知绝大部分服务对象为中国籍游客，'蓝宝石公主'号邮轮以上海港为母港营运超过一年，理应遵守或者参照中国法律有关泳池的规定配备救生人员，从而符合中国游客的认知情况和防范溺水事故的发生。法院进一步认为，涉案邮轮在一年前曾发生过成年游客溺亡事故，庭审中被告也没有说明在事故后采取任何的改进或补救措施；本案中被告现场工作人员针对未穿戴任何救生设施的儿童、无大人看管的儿童进入泳池，无任何询问或者劝阻等有效的防范和管理，而是采取放任的态度，被告轻率地不作为造成了本案悲剧的再次发生。被告的上述行为符合公约第 13 条明知可能造成损失而轻率地不为所致的规定，据此被告无权依据公约的规定享有责任限制的权利。"很明显，法院在本案中采用了"客观评价"标准，这对于提高船方安全管理意识，保护旅客人身安全，规范邮轮航运健康发展具有良好的指引示范效应。

（点评人：侯伟，武汉海事法院三级高级法官，法学博士，全国审判业务专家）

（2016）沪 72 民初 2336 号裁判文书原文

第二节　涉外商事纠纷

24. 东亚泛海国际商务咨询（北京）有限公司和西班牙商业银行股份有限公司（caixabank，s. a.）信用证纠纷案[*]

【关键词】

国际惯例　法律适用　信用证独立性　信用证欺诈

【裁判要旨】

1. 涉外信用证纠纷案件中，当事人约定适用国际惯例的，应从其约定，对约定适用的国际惯例中没有规定的问题，当事人无法就适用法律达成一致的，应当根据《涉外民事关系法律适用法》等冲突法规范来确定应当选择适用的法律。当事人在起诉、答辩、质证、辩论等环节，援引某国法律作为其主张或抗辩依据的，可以视为其选择该国法律作为争议处理的依据。

2. 信用证作为国际商事交易中一种基本的支付结算工具，应尊重其交易惯例，信用证一经开立，便与作为开立基础的合同相独立，因信用证付款等产生的纠纷与因基础合同产生的纠纷互不冲突，信用证纠纷的裁判无须以基础合同纠纷的审理结果为依据。

3. 信用证是支付的工具，不应成为拒付的工具，只要交单相符，开证行即应付款，对于信用证欺诈例外原则的适用应当审慎把握，只有在有充分证据证明受益人存在实质性欺诈的情况下，才可止付信用证。

一、简要案情

2013 年 7 月，原告东亚泛海国际商务咨询（北京）有限公司作为卖方，

---

[*]　（2016）京 0101 民初 1929 号。

与买方西班牙德卡公司（deca1285，s.1）（以下简称德卡公司）签订鲑鱼买卖合同，并约定以信用证方式结算，信用证项下金额为 59 500 美元。应德卡公司的申请，被告西班牙商业银行股份有限公司（caixabank，s.a.）作为开证行，于 2013 年 7 月 16 日开立了编号为×××号、受益人为原告的不可撤销、可转让的跟单信用证。合同签订后，原告依约出口了货物，买方德卡公司也实际收到了货物，但德卡公司认为，原告"恶意违反买卖合同，涉嫌诈骗，其向买方交付的商品与合同约定的规格不符，导致商品无法在市场上流通和出售"，故向西班牙法院提起了诉讼。2013 年 11 月 14 日，西班牙加的斯第一商业法院作出裁决书，要求被告中止支付编号为×××号的跟单信用证项下的款项 59 000 美元。原告认为，其在涉案信用证规定的期限内，按要求进行了交单，2013 年 10 月 3 日被告以存在不符点为由拒绝付款，2013 年 10 月 8 日被告接受不符点同意付款，2013 年 11 月 8 日被告又以买卖双方存在纠纷为由拒绝付款，违反国际惯例，且没有向原告作出任何合理解释，被告的无理拒付行为给原告造成了损失，故诉至法院要求被告支付信用证项下的款项。被告不同意原告的诉讼请求，并申请中止审理。原被告双方的争议焦点如下：一是关于法律适用问题。涉案信用证上明确记载的适用规则为最新版本跟单信用证统一惯例即《跟单信用证统一惯例——2007 年修订本，国际商会第 600 号出版物》（即 UCP600），但对于信用证欺诈等 UCP600 没有涉及的内容适用哪个国家的法律，原被告双方没有约定。二是关于中止诉讼的问题。被告认为西班牙加的斯第一商业法院裁决书和止付令应当在中国境内予以承认，西班牙加的斯第一商业法院正在审理德卡公司诉原告的合同案件，在该法院作出审理结果前，本案诉讼应当中止。三是原告是否存在信用证欺诈以及涉案信用证项下的款项应否支付的问题。

二、撰写心得

（一）要善于倾听

古人将法官的工作称之为"听讼"，所以"听"应当是法官的看家本领之一。《论语》中说，"片言可以折狱者，其由也与?"意思是说，听了单方当事人的陈述就可以判案的，大概只有仲由这个人了。仲由是孔子的学生，其所谓"片言折狱"，并不是因为他有超能力，而是因为他善于倾听，为人忠信，以致发生了纠纷，当事人在他面前不敢也不忍心说假话。审判工作中，大量信息的掌握，是正确决策的基础，而对大量信息的掌握，则取决于法官的敏锐与耐心。实践中，法官所处理的形形色色案件，都是由纷繁芜杂的事实细节堆积而成的，法官所追求的公平正义往往也都是具体而微小的，办案子难在查事实，这就要求法官要带着情感去倾听，去感受，去判断。笔者有一个习惯，休庭后，一般会跟当事人再多聊一会，想听一听他们放松的、随意的陈述、抱怨，甚至哭诉。笔者相信，一个善于倾听、保有温度，且充满恻隐之心的法官，对于纠纷的解决必定是事半而功倍的。

（二）要牢记常识

学法律，做法官，是笔者儿时的理想。能做自己热爱的事情，是幸运的。然而，由于缺少生活的历练，刚办案时，每判一个案子，注意力大多放在法律的适用上，尤其喜欢探讨立法原意、法条冲突等。随着办的案子多了，笔者突然发现，就是将全世界所有的法律加在一起，也无法解决人类社会全部的是非问题。作为裁判者，只要判决能够符合老百姓的生活常识，符合商人交易的基本习惯，往往就不会错到离谱。做法官的时间越久，越要勇于走出法律思维的舒适区，去多体味生活的常识、常情与常理，让法官们的裁判更接地气。

（三）要写好文书

"文章天下事，得失寸心知。"文字是最真诚的，只有你听了，你懂了，你才能写出来。裁判文书是法官的产品，更是法官的价值所在，文以载道，裁判文书对社会、对大众，更是发挥着规范、教育、指引的重要功能，作为法官，一定要重视文书，也一定要写好文书。写文书与写文章一样，是件辛苦的事情，要写好很不容易。一份好的文书，它应该是听审、读卷、查证、深思、判断、教化的综合，虽有固定格式，但表达则可意向万千。它应该是优美的，应该是一看就明白的，应该是含蓄而不招摇的。

在这个案子中，涉及的信用证交易关系、交易惯例和交易术语，较为专业，且与日常生活相去甚远，不易了解。原、被告双方的律师做了大量功课，庭审中笔者让双方充分进行了阐述与表达，发问与倾听，相辅相成，查证与解释，相得益彰，使笔者在较短时间内了解了整个交易的来龙去脉，也抓住了双方的关切要点。同时，为了把判决书写明白，把论理说透彻，取经也是必要的。笔者购买了 10 余本信用证专业书籍，并认真查阅了国际商会 UCP600、URR725 及 ISBP 等国际惯例，切实做到心中有数，笔下有神。

（冯宁，北京市东城区人民法院法官）

三、专家评析

本案系一起典型的涉外跟单信用证纠纷案件，法官撰写的裁判文书准确适用了国际条约、国际惯例与国内法律，该案在信用证领域具有一定影响。尤其值得一提的是，法官援引了我国与西班牙王国缔结的司法协助条约，在判决书中开宗明义地交代了诉讼权利义务的同等保护原则，并对诉讼两造进行了指导释明，彰显了我国法官的国际视野与专业水平。同时，法官审判业务熟稔，专业能力突出，对案件脉络把握准确，程序规范高效，在文书中对案件涉及的实体问题和程序问题均进行了全面回应，对跟单信用证的独立性原则、单证相符原则、信用证欺诈司法认定标准、可转让信用证受益人权利保护以及信用证不符点费用的负担等较为专业的前沿问题，逐一详细论述，语言精练规范，层次结构清晰，说理逻辑严密，该判决书是涉外商事审判领域的优秀代表之作，对当前人民法院服务保障"一带一路"倡议具有很好的示范意义。

（点评人：单国钧，北京市第一中级人民法院副院长，全国审判业务专家）

（2016）京 0101 民初 1929 号裁判文书原文

第三节　申请承认与执行法院判决、仲裁裁决案件

25. 杰斯史密斯 & 桑斯棉花有限责任公司和山东省青润 进出口有限公司申请承认和执行外国仲裁裁决案*

【关键词】

承认与执行外国仲裁裁决　　外国法适用　　仲裁条款　　仲裁管辖权

【裁判要旨】

涉外商事审判中的外国法适用问题一直是难点问题。本案适用英国法并对该法的条文解释系依据文义解释的法律解释原则，结合该法律条款的上下文的语境进行分析而得出的结论。本文对于外国法的解释和分析方法，对涉外商事审判中，外国法律的适用以及承认与执行外国仲裁裁决的案件审理中的相关管辖权异议问题的判断均具有一定借鉴意义。

一、简要案情

本案系申请人杰斯史密斯 & 桑斯棉花有限责任公司（以下简称某棉花公司）申请承认与执行其与被申请人山东省青润进出口有限公司（以下简称山东某进出口公司）之间的仲裁裁决案件。本案裁决系由国际棉花协会作出，后上诉至国际棉花协会有限公司技术上诉委员会（以下简称技术上诉委员会），并于 2015 年 4 月 16 日生效。

本案焦点问题之一为仲裁庭是否具有申请人所申请仲裁纠纷的管辖权。因本案裁决系在英国作出，我国与英国均为《承认及执行外国仲裁裁决公约》的成员国，故本案应适用该公约。因本案仲裁协议约定适用英国法以及棉花协会章程，故本案应适用英国法及棉花协会章程。

关于本案棉花协会是否具有管辖权的问题。由于本案所涉及的三份合同，

---

* （2016）鲁 02 协外认 3 号。

被申请人对于 ICA 对 EAE – 10094 号合同的管辖权并无异议，因此法院仅讨论 SWE – 10059 号、SJE – 10060 号合同的管辖权。

法院认为，对于本案仲裁庭是否具有管辖权的判断，需要解决的第一个问题是：被申请人提出管辖权异议是否超过的 1996 年《英国仲裁法》所规定的应当提出管辖权异议的期间。对此，在棉花协会、技术上诉委员会关于本案的两次裁决中均作出了相应的评述，认为被申请人未在合理期间内对仲裁庭提出管辖权异议。法院对该问题的审查，仍应依据 1996 年《英国仲裁法》的相关规定进行。第一，根据 1996 年《英国仲裁法》第 31 条（1）、（2）的规定，在程序开始时，当事人一方关于仲裁庭缺乏实体管辖权的异议应当不迟于其在诉讼第一阶段花费的时间提出，并且关于仲裁庭超越其实体管辖权的异议，被指超越管辖权的事项一经发生，必须尽快提出；但根据第 31 条（3）如认为延迟具有正当理由，仲裁庭可以接受迟于第（1）、（2）款规定时间提出的异议。根据 1996 年《英国仲裁法》第 73 条（1）的规定，提出仲裁庭管辖权异议权利的丧失的情形包括未在仲裁庭允许的时间内提出异议，故结合第 31 条（3）以及第 73 条（1）的相关规定可以确认：仲裁庭有权在一方延迟提出管辖权异议后，重新赋予提出管辖权异议的期限。但仲裁庭对于该权力的行使是附有条件而不是无限制的，其条件是延迟提出具有正当的理由。而在本案中，被申请人并未在实体抗辩前提出有效管辖权异议，在仲裁开始三个多月后，仲裁庭虽然向被申请人征求关于管辖权问题的意见，但被申请人不具备可以迟延提出管辖权异议的正当理由，因此，仲裁庭无法再对其异议进行审查。第二，2013 年 1 月 22 日，仲裁庭要求各方提出管辖权异议，是否构成被申请人延迟提出异议的正当理由。法院认为，该事实并不构成被申请人延迟提出的正当理由。在本案中，被申请人在此之前对于仲裁庭管辖权异议的理由并未涉及 ICA 无管辖权的这一事实，而对于 ICA 无管辖权的异议，是其在仲裁庭的要求后提出，而此时被申请人提出的时间已经远远超过了应当提出管辖权异议的合理期间，对于被申请人提出的管辖权异议，仲裁庭仍需结合 1996 年《英国仲裁法》第 31 条（3）的规定，首先判定被申请人是否具有仲裁庭可以接受的延迟理由，能否接受被申请人的异议，再判定被申请人的管辖权异议是否成立。然而，在本案中，被申请人并未提交存在正当延迟理由的证据，故一审及上诉审的仲裁庭均不认为被申请人具有延迟提出管辖权异议的正当理由。综上，仲裁庭要求其提出管辖权异议的事实，不代表仲裁庭在作出该要求之时即判定被申请人具有延迟提出的正当理由，而恰恰是被申请人提出该异议后，仲裁庭综合审查该异议，认为其异议不符合1996年《英国仲裁法》的规定，而不应被审查和考虑。因此，仲裁庭要求各方提出管辖权异议的事实，不能单独构成被申请人延迟提出管辖权异议的正当理由。第三，仲裁庭依据法律并不是必须接受被申请人的异议。退一步讲，即使认定被申请人在仲裁庭征求关于管辖权问题所要求的期间提出相应异议，即视为其具备正当延迟理由。那么对1996年《英国仲裁法》第31条（3）的规定，即"如认为延迟具有正当理由，仲裁庭可以接受迟于第1、2款规定时间提出的异议"的文义解释，仲裁庭对于该异议的接受系"可以"，而非"必须"，因此，仲裁庭仍然对于该异议可以选择接受或不接受，从本案仲裁庭的判定来看，仲裁庭并未接受该异议。故本案仲裁庭在征询双方当事人意见后，仍可以行使管辖权。综上所述，被申请人山东某进出口公司未提出有效的管辖权异议，棉花协会对争议行使管辖权，符合1996年《英国年仲裁法》的规定。故依照《加利福尼亚州公司法》17703.01，1996年《英国仲裁法》第31条、第73条（1），《承认及执行外国仲裁裁决公约》第4条、第5条，《民事诉讼法》第283条①之规定，裁定：承认和执行国际棉花协会A01/2012/152号仲裁裁决。

二、撰写心得

（一）关于本案法律适用问题

本案所涉仲裁裁决书系由棉花协会在英格兰利物浦作出，本案属于申请承认与执行外国仲裁裁决案件。被申请人山东某进出口公司的住所地在山东省青岛市，根据《民事诉讼法》第283条之规定，青岛市中级人民法院对本案享有管辖权。根据《民事诉讼法》第283条以及我国加入《承认及执行外国仲裁裁决公约》所作的互惠保留以及商事保留，对于按照我国法律属于契约性和非契约性商事法律关系所引起的争议且在另一缔约国领土内作出的仲裁裁决的承认，人民法院应当适用《承认及执行外国仲裁裁决公约》的规定。本案所涉仲裁裁决系在英国作出，因中国与英国均系《承认及执行外国仲裁裁决公约》的缔约国，申请人所提交棉花协会仲裁的原棉销售合同属于商事法律关系所引起的争议，因此，法院依据《承认及执行外国仲裁裁决公约》第5条的规定对本案仲裁裁决进行审查。因本案仲裁裁决所涉及的三份合同

---

① 对应《民事诉讼法》（2021年修正）第290条。

即 SWE - 10059、SJE - 10060、EAE - 10094 合同，均在有关仲裁条款中表明适用英国法律及受棉花协会的规章制度的管辖。因此，本案对于双方就仲裁管辖权的有关争议将适用 1996 年《英国仲裁法》以及棉花协会章程的有关规定进行裁判。

（二）关于本案外国法解释

本案运用了文义解释优先的原则，对于 1996 年《英国仲裁法》进行解释。选择文义解释优先原则是综合考虑《英国法律解释法》的相关规定以及英国法院通常从成文法规范的字面意思出发，对于法律进行解释的司法解释习惯的结果。

首先，对于本案所援引的 1996 年《英国仲裁法》第 31 条（1）、（2）、（3）关于仲裁庭管辖权异议提出的相关条文进行解读，得出延迟提出仲裁管辖权异议的条件，并结合该法第 73 条（1）的规定，对于被申请人是否因超期提出管辖权异议而丧失相应权利进行了判断，根据上述条文分析的结果是被申请人因无正当延迟理由，超过合理期限提出仲裁管辖权异议而丧失该异议权。其次，本案依据上述法律规定，进行法律体系解释，将两个条文综合分析，认为对于合理期限的判断应由仲裁庭行使具有正当性，仲裁庭有权判断延迟的理由是否正当，延迟是否超过合理期限，从而肯定了仲裁庭的判断。最后，本案从文义解释出发对于条文中的"可以"的表述进行解释，再次肯定了仲裁庭有权对具有正当理由的延迟申请决定是否予以审查。

在涉外商事审判过程中，外国法解释难以适用简单划一的方法，从本案的审理实践来看，笔者认为，遵循如下模式进行较为可行：第一，了解外国法国家解释法律的基本特点。不同国家对于解释法律的习惯不同，因此，其司法实践中的法律解释具有本国固有的特点，除上文提到的英国具有文义解释优先的特点外，美国较常运用历史解释的方法，对于法律解释出现歧义的时候，美国法官通常会追溯法律制定的历史，研究立法时的意图，来为法律解释提供思路，当然这与其立法过程的文件记录完整的立法习惯具有很大的关系。因此，当解释一国法律时，应当对其基本的法律解释的特点具有一定了解。

第二，文义解释优先为原则。就成文法来说，法律的内容依靠文字表述，文义解释又遵循一些具体解释规则，如通常含义解释规则、字典含义解释规则、专业含义解释规则、句法解释规则等，从法律条文本身的内容和含义出发解释外国法的方法应当优先适用，这首先是因为文义解释方法是绝大多数国家法律解释的优先原则，同时也因为文义解释是最为合理和效率的外国法解释模式，因此能够用文义解释阐释清楚的问题，无须再运用其他解释方法。

第三，法律体系解释、目的解释、历史解释为辅原则。当文义解释不能够完全解决外国法解释的问题，可以适用体系解释的方法，根据法律规定的整体原则，法律规定的上下文以及同类事项的解释等进行拓展解释目标条文。具体法律条文孤立的解释往往会偏离立法的原意，把法律条文放到整个法律文件中，对于该条文的理解和运用，具有重要意义。另外，当体系解释仍不能解决问题，则需要进一步了解立法的历史等情况以探寻立法的目的，正确解释法律。

第四，合理运用外国律师、专家法律意见，探寻合理解释。随着中外交流的发展，中外法律服务水平也不断拓展和提升，在法律实践中，作为法官难以对外国法进行解释的时候，可以依法要求双方当事人对于有关法律问题委托外国律师或专家进行解释，并制作法律意见，这一方式将大大提高法官解释和适用外国法的水平，与此同时，应注意对于该国的基本法律体系了解，以便正确解读有关法律意见。

（解鲁，山东省青岛市中级人民法院法官）

三、专家评析

1958 年《承认及执行外国仲裁裁决公约》（The New York Convention On the Recognition and Enforcement of Foreign）目前已有 120 多个国家加入，是当今缔约国最多的有关仲裁承认与执行的国际公约，我国于 1987 年加入该公约，成为该公约的成员国。该公约对于缔约国成员之间的仲裁裁决的承认与执行，一般仅作形式上的审查，根据该公约第 5 条，对于拒绝承认与执行仲裁裁决的情形作了列举性规定，主要包括仲裁各方的缺乏行为能力，仲裁协议无效，仲裁程序、仲裁庭组成违法，超越仲裁协议范围仲裁，仲裁裁决尚未生效、被撤销等，另外，争议事项不可仲裁和违背公共秩序的仲裁裁决也不符合承认与执行的条件。

根据《最高人民法院关于仲裁司法审查案件报核问题的有关规定》第 2 条的规定，我国对于外国仲裁裁决承认和执行审查时，受理该类案件的法院对于仲裁裁决不予承认与执行时，需要层报至最高人民法院进行审核。因此，对于外国仲裁裁决不予承认与执行的司法审查较为严格，设定最高人民法院审核的制度，保障了外国仲裁裁决承认与执行的尺度的统一，有效避免了地方保护主义，使我国较好地履行了《承认及执行外国仲裁裁决公约》成员国的义务。

本案是一起承认与执行外国仲裁裁决案件，本案作出仲裁裁决的国家为英国，英国也是《承认及执行外国仲裁裁决公约》成员国，因此，申请人依据该公约在我国申请承认与执行涉案仲裁裁决。根据《承认及执行外国仲裁裁决公约》以及各方对于仲裁协议适用法律的约定，本案有关仲裁程序问题应当适用1996年《英国仲裁法》，涉案各方争议的焦点问题是：仲裁庭重新给予的管辖权异议期间，提出的管辖权异议是否应当被重新审查。本案在仲裁程序开始之后，被申请人提出的仲裁管辖权异议不成立，在仲裁管辖权异议提出的期限明显超期的情况下，仲裁庭重新给予各方期间，要求各方对于仲裁管辖权提出相关意见，在各方提出意见后，仲裁庭对管辖权异议再次否定，认为管辖权异议超期，而未予审查管辖权异议。对于该焦点问题，本案依据1996年《英国仲裁法》进行了审查，并对于仲裁庭的裁决作出肯定性判断。本案对于1996年《英国仲裁法》的解释和分析遵循外国法解释的一般原则，即从该法关于管辖权异议提出期间的一般性规定入手，对于管辖权异议提出正常期间进行分析，而后又对于管辖权异议未在规定期间内的提出，但仲裁庭可以接受的情形进行了分析，这两部分对于1996年《英国仲裁法》的解释属于对该法具体条文的文义解释，从管辖权异议的一般和特殊规定入手，对管辖权异议提出的期间进行从一般到特殊规定的分析，理清了两者之间的联系与区别，也为进一步分析和判断本案仲裁庭再行给予管辖权异议提出期间的范围和限制的相应分析奠定了基础。在对上述管辖权异议相关规定进行分析后，本案裁定将仲裁庭再行给予管辖权异议期间的情形，放置于上述法律规定下进行体系解释和分析，认为仲裁庭有权重新给予仲裁各方提出管辖权异议的期间，但是该权力并非是没有限制的，应当按照1996年《英国仲裁法》的相关规定，也即接受延迟提出的管辖权异议必须具有正当理由，若无正当理由，仲裁庭即使重新给予了提出管辖权异议的期间，也可以对于管辖权异议不再审查。最后，本案再次根据1996年《英国仲裁法》第31条第（3）款作出文义解释，认为即使具有正当理由，依据该条规定仲裁庭对于该异议的审查也是可以审查，并不是必须审查。

综上所述，本案对于承认与执行外国仲裁裁决的法律适用的分析准确到位，正确适用了仲裁协议所约定的外国法，在确定适用1996年《英国仲裁法》后，对于英国法的解释准确，逻辑严密，按照外国法解释的一般原则进行了文义解释和体系解释，对于被申请人提出的不予承认与执行仲裁裁决的抗辩，依照外国法的规定进行判定，并充分分析了承认与执行本案仲裁裁决的外国法理由。由于长期以来，外国法适用中的法律解释问题是涉外商事审判中的难点问题，本案对于外国法的解释所运用的方法和逻辑分析的思路，对于涉外商事案件中外国法的适用与解释具有很好借鉴和参考作用。

（点评人：张平华，山东大学法学院教授，法学博士）

（2016）鲁 02 协外认 3 号裁判文书原文

26. 新和海事有限公司和大连新和船舶物资供应有限公司、高某某申请承认和执行外国仲裁裁决案[*]

【关键词】

　　纽约公约　　仲裁协议效力　　公共政策

【裁判要旨】

　　外国仲裁裁决要求一方当事人注销其在国内的注册商标，或者将该注册商标过户给另一方当事人，裁决的对象限于合同主体之间，裁决结果基于对一方违约责任所作的判断，承认和执行该外国仲裁裁决不违反我国的公共政策。

一、简要案情

　　2002 年 10 月 14 日，新和海事公司与大连新和公司、高某某在新加坡签订《合作协议》一份，约定：新和海事公司向大连新和公司提供与其业务相关的技术、咨询和管理服务，同意许可大连新和公司在开展业务时，使用相关的名称、贸易商标、服务商标和标识，并约定因本协议产生争议，应提交新加坡国际仲裁中心进行仲裁。该协议第 7 条"名称保护"约定：大连新和公司应根据新和海事公司的要求，签署相关文件并采取必要行动对名称提供保护。除根据本协议条款或条件使用名称外，大连新和公司在任何时候均不得主张对该名称享有任何权利、所有权和利益。后大连新和公司在国内申请注册案涉商标，并经商标局核准注册。2015 年 3 月 12 日，新和海事公司以大连新和公司及高某某为被申请人向新加坡国际仲裁中心申请仲裁。新加坡国际仲裁中心于 2016 年 1 月 8 日作出（2015）裁字第 49 号仲裁裁决仲裁，裁决主文内容为：（1）大连新和公司和高某某应采取必要行动，在中国注销涉案商标；或者按照新和海事公司的要求，采取必要行动将涉案商标过户给新和海事公司；（2）大连新和公司和高某某应采取必要行动，停止使用涉案名称（参见《合作协议》附录 3 中的释义）；（3）大连新和公司和高某某应向

――――――――――

[*]（2016）辽 02 协外认 2 号。

新和海事公司支付当事人费用，承担全部仲裁费，并向新和海事公司偿还其垫付的仲裁费用。

2016年2月2日，新和海事公司向大连市中级人民法院提出申请，要求依法承认并执行案涉仲裁裁决。被申请人大连新和公司、高某某陈述意见为：（1）申请人提交的中文译本不符合《纽约公约》第4条的规定；（2）仲裁协议无效；（3）承认和执行仲裁裁决有违我国公共政策；（4）仲裁裁决中有不可执行的内容。

大连市中级人民法院经审查认为，本案为申请承认和执行外国仲裁裁决纠纷，我国《民事诉讼法》第283条规定：“国外仲裁机构的裁决，需要中华人民共和国人民法院承认和执行的，应当由当事人直接向被执行人住所地或者其财产所在地的中级人民法院申请，人民法院应当依照中华人民共和国缔结或者参加的国际条约，或者按照互惠原则办理。”[①] 中国与新加坡共和国均系《纽约公约》的缔约国，该公约已于1987年4月22日对我国生效。根据该公约规定，在缔约国作出的仲裁裁决的一方当事人可以向我国法院提出承认和执行缔约国仲裁裁决的申请。根据我国加入该公约时所作的互惠保留声明和商事保留声明，我国对在另一缔约国领土内作出的仲裁裁决的承认和执行适用该公约，而且我国仅对按照我国法律属于契约性和非契约性商事法律关系所引起的争议适用该公约。因本案所涉仲裁裁决作出地新加坡共和国是该公约的缔约国之一，且仲裁裁决所解决的争议按照我国法律属于商事法律关系所引起的争议，故本院在对上述仲裁裁决进行审查时应适用《纽约公约》。

根据《最高人民法院关于执行我国加入的〈承认及执行外国仲裁裁决公约〉的通知》第4条的规定：“我国有管辖权的人民法院接到一方当事人的申请后，应对申请承认及执行的仲裁裁决进行审查，如果认为不具有《1958年纽约公约》第五条第一、二两项所列的情形，应当裁定承认其效力，并且依照民事诉讼法（试行）规定的程序执行；如果认定具有第五条第二项所列的情形之一的，或者根据被执行人提供的证据证明具有第五条第一项所列的情形之一的，应当裁定驳回申请，拒绝承认及执行。”《纽约公约》以排除的方式规定了承认和执行外国仲裁裁决的案件，根据被申请人提供的证据证明有下列情形之一的，可拒绝承认和执行：（1）仲裁协议无效；（2）未给予适当通知或未能提出申辩；（3）仲裁庭超越权限；（4）仲裁庭的组成和仲裁程序不当；（5）裁决不具有约束力或已被撤销、停止执行。有下列情形的，可以

---

① 对应《民事诉讼法》（2021年修正）第292条。

主动予以拒绝承认和执行：（1）依该国法律，裁决的事项属于不可裁决事项；（2）承认或执行裁决违反该国公共政策。

针对被申请人提出的案涉仲裁裁决不应承认和执行的理由，法院认为：（1）《纽约公约》第4条应是立案阶段当事人提交的文件标准，如申请人提交的材料不符合要求，属于不符合立案条件的情形，而不是裁定拒绝承认和执行仲裁裁决的理由。2、双方当事人就仲裁条款是否达成合意，是判断仲裁条款是否成立的前提条件，而非无效的理由。仲裁条款属于《合作协议》的条款之一，《合作协议》中约定了仲裁条款及解决争议的准据法——新加坡法律，因此对《合作协议》及仲裁条款效力的审查应适用新加坡法律。被申请人在本案中主张仲裁条款无效的理由在仲裁时均有提及，现其未能提交证据证明依据新加坡法律仲裁协议无效的情形，故对其此点抗辩意见不予采纳。（3）《纽约公约》第5条第2款第（乙）项规定的违反公共政策情形，应当理解为承认和执行外国仲裁裁决将严重违反我国法律基本原则、侵犯我国国家主权、危害社会公共安全、违反善良风俗以及危及我国根本社会公共利益的情形，本案并不存在上述情形。（4）依照我国法律规定裁决是否具有可执行性不属于《纽约公约》所规定的拒绝承认的情形。涉案商标虽登记在大连新和公司名下，但高某某作为该公司的法定代表人，在注销或者按照新和海事公司的要求办理商标过户时，有准备、提交、签署相关文件的配合义务。故该裁决被执行主体、给付内容明确，具有可执行性，被申请人的辩解不能成立。综上，大连市中级人民法院于2017年2月24日作出（2016）辽02协外认2号民事裁定书，对案涉仲裁裁决予以承认和执行。

二、撰写心得

一份高质量的裁判文书取决于裁判的公正性，包括实体公正和程序公正。这就要求法官在民事裁判文书中准确体现审理案件过程中的事实认定、法律适用，进行充分的辨析说理。本案为承认和执行外国仲裁案件。外国仲裁裁决的承认和执行属于我国《民事诉讼法》所规定的涉外民事诉讼程序中的司法协助范畴。在审查标准方面，根据《最高人民法院关于执行我国加入的〈承认及执行外国仲裁裁决公约〉的通知》第4条的规定："我国有管辖权的人民法院接到一方当事人的申请后，应对申请承认及执行的仲裁裁决进行审查，如果认为不具有《1958年纽约公约》第五条第一、二两项所列的情形，应当裁定承认其效力，并且依照民事诉讼法（试行）规定的程序执行；如果认定具有第五条第二项所列的情形之一的，或者根据被执行人提供的证据证明具有第五条第一项所列的情形之一的，应当裁定驳回申请，拒绝承认及执行。"即根据《纽约公约》，除当事人可根据公约第5条第1项列举的5项事由向被申请国法院提出不予承认和执行外国仲裁裁决的抗辩外，如果法院通过司法审查发现仲裁争议事项具有不可仲裁性或承认该裁决将违反法院地国公共利益时，则法院可主动援引第5条第2项规定的公共政策事由裁定不予执行该外国仲裁裁决。《纽约公约》并没有对公共秩序的含义、范围以及具体内容和应用的条件作出规定和解释，在具体案件中如何使用，完全由各国法院裁量。由于"裁决的事项是否属于不可裁决事项"属于法院依职权审查范畴，案涉争议恰恰涉及商标权的注销与转让，而知识产权争议是否可以仲裁，在我国学界与实务界尚存在争议。因此，本案需审查以下问题：

首先，关于商标使用权争议的可仲裁性问题。第一，《仲裁法》第2条规定："平等主体的公民、法人和其他组织之间发生的合同纠纷和其他财产权益纠纷，可以仲裁。"据此，商标使用权许可合同或者含有商标（名称）使用许可条款的合同中有仲裁条款的，因商标（名称）使用问题产生争议，属于平等主体之间的合同纠纷，可以仲裁；即使商标（名称）权利人与侵权人之间没有合同关系，如果争议涉及当事人有权自由处分的经济利益，当事人也可以通过事后达成仲裁协议，将争议交付仲裁。第二，新加坡仲裁的仲裁请求属于可仲裁事项。本案争议系因被申请人未经申请人同意擅自在中国注册商标（名称）给申请人造成财产权益损失而引起的。因此，本案争议总体上是合同争议，属于中国法下可以仲裁的事项。第三，申请人提出的仲裁请求的基础源自合作协议的约定，合作协议仲裁条款约定"凡因本协议产生或与本协议有关的争议"均可提交仲裁，约定的仲裁事项范围足够宽泛，能够涵盖其请求事项。申请人所请求的事项，也是当事人可以处分的事项，并未侵犯商标行政管理机关的管理权。申请人的仲裁请求属于契约性法律关系中当事人可以处分的事项，可以仲裁。

其次，承认和执行仲裁裁决不违反中国的社会公共利益。案涉仲裁裁决的对象限于合同主体之间，仲裁裁决没有裁定中国商标行政管理机关必须作一定的行为或者不作一定的行为，也没有就被申请人在中国注册的商标的合法性、有效性作出裁判，因此，承认和执行本案仲裁裁决，并不侵犯商标行政管理机关的行政决定权。

最后，最高人民法院在《关于不予承认日本商事仲裁协会东京07-11号仲裁裁决一案的请示的复函》中指出："关于公共政策问题，应仅限于承认仲裁裁决的结果将违反我国的基本法律制度、损害我国根本社会利益情形。"本案中，即使被申请人按照仲裁裁决注销涉外商标或过户涉案商标，所影响的也只是被申请人的经济利益，不涉及第三方利益或者违反我国的基本法律制度、损害我国根本社会利益。因此，被申请人提出执行裁决将违反我国社会公共利益的抗辩不能成立。

（贾春雨，辽宁省大连市中级人民法院法官）

三、专家评析

　　国际商事仲裁是一种重要的纠纷解决方式，由于仲裁的契约性、保密性、快捷性等特点，在国际交往中越来越受到当事人的青睐。当事人往往选择有影响的国际仲裁机构对他们之间的纠纷作出裁决。在败诉方不自动履行仲裁裁决的情况下，另一方当事人就要到败诉方有可供执行的财产所在地国家的法院申请承认和执行所涉仲裁裁决。《纽约公约》在国际商事仲裁承认和执行领域起着至关重要的作用，该公约于 1987 年 4 月 22 日对我国生效，本案所涉仲裁裁决作出地新加坡共和国也是该公约的缔约国之一。根据《纽约公约》规定，在缔约国作出的仲裁裁决的一方当事人可以向我国法院提出承认和执行缔约国仲裁裁决的申请。

　　该裁定针对被申请人提出的四点抗辩意见，从立案审查条件、仲裁协议效力、承认和执行仲裁裁决是否有违我国公共政策、仲裁裁决中是否有不可执行的内容等几个角度逐一分析，层层深入，观点清晰，论理充分，在明确阐述被申请人的抗辩事由均不能成立的情况下，裁定对新加坡国际仲裁中心作出的仲裁裁决予以承认和执行，充分彰显了我国法院严格执行国际公约、履行司法协助义务、依法平等保护国内外当事人的态度，展示了我国法官在处理涉外民商事案件，尤其是司法协助类案件时深厚、精湛的理论和文字功力。

（点评人：吴耀明，辽宁省大连市中级人民法院二级高级法官）

（2016）辽 02 协外认 2 号裁判文书原文

第三章　知识产权和竞争类

第一节　知识产权权属、侵权纠纷

27. 迈克尔·杰弗里·乔丹和国家知识产权局、乔丹体育股份有限公司商标争议行政纠纷案*

【关键词】

　　姓名权　肖像权　商标　可识别性

【裁判要旨】

　　1. 未经许可擅自将他人享有在先姓名权的姓名注册为商标，容易导致相关公众误认为标记有该商标的商品或者服务与该自然人存在代言、许可等特定联系的，应当认定该商标的注册损害他人的在先姓名权。

　　2. 肖像权所保护的"肖像"应当具有可识别性，其中应当包含足以使社会公众识别其所对应的权利主体，即特定自然人的个人特征，从而能够明确指代该特定的权利主体。如果当事人主张肖像权保护的标识并不具有足以识别的面部特征，则应当提供充分的证据，证明该标识包含了其他足以反映其所对应的自然人的个人特征，具有可识别性，使得社会公众能够认识到该标识能够明确指代该自然人。

一、简要案情

　　2012 年 10 月 31 日，再审申请人迈克尔·杰弗里·乔丹向商标评审委员

────────────────

　　* （2018）最高法行再 32 号。

会提出撤销申请，请求撤销乔丹公司的第6020578号"乔丹及图"商标（以下简称争议商标）。争议商标核定使用在国际分类第25类"服装；游泳衣；鞋；爬山鞋；帽；袜；皮带（服饰用）；舞衣；婚纱；睡眠用眼罩；防滑鞋底"等商品上，于2007年4月26日申请注册，2010年4月21日获准注册。再审申请人不服被诉裁定，向北京市第一中级人民法院（以下简称一审法院）提起行政诉讼，请求撤销被诉裁定。一审法院认为，本案证据尚不足以证明争议商标的注册损害了再审申请人的姓名权，也不足以证明争议商标的注册损害了再审申请人的肖像权，因此，争议商标的注册不具有2001年修正的《商标法》第31条①规定的"损害他人现有的在先权利"的情形，据此一审判决维持被诉裁定。再审申请人不服一审判决，向北京市高级人民法院（以下简称二审法院）提起上诉。二审法院判决驳回上诉，维持原判。再审申请人不服二审判决，向最高人民法院申请再审。

最高人民法院再审认为，（1）乔丹公司明知再审申请人在我国具有长期、广泛的知名度，仍然使用"乔丹"申请注册争议商标，容易导致相关公众误认为标记有争议商标的商品与再审申请人存在代言、许可等特定联系，损害了再审申请人的在先姓名权。（2）再审申请人不能就该标识享有肖像权，再审申请人有关争议商标的注册损害其肖像权的主张不能成立。综上，争议商标的注册违反了2001年《商标法》第31条的规定，依照2001年《商标法》第41条第2款的规定应予撤销，应由国家知识产权局就争议商标重新作出裁定。故依照《民法通则》第99条②、《侵权责任法》第2条等相关法律规定，判决撤销被诉裁定和一审、二审判决，由国家知识产权局对争议商标重新作出裁定。

二、撰写心得

该案为备受社会关注的"乔丹"商标行政纠纷系列案件之一。争议商标由上方的"✦"图形与下方的"乔丹"组合而成，本案争议焦点为再审申请人是否就"乔丹"享有在先姓名权，是否就"✦"图形享有在先肖像权，以及争议商标的注册是否损害再审申请人主张的在先姓名权、肖像权。

（一）关于姓名权的保护

《民法典》第110条第1款规定："自然人享有生命权、身体权、健康权、

---

① 2019年修正的《商标法》第32条规定："申请商标注册不得损害他人现有的在先权利，也不得以不正当手段抢先注册他人已经使用并有一定影响的商标。"

② 对应《民法典》第1012～1014条。

姓名权、肖像权、名誉权、荣誉权、隐私权、婚姻自主权等权利。"姓名权、肖像权均属于人身权，是以人身所体现的利益为内容的，与权利人的人身不可分的民事权利。人身权的主要特点在于：其内容体现为人格和身份等精神利益，并不直接以财产利益为内容。从人格权法的发展来看，已经呈现出商业化利用发展的趋向，人格权的可利用性和财产属性也得到不断的彰显。美国、德国及我国均以法院判决或立法，肯定姓名、肖像等人格特征具有一定的经济（财产）价值。

根据《民法通则》第 99 条、《侵权责任法》第 2 条的规定，自然人依法享有姓名权。《民法典》第 990 条第 1 款规定："人格权是民事主体享有的生命权、身体权、健康权、姓名权、名称权、肖像权、名誉权、荣誉权、隐私权等权利。"第 991 条规定："民事主体的人格权受法律保护，任何组织或者个人不得侵害。"姓名被用于指代、称呼、区分特定的自然人，姓名权是自然人享有的最为基本、最为重要的人格权之一，也是具有一定财产利益因素的人格权。名人的姓名、肖像等具有一定的社会知名度，因此在商业上具有相当程度的利用价值，权利人可以许可他人使用，为人格权的商业化利用创造了可能。《侵权责任法》第 20 条关于侵害他人人身权益造成财产损失的赔偿的规定，以及《民法典》第 993 条规定的"民事主体可以将自己的姓名、名称、肖像等许可他人使用，但是依照法律规定或者根据其性质不得许可的除外"，都充分体现了我国法律对包括姓名权在内的人身权益中所蕴含的经济利益（财产利益）的承认和保护。

"乔丹"系列案件判决立足于我国相关立法和法学理论研究的发展成果，适应经济社会发展和保护民事主体合法权益的需要，对自然人尤其是名人姓名权中蕴含的经济利益予以了明确肯定。在适用 2001 年《商标法》第 31 条的规定对他人的在先姓名权予以保护时，不仅涉及对自然人人格尊严的保护，而且涉及对自然人姓名，尤其是知名人物姓名所蕴含的经济利益的保护。"乔丹"系列案件明确，未经许可擅自将他人享有在先姓名权的姓名注册为商标，容易导致相关公众误认为标记有该商标的商品或者服务与该自然人存在代言、许可等特定联系的，应当认定该商标的注册损害他人的在先姓名权，违反 2001 年《商标法》第 31 条的规定。

在认定争议商标的注册是否损害再审申请人的在先姓名权时，涉及在先姓名权与在后申请注册的注册商标权的权利冲突问题。最高人民法院在"乔丹"系列案中，合理平衡知识产权人权益与在先权利人利益，参照适用《最高人民法院关于审理不正当竞争民事案件应用法律若干问题的解释》第 6 条第 2 款的规定,① 明确了自然人就特定名称主张姓名权保护时应当符合的三项条件：其一，该特定名称在我国具有一定的知名度、为相关公众所知悉；其二，相关公众使用该特定名称指代该自然人；其三，该特定名称已经与该自然人之间建立了稳定的对应关系。本案中，乔丹公司明知再审申请人在我国具有长期、广泛的知名度，仍然使用"乔丹"申请注册争议商标，容易导致相关公众误认为标记有争议商标的商品与再审申请人存在代言、许可等特定联系，损害了再审申请人的在先姓名权。

最高人民法院于 2017 年 1 月 11 日发布的《最高人民法院关于审理商标授权确权行政案件若干问题的规定》中，充分吸收了"乔丹"系列案件判决中的有关认定。该司法解释共有 4 个条文对"申请商标注册不得损害他人现有的在先权利"的适用进行了解释，分别涉及在先权利的范围，在先姓名权，在先著作权以及在先字号权。其中，第 20 条②针对在先姓名权规定如下："当事人主张诉争商标损害其姓名权，如果相关公众认为该商标标志指代了该自然人，容易认为标记有该商标的商品系经过该自然人许可或者与该自然人存在特定联系的，人民法院应当认定该商标损害了该自然人的姓名权。当事人以其笔名、艺名、译名等特定名称主张姓名权，该特定名称具有一定的知名度，与该自然人建立了稳定的对应关系，相关公众以其指代该自然人的，人民法院予以支持。"上述规定基于"乔丹"系列案件判决的有关认定，作出了以下两方面的解释：一是明确了判断损害在先姓名权的认定标准，即"相关公众容易认为标记有该商标的商品系经过该自然人许可或者与该自然人存在特定联系的"；二是明确了姓名保护的范围不限于本名，规定了自然人就特定名称主张姓名权保护时应当符合的条件，即"特定名称具有一定的知名度，与该自然人建立了稳定的对应关系，相关公众以其指代该自然人"。

（二）关于肖像权的保护

关于肖像权的保护，我国《民法通则》《侵权责任法》只作出了原则性规定，关于侵权判断的具体法律适用标准并不明确。《民法典》第 1018 条规定："自然人享有肖像权，有权依法制作、使用、公开或者许可他人使用自己的肖像。肖像是通过影像、雕塑、绘画等方式在一定载体上所反映的特定自然人可以被识别的外部形象。"在本案中，主要涉及自然人能否就特定图形享有肖像权的问题。

---

① 该司法解释于 2020 年进行了修正，对该款未作修改。

② 该司法解释于 2020 年进行了修正，对该条未作修改。

　　本案判决认为，根据《民法通则》第 100 条及《侵权责任法》第 2 条第 2 款的规定，肖像权是自然人享有的重要人身权利。肖像权所保护的"肖像"是对特定自然人体貌特征的视觉反映，社会公众通过"肖像"识别、指代其所对应的自然人，并能够据此将该自然人与他人相区分。根据肖像权以及肖像的性质，肖像权所保护的"肖像"应当具有可识别性，其中应当包含足以使社会公众识别其所对应的权利主体，即特定自然人的个人特征，从而能够明确指代其所对应的权利主体。如果请求肖像权保护的标识不具有可识别性，不能明确指代特定自然人，则难以在该标识上形成依法应予保护，且归属于特定自然人的人格尊严或人格利益。从社会公众的认知习惯和特点来看，自然人的面部特征是其体貌特征中最为主要的个人特征，一般情况下，社会公众通过特定自然人的面部特征就足以对其进行识别和区分。如果当事人主张肖像权保护的标识并不具有足以识别的面部特征，则应当提供充分的证据，证明该标识包含了其他足以反映其所对应的自然人的个人特征，具有可识别性，使得社会公众能够认识到该标识能够明确指代该自然人。

　　关于迈克尔·乔丹在本案中主张的肖像权。迈克尔·乔丹据以主张肖像权的照片中所载明的迈克尔·乔丹的运动形象，清晰反映了其面部特征、身体形态、球衣号码等个人特征，社会公众据此能够清楚无误地识别该照片中的自然人为迈克尔·乔丹，故迈克尔·乔丹就照片中的运动形象享有肖像权。但是，关于涉案商标标识"　"，虽然该标识与照片中迈克尔·乔丹运动形象的身体轮廓的镜像基本一致，但该标识仅仅是黑色人形剪影，除身体轮廓外，其中并未包含任何与迈克尔·乔丹有关的个人特征。并且，迈克尔·乔丹就该标识所对应的动作本身并不享有其他合法权利，其他自然人也可以作出相同或者类似的动作，该标识并不具有可识别性，不能明确指代迈克尔·乔丹。因此，迈克尔·乔丹不能就该标识享有肖像权，其有关涉案商标的注册损害其肖像权的主张不能成立。

（杜微科，最高人民法院法官）

三、专家评析

　　人格权是民事主体最基本、最重要的权利，关系到每个人的尊严，保护人格权、维护人格尊严是我国法治建设的重要任务。《民法典》将人格权独立成编，将实践中需要保护的重要人格利益通过正面规定的方式确定为法定权利，通过较为完善的人格权保护体系将我国的人格权保护提升到了一个前所未有的新水平。在适用人格权法律制度，维护和保障人民群众的人格权益时，要把握好私权保障与行为自由的平衡、私权保障与社会公共利益的平衡、私权保障与社会发展的平衡。

《民法典》人格权编科学界定人格权及具体人格权，构建了开放性人格权益体系。例如，关于本案所涉及的肖像权，传统理论一般认为，肖像是以个人面部特征为中心的外部形象。随着社会生活不断发展进步，肖像权的保护范围也逐渐扩大，肖像并不限于个人的面部特征。《民法典》第1018条的规定对肖像的界定，采用了"可以被识别"的标准；此外，《民法通则》和《侵权责任法》对侵犯肖像权的要件要求以营利为目的，《民法典》不再强调营利要件，加强了对肖像权的保护。本案判决虽然在《民法典》实施之前，适用的是《侵权责任法》《民法通则》的相关规定，但判决中有关"肖像权所保护的'肖像'应当具有可识别性"的认定，与《民法典》第1018条的立法精神和具体规定，都是相契合的。

（点评人：潘杰，最高人民法院民一庭法官）

（2018）最高法行再32号裁判文书原文

28. 永和食品（中国）股份有限公司、上海弘奇永和餐饮管理有限公司和重庆永和豆浆餐饮经营管理有限公司侵害商标权及不正当竞争纠纷案*

【关键词】

权利冲突　在后企业名称权　商标知名度　权利共存

【裁判要旨】

1. 原告注册商标取得在先，但被告企业名称注册时，原告商标并未因使用取得相应的知名度，被告注册在后企业名称及规范使用不会导致相关公众混淆，不构成不正当竞争。

2. 当被告因其使用的主要标识或唯一标识构成商标侵权时，法院可以依据被告的全部营业收入估算被告的获利，在被告的收入远远超过原告诉请的赔偿金额时，法院应当全额支持原告的诉讼请求。

一、简要案情

原告永和中国公司系"永和豆浆""Yon ho"文字图形商标的商标权人，原告上海弘奇公司经永和中国公司授权取得中国大陆的独占使用权。原告发现被告重庆永和豆浆餐饮管理有限公司在重庆大学、西南大学、重庆师范大学等14所高校食堂的商店招牌及内部装潢使用了"永和豆浆"字样，在其中7所高校还同时使用英文字母"YON HO"。上海弘奇公司的"永和豆浆"快餐品牌在中式快餐加盟领域具有较高知名度。被告在2016年至2018年经营西南大学的竹园食堂，每年营业收入均超过1000万元。原告认为被告在经营的食堂及企业名称中使用与其注册商标近似的标识或字样，构成商标侵权及不正当竞争。被告认为其成立时原告并未在重庆开店，在重庆没有知名度，故被告使用涉案标识的行为是合法使用其企业字号的行为，不构成商标侵权及不正当竞争。

---

* （2019）渝 0192 民初 1228 号。

本案的争议焦点在于在后企业名称权与在先注册但尚未具有知名度的商标权之间的权利冲突问题。一审法院认为，本案涉及商标权与企业名称权的冲突问题，保护在先权利是解决知识产权权利冲突的基本原则之一。在原告享有的注册商标专用权在先，被告的字号与该商标构成近似的情形下，被告的行为是否构成不正当竞争，关键在于其行为是否容易导致相关公众混淆误认。商标的显著性越强，越易于将商标与商品或服务的提供者建立联系，他人使用与之相同或近似的企业名称则越容易导致混淆误认。本案中，原告虽提交被告成立之前其关联公司的销售数据，但并未举示其关联公司在被告成立前实际使用商标的证据，现有证据尚不足以证明被告成立时商标的知名度以及其已在重庆范围内大量使用涉案商标，进而无法证明被告注册其企业名称并使用的行为容易导致混淆误认。故一审法院认为被告在企业名称中使用"永和豆浆"字样未侵害原告对涉案商标的合法权益，被告可以在法律规定范围内规范使用自己的企业名称。

但被告将其承包的高校食堂称为"永和豆浆美食城""YON HO SOY-BEAN MILK FOOD COURT"，并在店招及装潢使用"永和豆浆""YON HO"字样，而未使用其企业全称。该使用行为旨在区分不同的服务提供者，而并非用于指称被告，故被告使用前述标识是《商标法》意义上的使用，而非被告抗辩的对其企业名称的使用。

综上，法院综合考虑原告商标知名度较高，被告经营时间长，经营规模大，单西南大学竹园食堂一年的营业收入即超1000万元，以及原告为维权聘请了律师，进行了公证等合理开支等因素，全额支持了原告的赔偿请求。

二、撰写心得

本案案情复杂，涉及权属事实和侵权事实较多，适用法律争议较大，需要充分地说理论证。本案涉及商标权和企业名称权的权利冲突问题。判决书对处理权利冲突的基本原则，在后企业名称权不构成不正当竞争，企业名称权和商标权两者可以共存的认定以及如何依据被告营业收入认定原告损害赔偿额等内容均作出清晰全面的论述。该判决书从草拟到定稿经过多次修改、反复打磨，取得了好的效果。以下笔者结合该案的实体内容回溯该文书的撰写过程。

本案原告的权属商标涉及具有关联性的6个文字图形组合商标，有2个为原告永和中国公司经转让继受取得，有4个为该公司原始注册取得，之后该公司将上述商标授予原告上海弘奇公司。故本判决书在表述商标权属相关事实时，采用归纳写法，针对 6 个关联商标标识图形部分均为稻草人图案的特征，共同统一描述。在与被控侵权的商标标识比对时，将权属商标的特征统一描述为：上述 5 项商标标识均含有稻草人图形，均为"YON HO／YUNG HO""稻草人图形""永和豆浆／永和"字样的不同排列组合，"永和"为上述商标起呼叫作用的主要部分。除第 730628 号商标注册在豆浆商品外，其他 4 项商标均注册在自助食堂、快餐馆等服务上，而中式快餐馆通常有豆浆饮品销售，故豆浆商品与快餐馆服务在服务对象上具有较大重合，服务场所具有紧密关联，构成类似商品服务。

被告使用被控侵权标识的情况涉及 14 个高校食堂，使用标识大同小异，故本文书在撰写时详细描述其中一个食堂的具体使用情况，其余 13 个食堂的情况予以统一描述为："被告当庭认可其在上述 14 所高校食堂的店招及内部装潢使用了'永和豆浆'字样，在其中 7 所高校还同时使用英文字母'YON HO'。"

另外，关于原告商标品牌的创立过程、使用情况、发展规模和获奖情况的相关事实，因该部分事实为非核心事实，故文书也予以归纳总结。整个事实部分文书按照商标权属、被控侵权以及知名度三部分依次展开论述，详略得当。

在论述本案主要争议焦点：在后注册使用的字号与在先注册但尚未有知名度的商标的权利冲突问题时，判决书先从处理知识产权权利冲突的基本原则出发，在认定原告商标构成在先权利时进一步指出：被告的行为是否构成不正当竞争，关键在于其行为是否容易导致相关公众混淆误认。商标的显著性越强，越易于将商标与商品或服务的提供者建立联系，他人使用与之相同或近似的企业名称则越容易导致混淆误认。判决书完善了商标和字号的权利冲突的处理规则，法律对于其冲突，不仅是保护在先权利，而且可以两者共存，前提是两者不会造成混淆误认。

关于被告使用涉案标识是否是对其字号的使用，是否侵害原告的商标权，判决书在论述时采用多角度、分层次递进的说理逻辑结构。首先，判决书分别归纳了原被告对此问题的观点及理由，再引出法院对该问题的意见，这样的说理方式，充分针对双方的诉辩意见展开说理分析，更具针对性。其次，法院对该问题的论述从商标侵权的法律规定出发，先对标识是否近似，商品服务类别是否类似陈述了意见，接着指出，被告的行为是否侵害了原告的商标权取决于被告是否对前述标识进行了《商标法》意义上的使用以及其使用行为是否容易导致混淆。然后，法院分别从上述两方面，对被告使用涉案标识的情况进行了正反两方面分析。关于是否构成混淆，法院又从涉案商标的知名度和被控侵权标识系单独使用字号论述，最后指出：字号仅为企业名称的一部分，其与行政区划、行业特点、组织形式等其他三部分共同限定了企业名称的特定指向性。被告单独使用企业字号而非企业全称的行为，扩大了企业名称的指向性。故被告在高校食堂的店招及内部装潢便用"永和豆浆"字样的行为足以导致相关公众误认为其服务来源于原告或与原告存在某种关联。

关于被告赔偿金额的认定方面，法院认为，因被控侵权标识系被告使用的主要标识，故在该标识构成商标侵权时，法院可以依据被告的全部营业收入估算被告的获利。原告为证明被告获利巨大，举示了该公司的工商档案资料、该公司 2016 年—2018 年向税务机关提交的小企业会计准则现金流量年报表、小企业会计准则利润年报表、小企业会计准则资产负债表、增值税应税销售收入明细以及西南大学信息中心出具的被告经营的食堂的营业收入统计表。被告为证明其成本支出较大，举示了 2018 年利润表年报、工程计算审核报告、食堂原材料采购发票、员工社保记录及工资表、燃气费发票、财务报表明细等证据。法院在赔偿金额认定上采用以小见大的方法，法院经对比发现该公司 2017 年和 2018 年向税务机关申报的年度营业收入总额居然小于西南大学提供的被告承办该校一个食堂的年度营业额，故法院认定被告向税务机关申报的营业收入以及成本不能作为本案认定赔偿金额的依据，最后法院综合原告商标知名度较高、被告经营时间长、经营规模大，单西南大学竹园食堂一年的营业收入即超 1000 万元，以及原告为维权聘请了律师、进行了公证等的合理开支等因素，全额支持原告的赔偿主张。

综上，承办人在撰写本裁判文书过程中，对于复杂的事实，采用分类归纳的方法，按照权属侵权核心事实以及知名度等非核心事实展开描述，对于法律适用说理部分，按照逻辑结构分层次、多角度展开论述，层层递进，最终得出结论。

（余博，重庆两江新区人民法院法官）

三、专家评析

本案主要涉及商标权与企业名称权的冲突与共存问题。判决书对处理权利冲突的基本原则，在后企业名称权是否构成不正当竞争，两者是否可以共存以及如何依据被告的营业收入认定原告的损害赔偿额均作了清晰完整的论述。

　　本案涉及的证据较多，案件事实较为复杂，关于权利冲突的处理，法律规定也较为原则。但本判决书在认定事实方面，核心事实突出，详略得当。法官将 6 个权属商标综合论述，归纳标识共同特征；将继受取得和原始取得商标的主体统一归纳为商标权利人；将 14 个高校食堂使用商标情况、原告商标使用事实的陈述、商标品牌的创立过程以及永和快餐发展规模及相关获奖情况等事实均归纳准确。裁判说理部分条理清晰，围绕争议焦点论证详实，说理透彻，尤其在"永和"既作为我国台湾地区地名，又是商标标识主要识别部分时，法官基于标识为文字图形组合商标，结合商标的宣传使用及知名度情况，来认定商标具有显著性。在认定权利共存时，文书首先明确两者构成权利冲突及处理冲突的一般原则，再论述当在先商标不具有知名度，在后企业名称权不具有攀附商标的主观故意时，相关公众不会造成混淆误认，得出两者可以共存的结论。在认定商标侵权时，文书从被控侵权标识是否构成商标使用，是否属于规范使用企业字号，到论述标识是否近似，类别是否类似，相关公众是否混淆。法官在确定赔偿额时，大胆估算了被告的营业额，并依据服务商标的特点，将被告的全部营业额作为损害赔偿额的考量因素，加大侵权赔偿力度，全额支持了原告的赔偿主张。

　　综上，本文书制作格式规范，争议焦点归纳准确，事实叙述清楚，说理透彻，逻辑严密。本案的裁判对知识产权权利冲突及共存做出了有益的探索，为实务界提供了借鉴经验，取得良好的法律效果和社会效果。

　　[点评人：曹柯，重庆两江新区（自贸区）人民法院副院长、三级高级法官]

（2019）渝 0192 民初 1228 号裁判文书原文

29. 汕头市澄海区建发手袋工艺厂和迈克尔高司商贸（上海）有限公司、迈可寇斯（瑞士）国际股份有限公司、浙江银泰百货有限公司、北京京东世纪贸易有限公司侵害商标权纠纷案*

【关键词】

商标侵权　反向混淆　判定标准

【裁判要旨】

在被诉标识知名度高于权利商标的情况下认定某行为是否构成所谓的"反向混淆"，仍应遵循商标侵权判断的一般原则。显著性弱、知名度低的商标，其禁用权范围亦相应较小。

一、简要案情

汕头市澄海区建发手袋工艺厂（以下简称建发厂）系第 1244366 号"mk"商标的权利人，该商标核定使用商品类别为第 18 类旅行袋、旅行箱等。迈克尔高司商贸（上海）有限公司（以下迈克尔高司上海公司）、迈可寇斯（瑞士）国际股份有限公司（以下简称迈可寇斯瑞士公司）在产品金属装饰扣及相应的产品广告、宣传册等上使用"mk""MK""MK""MK""MK"等标识。建发厂认为该两公司的上述行为已经造成了相关公众的混淆和误认（不仅包括将该两公司的商品误认为是建发厂生产的商品，也包括误认为建发厂使用涉案商标的商品来源于该两公司），构成商标侵权，浙江银泰百货有限公司（以下简称银泰公司）、北京京东世纪贸易有限公司（以下简称京东公司）销售被诉侵权产品亦构成侵权。建发厂遂诉至杭州市中级人民法院，请求判令四被告停止侵权、赔偿损失及消除影响。

杭州市中级人民法院经审理认为，建发厂主张的反向混淆不能成立，遂判决驳回建发厂的诉讼请求。

---

* （2018）浙民终 157 号。

建发厂不服，提起上诉。

浙江省高级人民法院经审理认为：对于反向混淆的认定，在被诉标识知名度高于权利商标的情况下，也应适用与正向混淆基本相同的评判规则，对于商标权的保护强度仍应与商标的显著性、知名度成正比。对于显著性弱、知名度低的商标，应将其禁用权限定于较小的范围，否则就可能导致显著性越低、知名度越小的商标越容易构成反向混淆，越容易获得法律保护的后果，与《商标法》的立法宗旨相悖。涉案商标的固有显著性弱，仅由"m"和"k"两个字母构成，字体与普通小写字母的区别不大，并且缺乏具有辨识度的含义，因此在与被诉侵权标识进行比对时，更应注重其与" "" """在字体设计方面的差异。涉案商标亦未通过后续使用获得较强的显著性和知名度，且建发厂在 2015 年后不仅未规范使用其涉案商标，反而在其商品上使用与被诉侵权标识相近似的" "标识，刻意接近被诉标识，主动寻求市场混淆的后果。被诉侵权标识中的字母系"MICHAEL KORS"的首字母，迈克尔高司上海公司、迈可寇斯瑞士公司在使用被诉侵权标识时亦同时标注"MICHAEL KORS"，使相关公众能够将两者相关联，对商品来源作出正确区分。就目前的市场现状来看，被诉标识的使用不会造成相关公众的混淆误认。此外，对于五个被诉标识中的"mk"和"MK"，虽然基于该两个标识作为"MICHAEL KORS"首字母组合仅在官网链接标题和微信客服短信中少量使用，且使用时均与全称共同出现等因素，二审法院未认定该两项标识与权利商标构成混淆性近似，但毕竟"mk""MK"在构成要素上与" "十分接近，故二审法院在说理部分要求迈克尔高司上海公司、迈可寇斯瑞士公司今后不应再使用"mk""MK"标识，同时在使用" "" "标识时应当附加"MICHAEL KORS"等区别标识，以清晰区分各标识之间的权利边界。综上，该院判决：驳回上诉，维持原判。

二、撰写心得

裁判文书是法官最好的名片。自党的十八届四中全会提出保证公正司法，提高司法公信力的明确要求之后，全国法院建立了生效裁判文书统一上网和公开查询制度。近年来，裁判文书亦受到广泛关注。因此，判决书不仅是写给当事人及其代理人看的，同样也是给很多不了解案情，没有看过卷宗的人看的。一篇优秀的裁判文书必须能让人民群众读懂，而且文书的内在脉络清晰，如同给读者指明坐标，让读者顺着法官的思路领悟最后的结论，从而诠释法治精神，弘扬公序良俗，引领社会风尚。撰写一篇优秀的裁判文书，笔者认为应该做到以下几点。

（一）准确归纳争议焦点，厘清法律适用标准

争议焦点是当事人在案件中的争议所在，也是法官在案件中的审理对象，在制作裁判文书之前，法官要先固定好争议焦点，确定好相对应的法律条文的各项构成要件，有助于厘清裁判文书的撰写思路，使裁判文书能够围绕争议焦点以及相应法律规范的构成要件进行重点突出、详略得当的事实陈述和说理。

本案中，从原告的诉讼请求和被告的答辩情况来看，本案争议焦点在于4被告的被诉侵权行为是否侵害了原告的涉案商标专用权以及4被告所应承担的民事责任，因商标侵权案件中销售者不知道销售的是侵权商品，且举证证明该商品合法来源的可以免除其赔偿责任，故本案的争议焦点还应包括银泰公司、京东公司的合法来源抗辩是否成立。在确定了争议焦点之后，裁判文书的思路即可以围绕着商标侵权案件的侵权构成要件以及合法来源抗辩的成立要件展开，在事实认定上围绕上述法律规范的构成要件来确定案件的事实，避免遗漏要件事实；在判决说理上亦围绕着争议焦点，从而确保裁判文书逻辑清晰。

（二）准确认定案件事实，完整反映庭审中举证、质证、论证过程，做到内容客观

认定事实是法官裁判案件的基础。认定事实是法官在当事人陈述和举证的基础上，运用证据规则对证据的证明力进行评判，并根据高度盖然性的证明标准，结合生活经验和价值观念，对当事人有争议的事实作出的最终确认。在前文所述准确归纳案件争议焦点的情况下，认定事实与争议焦点所需事实要件一致，可以有效地突出案件的审理重点，为裁判文书的说理论证奠定基础。

由于一审证据繁多，举证质证意见冗长，因此本案对一审事实的认定采用的是简要写明证据质证、认证的一般情况，对经当事人质证、没有争议的证据，在判决书中作简略处理的方式。在归纳案件事实时，本判决书围绕着商标侵权的构成要件，将事实分为权利基础即涉案商标的注册及使用情况，指控的被诉侵权行为即被诉侵权行为的取证情况，不侵权抗辩即迈克尔高司上海公司和迈可寇斯瑞士公司不侵权抗辩相关的事实，银泰公司和京东公司抗辩其不侵权的事实，责任承担即建发厂主张的赔偿依据及合理费用五大方面进行认定，使得案件事实得以有条理、清晰地呈现。对于二审事实的认定，因二审新证据没有一审繁多，因此二审采用了先列举证据的名称、证明内容，以及当事人关于证据真实性、合法性、关联性的质证意见，后详细论述了法官对证据的分析认定的方式，公开法官对证据的真伪，证据与案情有无关联性，证据能否形成证据链等问题的思辨过程，使社会公众在阅读裁判文书时体会到法官的判案过程。

（三）充分说理辨析、说理透彻

法律适用是裁判文书的出发点和归宿。裁判文书应在准确归纳争议焦点的基础上，围绕争议焦点，将事实与法律有机结合，通过抽丝剥茧、层层递进的论述使最终的结论水到渠成地呈现。

本案系商标侵权案件，但同时又是商标侵权案中的特殊类型：反向混淆案件。在我国法律对反向混淆的认定标准未作明确规定，司法实践中的认识亦不统一的情况下，如何不回避争议焦点，不硬判，写好作出判决结论的理由，是本案裁判文书制作的难点所在。本案中，裁判文书首先从法律的立法本意出发，即反向混淆制度与正向混淆一样，都立足于保护商标识别功能的正常发挥，并明确了法院在认定是否构成反向混淆时，仍应秉承和正向混淆基本相同的裁量标准，适用基本相同的评判规则，从而确定本案适用《商标法》第 57 条第 2 项法律规定，进而从该法条的构成要件出发，逐个结合认定的事实对法律要件进行分析，包括被诉标识的使用是否系商标性使用、商品类别是否构成相同或类似、被诉标识与涉案商标是否构成近似。裁判文书对无争议的法律构成要件分析相对简单，在对有争议的法律构成要件的认定上，进行了详细的说理，如被诉标识与涉案商标是否构成近似问题。虽然本案被诉标识和涉案商标在构成要素上较为近似，但判决明确指出，认定被诉标识与涉案商标是否构成《商标法》规定的近似商标，不仅要对诉争标识文字的字形、读音、含义或者图形的构图及颜色等构成要素的近似性进行判断，而且必须考虑是否会造成相关公众的混淆误认。同时也明确了英文商标的比对方式与中文商标的比对方式存在不同。进一步地，裁判文书在认定反向混淆误认可能性方面，又详细分析了涉案商标的固有显著性强弱、涉案商标的使用情况和知名度、被控侵权人的主观状态及其实际使用标识的方式、涉案商标和被诉标识使用商品的购买渠道和消费群体等因素。最终得出了相关公众不易对被诉标识与涉案商标及其对应商品的来源产生混淆误认，据此得出被诉侵权人的行为不构成商标侵权的结论。

同时，判决在最后倡导迈可寇斯瑞士公司、迈克尔高司上海公司在今后的经营活动中，规范使用标识，更清晰地划清其与建发厂涉案商标的权利边界，避免混淆的可能，弘扬了诚信这一社会主义核心价值观。

（四）形式规范、表述通畅

在确保做到前述几点的情况下，裁判文书还应注意格式规范，做到要素齐全、结构完整、格式统一，不要遗漏诉讼请求和要件事实，准确引用法律规范，严谨表述判决主文，避免判无所请、判非所请、请无所判的情况。

总之，法律的权威来自社会认同，社会认同来自司法裁判。一份优秀的司法裁判不仅是对法治的最好诠释，也是法官对自己法律生涯的最大褒奖。

（李臻，浙江省高级人民法院法官）

三、专家评析

与正向混淆不同，商标反向混淆可能会导致消费者误以为商标在先注册使用者的商品来源于在后使用者，或与商标在后使用者之间存在某种联系。在美国，反向混淆概念是司法判例经过多年实践逐渐丰富和发展起来的，我国商标法律对反向混淆的认定标准未作明确规定，近年来反向混淆问题在理论研究和司法实践中都引发了不少的讨论。本判决对反向混淆案件解决应秉持的原则，是否构成侵权的具体认定逻辑及路径进行了充分的说理，是有关反向混淆问题的典型案件判决。

首先，本案判决明确了反向混淆案件处理应秉持的原则，即利益衡量原则和比例原则。判决指出，"反向混淆旨在保护弱小的商标权人，防止其被资本雄厚的大企业利用商标反向混淆的形式，割裂其商标在消费者心中的稳定认识，以及剥夺其进一步拓展市场的能力和空间"，明确了反向混淆案件中利益冲突的核心。判决同时指出，"在认定是否构成反向混淆时，仍应秉承和正向混淆基本相同的裁量标准，适用基本相同的评判规则，除了考虑诉争标识使用的强度外，对于商标权的保护强度仍应与涉案商标的显著性、知名度成正比。对于尚未作实际使用，或显著性弱、知名度低的商标，则应当将其禁用权限定于较小的范围，给予其与知名程度相匹配的保护强度"，强调对利益冲突的解决要遵循衡平原则和比例适当原则。

其次，判决详细梳理了反向混淆的认定路径，明确了在认定某行为是否构成反向混淆侵权时，与正向混淆侵权采用同样的判断标准，即通过多因素综合分析被控侵权标识的使用是否可能导致消费者对商品来源产生混淆或者误认，并根据案件具体情况详细分析了涉案商标的固有显著性强弱、涉案商标的使用情况和知名度、被控侵权人的主观状态及其实际使用标识的方式、涉案商标和被诉标识使用商品的购买渠道和消费群体等因素。

本案判决叙事详略得当，对事实情况的描述全面，对证据认定及采信情况的说明清晰，形式要件完备。判决书在判决说理部分紧扣案件争议焦点，深度解读，层次分明，逻辑严谨。判决释明了适用《商标法》第57条第2项的裁量标准，以混淆可能性为判断依据，通过判断混淆可能性所要考虑的各项要素详尽阐述了被诉行为不构成侵权的各项理据，论证了相关公众不易对被诉标识与涉案商标及其对应商品的来源产生混淆误认，据此得出被控侵权人的行为不构成商标侵权。

本案判决还在最后进一步重申了商业主体诚信经营、维护良好的竞争秩序的市场理念，要求被控侵权人尽可能采用适当方式合理避让与他人商标发生冲突。

本判决书对当下如何审理反向混淆案件提供了审理思路及方法，对类似案件的审判工作具有参考价值和示范意义。

（点评人：杜颖，中央财经大学法学院教授、博士生导师）

（2018）浙民终157号裁判文书原文

30. 浙江中国小商品城集团股份有限公司和浙江义乌创联市场投资管理有限公司、河北江城房地产开发有限公司、邯郸浙商义乌小商品批发城有限公司侵害商标权及不正当竞争纠纷案[*]

【关键词】

有一定影响的服务名称　不正当竞争　商标侵权

【裁判要旨】

某服务名称是否构成有一定影响的服务名称，应采用整体判断的原则。服务名称虽然包含有地名等因素，但权利人通过对该名称的长期使用、宣传使该名称在相关消费者认知习惯中已与其提供的服务产生了稳定的对应关系，该服务名称具有区分服务来源的显著性，构成有一定影响的服务名称。

一、简要案情

原告浙江中国小商品城集团股份有限公司（简称小商品城集团）诉称，"义乌中国小商品城"创建于 1982 年 9 月，前身为"义乌小商品市场"，历经 35 年的培育、5 次搬迁、10 次扩建，是国际性的小商品流通、信息、展示中心，被称为"全球最大的小商品批发市场"。其市场名称"义乌中国小商品城"已经为国内外公众所熟知。2014 年 9 月 4 日 "义乌中国小商品城 Yiwu China Commodities City" 被国家工商管理总局商标局认定为驰名商标，后小商品城集团于 2015 年 4 月 21 日取得第 35 类 "义乌中国小商品城" 服务商标授权。被告浙江义乌创联市场投资管理有限公司（以下简称创联公司）、河北江城房地产开发有限公司（以下简称江城公司）未经授权擅自将河北省邯郸市和平路的一个地产项目命名为"邯郸义乌小商品批发城"。该市场于 2014 年 12 月 21 日正式开业，该市场在外墙两侧醒目位置、市场入口处悬挂有"邯郸义乌小商品批发城"名称的招牌，

---

[*] （2018）浙 01 民初 51 号。

在市场内总服务台、广告牌、导示牌、员工名片上均标注有"邯郸义乌小商品批发城"名称。创联公司、江城公司还在其网站、微信公众号上使用"邯郸义乌小商品批发城"名称进行宣传、推广活动。原告主张,3被告的行为侵害了小商品城集团"义乌中国小商品城"的知名服务名称权和商标权,同时构成不正当竞争及商标侵权,应当共同承担侵权连带责任。

法院经审理认为,通过小商品城集团多年持续的使用、宣传,"义乌中国小商品城"在小商品市场行业已经具备了相当高的知名度,且从整体上已经具备了与其他小商品市场相区分的显著特征,相关公众更容易将各地冠以"义乌小商品城""义乌中国小商品城"的市场与小商品城集团联系在一起,在相关消费者认知习惯中已形成了稳定的对应关系,从而产生了不同于地名、国家名称和通用名称简单结合的"第二含义"。因此,"义乌中国小商品城"同时具有了区分服务来源的显著性,构成有一定影响的服务名称。

被告在市场招牌、广告及网络宣传中均突出标注了"邯郸义乌小商品批发城"字样,属于在识别服务来源意义上的使用行为。同时,被告作为市场经营者不同于小商品的经营者,其在市场名称上突出使用"义乌小商品批发城"字样,此种方式已经超出了客观描述商品产地的范畴,更容易使相关公众将被告经营的市场与小商品城集团经营的市场联系在一起,亦超出了必要合理的范围。被告作为同行业经营者非常了解小商品城集团拥有的品牌知名度,其宣传行为旨在将被告开发、经营、管理的"邯郸义乌小商品批发城"与小商品城集团及其开发、经营、管理的"义乌中国小商品城"联系在一起,通过攀附"义乌中国小商品城"的品牌商誉和影响力,以获得消费者的认同及行业竞争优势,其主观意图难谓正当和善意。被告使用"邯郸义乌小商品批发城"的行为不构成正当使用。

对于涉案商标注册前,被告构成不正当竞争行为。首先,原被告存在直接竞争关系。其次,被告使用了与小商品城集团有一定影响的服务名称近似的标识。最后,被告使用"邯郸义乌小商品批发城"主观上明显具有攀附"义乌中国小商品城"的知名度,获取不正当竞争优势的意图,客观上亦造成了相关公众的混淆误认,因此构成不正当竞争。

对于涉案商标注册后,被告的行为构成商标侵权。涉案注册商标核定使用的服务为第35类替他人推销等服务,被告和小商品城集团提供的同样是市场运营管理服务,与涉案注册商标核定使用的服务属于同类服务。同时,"义乌中国小商品城"文字具有较强的显著性和知名度,系涉案

![义乌中国小商品城 Yiwu China Commodities City]商标的主要识别部分，"义乌小商品批发城"亦为被控侵权标识中主要起到识别服务来源的部分，两者构成近似。被告未经小商品城集团的许可，在同类服务上使用与涉案注册商标近似的标识，容易使相关公众对服务的来源产生误认，或者认为该标识与小商品城集团经营的"义乌中国小商品城"存在许可使用等关联关系，构成对涉案注册商标专用权的侵犯。

被告开始使用"邯郸义乌小商品批发城"名称的时间，远晚于小商品城集团启用"义乌中国小商品城"名称的时间，在其行为本身不具有善意、已被认定构成不正当竞争的情况下，该使用行为无法产生足以对抗涉案注册商标专用权的权利。

江城公司系"邯郸义乌小商品批发城"的开发建设公司，邯郸浙商义乌小商品批发城有限公司系"邯郸义乌小商品批发城"的运营管理公司，两者未经小商品城集团的许可，在市场招牌、广告、网络宣传中使用与小商品城集团享有的"义乌中国小商品城"有一定影响的服务名称及![义乌中国小商品城 Yiwu China Commodities City]注册商标相近似的"邯郸义乌小商品批发城"标识，构成不正当竞争及商标侵权行为，应共同承担停止侵权、赔偿损失的民事责任。

关于赔偿数额，小商品城集团主张参照商标许可使用费的倍数确定赔偿数额，并提交了从2014年至2017年其与8个案外人签订的合作协议以及相应品牌使用许可费的支付凭证、发票。经审查合作协议所涉的时间和地域范围、内容、履行情况，法院认为参照品牌许可使用费确定赔偿数额的方式较为合理并酌情确定以3年品牌许可使用费的1倍确定赔偿数额为人民币600万元。

二、专家评析

我国《反不正当竞争法》规定，擅自使用与他人有一定影响的商品名称、包装、装潢等相同或者近似的标识，引人误认为是他人商品或者与他人存在特定联系的，构成不正当竞争。但是对于含有地名要素的涉案名称，如何确定其是否构成有一定影响的服务名称以及涉案名称在商标授权前后被告的行为如何定性是审理的关键和难点。本案判决的典型意义系在"义乌中国小商品城"尚未获得商标注册的情况下，法院首次通过司法认定其构成有一定影响的服务名称，有力地维护了当事人的正当利益。

本案判决格式规范，结构分明，认定事实详实充分，对包括近半个世纪以来义乌小商品市场历史沿革在内的诸多案件事实逐一梳理归纳，为后续说理部分的展开奠定了客观、详尽、坚实的基础。

在论理部分，本篇文书说理充分、逻辑严谨、层次分明，以清晰的条理、精练的语言精准地归纳出诉辩双方的争议焦点，并针对各争议焦点展开了层层剖析。

首先，本案对于"义乌中国小商品城"在商标注册前是否构成有一定影响的服务名称这一案件难点进行了详细论述，结合相关法律和法理，准确把握并归纳提炼了认定"有一定影响的服务名称"构成的实质要件，即通常需要满足两个条件：第一，该服务名称在我国境内具有一定的知名度，为相关公众所知悉；第二，该服务名称应具有区别服务来源的显著特征，而不属于直接表明服务特点的通用名称。在此基础上，详细论证了涉案名称经过原告的长期使用、宣传使得该名称在小商品市场行业已经具备了相当高的知名度，且在相关消费者认知习惯中已与原告形成了稳定的对应关系，具有了区分服务来源的显著性，从而构成有一定影响的服务名称。

其次，本案判决厘清了各被告间所实施的具体行为，尤其是从涉案名称的显著性、被告的使用方式、合理使用的边界、被告的主观意图等方面对被告行为是否构成不正当竞争及商标侵权进行了审查判断，准确界定了主体的行为定性以及主体间的法律关系，并依此确定相应的法律责任。

最后，本案对于判赔金额的确定亦是一大亮点。裁判文书在论证法院参照原告商标许可使用费的倍数确定赔偿数额具有事实和法律依据时，从原告与案外人签订合作协议的时间、地域范围、内容、履行情况以及被告实施的误导性宣传方式等角度出发，详尽阐述了判赔依据的合理性和可能性，将客观上无法直接量化的经济损失转化为许可费的倍数，合理地实现了对权利人的救济。

一份优秀的裁判文书不仅要有理有据地说服当事人，也要对受众读者起到指引效果，本篇判决文书不仅彰显了承办法官严谨的逻辑思维能力和扎实的业务素质，同时该判决所呈现的审理思路与方法，对类似案件的处理也具有很好的借鉴意义。

（点评人：邵景腾，浙江省杭州市中级人民法院副院长，二级高级法官）

（2018）浙01民初51号裁判文书原文

31. 腾讯科技（深圳）有限公司、深圳市腾讯计算机系统有限公司和北京六间房科技有限公司侵害商标权及不正当竞争纠纷案*

【关键词】

商标性使用　类似服务　竞价排名

【裁判要旨】

1. 经营者在搜索引擎服务商提供的关键词推广服务中设置相应关键词，并在链接标题和网页描述中使用、展示相应关键词的行为，属于商标性使用行为。

2. 在线视频直播服务的主要特点是提供作为直播服务平台的软件系统，该服务与"软件运营服务"具有类似的效果和特点，属于类似服务。

3. 在确定涉及竞价排名侵害商标权案件的损害赔偿额时，法院应充分结合涉及推广平台的数量、经营者支付的推广费用情况、关键词点击和展示情况等因素综合确定。

一、简要案情

二原告腾讯科技（深圳）有限公司、深圳市腾讯计算机系统有限公司向法院起诉称，腾讯科技（深圳）有限公司系第42类（包括软件运营服务等）、第9类（包括可下载的计算机应用软件等）、第45类（包括线社交网络服务等）上的"全民K歌"注册商标（以下简称涉案商标）的商标专用权人，深圳市腾讯计算机系统有限公司获得涉案商标排他许可并运营"全民K歌"软件。经二原告多年推广、运营，"全民K歌"软件及涉案商标取得了极高的知名度。二原告发现在360网、搜狗网、必应网上，以"全民K歌""全民K歌官网""全民K歌网页版""全民K歌电脑版""全民K歌电脑版官网""全民K歌下载安装""全民K歌电脑版在线登录"（以下统称涉案关键词）

---

* （2018）京 0108 民初 19830 号。

作为关键词进行搜索时，搜索结果置顶位置显示为六间房公司的付费推广链接，点击上述链接后均跳转至六间房公司运营的在线社交网站"六间房网站"。二原告认为，六间房公司将涉案关键词设置为付费关键词的行为，构成商标侵权及不正当竞争，给二原告造成较大经济损失，故请求六间房公司停止商标侵权及不正当竞争行为，消除影响，并赔偿二原告经济损失 500 万元及合理开支 10 万元。

六间房公司辩称，就二原告主张的商标侵权行为，六间房公司就涉案关键词的使用行为并非商标性使用，"六间房网站"与"全民 K 歌"也不构成相同或类似商品或服务，亦不会造成混淆或误认，故不构成商标侵权；就二原告主张的不正当竞争行为，六间房公司与二原告不存在竞争关系，且涉案竞价排名行为具有正当性，同时二原告就同一涉案行为同时主张商标侵权和不正当竞争构成重复诉讼；另外二原告主张的经济损失等无事实和法律依据。

法院经审理认为，六间房公司设置涉案关键词并在链接标题和网页描述中进行使用、展示的行为，目的是将搜索涉案关键词的相关公众吸引至六间房公司所经营的网站中，以获得流量和交易机会的增加，进而获取商业利益，故属于在商业交流和交易过程中将涉案关键词作为商业标识进行使用的商标性使用行为，而非描述性使用。

鉴于"六间房网站"向用户提供软件下载，且含有通过网络实时互动的在线社交功能，故与第 9 类及第 45 类的"全民 K 歌"商标的核定服务项目构成相同服务。至于第 42 类（包括软件运营服务）"全民 K 歌"商标，软件运营服务的特点是由服务商提供相对统一的、模块化的软件服务功能，从而使用户省去各自独立搭建软硬件环境以及软件开发的成本，甚至不必再进行软件安装。本案中，就六间房公司提供的在线视频直播服务而言，无论是主播还是用户，无论是通过浏览网页还是使用专门的软件，所获得的服务均来源于六间房公司所搭建的直播服务平台这一软件系统。与软件运营服务（SaaS）具有类似的效果和特点，故属于类似服务。

六间房公司在推广其网站和服务中对"全民 K 歌"的大量使用，足以导致搜索相关关键词的公众产生误认、混淆，综上，六间房公司构成商标侵权。鉴于涉案行为均已落入《商标法》的调整范围，故不再适用《反不正当竞争法》对其进行评判。

就经济损失而言，结合涉案商标的市场知名度较高，涉案关键词累计展示和点击次数较高，推广平台较多，六间房公司支付的推广费用较高，故一审判令六间房公司为二原告消除影响并赔偿经济损失 300 万元及合理开支 3 万元。二审维持原判。

二、撰写心得

北京市海淀区作为全国科技创新中心核心区，互联网产业高速发展，互联网公司高度集中。这样的区域特点，使海淀区人民法院受理的涉网络知识产权纠纷，呈现出数量多、类型广和难度大的特点。尤其是涉及网络的侵害商标权和不正当竞争案件，在海淀区人民法院所审理的全部知识产权案件中所占比重极高。正是基于这一独特条件，使笔者在十几年的审判工作中，有机会接触到大量的涉网络知识产权案件。通过在司法实践中的不断历练，笔者对于此类案件裁判文书的撰写也逐步积累了一些经验，摸索出一些规律。虽然撰写出一篇好的裁判文书，往往是众多主客观因素结合在一起的结果，可以谈及的内容有很多，但具体到本案判决书的撰写而言，笔者主要有三个方面的心得体会。

（一）长期的积累与总结是前提

长期积累而成的审判经验，是法官把案件审好、把判决写好的前提条件。

一方面，这需要"量"的积累。在审理本案前，笔者承办和参审的各类知识产权案件已经超过 3000 件，撰写过的判决已有数百篇，其中大部分都涉及网络纠纷。正是由于这些经验的积累，让笔者在本案的审理过程中能够冷静分析双方各种针锋相对的观点，从容应对屡屡出现的新问题；将案件所涉及的程序与实体问题、事实与法律问题，都通过诉讼程序进行充分梳理、明确辨析，为最终作出判决打下坚实的庭审基础。

另一方面，也需要"质"的积累。在撰写本案判决之前，笔者有幸审理过全国首例竞价排名不正当竞争纠纷"全脑商标案"，被媒体称为家纺业电商竞争第一案的"富安娜诉罗莱"案，以及被最高人民法院在新闻发布会上列为三个典型商标案例之一的侵害"杰克琼斯"商标权案。反复回顾以往的经验和教训，贯穿于笔者撰写本案判决书过程的始终。以此为前提，笔者结合本案的具体争议和案情，作了进一步的思考和探索，并将其转化到了本案判决的字里行间之中。因此可以说，没有过往的经验积累，也很难有这篇获奖的判决。

（二）事实的查明与认定是基础

由于网络行为和技术手段具有高度隐蔽性，因此在审理涉及网络的知识产权案件中，行为主体、实施手段、影响范围、损害大小等事实，特别是与网络技术有关的事实，往往成为双方争议和案件审理的重点、难点。本案双方的争议焦点之一，就是被告的行为给原告造成了多少损害，给被告带来了多少收益。这将直接决定案件的赔偿数额。在判决书中，笔者用两页的篇幅，详述了与涉案竞价排名关键词的展示次数、点击次数和推广费用有关的数十个数字的来源和统计情况，明确了采信的理由和依据。与此同时，文书专门论述了对被告提交的其他部分数据未予采信的理由。正是由于掌握了真实数据，认定了关键事实，最大限度地查明了有关事实，才让法院在确定赔偿数额时有足够把握和底气，最终按照当时《商标法》的法定赔偿额上限进行了"顶格"判罚，也据此创下了当时全国同类判决赔偿额的最高纪录。

此外，本案还有另一个争议焦点，即被告提供的在线视频直播服务与原告第 14781603 号商标的核定服务项目软件运营服务（SaaS）是否属于类似服务。对这一问题进行判断，对于不具有软件开发、运营知识背景的法官来说，确实有不小的难度。为了准确认定，写好判决，笔者最大范围地收集了介绍 SaaS 的历史、发展、应用和前景的资料，并从几十篇文章中摘录了近万字的相关内容，了解到软件运营服务又称软件即服务（Software as a Service），是近年来迅速发展的一种新的软件应用服务模式。由于这种新的软件应用服务模式在很多领域以不同的方式进行着应用尝试和不断发展，所以各领域对其具体含义也存在着不尽相同的理解，但基本可以确定其特点是由服务商提供相对统一的、模块化的软件服务功能，从而使用户省去各自独立搭建软硬件环境以及软件开发的成本，甚至不必再进行软件安装。在充实了相关背景知识的情况下，笔者从使用被告服务的主播和观看用户所获取服务的本质入手进行分析，最终认定其与软件运营服务具有类似的效果和特点，属于类似服务。可以说，在此前全国各地已经审理过大量竞价排名案件的情况下，本案判决书的最大亮点就在于事实查明与认定的细致、广泛、扎实和严谨。

（三）清晰的思路与表达是关键

对一个案件的审理结果把握得好，并不当然等于能把裁判文书撰写得好。评判一篇判决书是否优秀的重要标准，就是它是否具有足够的说服力：既能对当事人讲得清楚，也能让社会公众看得明白。要达到这种效果，法官就需要在撰写判决时，从读者的角度去遣词造句、谋篇布局，要时刻提醒自己写出一份对读者友好、易读易懂的判决书来。

这就要求判决书能够做到逻辑顺畅、结构清晰、观点鲜明、语言简洁。

特别对于疑难复杂的涉网络知识产权案件，更要求法官在撰写判决书时，具备将复杂问题简单化的表述能力，尤其应当注意避免不必要的重复和冗余的论理。即使由于判决的篇幅过长，有时为了避免使读者看到后面却忘了前面，文书需要引述前面的内容，以开展后续的论述，那么也应当尽量简要、适度地进行概况和引用。法官切忌机械地进行复制、粘贴，在未添附有效信息的情况下，凭空增加判决书的长度，不必要地加大阅读和理解判决的难度。

（杨德嘉，北京市海淀区人民法院法官）

三、专家评析

本案系竞价排名侵害商标权的典型案件，也是全国法院审理的此类案件中迄今为止涉及推广平台最多、支付推广费用最高、判赔数额最高、造成影响最大的案件之一。竞价排名也称关键词推广，是相对于自然排名而言的。在自然排名情况下，网站网页在关键词搜索结果中的排名顺序依搜索引擎服务商设定的排名算法规则形成。而竞价排名则指排名顺序取决于客户就某一关键词的付费情况，通常付费越多，其网站网页在该关键词的搜索结果中排名越靠前。竞价排名作为一种商业创新，为很多企业增加了市场交易机会，但与此同时，也引发了大量涉及侵害商标权、不正当竞争以及消费者权益的诉讼。

本案中，法院对推广用户使用涉案关键词进行推广的平台数量，推广用户支付的推广费，涉案关键词的展示、点击次数等案情事实付出了最大程度的努力予以查明。鉴于涉案关键词在搜狗、360、必应三个搜索平台中的累计展示次数达 15 834 734 次，累计点击次数达 885 830 次，被告仅支付的推广费用就达 45 万余元，而根据一般市场规律与常识判断，其由此所获得的各方面收益应当远高于其所支付的费用。因此，法院最终判决了 300 万元的同类案件最高赔偿数额。本案对于当前搜索平台常见的竞价排名推广模式中推广用户侵权设置、展示关键词的行为进行了有效规制，强有力地保护了权利人的合法权益。

本案的焦点和难点在于，将涉案商标设置为关键词并在链接标题和网页描述中进行使用、展示的行为是否属于商标性使用行为；在互联网技术发展和服务模式创新环境下，对于出现的新型服务类型是否可以认定与软件运营服务（SaaS）构成相同或类似服务；竞价排名案件中《商标法》和《反不正当竞争法》的调整范围和适用规则等。本案判决书对于上述争议问题进行了深入分析和探讨，对类案审理提供了可供借鉴的思路和有益经验。

值得关注的是，在审理此类案件时，法院一方面需对法律赋予商标权人的专用权予以充分保护；另一方面，也要充分认识到，一部分商标包含有通用名称和常用词汇等内容，而这些内容原本属于社会公众所共有的资源，公众对这些名称、词汇进行正当使用的权利，不应因商标权的产生而受到不合理的限制甚至禁止。法官在判决中需要对公众和商标权人的权利进行平衡，防止商标所有人以商标权的名义对公共资源进行蚕食，乃至限制自由竞争，扰乱市场秩序。本案判决书充分考虑到了这个问题，结合具体案情就如何取得或达致这种平衡的说理亦可圈可点。

（点评人：王亚新，清华大学法学院教授、博士生导师）

（2018）京 0108 民初 19830 号裁判文书原文

32. 光明乳业股份有限公司和美食达人股份有限公司等 侵害商标权纠纷案[*]

【关键词】

　　商标侵权　　正当使用　　混淆

【裁判要旨】

　　判断某行为是否构成对注册商标的正当使用，应当在比对被控侵权标识与涉案注册商标相似程度、具体使用方式的基础上，结合被控侵权行为是否善意，即有无将他人商标标识作为自己商品或服务的标识使用的恶意；是否合理，即是否仅是在说明或者描述自己经营的商品或服务的特点等必要范围内使用；以及使用行为是否使相关公众产生混淆和误认等因素，综合判断被控侵权行为是商标侵权行为还是正当使用行为。

一、简要案情

　　美食达人股份有限公司（以下简称美食达人公司）系"**85℃**"系列商标专用权人，其认为上海易买得超市有限公司（以下简称易买得公司）老西门店销售的，由光明乳业股份有限公司（以下简称光明公司）生产的"优倍"系列鲜牛奶产品在其外包装上的显著位置，使用了与其注册商标相同或相似的"85℃"，且该商品与其注册商标核定使用的商品和服务类别构成相同或近似，光明公司在广告宣传中亦突出使用了"85℃"。美食达人公司认为，光明公司对于"85℃"的使用方式，极易在相关消费者中造成混淆，使其误认为光明公司的产品与美食达人公司有关联或两者之间存在关联关系，侵害了美食达人公司的注册商标专用权，故向一审法院提起诉讼，请求判令光明公司、易买得公司停止侵权、赔偿损失。

　　本案争议焦点在于光明公司在被控侵权商品上使用被控侵权标识"85℃"的行为，是否侵害了美食达人公司享有的第11817439号**85℃**注册商标专用权。

---

　　* （2018）沪73民终289号。

二、撰写心得

都说判决书是法官的名片，但于笔者而言，每一篇写完的判决书就像是一杯刚刚沏好的普洱，采于纷繁复杂证据中梳理的事实为茶叶，以深思熟虑的法律思维为甘泉，用"六要"精义合之，饮一口唇齿留香、思虑绵长。

作为一个法官，其首要工作就是要写出优秀的、让人民满意的判决书，而一篇优秀判决书，必然是符合"六要"精义的，即条理清晰、事实明确、前后呼应、适法正确、通俗易懂、人民满意。

（一）要条理清晰

条理清晰的判决书，应当用精练的语言，分明的层次，先事实后理由的总结，归纳出当事人的诉辩意见，并使其形成一一对应的抗辩关系；条理清晰的判决书，是兼顾法律的规定和当事人的争议，将当事人之间的争议焦点层次分明地一一罗列；条理清晰的判决书应在说理部分，先法律后事实，逐一对应、分析、论述。

（二）要事实明确

事实明确的判决书必然将"以事实为依据，以法律为准绳"贯穿于整个判决；事实明确的判决书必然是对证据排查、分析、论证明确的；事实明确的判决书必然是法律要件事实一目了然的；事实明确的判决书必然是详略得当、言简意赅的。

（三）要前后呼应

前后呼应，是指判决书中当事人的诉辩意见应当与归纳的争议焦点相呼应；是指判决书中查明的事实与说理论证中引用的要件事实相呼应；是指判决书中当事人的诉讼主张与裁判结果相呼应。

（四）要适法正确

一位好的法官是能够准确地为每一件争议的案件寻找到哪条最适合的法律规定的法官；一位优秀的法官是在没有法律明确规定的情况下，创造出合情合理合法裁判的法官。

（五）要通俗易懂

判决书并非博士论文，法官也不生活在象牙塔中，从群众中来，到群众中去，用通俗易懂的语言，将拗口的法律条文用浅显直白的语言演绎，让不同文化层次的人民群众看得懂、看得明白，在正确判决的同时，在每一个看懂判决书的群众中播种下遵法守纪的种子，这既是判决书本身应当具备的功能，更是一个法官应尽的义务和使命。

（六）要人民满意

人民满意的判决书必然是合情、合理、合法的，能使被裁判者为之诚恳忏悔，正义者为之欢欣鼓舞；人民满意的判决书的判词不但能发挥定分止争的功能，还会成为指引人们行为的准则，并为世人传颂。

（何渊，上海知识产权法院法官）

三、专家评析

本案涉及描述性商标正当使用的判断问题，即对他人商标中描述性信息的使用是否构成侵权的判断问题。根据我国《商标法》第56条、第57条的规定，一般情况下商标侵权判断的规则为：其一，在相同商品上商标性使用相同商标，是商标专用权人的固有权利，其他主体从事该行为时，可直接推定该行为会导致混淆，应当认定构成侵害商标权；其二，就类似商品上使用相同商标、相同商品上使用近似商标以及类似商品上使用近似商标的行为，均应以该行为会导致混淆作为构成侵权的必要条件。在涉及描述性商标使用时，我国《商标法》第59条规定了"注册商标专用权人无权禁止他人正当使用"。可见，《商标法》虽赋予商标专用权人控制已被注册为商标的文字、图形或其组合的权利，但正当使用前述标识的行为，显然不在商标专用权人的控制范围之内。这也显示了《商标法》保护商标专用权和平衡公共利益的立法目的。描述性商标正当使用抗辩是否成立的判断规则，一般是在比对被控侵权标识与涉案注册商标相似程度、具体使用方式的基础上，分析被控侵权行为即使用描述性标识行为是否善意和合理，以及是否会使相关公众产生混淆和误认等因素，综合判断该行为究竟是侵害商标行为还是正当使用行为。本案一审法院认为，两者标识相似，"85℃"并非巴氏杀菌技术全部，且该标识被突出使用，未能体现善意合理，故认定光明公司构成侵权。二审法院基于补充查明的权利商标实际呼叫为"85度"或"85℃"，巴氏杀菌技术含有"15秒钟使用85℃温度杀菌"的工艺，光明公司自身商标的知名度及其在该商品上实际使用方式等事实，认为两者标识形、义近似而音不相同，光明公司在包装上使用"85℃"，结合周围文字，应理解为表达的是温度，因权利商标**85℃**仅是温度标识中各元素排列上的细微调整，显著性低，故被控侵权产品上使用"85℃"的行为，不会使相关公众误认为商品来源，光明公司商标正当使用抗辩成立。

二审判决书先是列明补充查明的事实，再按商标正当使用构成要件逐项分析，结合被控侵权商品上自身商标的具体使用方式及其知名度，以及权利商标自身显著性的缺陷等因素，进行了综合分析，得出涉案行为不构成侵权的结论。本裁判书层层推进，有理有据，显示了法官对商标正当使用制度原理的深刻把握，合理界定了注册商标专用权的保护范围，兼顾了知识产权专有权利保护和公共利益之间的平衡。文书还附以权利商标标识及体现被诉行为的被控侵权产品实物图片，文字与图片相得益彰，使事实表述更为直观明确，判决结论更易被理解和接受。

（点评人：陈惠珍，上海市知识产权法院审判委员会专职委员，全国审判业务专家）

（2018）沪73民终289号裁判文书原文

33. 中山市艾普电器有限公司和欧普照明股份有限公司侵害商标权及不正当竞争纠纷案*

【关键词】

注册商标　域名　侵权

【裁判要旨】

注册商标被许可权人在非核定使用商品范围内使用注册商标，其不侵权抗辩不能成立。域名持有人注册域名系对他人字号和驰名商标主要部分的复制或音译，对域名的使用不享有权益，并具有一定的恶意，足以造成公众的误认，构成不正当竞争。

一、简要案情

欧普照明股份有限公司（以下简称欧普公司）受让取得的第 1424486 号"欧普"商标是驰名商标，该商标于 2000 年 7 月 21 日核准注册，核定使用商品为第 11 类的灯、日光灯管。欧普公司受让取得第 7182788 号"欧普"注册商标权，该商标申请日是 2009 年 1 月 24 日，核准注册日是 2012 年 3 月 28 日，核定使用商品为第 11 类，包括太阳能热水器等商品，注册有效期限至 2022 年 3 月 27 日。经公证取证，中山市艾普电器有限公司（以下简称艾普公司）生产销售的电热水器及燃气热水器的外包装箱、产品说明书、宣传册上均标注"欧普"商标，艾普公司所有的 http：//www. zsoupu. com 网站、ht-tp：//www. gdoupu. com 网站的显著位置上标注"欧普厨电"字样，网站上展示的吸油烟机、燃气灶具、消毒柜、热水器等产品及电脑方煲、电压力锅、迷你煲小家电产品上均标明"欧普"商标。欧普公司认为艾普公司在上述商品上使用"欧普"字样，构成对第 7182788 号"欧普"注册商标的侵犯；使用"zsoupu""gdoupu""欧普电器"域名构成不正当竞争。艾普公司称在上述商品上使用的"欧普"商标是注册商标，使用"gdoupu""zsoupu""欧普

---

* （2017）粤 20 民终 38 号。

电器"的域名系合法登记取得,均不构成侵权。

艾普公司使用的第1594144号"欧普"商标,系案外注册商标权人授权艾普公司独家使用,该商标于2001年6月28日经国家商标局核准注册,核定使用的商品为第11类,包括厨房用抽油烟机、排气风扇、炉子、消毒碗柜、饮水机、小型取暖器、燃气灶商品,商标注册有限期限经续展至2021年6月27日。2013年10月8日,注册商标权人授权艾普公司独家使用该商标生产销售抽油烟机、燃气灶具、消毒碗柜、集成环保灶产品,商标许可使用授权期限为自2013年10月8日起至2018年10月9日止。艾普公司在2010年、2011年生产"欧普"牌燃气热水器。艾普公司使用的"gdoupu""zsoupu""欧普电器"的域名于2014年1月7日审核备案。

本案争议焦点:艾普公司是否构成对欧普公司第7182788号"欧普"注册商标专用权的侵害,主要涉及艾普公司的在先使用抗辩权是否成立;艾普公司使用的"zsoupu""gdoupu""欧普电器"域名是否构成不正当竞争。

一审法院认为,艾普公司使用的"欧普"标识侵害了欧普公司第7182788号"欧普"注册商标专用权,使用的"zsoupu""gdoupu""欧普电器"域名以及企业宣传中使用"荣获中国驰名商标"的内容均构成不正当竞争,判决艾普公司停止侵害商标权,停止虚假宣传以及注销域名并赔偿损失15万元。艾普公司不服,提出上诉。

二审法院认为,艾普公司经授权取得的第1594144号"欧普"注册商标核定使用的商品中并没有电热水器和燃气热水器商品,商标权是在核定商品上使用注册商标的专用权,以及在相同或者类似商品上对于近似或者相同商标的排斥权,注册商标中没有核定的商品,商标注册专用权人无权许可他人使用。艾普公司使用在这两类商品上的商标均不是其对第1594144号"欧普"注册商标的正当使用,且艾普公司的现有证据不能证明其在欧普公司申请注册商标前已经使用,也不能证明其"欧普"牌燃气/电热水器具有一定影响力,故艾普公司的现有证据不能证明其在先使用,也不能证明其具有一定影响力,故其主张在先使用抗辩权的理由不能成立,艾普公司构成商标侵权。欧普公司的"欧普"字号及其品牌已经在中国境内具有一定的市场知名度,为相关公众所知悉,该知名商品特有的名称"欧普"应当受《反不正当竞争法》保护。艾普公司使用"zsoupu""gdoupu""欧普电器"域名在欧普公司依法享有"欧普"字号以及"○欧普"驰名商标之后,欧普公司对"欧普"字号享有在先合法的字号权,且该字号是知名字号,欧普公司第1424486号

"▣欧普"商标是驰名商标，艾普公司注册的域名构成对欧普公司的字号以及驰名商标的主要部分的复制或音译，且基于前述艾普公司在电热水器、燃气热水器上使用"欧普"商标是侵权行为的认定，其对该域名的使用不享有权益，并具有一定的恶意，且该使用行为足以造成公众的误认，艾普公司注册使用的域名构成对欧普公司的不正当竞争。艾普公司的上诉理由均不成立，不予支持。

二、撰写心得

与各位同行分享笔者对于判决书的认识和制作心得，不当指出，承望赐教。

（一）对于判决书的认识

1. 判决书要达到胜败皆服的效果。判决书是法官根据法律并结合案件的事实和证据给出的最终裁判结果。从接受心理学的角度分析，对于胜诉方来说，拿到判决书后，很可能只会看"判决如下"以后的内容。然而，对于败诉方来说，看到判决结果后，会详细阅读前面的内容，试图从中寻找判决书的疏漏（当然也是找法官的疏漏），以获得"翻盘"的机会。基于这样的认识，法官在制作判决书时，需要非常注重裁判理由部分的说理，让败诉方坦然接受这个判决结果，然后认真地履行这个判决结果，以期达到胜败皆服的效果。

2. 判决书是写给社会公众看的。如今，最高人民法院推行判决书上网的规定，也是体现了这个需求。判决书对社会公开，会产生两个方面的社会效果。一方面，法官的判决将面临全社会的审视。由于专业水平的限制或其他种种原因，即使败诉方接受并履行了判决结果，也不一定就意味着这个判决结果无懈可击。社会公众会从不同的角度来阅读一份判决书，可能引申出许多法官根本没有考虑到的结论，而其中的某个或某些结论，对于这份判决很可能带来"杀伤力"。基于这样的认识，法官在制作判决书时，必须要把案件及其判决放在更为广阔的背景之下考虑，要考虑政治效果、法律效果和社会效果的统一，以尽可能避免上述情况的出现。另一方面，判决书是一份很好的普法教育读本。我国法律普及工作任重道远。法官对法律的宣讲，对法律的普及，就是体现在一个个鲜活的判决书中。基于这样的认识，判决书就要力图实现让社会公众明白，什么事情是不可以做的，为什么这样的事情不能做，做了这样不能做的事情可能承担什么样的后果。通过一系列案件的教育，社会公众可能逐渐养成自觉以法律规范自己行为的良好习惯。如此，法治社会的建设方大有可为。

（二）怎样撰写判决书

第一，法官必须认真核对清楚当事人的基本情况。第二，案件的基本事实，法官要作出准确的描述，尤其是双方当事人有争议的部分，更是要进行完整、准确的阐述。第三，案件的基本事实，必须要有证据支撑。文书中的法律事实，须有证据支持，没有证据支持或者证据存疑的，文书在直接引用当事人所述的所谓"事实"之后，需要说明不采纳这个所谓"事实"的理由。第四，法官要根据认定的法律事实，结合法律规定，对原、被告双方的主张进行详细地分析和说明，采纳符合事实和法律的主张，驳回有违事实和法律的主张。这就是"本院认为"部分，在"本院认为"中要认定的内容，必须在前述查明事实中体现，须与查明事实遥相呼应。这里要注意一点，对于败诉方的主张，文书尤其要尽可能完整地列举，然后再详细地予以逐一驳斥，以详细说明该主张不被采纳的事实依据和法律依据。第五，法官在确定最终的判决时，要依据本案的事实和法律，同时也要考虑一些特殊的背景因素，如案件的社会影响和社会危害程度等。作为知识产权案件，一个很重要的方面是赔偿金额的确定，法官需要考虑其他法院，尤其是本院以往对类似案件的判决金额，以避免相同或类似案件差异过大，如果差异过大，要有充足的理由说明这种差异。第六，判决书的行文要严谨，论证要符合逻辑和常理，语言要通俗易懂。第七，法官必须重视相关的语法、文字校对工作。

（徐红妮，广东省中山市中级人民法院法官）

三、专家评析

一篇优秀的裁判文书，不仅彰显法官的智慧与思想，也体现法官的风格与追求。本文书所涉及的案件并非大案、要案，而只是我国知识产权审判实践中的一件普通案件，却在平凡中体现裁判者严谨细致、精益求精的风格。该文书有如下特点。

（一）简洁扼要，全面反映了整个诉讼流程

本案二审没有开庭审理，但是，本裁判文书将二审的整个过程以"经过阅卷、询问，审查上诉意见，认为本案事实清楚，决定不开庭审理，双方申请给予了一个半月的时间调解，但调解未果"方式进行叙述，语言精练，完整反映了二审的整个审理过程。

（二）详略得当，用语精准

从争议事实看，双方当事人的上诉状和答辩状内容均应当比较庞杂，但是，本判决书没有直接引用，而是用比较简练的文字对上诉状和答辩状内容进行了高度概括，使之既不失当事人的本意，又显得当事人的主张有条理有次序。更值得称道的是，文书准确表达了诉讼当事人对证据的对抗性意见。本案上诉人二审提交了比较多的证据，本判决书在对证据进行分析时，能够将众多证据进行归纳提炼质证，体现出当事人之间的对抗性，同时也充分阐述了法院的认证意见，体现了法院的中立性。

（三）分析严谨，说理充分

裁判分析思路严谨，说理性强。本案法律关系比较复杂，既有商标侵权又有不正当竞争，涉及商标的专用权及禁用权的范围及各自的权利边界何在，在先使用抗辩权、域名权与商标权、字号权之间的冲突解决途径等法律问题。本判决书能够准确归纳争议焦点，抽丝剥茧，条分缕析，紧紧围绕争议焦点有序推进，最后结合法律规定作出判决，阐述裁判结果的正确性、合理性和合法性。尤为精妙的是，面对被告使用他人的注册商标不侵权的抗辩理由，二审并未强行直接否定使用该他人注册商标的有效性，而是从他人注册商标的核定使用类别不包括涉案被诉产品以及被告的使用也不构成先用权抗辩的角度否定了被告的不侵权抗辩，体现出法官力图在加强驰名商标保护与尊重相关行政确权结论之间走出一条平衡之路，从结果来看，本案确实也起到维护驰名商标，遏制恶意侵权的良好效果。

总之，本判决书格式规范，语言流畅，条理清晰，详略得当，认定事实的依据阐述充分，是一份优秀的知识产权裁判文书。

（点评人：肖海棠，广东省第四届全省审判业务专家，广东省高级人民法院民三庭副庭长、三级高级法官）

（2017）粤 20 民终 38 号裁判文书原文

34. 洛阳杜康控股有限公司、陕西白水杜康酒业有限责任公司和洛阳市洛龙区国灿百货商行侵害商标权纠纷案 *

【关键词】

注册商标　变造商标　混淆误认

【裁判要旨】

1. 同行业的市场主体拥有近似的注册商标，均应该严格按照各自的商标进行使用，以达到区别各自商品的目的，不能随意变造商标，否则，易造成市场混乱，导致消费者混淆误认，即构成商标侵权。

2. 现有证据可以证明侵权人侵权获利高于法定赔偿最高限额的，可以依据现有证据超过法定限额确定赔偿额。

一、简要案情

1981 年 12 月 15 日，伊川县杜康酒厂经国家工商行政管理总局商标局（现国家知识产权局商标局，以下简称商标局）核准注册了 🉐 商标，商标注册证号为第 152368 号，核准使用的商品为第 36 类各种酒。伊川县杜康酒厂注册商标后，该商标权利人经多次变更，其权利人分别为三九企业集团伊川杜康酒厂、河南省伊川杜康酒厂、伊川杜康酒业有限公司、伊川杜康实业有限公司、河南杜康酒业股份有限公司，2010 年 9 月 13 日至今该商标权利人为伊川杜康酒祖管理有限公司（以下简称杜康酒祖公司）。第 152368 号杜康商标经 1993 年、2003 年、2013 年三次续展注册后，有效期限至 2023 年 2 月 28 日，上述商标核定使用的商品为第 33 类各种酒。

2012 年 8 月 28 日，经商标局核准，杜康酒祖公司分别注册了第 9718179 号 🉐、第 9718151 号 🉐、第 9718165 号 🉐 商标，上述商标核定使用的商品均为第 33 类酒（利口酒）、酒（饮料）、含酒精液体、葡萄酒、烧酒、果酒

---

* （2017）豫民终 857 号。

（含酒精）、米酒、汽酒、清酒、黄酒，均处于有效期间。

2012年9月1日，杜康酒祖公司与洛阳杜康控股有限公司（以下简称洛阳杜康公司）签订了关于第152368号商标的普通许可协议，许可期限为2012年9月1日至2013年2月28日；2013年3月1日，杜康酒祖公司与洛阳杜康公司签订了关于第152368号、第9718165号、第9718179号、第9718151号商标的普通许可协议，以上商标许可期限均为2013年3月1日至2019年12月31日；2014年4月30日，杜康酒祖公司与洛阳杜康公司就第152368号、第9718165号、第9718179号、第9718151号商标签订了普通许可合同，且均在商标局备案，第152368号许可期限为2014年5月1日至2023年2月28日，第9718165号、第9718179号、第9718151号商标许可期限为2014年5月1日至2022年8月27日，现均处于有效期内。2013年1月1日，杜康酒祖公司出具授权书，授权洛阳杜康公司在商标授权许可使用期间内，对侵犯商标权的行为进行维权，维权方式包括但不限于工商投诉、法院诉讼、证据保全。

1996年12月14日，陕西省杜康酒厂经商标局核准注册了 商标，商标注册证号为第915685号，核定使用商品为第33类白酒。2002年5月30日，经商标局核准陕西白水杜康酒业有限责任公司（以下简称白水杜康公司）受让该商标。2006年3月16日，"白水杜康"商标续展注册，有效期限至2016年12月13日。

2016年4月12日，河南省洛阳市汝阳县公证处根据洛阳杜康公司申请进行了证据保全。公证处人员与洛阳杜康公司的委托代理人张某某于2016年4月12日上午11点25分来到洛阳市洛龙区英才路与积翠南街交叉口向西50米洛阳市洛龙区国灿百货商行（以下简称国灿百货商行），购买"白水杜康22V"白酒共6瓶，支付360元。河南省洛阳市汝阳县公证处对上述证据保全过程出具了（2016）汝证民字第180号公证书予以确认，拍摄被控侵权产品照片附于公证书后，并将被控侵权产品予以封存。

河南省洛阳市汝阳县公证处保全的被控侵权白水杜康酒商品及外包装上均有"白水杜康"商标，在外包装上有白水杜康公司及地址、电话等信息。

在被控侵权产品的外包装箱上，"杜康"两个文字单独排列，"杜"字的左侧上方有"白水"文字，"白""水"两字上下排列，近似

"泉"字，且二字相对"杜康"二字明显更小，文字颜色偏淡，不容易引起

消费者的视觉注意。在被控侵权产品的酒盒上，"杜康"两字单独排列

用黄底红褐色标识居于正中，"白水"两字上下排列，近似"泉"字，位于"杜"字左侧上方，且二字相对"杜康"二字明显更小，两字为黄底黄色标识，与"杜康"两字的黄色底色颜色相近，不易分辨。在被控侵权产品酒瓶

上，"杜康"两字为蓝底金色字体，单独排列，位于酒瓶正中，"白

水"两字上下排列，近似"泉"字，位于"杜"字左侧上方，且二字相对"杜康"二字明显更小。

　　洛阳杜康公司认为白水杜康公司的行为构成商标侵权，遂将白水杜康公司及销售"白水杜康22V"白酒的国灿百货商行诉至河南省洛阳市中级人民法院。请求：（1）判令白水杜康公司立即停止在其生产销售的酒产品包装上突出使用"杜康"文字；（2）判令国灿百货商行立即停止销售侵犯洛阳杜康公司"杜康"商标使用权商品的行为；（3）判令白水杜康公司赔偿洛阳杜康公司因其侵权行为遭受的损失3000万元，判令国灿百货商行赔偿因其侵权行为遭受的损失2万元，上述赔偿均包括制止侵权行为产生的合理费用；（4）本案的诉讼费用由白水杜康公司和国灿百货商行承担。经当事人申请，河南省洛阳市中级人民法院向康成投资（中国）有限公司、家乐福（咨询）投资有限公司、欧尚（中国）投资有限公司、苏果超市有限公司、华润万家有限公司调取了2014年6月25日以来的白水杜康系列白酒的进销存数据明细。该证据显示，其间上述公司销售与被控侵权产品同品名产品的数量为2 666 616瓶，销售总额为59 979 150.61元。河南省酒业协会出具的白酒行业平均利润证明及2015年上海证券交易所、深圳证券交易所公布的8家白酒行业上市公司年报摘要显示，河南白酒行业2014年—2016年的平均利润率分别为64.19%、65.98%、65.37%，8家白酒行业上市公司的平均利润率为59.62%。

　　本案争议焦点为：（1）本案被控侵权商品是否系白水杜康公司生产，该商品是否侵害了洛阳杜康公司第9718165号、第152368号、第9718179号、

第9718151号注册商标专用权；（2）如果构成侵权，白水杜康公司、国灿百货商行的侵权责任应如何承担。

二、撰写心得

"杜康"商标纠纷由来已久，伴随我国第一部《商标法》的颁布，汝阳杜康、伊川杜康和白水杜康围绕杜康商标的注册就产生了激烈的争议。后来在行政机关的协调下，形成伊川杜康一家注册、三家共用的局面，暂时化解了"杜康"商标危机。但是经过10年共用期，共用商标的弊端日益显现，伊川杜康坚决不同意续签商标共用协议，作为解决问题的手段，商标局为另外两家核准注册了较为近似的"汝阳杜康""白水杜康"商标。商标注册纠纷看似结束，但是因为"杜康"二字的市场知名度及前述共用"杜康"品牌的渊源，三家对"杜康"二字孜孜以求，纷纷突出使用，形成了"杜康"商标乱象，市场对彻底解决"杜康"商标纠纷望眼欲穿，媒体亦是高度关注。因此，自受理案件开始，笔者就对本案格外重视，不敢掉以轻心，第一时间阅卷、开庭，着手撰写判决书。

本案是争议点多、争议面广的商标权侵权纠纷，涉及商标注册渊源、双方商标的权利边界、商标与通用名称的关系、在法定赔偿限额之上如何确定赔偿、当事人的诉讼权利保障等诸多问题。笔者在撰写判决书过程中注重由主及次、点面结合，全面回应当事人诉辩意见，全方位化解当事人心中的疑虑。

（一）全面查明事实

法官要全面查明事实，不是不管事实是否有用全查清，也不是对各方证据一股脑地罗列，而是经过对各方证据的质证、认证，让死板的证据变得鲜活，形成法院查明的事实。具体表现为，法官在判决书中列明各方提交的全部证据，并从证据认定规则着手，分析认定证据，进而认定案件相应事实。这体现了人民法院审理案件的公开与透明，展现了法院认定事实的整个过程，从而避免了人民群众对判决认定事实的质疑。这一写作方式对法官业务能力的要求较高，不仅要求法官有较强的文字表达能力，更要有较高的专业素质。当多个证据证明一个事实时，判决书要直接写明根据证据认定的事实，而不是简单地罗列证明这一事实的多个证据的内容。判决认定的事实应该是明确的、清楚的，不能让读者根据证据的内容自己去推断事实。同时，针对当事人存有争议的事实，更要进行调查分析、认定，为判决书后面的说理部分提供事实基础。本案审理时，白水杜康公司上诉的一个重要理由就是一审判决对白水杜康和洛阳杜康的历史渊源问题没有查清。即便这个问题对现阶段各方的权利边界、被控侵权标识是否构成侵权影响不大，但是为了回应当事人的上诉理由，法官也对双方的历史渊源也进行了查明阐述。

（二）全面总结当事人的争点

案件的审理是围绕着当事人的诉辩主张而展开，诉辩主张是总结争议焦点的前提和基础，也是裁判文书说理的起源，对于法律适用而言意义重大。固定诉辩主张不仅为了确定举证责任的分配，也有利于增强文书说理的针对性。法官在写作时对诉辩主张既要进行提炼、归纳、概括，又要做到全面准确、忠实原意，不应遗漏要点。在案件审理时，原告或者上诉人经常会当庭提出新的诉讼理由，被告或者被上诉人就会来不及书面答辩，只能在庭审中进行口头答辩。在此种情况下，判决书对原告或者上诉人口头增加的诉讼理由及被告或者被上诉人作出的口头答辩意见都应该予以表述，做到全面呈现不遗漏。

（三）全面回应当事人的诉辩意见

裁判文书的核心功能就是全面、准确地对争议焦点进行释法析理，进而对当事人的权利义务依法判定。唯有争议焦点得到有效回应，才能实现定分止争。判决的理由通常采用"三段论"的模式，简单的案件用一个"三段论"即可，当案件复杂、有多个诉讼请求时，就得用多个"三段论"来论述。此时，法官尤其要注意条理清晰、逻辑严密，不同的"三段论"之间不要交叉，要写完一个再写另一个。根据笔者的写作习惯，针对复杂案件，经常用"先归纳争议焦点，然后逐一阐述争议焦点"的方式来写。每一个焦点问题都用一个"三段论"来表述清楚，针对具体争点，法官要先立论，再反驳。即，法官应用一个"三段论"的模式把观点、案件事实、处理结果一次性说完，然后再针对当事人的不同观点予以回应。撰写本案判决书时，针对白水杜康公司是否侵害第152368号、第9718179号、第9718151号注册商标专用权的问题，笔者先从正面将被控侵权标识与上述商标逐一比对，得出被控侵权标识构成商标侵权的结论；然后对白水杜康公司提出的洛阳杜康公司主体资格、是否商标共有、是否享有在先使用权、是否是通用名称等一系列问题逐一进行反驳，既明确阐述法院观点，又充分回应了上诉人的主张，避免给人判决书"不讲理"的印象。

（四）注重在查明事实的基础上明辨是非

判决书作为向社会公开的裁判文书，具有对社会大众进行感化、教育和引导及规范人们行为的功能，是判决让法律有了鲜活的生命，是判决的说理让民众得到了具体实在的法律启蒙和教育，使普通民众通过身边一个个案例和裁判了解法律，进而引导人们的行为。本案判决通过查明事实，依法对白水杜康公司是否系第152368号杜康商标的共有人、是否拥有在先使用权、"小白水、大杜康"状态是否可行等长期困扰双方的敏感问题表明态度，明晰了各方的权利边界，为市场主体化解同类纠纷表明了司法裁判思路，发挥了判决书的社会引导规范功能。

知易行难，每个案件都有各自的独特之处，法官撰写文书要根据具体案情选择合适的方式，查明是非，分清曲直，需要我们不断积累经验，夯实理论基础，在文书写作的道路上不断实现自我超越。

（梁培栋，河南省高级人民法院法官）

三、专家评析

提起"杜康"，人们会立即想到曹操的"何以解忧？唯有杜康"之名句。围绕酒类商品的"杜康"商标之争由来已久，"杜康"商标案件审理及裁判结果具有极高的社会关注度。本案涉及众多复杂的法律和事实问题，全面和准确地确定案件焦点将直接影响案件审理思路及判决书论证逻辑。国家赔偿案件和刑事立案侦查程序能否构成本案中止审理事由？洛阳杜康公司有无诉讼主体资格？"杜康"商标与"白水杜康"商标有何关系？涉案的被诉侵权商品是否均为白水杜康公司生产？白水杜康公司对"白水杜康"商标的使用方式是否适当？白水杜康公司提出的不侵权抗辩事由是否成立？一审判决书中确定的赔偿数额是否合理？对这些问题的事实查明和准确定性，将直接影响判决结果的说服性和判决书质量。纵观判决书内容，二审法院全面地梳理和回应了上述程序、事实和法律问题，并将这些问题归纳到案件焦点之中，包括一审程序是否违法及应否中止审理、涉案白酒是否系白水杜康公司生产及是否侵害了洛阳杜康公司的注册商标专用权、如果构成侵权的情况下侵权责任各应如何承担。

二审法院准确地把握了国家赔偿案件、刑事立案侦查程序与本案的关系问题，即国家赔偿案件的审理结果和刑事侦查结果并非本案的审理依据；清晰地梳理了"杜康牌""杜康""白水杜康"等商标之间的历史渊源；合理地确定了与本案相关的"白水杜康"商标的使用边界；结合事实和法律，对商标共有、先用权抗辩、通用名称界定、裁量性赔偿适用等问题进行了深入阐释。判决书内容丰富，逻辑清晰，论证严谨，语言流畅，用语规范，展示出法官深厚的法学理论功底，以及对法律规定和法律精神的准确理解和把握能力。

二审判决书第二部分"关于本案被控侵权的 22V 白水杜康白酒是否系白水杜康公司生产，及该商品是否侵害了洛阳杜康公司第 9718165 号、第 152368 号、第 9718179 号、第 9718151 号注册商标专用权的问题"分两部分进行论述：第一部分是"关于本案被控侵权的 22V 白水杜康白酒是否系白水杜康公司生产的问题"。第二部分是"关于被控侵权商品是否侵害了洛阳杜康公司第 9718165 号、第 152368 号、第 9718179 号、第 9718151 号注册商标专用权的问题"。该部分有两部分内容，首先是关于侵权行为认定结果的论述，其次是对白水杜康公司相关抗辩意见的回应，并以三级标题形式从五个方面进行了论述。

（点评人：杨红军，郑州大学法学院教授、博士生导师，郑州大学知识产权研究中心主任，河南省法学会知识产权法学研究会常务副会长，河南省委法律专家库成员）

（2017）豫民终 857 号裁判文书原文

35. 重庆聚焦人才服务有限公司和前锦网络信息技术（上海）有限公司、北京百度网讯科技有限公司侵害商标权纠纷案[*]

【关键词】

　　搜索关键词　　商标侵权

【裁判要旨】

　　擅自将他人的注册商标设置为搜索关键词进行网络推广宣传，虽未直接使用他人注册商标，但客观上攀附了他人注册商标商誉，在实质上损害了商标权利人的注册商标专用权，构成商标侵权。对搜索引擎服务商而言，其并未直接实施设置关键词的行为且作为网络服务提供者，尽到了合理审慎的注意义务，对于他人在推广业务中实施的商标侵权行为没有过错，不构成共同的侵权行为，不应承担民事责任。

一、简要案情

　　原告重庆聚焦人才服务有限公司（以下简称聚焦人才公司）成立于2005年11月7日，于2012年1月21日取得"汇博"商标注册证，核定服务项目为第35类，包括人事管理咨询、人员招收等，注册有效期10年。被告前锦网络信息技术（上海）有限公司（以下简称前锦网络公司）成立于2000年1月25日，经营范围包括人才招聘、人才培训等人力资源服务。在百度地址栏输入"汇博人才网""汇博""汇博网"等进行搜索，均链接到前锦网络公司所经营的网站无忧工作网（51job.com），打开链接网站，宣传推广内容系前锦网络公司的相关信息，与原告聚焦人才公司无关。2016年7月4日，前锦网络公司添加了关键词"重庆汇博人才网"。

　　北京百度网讯科技有限公司（以下简称百度网讯公司）成立于2001年6月5日，经营范围为技术服务、技术培训、技术推广等。百度网讯公司在与

---

　　[*] （2017）渝05民初377号。

客户签订的《百度推广服务合同》中约定，客户应保证遵守国家法律和法规，应保证提交的推广内容真实准确，不得提交危害国家安全、淫秽色情以及侵犯他人知识产权、人身权或其他合法权益等内容；推广用户应对其在推广服务中注册的用户名和密码的安全性负全部责任，并对以其用户名进行的所有活动和事件负全部责任。百度网站公示了权利保护规则，告知了用户或网民对于存在侵害自身权益的情形时向百度投诉的方法和渠道。百度网讯公司在收到原告的起诉后，对涉案客户的推广账户采取了技术措施，封禁了涉案关键词推广。"汇博"字样的商标被众多权利人注册和持有，分别注册在不同产品类别。

聚焦人才公司向法院起诉，认为被告前锦网络公司未经许可恶意利用其商标知名度进行商业推广的行为侵犯了其注册商标专用权，被告百度网讯公司作为搜索引擎和竞价排名的收费服务商未尽到审查义务，应承担本案的连带责任，请求法院判令两被告停止侵权并赔偿损失。

法院认为，本案系商标侵权及不正当竞争纠纷案件。原告聚焦人才公司于2012年经核准注册"汇博"商标，其在核定商品服务范围内享有"汇博"注册商标专用权，依法受到法律保护。对主要争议焦点评述如下。

第一，前锦网络公司设置关键词搜索的行为性质。前锦网络公司提供的相关人才服务与原告注册商标核定使用范围相一致。原告聚集人才公司的注册商标"汇博"并非是通用词汇，被告前锦网络公司无正当理由将含注册商标"汇博"的"汇博人才网"作为搜索关键词，实质是一种利用原告"汇博"商标的信誉对自身经营的人才招聘等相关服务进行的深度推广宣传活动。即使链接网站宣传推广内容均系前锦网络公司的相关信息，与原告聚焦人才公司无关，但被告的行为已经使原告聚焦人才公司及其提供的人才信息、招聘等相关服务与其注册商标"汇博"之间的特定联系被削弱，这一商标在商业活动中发挥的区分商品服务来源的识别功能亦被削弱，并且提高了相关网络用户的搜索成本，从实质上侵害了聚焦人才公司的注册商标专用权。由于《反不正当竞争法》通常是在知识产权专门法以外提供单独的保护，本案已适用《商标法》进行规范，不再适用《反不正当竞争法》的规定。

第二，百度网讯公司提供百度推广服务的行为性质。百度网讯公司系百度推广服务的提供者，用户向百度申请百度推广服务管理账号，并可以登录百度推广服务管理账号，修改账号内的注册信息，注册、修改或删除关键词和网站推广信息等，其推广的网站信息将依据用户推广服务管理账号内的设置并通过系统自动过滤后出现在百度网站、联盟网站等相关页面的特定位置等。本案中，前锦网络公司系百度推广服务的用户，百度网讯公司为其提供百度推广服务，百度网讯公司并未直接实施设置搜索关键词的行为。其作为网络搜索技术服务提供者，除对明显违反国家法律法规的内容应予主动排除之外，一般情况下，对于用户所选择使用的关键词并不负有全面、主动、事先审查的义务。百度网讯公司在网站上告知了用户或网民对于存在侵害自身权益的情形时向百度投诉的方法和渠道，并在收到本案诉状材料后已经将被控侵权的网页链接予以断链。百度网讯公司作为网络服务提供者，尽到了合理审慎的注意义务，其对于被告前锦网络公司在推广业务中实施的商标侵权行为没有过错，不构成共同的侵权行为，不应承担民事责任。法院遂判决：（1）被告前锦网络信息技术（上海）有限公司立即停止侵害原告重庆聚焦人才服务有限公司注册商标专用权的行为；（2）被告前锦网络信息技术（上海）有限公司于本判决生效之日起10日内向原告重庆聚焦人才服务有限公司赔偿经济损失及为制止侵权支付的合理费用共计7000元；（3）驳回原告重庆聚焦人才服务有限公司的其他诉讼请求。

二、撰写心得

裁判文书是人民法院司法审判活动的集中展现，是展示司法公正、弘扬法治精神、宣传社会主义核心价值观的重要司法成果。因此，法官提高裁判文书写作能力尤为重要，笔者根据自己以及同事们的经验，结合本案裁判文书写作谈几点体会。

（一）充分认识裁判文书的功能及定位

裁判文书是人民法院特有的文书种类，是人民法院适用各类诉讼法进行诉讼活动，判断当事人的实体权利义务最终分配的依据，是具有法律效力和规范格式的文书。最高人民法院于2016年出台了《人民法院民事裁判文书制作规范》《民事诉讼文书样式》，对裁判文书的举证、质证、事实认定、裁判理由部分以及相关格式、排版等均作了统一规定，对各级人民法院制作裁判文书提出了统一要求。裁判文书的制作应当合乎最高人民法院诉讼文书样式，格式统一、结构完整、要素齐全、繁简得当、逻辑严密、用语准确。

裁判文书由标题、正文、落款三部分组成。正文包括首部、事实、理由、裁判依据、裁判正文、尾部。首部包括诉讼参加人及其基本情况，案件由来和审理经过等；事实包括当事人的诉讼请求、事实和理由，人民法院认定的证据及事实；理由是根据认定的案件事实和法律依据，对当事人的诉讼请求是否成立进行分析评述，阐明理由；裁判依据是人民法院作出裁判所依据的实体法和程序法条文；裁判主文是人民法院对案件实体、程序问题作出的明确、具体、完整的处理决定；尾部包括诉讼费用负担和告知事项。裁判文书要语言规范准确明白，应当如实客观地反映情况和问题，通俗易懂且高度准确，不能产生歧义。

（二）司法公正是裁判文书的灵魂

司法判决存在的基本价值在于体现利益分配的公正。如果案件基本情况不客观、裁判结果不正确，即使裁判文书格式正确、语言通畅、说理充分，都不可能是一份优秀裁判文书。制作一份优秀裁判文书，法官就要做到真正以庭审为中心，准确查明案件法律事实，做好当事人诉讼请求的固定及证据的审查判断。法官只有对案件法律事实有了准确清醒的认识，并准确适用法律，才能得出最为准确适当的裁判结果，制作出的裁判文书才能真正有价值，才有可能是优秀的裁判文书。

裁判文书要准确阐明事实。裁判文书要明确对当事人有争议或影响当事人权利义务的事实和证据，应当简要交代当事人举证、质证情况以及法院认证过程，可重点围绕案件的基本事实，特别是当事人争议的事实展开，要说明事实认定的结果，采信证据、认定事实的理由，对当事人没有争议或不影响当事人权利义务的事实和证据，由法官根据案件具体情况灵活处理。在法律适用部分，裁判文书要针对当事人的诉讼请求，根据查明的案件事实，依照法律规定，明确当事人争议的法律关系，阐述原请求是否成立、依法应当如何处理。法律适用部分应当是基于法律规则作出，不宜引述多种学术理论观点，切忌"为赋新词强说愁"。

（三）逻辑说理是裁判文书的生命力

裁判文书的基本功能，在于解决纠纷，定分止争。裁判文书叙述事实清楚，逻辑层次分明，论证充分，则社会公众和当事人更易于知晓、理解、认可裁判结果。法律规则的逻辑层次适用是重要的裁判方法问题。裁判文书除首部和尾部外，可概括划分为认定事实、法律理由、判决主文三大部分，这三部分是"三段论"式的逻辑推理关系，即认定事实是小前提，法律理由是大前提，判决主文是结论。在文书的制作过程中，法官要严格按照"三段论"的论述方法，遵循清晰的审理思路，增强说理的针对性和说服力。

本案的审理思路比较清晰。审理商标侵权纠纷，首先，法官对于原告是否享有涉案权利、权利是否有效应当予以主动审查。其次，法官要审查被告的行为性质，进行侵权判断。最后，法官要判断法律责任的承担。在事实认定中，法官要通过证据出示、质证，以证据规则为依据，对证据进行认证，分析确定案件事实；然后以案件事实为小前提，具体法律规定为大前提，最终演绎推导出一个裁决结果。案件的审理要围绕当事人的诉辩主张而展开，明确当事人的诉讼请求与答辩主张是确定案件争议焦点的前提，也是举证责任分配的基础。裁判文书对当事人的诉辩主张要予以归纳、提炼、总结，并归纳争议焦点。争议焦点是当事人关于证据、事实和法律适用的分歧问题的归纳总结，是案件说理论述部分的主线。以本案为例，本案系商标侵权及不正当竞争案件，针对原告提出的诉讼请求，法官应当明确两个被告的侵权行为，即被告前锦网络公司自行设置和修改关键词的行为以及被告百度网讯公司提供百度推广服务的行为，同时应当明确被告承担法律责任所依据的实体法律规范即《商标法》相关规定。法官据此归纳案件争议焦点在于两被告不同的侵权行为的性质及法律责任，并围绕争议焦点进行论述，层次分明，逻辑清楚。

（四）加强学习，提升自身综合素质

裁判文书质量是法官素质的具体综合体现，反映了法官的法律素养、语言功底、逻辑能力、社会阅历，更反映了法官的敬业精神和审判作风。法官应当加强学习，提高自身综合素质。法官必须加强政治理论学习，增强大局意识，增强政治鉴别力和政治敏锐性，树立审判工作是为国家经济发展服务的政治理念。法官必须加强业务学习，新的法律法规、法学理论观点层出不穷，只有沉心静气，勤于思考，学以致用，才能应对经济社会领域的新矛盾新问题给司法工作带来的新挑战。同时，法官应加强写作和调研，通过中国裁判文书网学习裁判文书写作，提高分析问题、解决问题的能力，通过调研不断总结审判工作经验。

（徐华，重庆市第五中级人民法院法官）

三、专家评析

随着互联网技术的飞速发展，以他人知名商标作为搜索引擎中自己网站的关键词而引发的知识产权侵权纠纷逐渐增多，权利人通常会向关键词的设置者以及搜索引擎服务商主张权利。此类案件涉及两个方面的法律适用问题，一是互联网背景下的搜索引擎关键词设置行为能否构成商标侵权；二是如果上述行为构成了商标侵权，则提供搜索引擎服务的运营商是否也承担侵权责任。本案结合案件具体情形，阐释了"初始混淆行为"在实务中的具体体现，并基于《商标法》的一般原理阐述了规制此类商标侵权行为的必要性及法律适用，进一步提炼了搜索引擎服务商承担责任的司法裁判规则。本案裁判文书具有以下特点。

（一）审理思路清晰，文书层次分明

知识产权案件的审理，法院一般是围绕知识产权相关权利类型、来源及效力，查明侵权行为及侵权范围，依据相关法律规定确定法律责任的承担。本案在说理部分主要围绕侵权行为的性质进行了分析。首先，被告使用关键词"汇博"字样，与原告注册使用的"汇博"商标相同，且使用范围一致，均用于人才招聘服务领域，在本质上属于是对原告的商标进行攀附，属于侵犯商标权的行为。其次，提供搜索引擎服务的百度公司对涉案商标侵权行为不应承担责任，理由是：涉案商标的知名度尚不足以使搜索引擎运营商在合理谨慎的前提下知道或应当知道将该文字设置为关键词的行为可能涉嫌商标侵权时，则法院可以认定搜索引擎运营商不存在重大过失。

（二）判决结果具有司法公信力

前锦网络公司利用"汇博"商标进行商业推广的行为构成了对于原告商标权的侵犯。理由是：对于关键词的设置者而言，其擅自使用他人注册商标中的相同文字作为自己网站在搜索引擎中的关键词，且该文字与其无任何关联，如果使相关消费者产生混淆与误认，该行为则削弱了涉案商标的识别功能，侵害了商标权人的合法权益，构成商标侵权。这一判决符合《商标法》的立法精神，保护了商标的识别功能，维护了公平诚信的市场秩序。判决后，各方当事人均未上诉，一审判决已经发生法律效力。

（三）深入探讨了搜索引擎运营商承担责任法律要件

搜索引擎运营商作为典型的网络服务提供者，法院对其行为过错的认定，应当从搜索引擎运营商就关键词广告的运作模式是否尽到了一个网络服务提供者的审慎义务等方面予以综合评价，即对搜索引擎服务商而言，如该关键词并非由其提供或设置，且涉案商标的知名度尚不足以使其在合理谨慎的前提下知道或应该知道将该文字设置为关键词的行为可能涉嫌商标侵权，同时其行为又满足当权利人向搜索引擎服务商提出异议后及时删除侵权关键词的条件，则该搜索引擎服务商不构成帮助侵权行为。

本裁判文书格式统一，结构完整，要素齐全，繁简得当，逻辑严密。本案裁判文书案件事实清楚，说理充分，结合商标法律规定对所涉案侵权行为性质进行深入分析，文字平实准确、通俗易懂，是一篇优秀的裁判文书。

（点评人：唐文，重庆市第五中级人民法院副院长、二级高级法官）

（2017）渝 05 民初 377 号裁判文书原文

36. 慈溪市公牛电器有限公司和上海公牛鸿业贸易有限公司、上海公邦电气制造有限公司、向某某侵害注册商标专用权纠纷案*

【关键词】

注册商标　组合使用　近似　混淆可能性　侵权

【裁判要旨】

将多个注册商标组合使用后，与他人注册商标构成近似，容易造成混淆的行为，构成对他人注册商标专用权的侵害。

一、简要案情

慈溪公牛公司是第 942664 号""商标、第 7204104 号""

商标、第 7204112 号""商标的权利人，该系列商标均核准在第 9 类

家电开关插座等商品上。其中第 942664 号商标于 1997 年注册，2008 年、2011 年、2014 年被浙江省工商行政管理局（现浙江省市场监督管理局）认定为浙江省著名商标，2006 年被长沙市中级人民法院司法认定为驰名商标，在我国境内知名度高并享有较高的声誉。公牛鸿业公司是第 8198405 号"BLILLHE"商标、第 6249951 号"公邦国际 GOBONN"商标、第 6249950 号

""商标、第 15684397 号""商标的权利人，以上商标均

核定使用在第 9 类插座、插头等商品上。其在生产和销售的商品上标识了

""标识。慈溪公牛公司以该标识侵害了其对第 942664 号

""商标、第 7204104 号""商标、第 7204112 号""

---

* （2017）湘民终 367 号。

商标所享有的商标专用权为由提起诉讼。

二、撰写心得

裁判文书是法官的工作成果，也是法官将事理、法理、情理与文理相结合的核心司法载体，还是当事人借以知悉法官认定事实、适用法律的基本途径，更是社会公众了解法律界限、规范自身行为的参照。所以，裁判文书既承担了直接解决纠纷的司法任务，还承载了宣示法律、引导公众的社会使命。法官制作裁判文书，不仅要证成裁判理由的正当性，还要担当起释法明理、明确规则的司法职责。引申到知识产权裁判文书，就是要尊重知识产权案件的政策性、时代性，权利客体的技术依附性，以及新类型案件多发的特点，关注重视个案中的规则提炼，在解决纠纷的同时，明确表明法官的裁判理念，宣讲裁判规则，引导市场主体规范、诚信经营，维护市场竞争秩序。

（一）整体结构上把握"三个明确"

裁判文书是案件审理过程的体现，审理过程的质量高低会直接投射至裁判文书上，因此，裁判文书的讨论，必然离不开案件审理过程。一定意义上，裁判文书的质量就是案件审理的质量。与普通的民商事审判相比，知识产权审判在诸如诉讼主体资格审查、权利保护范围确定、侵权事实认定，以及证据制度和赔偿制度等方面均具有特殊性。因此，知识产权裁判文书既要遵循民商事案件基本的文书撰写规范，又要尊重知识产权案件特点和知识产权审判的特殊要求。

1. 明确原告诉讼请求。诉讼请求是案件审理的出发点和立足点，明确诉请保护的具体权利，是后续庭审调查的前提条件，也是确定侵权行为是否成立的基础，更是裁判文书立论的前提。知识产权权利内容和侵权表现形式具有多样性，而大量案件中原告往往并不列明其需要保护的具体权利内容。特别是在著作权侵权案件中，原告普遍只诉被告侵害了其著作权，但《著作权法》中规定的著作权有 17 项，不同的权利内容对应的侵权行为不同，若原告在起诉状中笼统诉请保护其著作权，那么庭审中需要由原告明确其需要保护的具体权利，比如署名权、复制权、信息网络传播权、广播权等。同样，在商标侵权案件中，也容易发生"商标侵权"和"不正当竞争"诉讼请求混同或"打架"的情形，如原告对同一侵权行为既诉商标侵权又诉不正当竞争的，或者对应当诉不正当竞争的行为却诉了商标侵权的等，若法官在庭审中不审查区分原告提出的多项诉讼请求，在裁判文书中就容易张冠李戴，或者顾此失彼，错审或漏审当事人的诉讼请求。在上级法院改判和发回重审的部分上诉案件中，有不少案件就是法院将商标侵权和不正当竞争重复认定或纠缠混同，导致审理没有焦点，文书失于条理。

2. 明确被诉侵权行为。被诉侵权行为的确定是侵权认定的前提，是裁判的基本事实依据，在裁判文书中所占篇幅往往最大，可以说是体现案件审理质量和裁判文书制作质量的重要部分。在知识产权案件中，权利人往往会以多项权利同时主张，或者就被告多项侵权行为以一项权利提出主张。比如在著作权侵权案件中，原告同时主张复制权、发行权、信息网络传播权被侵犯。对于诉请保护的不同权利内容，法院应当明确查明相对应的侵权行为，做到有的放矢、箭无虚发；对于以一项权利主张的，要明确被诉的不同侵权行为的具体表现，一一查明，不漏不纵。比如在商标侵权案件中，被诉的"使用行为"很可能同时包括被告的多项标识使用行为，如在商品上直接使用、在店铺招牌上或广告宣传上使用、在交易文书上使用、在网站上使用、在搜索引擎上作为关键词使用、作为企业字号使用、将前述企业字号突出使用等，这些行为都需要法官在庭审中予以认定，并在裁判文书中分类记载，详尽列明，作为侵权比对和侵权认定的基础，在文书中逐一回应或分类回应。

3. 明确权利保护范围。知识产权审判与普通的民商事审判最大的区别之一是知识产权保护范围是动态的，很多情况下是需要个案确定的。比如商标权，其保护范围由该商标的专用权和禁用权范围共同决定，商标专用权以核定使用的标识和商品类别为限，而禁用权往往由该商标的显著性和知名度决定。商标的使用事实、商标的显著性和知名度事实等都会影响其保护范围；而且同一商标的保护范围是动态变化的。划定知识产权保护范围不仅是认定侵权人行为是否构成侵权的前提，也在于平衡权利人权利与社会公共利益，保护范围的划定标准具有直接的市场指导意义。近年来，一些案件简单地以核准注册的标识和商品类别确定商标权保护范围，不考虑商标经使用和宣传可获得更大保护；简单地以外观设计图确定外观设计专利权保护范围，不考虑产品的设计空间和设计要点；简单地以表达确定著作权保护范围，不考虑作品中相关资源、要素的公共属性；等等。这些情况都忽略了知识产权案件中需要明确认定权利保护范围的特点，导致知识产权保护范围不当扩大或缩小，裁判结果利益衡量失当，还直接降低了裁判文书的质量。

（二）事实查明上体现直观性

知识产权审判中90%以上是侵权纠纷，而侵权纠纷中，都要涉及诉请保护权利的客体如作品、商标、专利技术与被诉侵权作品、标识和技术的比对，法官在比对后作出二者是否相同、近似、实质性相似等结论。侵权比对的前提是诉请保护的权利客体与被诉侵权标识、作品、设计的查明。基于语言文字表达的局限性，如果裁判文书在查明方式上用语言文字对标识、作品或设计进行描述，很难保证描述的完整性和准确性。由于知识产权权利客体多数具有视觉直观性特征，比如，著作权中的美术作品、摄影作品，商标权中的文字、图形或其组合标识，专利权中的外观设计，甚至包括一些能直接反映结构的实用新型，都可以在裁判文书中直观体现。相较于用文字描述，裁判文书直接将作品、标识或外观设计进行扫描嵌套，既可以完整、准确地阐述关键事实，又能让当事人和相关公众对侵权比对更具感性认识，裁判文书还能显得更为生动、易读，整体提升质量。比如，在（2015）湘高法民三终字第17号赵某与中国集邮总公司侵害著作权纠纷案中，赵某以其2001年临摹画家陈某某1977年创作的《江山如此多娇》的作品主张中国邮政总公司2013年发行的邮票构成对其著作权的侵害，而中国邮政总公司是经陈某某许可在邮票上使用其作品。在裁判文书的制作中，法官考虑到三个作品之间分别存在临摹关系和复制关系，单纯用文字很难完整、准确描述作品之间的差别，最后决定扫描作品，再以文字记载侵权比对结果，使作品之间的实质性要素和细微差别了然于纸上。

（三）论证说理上提炼裁判点

充分发挥司法保护知识产权的主导作用，是知识产权基本司法政策之一。其就是要强化司法保护知识产权的稳定性和导向性，实质就是人民法院在知识产权审判中确立的裁判规则要具有终局性和社会引导性，知识产权裁判文书的说理部分正好承担了这一任务。从法院制作文书的角度而言，对一个案件作出裁判是最基本的要求，但如果能从案件审理中发现问题盲点和规则空白，并确立规则，则可实现裁判文书解释法律和行为引导的功能。最高人民法院每年推出的知识产权典型案例，关注的正是案件裁判点的归纳和总结。从法官的角度而言，在问题盲点和法律空白处确立规则，是司法智慧的集中体现，但需建立在一定的基础之上。一是法官要有充足的类案信息储备。目前，从最高人民法院到地方法院都为法官提供了各类案件大数据平台和信息集群平台，法官信息获取渠道畅通。二是法官要有一定的创新意识。在知识产权审判中，基于知识产权客体类型、保护方向等司法关键要素的动态性，知识产权法官有较大的能动性和创新空间。但是，司法能动性是有限的，法官在规则证成过程中，法律解释和裁判说理都应当建立在基本法理的基础上，符合知识产权保护的基本功能，既激励创新，又要充分考虑符合基本国情和服务国家发展大局。比如，在商标"定牌加工"行为是否构成商标侵权的问题上，就离不开我国作为制造业大国的背景以及现阶段代加工产业的发展现状。又如，在当前电子商务平台发展迅速，但在店铺开办者更新迭代较快、不诚信情形多发、经营行为待规范等形势下，法官可以考虑在专利、著作权、商标权和不正当竞争纠纷中对"刷单"等虚报销售额的行为给予否定性评价，在确定销售量时考虑"刷单"数量；在一些恶意抢注他人在先使用商业标识后又凭借抢注行为进行维权的，法官可以从诚信原则出发对其不予保护，明确表明法官的裁判态度和司法引导意图，界定是非，推动良好市场竞争秩序的形成。

（陈小珍，湖南省高级人民法院法官）

三、专家评析

本裁判文书充分尊重了知识产权案件审理特点，在裁判文书的撰写方式、表达形式和裁判说理上，有机融合了案件庭审过程，体现了法官清晰的案件办理思路和高超的文书撰写水平。

（一）在撰写方式上充分体现了知识产权案件的裁判特点

法官通过庭审明确当事人所提出的商标侵权和不正当竞争的不同主张以及对应的侵权行为，在庭审中对两类行为进行确认并组织诉辩，在裁判文书中详尽列明，分类记载，作为侵权比对和侵权认定的基础，并在文书中逐一回应或分类回应。同时，法官在进行侵权与否的审查时，明确了权利保护范围，对原告商标的使用事实、商标的显著性和知名度事实都进行了查明，客观地确定了商标权的保护范围，防止了商标权保护范围不当扩大或缩小和裁判结果利益衡量失当。

（二）在文书表达上体现了商业标识的直观性，使文书更容易理解

本案涉及多个有争议的商业标识，且每个标识都具有一定的相似性和关联度，用语言文字表达，明显具有局限性，很难保证描述的完整性和准确性。法官根据本案的特点和商业标识的视觉直观性特征，直接将各类标识进行扫描嵌套，完整、准确地阐述关键事实，让当事人和相关公众对侵权比对更具感性认识，还使裁判文书显得更为生动、易读，整体提升裁判文书质量。

（三）在论证说理中充分体现了司法在知识产权保护中的主导作用

本裁判文书将事理、法理、情理与文理相结合，充分考虑了商事实践，向当事人展示了法官认定事实、适用法律的基本思路和证成裁判理由的正当性；同时，通过明确商标注册和使用中的法律界限，实现了释法明理、明确规则，引导市场主体规范市场竞争行为，既完成了直接解决纠纷的司法任务，还在解决纠纷的同时，明确表明法官的裁判理念，宣讲裁判规则，引导市场主体规范、诚信经营，维护市场竞争秩序，实现了宣示法律、引导市场行为的司法目的，具有很好的社会效果，也展示了法官对商标侵权案件深厚的理论研究水平。

本判决书格式规范，条理清晰，语言简洁，用语准确，分析问题层层递进，客观公正，说理透彻，体现了法官深厚的文字功底和严谨细致的工作作风。

（点评人::尹小立，湖南省高级人民法院民二庭庭长）

（2017）湘民终 367 号裁判文书原文

37. 索菲亚家居股份有限公司和吕某某、尹某某、南阳市索菲亚集成吊顶有限公司侵害商标权及不正当竞争纠纷案*

【关键词】

　　驰名商标　跨类保护

【裁判要旨】

　　权利人就同一标识在不同商品类别上注册多个商标，其中未实际使用的防御性商标与被诉侵权商品类别相同，而知名度很高的商标与被诉侵权商品类别既不相同亦不类似，权利人有权选择以驰名商标跨类保护的方式寻求更为有利的司法救济。《商标法》第 14 条规定的认定商标驰名的几项因素并非缺一不可，如果考虑部分因素即足以认定涉案商标驰名的，判决无须机械地一一考虑其全部因素。

一、简要案情

　　2015 年 8 月 20 日，索菲亚家居股份有限公司（以下简称索菲亚公司）以嘉兴市司米集成吊顶有限公司（以下简称司米公司）、南阳市索菲亚集成吊顶有限公司（以下简称南阳索菲亚公司）侵害其对驰名商标"索菲亚"享有的商标权并实施不正当竞争行为为由诉至法院，请求判令：司米公司、南阳索菲亚公司立即停止商标侵权及不正当竞争行为，停止使用并注销 www.sofyell.com 域名；南阳索菲亚公司变更企业名称及微信公众号名称；司米公司、南阳索菲亚公司共同赔偿经济损失及维权支出的合理费用 100 万元；司米公司、南阳索菲亚公司在《中国知识产权报》及"新浪家居"网站上刊登致歉声明以消除影响。

　　一审审理查明：2003 年，索菲亚公司的前身广州市宁基装饰实业有限公司经受让取得并开始使用第 1761206 号"索菲亞"商标，核定使用商品为第

---

　　* （2016）浙民终 794 号。

20 类"餐具柜；非金属门装置；家具；家具门；家具用非金属附件；镜子；衣帽架（家具）"。2012 年，该商标注册人变更为索菲亚公司。2011 年至 2016 年，该商标先后被认定为广州市著名商标、驰名商标。索菲亚公司通过多种形式对"索菲亞"品牌进行宣传，并曾聘请明星舒某为其产品广告代言人。2014 年，索菲亚公司经核准注册第 4287169 号"索菲亞"商标，核定使用商品为第 6 类"金属门（滑门、拉门）；金属门；金属隔板；金属门板；金属建筑挡板"。索菲亚公司的官方网站为 www. suofeiya. com. cn，www. sogal. com. cn。

司米公司、南阳索菲亚公司的股东均为吕某某、尹某某。2015 年，吕某某经核准注册第 14504404 号"sofyell"商标及第 14504405 号"sofyell"商标，核定使用的商品分别为第 11 类、第 6 类。

司米公司、南阳索菲亚公司在"sofyell. com"网站、涉案微信公众号以及哈尔滨实体店的门头上使用了与涉案商标相同或近似的"索菲亞"或"索菲亚"标识。此外，司米公司、南阳索菲亚公司还将与索菲亚公司舒某形象代言照片相同的照片在其网站上进行发布，并标明舒某为其产品代言人。

一审法院认为：（1）关于商标侵权：被诉侵权产品系集成吊顶，其中所含的吊顶模块与电器模块分属第 6 类和第 11 类商品。索菲亚公司主张对注册在 20 类商品上的第 1761206 号"索菲亞"商标进行跨类保护，但其在第 6 类商品上亦注册了第 4287169 号"索菲亞"商标，完全可以后一商标为基础主张权利，故法院并无必要对第 1761206 号"索菲亞"商标是否驰名作出认定。并且，第 1761206 号"索菲亞"注册商标虽具有较高知名度，但索菲亚公司未提供该商标受保护的记录以及该商标在国内享有极高市场声誉的证据，故即便法院有必要认定第 1761206 号"索菲亞"注册商标是否驰名，现有证据也不足以证明该商标在被诉侵权行为发生时已经驰名。（2）关于不正当竞争：司米公司、南阳索菲亚公司将与索菲亚公司舒某形象代言照片相同的照片在其网站上进行发布，并标注含有"索菲亚"文字的标识，且标明舒某为其产品代言人，构成虚假宣传。南阳索菲亚公司擅自将"索菲亚"登记为企业字号并在网页及微信公众号中进行商业使用，构成对索菲亚公司企业名称权的侵害。

一审法院于 2016 年 7 月 4 日判决：（1）司米公司、南阳索菲亚公司停止实施不正当竞争行为；南阳索菲亚公司停止在企业名称中使用"索菲亚"字号；（2）司米公司、南阳索菲亚公司共同赔偿原告经济损失（包括合理支出）20 万元；南阳索菲亚公司赔偿原告经济损失（包括合理支出）10 万元。

一审宣判后，索菲亚公司不服，提起上诉。

二审审理过程中，浙江省高级人民法院查明，司米公司已于2016年核准注销登记，故变更该公司股东吕某某、尹某某为被上诉人。

二审法院认为：商标权人有权根据自身的商标体系和诉讼策略选择对其最为有利的商标作为诉讼的权利基础。如果法院为避免认定驰名商标，不允许权利人选择以驰名商标跨类保护的方式寻求更为有利的救济，则其合法利益就难以得到充分保障，与司法认定驰名商标制度的初衷亦背道而驰。本案第4287169号"索菲亞"商标属于防御性商标，因未经长时间实际使用，显著性和知名度较低，法律对其保护力度相对较弱。索菲亚公司以第1761205号"索菲亞"商标主张权利系对其商标权的正当行使，因该商标的核定使用商品类别为第20类，与被诉侵权产品不属于相同或类似商品，故在权利人请求跨类保护的情况下，法院有必要对涉案商标是否驰名作出认定。索菲亚公司虽未提交涉案商标受保护记录，但《商标法》第14条规定的驰名商标认定因素并非缺一不可，如果考虑部分因素足以认定商标驰名的，判决就无须机械地一一考虑其全部因素。本案中，结合相关商品的销售情况，涉案商标的使用时间、宣传情况、市场声誉以及其他相关事实，索菲亚公司提交的在案证据足以证明涉案商标在被诉侵权行为发生时已处于驰名状态。司米公司、南阳索菲亚公司在知晓涉案商标的情况下，仍然使用与之相同或相近的标识，主观上存在攀附的恶意，客观上足以导致混淆，减弱了驰名商标的显著性，贬损了驰名商标的市场声誉，该行为构成商标侵权。

二审法院于2017年3月15日改判：（1）吕某某、尹某某、南阳索菲亚公司立即停止实施商标侵权及不正当竞争行为，南阳索菲亚公司立即停止在企业名称中使用"索菲亚"字号；（2）吕某某、尹某某、南阳索菲亚公司在"新浪家居"网站刊登声明消除影响；（3）吕某某、尹某某、南阳索菲亚公司共同赔偿索菲亚公司经济损失（含合理支出）50万元，南阳索菲亚公司赔偿索菲亚公司经济损失（含合理支出）10万元。

二、撰写心得

一篇合格的裁判文书，既要做到格式规范、行文流畅，又要在依法查明事实的基础上，准确适用法律。前者是裁判文书的"形"，后者是裁判文书的"神"，只有"形神兼备"，才有可能达到让人民群众在每一个司法案件中感受到公平正义的目标。在一些具有典型意义或者创新价值的知识产权案件中，如果裁判文书能在"形神兼备"的基础上，通过明晰裁判标准，彰显司法的价值导向，为社会公众提供可预期的行为规则，那无疑就能起到画龙点睛之效，成为一篇体现知识产权法官智慧与技巧的优秀裁判文书。

本案涉及驰名商标司法认定问题。驰名商标保护制度的本意在于给予高知名度商标以高强度保护，实现驰名商标的跨国界保护和跨商品类别保护。法院在司法认定驰名商标时，既要防止认定标准过于宽松导致驰名商标泛滥的现象，也要避免矫枉过正导致商标权人合法权益无法得到有效保护的情况。

为增强司法认定驰名商标的权威性和公信力，最高人民法院在 2009 年相继发布了《最高人民法院关于涉及驰名商标认定的民事纠纷案件管辖问题的通知》（法〔2009〕1 号）和《最高人民法院关于审理涉及驰名商标保护的民事纠纷案件应用法律若干问题的解释》（法释〔2009〕3 号，已被修改，以下简称《驰名商标解释》），前者从程序上建立了涉驰名商标案件的集中管辖制度，后者则从实体上统一和规范了司法认定驰名商标的标准，确立了被动认定、个案认定、事实认定和按需认定原则。上述司法解释施行之后，各地法院对驰名商标严格把关、慎重认定，逐步恢复了驰名商标司法认定的立法本意和司法秩序。但在强力纠偏的同时，个别案件也出现了标准过严、矫枉过正的情形。本案就是其中的一起典型案件，主要涉及如何正确理解按需认定原则和如何正确把握"驰名"标准这两大涉驰名商标案件审理中的重要问题。

（一）对于按需认定原则

本案权利人拟援引的权利商标的核定使用商品类别与被诉商品既不相同也不类似，本属于《驰名商标解释》第 2 条规定的有必要判断商标驰名与否的案件类型。但一审法院在审理中查明，权利人不仅在非同类商品上注册了"索菲亚"商标，而且在同类商品上也注册了形态相同的"索菲亚"商标。在此情形下，对于是否需要认定商标驰名出现了两种不同意见。一种意见认为，原告应当以同类商品上的注册商标作为权利依据，没有必要再舍近求远地援引非同类商品上的驰名商标进行跨类保护。另一种意见认为，援引不同商标主张权利所产生的诉讼效果并不完全相同，原告有权利选择对自己最有利的商标作为权利基础。

一审法院持第一种意见，二审法院则采纳了第二种意见，对一审判决进行了改判。具体理由包括：（1）按照我国《民事诉讼法》的处分原则，当事人有权在法律规定的范围内处分自己的民事权利，包括选择有利于自己的权利基础并主张相应的权利事实。在法律法规并未禁止当事人行使相关选择权的情况下，法院限制当事人的此种处分权缺乏法律依据，不能仅仅为了避免认定驰名商标就作此限制。（2）援引不同商标主张权利所产生的诉讼效果大不相同，不允许当事人选择权利基础将难以使商标权人的合法权益得到充分有效的保护。在本案中，注册于同类商品上的商标实际上是防御商标，并未被实际使用，如果原告以此作为权利基础，不仅无法获得较高的判赔额，而且还可能面临被告主张的三年未使用抗辩。（3）不允许当事人选择权利基础，将置注册防御商标的权利人于不利境地。如果原告未注册防御商标，尚可依据实际使用的商标提起诉讼，而在其注册防御商标的情况下，却不能选择以实际使用的主商标提起诉讼，显然不符合法律伦理和法律逻辑。

（二）对于认定商标驰名的考量因素

根据《商标法》第14条第1款之规定，法院认定驰名商标应当考虑相关公众对该商标的知晓程度，该商标使用的持续时间，该商标的任何宣传工作的持续时间、程度和地理范围以及该商标作为驰名商标受保护的记录等因素。对于在审查时法院应如何考量上述诸因素，存在不同的理解。一种观点认为，这些因素均是认定商标驰名不可或缺的要件，只要有一个要件不能满足，该商标就不能被认定为驰名商标。另一种观点认为，该规定只是指导法院在审查中对这些因素予以考虑，但并不意味着这些因素均是不可或缺的要件。对此，《驰名商标解释》第4条已经作了明确规定，即"人民法院认定商标是否驰名，应当以证明其驰名的事实为依据，综合考虑商标法第十四条规定的各项因素，但是根据案件具体情况无需考虑该条规定的全部因素即足以认定商标驰名的情形除外"。

在本案中，一审法院认为原告未提交关于涉案商标受保护记录的证据，故现有证据尚不足以证明涉案商标已属驰名。对此，二审法院认为，《商标法》第14条规定的几项因素并非缺一不可，如果考虑部分因素即足以认定涉案商标驰名的，就无须机械地一一考虑其全部因素。尤其是"该商标作为驰名商标受保护的记录"，如果将该因素作为认定商标驰名必须具备的条件，则此前未经司法或行政程序被认定为驰名的商标，即使已为相关公众所熟知，也无法在诉讼中被认定为驰名商标，这显然不利于保护商标权人的利益，也有违驰名商标认定标准之立法本意。

（何琼，浙江省高级人民法院法官）

三、专家评析

裁判文书是完整反映诉讼争议和裁判结果的最终载体，体现着司法机关对个案的法律裁量和价值判断，也是承办法官文字功底、法律素养、逻辑思维的集中反映，可以说是法官的一张名片。本案二审判决书是一份非常优秀的知识产权裁判文书，有很突出的三个优点。

（一）形式规范，行文流畅

最高人民法院出台的《民事诉讼文书样式》对举证、质证、事实认定、裁判理由及相关格式、排版等均作了规定，对各级人民法院制作裁判文书提出了统一要求。本案二审判决严格按照《民事诉讼文书样式》进行制作，不仅结构完整，要素齐全，而且繁简得体，详略得当。所有案件的审理都应当围绕着当事人的诉辩主张而展开，诉辩主张是总结争议焦点的前提和基础，争议焦点又是一份判决说理的核心内容。本文书从责任裁量、定分止争功能出发，对当事人关注的争议焦点部分进行充分论述、辨法析理，其他部分则考量效率归纳概述，做到繁简得当。承办法官行文风格理性中立，法言法语简明扼要，能够让人一目了然地看懂裁判思路。

（二）裁判准确，逻辑严谨

准确案件法律定性、适用恰当法律规则是裁判者的关键职责。本案二审判决对争议焦点归纳精准、层层递进，从有无必要对涉案商标是否驰名作出认定，到涉案商标在被诉侵权行为发生时是否处于驰名状态，再深入至权利人主张的商标侵权行为是否成立以及侵权人应当承担的民事责任。判决书围绕争议焦点逐一辨法析理，不仅使当事人知其然，而且要知其所以然，从而达到胜败皆明乃至胜败皆服的效果。

（三）说理透彻，导向鲜明

本案二审判决纠正了一审判决的不当之处，并给出了充分的事实和法律依据。判决书通过澄清驰名商标司法认定中的几个误区，使相关裁判规则得以进一步明晰，有效保护了商标权人的合法权益，彰显了严格保护知识产权的价值导向。如二审判决旗帜鲜明地指出："司法认定驰名商标的本意在于更好地保护驰名商标，在权利人享有多个商标权的情况下，如果法院为避免认定驰名商标，不允许权利人选择以驰名商标跨类保护的方式寻求更为有利的救济，则商标权人的合法利益就难以得到充分保障，与司法认定驰名商标制度的初衷亦背道而驰。"除了这个理由外，在本案中有必要认定驰名商标的理由还在于，侵权人企图攀附的是权利人驰名商标的商誉，而不是知名度较低的防御性商标的商誉，因此法院应当有针对性地为相对应的商标提供司法救济。

（点评人：宋健，原江苏省高级人民法院审判委员会委员、知识产权审判庭庭长，全国审判业务专家）

（2016）浙民终 794 号裁判文书原文

38. 新百伦贸易（中国）有限公司和深圳市新平衡运动体育用品有限公司、晋江市青阳新钮佰伦鞋厂、莆田市荔城区博斯达克贸易有限公司、郑某某、吴江区松陵镇新平衡鞋店侵害商标权及不正当竞争纠纷案[*]

【关键词】

  诉中禁令　难以弥补的损害　利益平衡

【裁判要旨】

  审查诉中禁令所需具备的条件时，法院应综合考虑申请人的主体是否适格、被诉侵权行为构成侵权的可能性、是否不立即采取措施将使申请人合法权益受到难以弥补的损害、双方利益的平衡以及合理的担保数额等。对于"难以弥补的损害"，法院应从申请人的市场份额是否可能被大量抢占、申请人的商誉是否可能遭到贬损、损害是否具有现实紧迫性等方面予以综合认定。

一、简要案情

  美国新平衡体育运动公司（以下简称新平衡公司）享有第 4207906 号 "NEW BALANCE"、第 G944507 号 " " 注册商标专用权，该公司的 New Balance 运动鞋最重要的装潢设计是鞋两侧使用英文字母 N。经新平衡公司授权，新百伦贸易（中国）有限公司（以下简称新百伦公司）在我国境内非独占地使用相关知识产权生产、销售 New Balance 运动鞋，并对侵犯新平衡公司知识产权的行为单独或与其共同提起诉讼。

  2014 年，郑某某在美国成立 "USA New Bai Lun Sporting Goods Group Inc" 公司，中文翻译为"美国新百伦体育用品集团有限公司"。该公司授权郑某某个人独资的深圳市新平衡运动体育用品有限公司（以下简称深圳新平衡公

---

  [*]　（2016）苏 05 民初 537 号。

司）、莆田市荔城区搏斯达克贸易有限公司（以下简称搏斯达克公司），大量生产带有"**NB**"标识、两侧使用"N"字母标识的运动鞋，并通过深圳新平衡公司官网、微博、微信、淘宝以及遍布全国各地的数百家专卖店等渠道进行推广、销售。同时，深圳新平衡公司和郑某某个人经营的晋江市青阳新钮佰伦鞋厂（以下简称新钮佰伦鞋厂）及其分销商，冒用 New Balance 运动鞋的荣誉，虚假宣传其生产、销售的运动鞋"一直是运动品牌中技术创新的先驱者和运动领袖的楷模，现已成为众多企业家和政治领袖爱用的品牌，在美国及许多国家被誉为'总统慢跑鞋，慢跑鞋之王'"。虽然经过两次行政处罚，但各被告依然大量生产、销售涉嫌侵权产品，销售的门店达 500 多家，遍布全国 14 个省、3 个直辖市、40 多个地级市，年销售量 100 多万双。为此，新百伦公司向苏州市中级人民法院（以下简称苏州中院）提起侵害商标权及不正当竞争诉讼，并申请诉中行为保全。

经过对保全申请的审查，苏州中院认为：新百伦公司作为涉案商标的被许可人，并经涉案商标权利人明确授权，有权就被控侵权行为提起诉讼。New Balance 运动鞋两侧使用"N"字母标识这一装潢构成知名商品特有装潢的可能性极大，被告的行为存在构成侵害知名商品特有装潢权、注册商标专用权以及虚假宣传行为的可能性，法院不立即采取措施将对权利人造成不可弥补的损害。苏州中院结合损害平衡性、责令被申请人停止相关行为是否会损害社会公共利益以及新百伦公司提供的担保等情况，于 2016 年 9 月 13 日作出（2016）苏 05 民初 537 号民事裁定：深圳新平衡公司、新钮佰伦鞋厂、搏斯达克公司、郑某某立即停止生产、销售带有"**NB**"标识、两侧使用"N"字母标识的鞋类产品，深圳新平衡公司、新钮佰伦鞋厂立即删除其官网、微信、微博所载的虚假宣传的内容。

2016 年 10 月 18 日，苏州中院前往福建，向深圳新平衡公司、新钮佰伦鞋厂、搏斯达克公司、郑某某送达上述裁定书。此后，因深圳新平衡公司、新钮佰伦鞋厂、搏斯达克公司、郑某某拒绝履行生效裁定，该院于 2017 年 3 月 3 日通过直接送达和邮寄送达的方式，向其送达了《告知书》，告知其应立即履行生效裁定及拒不履行的法律后果。福建省泉州市中级人民法院接受苏州中院委托，向深圳新平衡公司直接送达《告知书》、开庭传票等法律文书时，该公司工作人员当众将文书丢弃至警车旁。至 2017 年 4 月 11 日庭审时，深圳新平衡公司、搏斯达克公司、新钮佰伦鞋厂、郑某某仍未履行行为保全裁定的内容。苏州中院作出（2017）苏 05 司惩 1 号决定：对深圳新平衡公司处以 100 万元罚款，对博斯达克公司处以 50 万元罚款，对新钮佰伦鞋厂处以 10 万元罚款，对郑某某处以 10 万元罚款，上述罚款限决定书送达之日起 7 日内交纳。博斯达克公司、新钮佰伦鞋厂、郑某某不服一审法院罚款决定，向江苏省高级人民法院申请复议。江苏省高级人民法院作出复议决定：驳回博斯达克公司、新钮佰伦鞋厂、郑某某的复议请求，维持原决定。后因上述被罚款人未按期缴纳罚款，法院将该案件移送执行。在执行过程中，法院依法冻结、扣划了郑某某银行存款，将深圳新平衡公司、新钮佰伦鞋厂、博斯达克公司、郑某某纳入失信被执行人名单，并发布限制消费令。

二、撰写心得

（一）诉中禁令：速度即是正义

原告在起诉后，提出了诉中禁令申请，即行为保全申请，要求被告立即停止生产、销售被控侵权产品，立即停止虚假宣传，为此提供了每本四五百页、总计七大本的侵权证据。从证据显示，本案被告的侵权规模巨大，线下门店 500 多家，淘宝店铺 70 多家，地域覆盖全国 14 个省、3 个直辖市、40 多个地级市，年销量在 100 多万双，常年库存备货 10 万~20 万双。且被告侵权恶意明显，在两家经销商已被行政处罚之后，依然在大量从事被控侵权运动鞋的生产和销售，并利用当年下半年的销售旺季不断扩张经营规模。已有不少消费者在 New Balance 运动鞋和被控侵权运动鞋之间发生了实际混淆。根据审判经验，大型知识产权诉讼往往都要经过管辖权异议、管辖权异议上诉、一审及二审等程序，客观上导致了诉讼周期长的特点。在如此长的诉讼周期内，若不立即采取措施，以被告的生产和销售规模，将大量抢占权利人的市场份额，使得权利人的商誉持续遭到贬损，且无法靠事后的物质救济挽回。

苏州中院在接到行为保全申请后，当即安排了听证程序。苏州中院在综合考虑权利的稳定性、行为构成侵权的可能性、损害的不可弥补性以及损害平衡性、担保数额等因素的情况下，果断作出诉中行为保全裁定。这是江苏省首例涉及知名商品特有装潢的诉中禁令，也是江苏省首例从禁止生产、销售到禁止虚假宣传全链条覆盖的诉中禁令。

（二）司法惩罚：群智助力先行

禁令裁定送达后，新百伦公司递交了大量证据证明被告仍在继续实施侵权行为，申请法院强制执行禁令，并对被告拒不履行禁令的行为给予处罚。

诉中禁令能否强制执行以及不履行诉中禁令的法律后果是什么，现有法律并没有明确的操作规定，更没有现成的司法实践经验可供法院借鉴。摆在法院面前的是一个全新的问题。为了顺利解决该问题，笔者一方面检索法律条文，找寻法律依据，检索国内外的案例，寻求实务经验；另一方面多方求教于知识产权学者和审判专家。通过上述努力，笔者找寻到《民事诉讼法》第111条①可作为拒不履行诉中禁令法律后果的法律依据，诉中禁令属于生效法律文书，如拒不履行，法院可根据情节轻重予以处罚。在近两年的司法实践中，已有拒不履行证据保全裁定和诉前禁令的司法惩罚案。同时，最高人民法院在2015年起草的《最高人民法院关于审查知识产权与竞争纠纷行为保全案件适用法律若干问题的解释（征求意见稿）》中有拒不履行行为保全裁定依照《民事诉讼法》第111条处理的规定。但基于当时全国范围内没有诉中禁令强制执行案件和拒不履行诉中禁令的司法惩罚案件，因此对于不履行诉中禁令进行处罚的具体操作部门、操作规程等问题该文件都未涉及。基于对相关法律和法理的充分理解，苏州中院决定就此问题先行先试，为行为保全司法解释的出台提供了实践经验。

在得到上述支持后，笔者将所有材料进行梳理，整理成一份详细的汇报材料，提交合议庭讨论。几经讨论，合议庭确立了一致意见：在充分保障被告程序权利，听取其意见的基础上，如被告拒不履行诉中禁令，将依照法律规定对其进行民事制裁。因此，合议庭至福建向几被告直接送达了《告知书》，责令其立即履行禁令裁定，告知其拒不履行禁令裁定的法律后果，同时向其送达开庭传票，决定在庭审中再次听取其对于该问题的意见。截至庭审之日，几被告仍在继续从事被控侵权行为，其中情节尤为严重的是，在法院向深圳新平衡公司送达《告知书》等法律文书时，深圳新平衡公司当众将法律文书丢弃。

鉴于几被告拒绝履行生效裁定，苏州中院于2017年4月21日向拒不履行诉中禁令的被告送达总计金额高达170万元的司法罚款决定书，其中对于深圳新平衡公司及郑某某出具的罚款均为法定最高额司法罚款。这是江苏首例就拒不履行知识产权诉中禁令进行司法罚款的案件，并且为违反诉中禁令的最高额司法罚款。

在当时的知识产权诉讼实务中，法院作出禁令的概率本就很小，作出禁

---

① 对应《民事诉讼法》（2021年修正）第114条。

令后又对拒不履行禁令进行司法罚款的情形更是罕见。苏州中院在本案中所出具的禁令裁定及司法罚款决定，彰显了平等保护中外知识产权及维护司法权威的决心，为知识产权诉讼实务中审查禁令裁定所应具备的条件、担保数额的设定、司法罚款适用的条件及程序作出了大胆的探索，为实务界提供了有力的借鉴。本案受到了国内外知名媒体的广泛报道。

（三）案件背后：功成皆因人和

任何一个典型案件都不是承办人个人的功劳，更是院领导、庭长会议、审判团队、合议庭集体智慧的结晶。尤其是这种从无到有探索性的司法实践，最能体现出集体的智慧、勇气和担当。

首先，院领导的支持是本案成功的根本保证。无论是诉中禁令，还是司法罚款，都是新事物。在本案的汇报过程中，院领导肯定年轻人执着的办案精神，同时要求法官穷尽法源和案例的检索，确保将本案办成"铁案"。当最终将170万元的罚款决定书交由院领导签发时，院领导就像签发普通裁定书一样签了字。签字的顺利程度出乎笔者意料。事实上，院领导对于该问题的研究远比我们深入，对新类型案件的处理比我们更有智慧、更有担当，对打造苏州知识产权司法保护品牌的愿望比我们更强烈。

其次，庭长会议、审判团队、合议庭的智力支持是本案成功的重要因素。笔者所在的合议庭是苏州中院知识产权审判最年轻的合议庭，合议庭其他两位成员将笔者的案件当作他们自己的案件一样，从检索资料到审判思路确定再到最后的文书修改，倾注了大量的时间和精力。合议庭在办公室的合议就超过7次。审判团队及庭长会议从宏观层面、司法政策解读的角度为案件的处理提供智力支持，并且刻意从被告的立场出发提不同意见，让我们的案件能经得起多方面、多角度的检验。

最后，兄弟法院的有力协助是本案成功的外部原因。本案两次委托福建兄弟法院送达诉讼文书，兄弟法院接到委托送达材料之后，立即联系我们，详细核对送达地址、送达文书，第一时间赶赴被告处直接送达诉讼文书，并向我们反馈送达时拍摄的照片以及纸质送达说明，大大提高了案件的送达效率。正是兄弟法院这种"全国法院一盘棋"的大局意识和奉献精神，为本案的处理提供了有力的外部保障。

总之，正是在苏州中院全力打造知识产权司法保护品牌理念的指引下，在全庭潜心钻研业务问题的浓厚氛围中，在院领导倾力地鼓励与支持下，在身边审判专家悉心的指导下，在与合议庭成员一次次探讨切磋中，这个案件才最终成就。因此，这个典型案件的成就应归功于为此作出贡献的每一个人。

（徐飞云，江苏省苏州市中级人民法院法官）

三、专家评析

诉前、诉中禁令是人民法院为及时制止正在实施或即将实施的侵害权利人知识产权或有侵害之虞的行为，而根据当事人的申请发布的一种禁止或限制行为人从事某种行为的强制命令。其目的在于保护权利人知识产权免受继续侵害，预防难以弥补损害的发生。它是知识产权诉讼制度中规定的一种救济手段，我国《专利法》《商标法》《著作权法》及相关司法解释都予以了相应规定。同时，由于诉前、诉中禁令具有"双面刃"的特点，一方面其对原告赋予了强保护，另一方面其也可能对被告正常生产经营造成过当损害，因此司法机关普遍对此采取谨慎适用的态度，实践中的案例并不多见。本案中，国内外两家企业围绕"NB"商业标识产生知识产权争议，焦点集中于：（1）有关商标权、知名商品特有装潢的诉中禁令出具；（2）对拒不履行诉中禁令的司法制裁。这两方面问题都是当前知识产权司法保护工作的重点。审理法院较好地理解和把握了知识产权诉讼禁令制度，既及时保护了权利人合法权益，避免侵权损失的进一步扩大，树立了司法裁判的权威性，彰显了对中外当事人知识产权平等保护的司法理念，也为诉讼禁令的案件审理积累了一定审判经验。

（一）充分体现了当前严格保护、平等保护的知识产权司法裁判导向

2008年6月，国务院发布《国家知识产权战略纲要》，将"加强司法保护体系""发挥司法保护知识产权的主导作用"作为战略重点之一。党的十八大明确提出"实施创新驱动发展战略"，2014年12月，《深入实施国家知识产权战略行动计划（2014—2020年）》公布实施，把"司法保护主导作用充分发挥"作为主要实现目标之一。党的十九大进一步提出加快创新型国家建设，要"倡导创新文化，强化知识产权创造、保护、运用"。随着我国知识产权战略的不断深入推进，知识产权司法保护也面临着新一轮的重大机遇和挑战。

早期我国知识产权保护更多面对的是来自国外的压力，而我国经济经过多年持续高速增长，面对日益增加的环境与资源的压力，我国大力推动创新经济发展和经济结构转型升级，我国知识产权保护已由主要面对外部压力实现外部压力与内生需求并存的转变，这在苏州等经济发达地区尤为明显。目

前，在供给侧结构性改革的总体背景下，从江苏整体推进品牌战略及经济结构转型升级的角度看，苏州市经济的发展水平已经达到需要对知识产权加强保护的发展阶段，因此，法院尤其需要调整长期以来形成的相对温和的裁判思维定式，特别是要在商标权纠纷案件中突出"对知识产权严格保护"的裁判导向，提高侵权成本，降低维权成本，有效遏制侵权行为，规范市场竞争秩序，为品牌经济发展扫清不当攀附、不当竞争的市场阻碍。本案在审理中，审理法院在认真审查案件证据并对全案情况作整体判断的基础上，作出诉中禁令裁定。之后，在被申请人拒不履行裁定的情形下，法院依法对被申请人进行司法制裁，是国内近年来在知识产权诉讼禁令领域不多见的成功案例，受到国内外广泛关注和好评，充分体现我国法院依法严格保护知识产权和对中外权利人知识产权平等保护的司法理念。

（二）对于知识产权临时措施运用积累了宝贵经验和素材

最高人民法院多次强调，要"强化临时措施保护，提高司法救济的针对性和有效性"。在知识产权案件审理机制中，法院需要尽快建立程序规范、保护有力的司法临时保护机制，合理发挥行为保全、财产保全、证据保全的制度效能，提高知识产权司法救济的及时性、便利性和有效性。本案在审理中，较好地做到了以下几点：

1. 全面性。审理法院对禁令适用的法定条件进行了全面审查，分别从被申请人行为构成商标侵权的可能性、构成不正当竞争的可能性、是否具有紧迫性、损害平衡性（即不责令被申请人停止相关行为对申请人造成的损害是否大于责令被申请人造成的损害）、责令被申请人停止相关行为是否会损害社会公共利益、申请人提供的担保等六个方面进行了审查评估，确保适用诉中禁令的正确性。

2. 及时性。本案充分体现了凡是符合证据保全、财产保全、行为保全条件的，法院均应及时采取有关措施的司法理念。本案合理平衡申请人与被申请人利益，同时兼顾迅速处理与查明事实的需要，依法及时审查和处理当事人的行为保全申请。

3. 权威性。根据我国法律规定，当事人应当在指定期限内履行已发生法律效力的裁定，对于拒不履行法院已经发生法律效力的裁定的，法院可以根据情节轻重予以罚款、拘留，构成犯罪的，依法追究刑事责任。本案中，相关当事人在收到已经发生法律效力的裁定书后，不履行该裁定，在法院向其发送督促履行的《告知书》后，仍拒不履行，其主观恶意明显。深圳新平衡公司不仅拒不履行生效裁定，且在法院向其送达《告知书》等法律文书时，当众将文书丢弃，妨碍诉讼情节恶劣。审理法院据此依法出具了最高额司法罚款决定，切实树立了司法权威。

（点评人：顾韬，江苏省高级人民法院办公室主任）

（2016）苏05民初537号裁判文书原文

39. 埃克森美孚公司、美孚石油有限公司和嘉兴市大众油业有限公司、上海彬恒贸易有限公司侵害商标权及不正当竞争纠纷案[*]

【关键词】

商标侵权　不正当竞争　侵权认定　损害赔偿

【裁判要旨】

涉及注册商标间的侵权纠纷，如案件审理期间被诉侵权的注册商标被宣告无效，人民法院可继续审理并依法作出判决。单纯的商标申请行为，未起到标示商品来源的作用，也未导致相关消费者的混淆或误认，不构成侵害他人在先字号权的不正当竞争行为。诉讼时效中断与否，与侵权损害赔偿的计算期间无涉。

一、简要案情

原告美孚石油有限公司（以下简称美孚石油公司）在"润滑油、润滑脂"等商品上注册"MOBIL"和"美孚"商标，后依法转让给原告埃克森美孚公司。被告嘉兴市大众油业有限公司（以下简称大众油业公司）在润滑油、润滑脂等商品上使用了包含"美浮""MEIFU"字样的标识，并在其官方网站、产品实物、产品包装箱、特约经销商牌匾、宣传册等处使用了"大众美浮""Das MeiFu""Das Mobil"等标识以及大众油业公司注册的商标。此外，大众油业公司还就"Das Mobil""Das MeiFu"图样和文字进行了商标注册申请。其中商标曾在"润滑油、润滑脂"等商品类别上获得注册，但在本案二审期间该商标在争议类别上被撤销且自始无效。被告上海彬恒贸易有限公司（以下简称彬恒贸易公司）销售了上述侵权产品，并在其销售发票、特约经销商牌匾、销售人员名片上使用了"大众美浮"字样。

埃克森美孚公司、美孚石油公司认为大众油业公司使用被控侵权标识的

---

[*]　（2016）沪民终 35 号。

行为，构成对其前述注册商标专用权的侵害；申请、使用商标"Das Mobil""Das MeiFu"标识的行为，构成对原告在先知名字号权的不正当竞争。彬恒贸易公司行为同样构成商标侵权及不正当竞争。因此，请求法院判令：（1）两被告立即停止对埃克森美孚公司享有的"MOBIL"注册商标专用权的侵犯，立即停止对美孚石油公司2011年5月27日之前享有的、埃克森美孚公司2011年5月27日之后享有的"美孚"注册商标专用权的侵犯；（2）两被告立即停止侵犯两原告在先知名字号的不正当竞争行为；（3）大众油业公司赔偿两原告经济损失及为制止侵权支出的合理费用共计490万元，彬恒贸易公司赔偿两原告经济损失及为制止侵权支出的合理费用共计10万元；（4）大众油业公司在《汽车画报》上刊登声明，消除影响。

上海市第一中级人民法院判决：（1）大众油业公司立即停止对埃克森美孚公司享有的"MOBIL"注册商标专用权的侵犯；大众油业公司、彬恒贸易公司立即停止对美孚石油公司2011年5月27日之前享有的、埃克森美孚公司2011年5月27日之后享有的"美孚"注册商标专用权的侵犯；（2）大众油业公司赔偿埃克森美孚公司、美孚石油公司经济损失及合理费用支出共计30万元；（3）大众油业公司在《汽车画报》上刊登声明、消除影响；（4）驳回埃克森美孚公司、美孚石油公司其余诉讼请求。

一审判决后，埃克森美孚公司、美孚石油公司、大众油业公司均不服提起上诉。上海市高级人民法院审理认为：

第一，关于本案被控商标侵权行为。大众油业公司商标在一审起诉时属有效商标。根据司法解释，诉讼涉及两注册商标之间争议的，应由相关行政主管机关负责解决。但上述对注册商标之间的冲突作出的行政程序前置的相关规定，是为了保障当事人依法享有就注册商标的争议向商标行政授权部门提起撤销或宣告无效的权利。鉴于目前标识的商标专用权已依法经行政授权机构和司法程序在本案侵权商品类别上被撤销且自始无效，为实现法的效率价值目标，人民法院在本案中对该两商标之间的纠纷进行审理，与前述立法目的并不相悖。

涉案"美孚"注册商标由美孚石油公司转让给埃克森美孚公司。本案中并无证据证明在上述商标转让之前大众油业公司存在侵权行为，因此美孚石油公司的主张缺乏事实和法律依据，应予驳回。大众油业公司在润滑油、润滑脂产品上及相关经营活动中使用"Das MeiFu""大众美浮""Das Mobil"字样以及标识，已构成对埃克森美孚公司"MOBIL""美孚"注册商标专用权的侵害。彬恒贸易公司销售上述侵权产品，并在相关经营活动中使用相关标识和"大众美浮"字样的行为，同样构成商标侵权。但本案商标侵权认定并不涉及跨类保护，无须以注册商标是否驰名为事实依据，故对两原告请求认定驰名商标的主张不予支持。

第二，关于本案被控不正当竞争行为。单纯的商标申请行为，因商业标识尚未与具体商品相结合，无法起到标示商品来源的作用，故并非《反不正当竞争法》所规制的"擅自使用他人有一定影响的企业名称，引人误认为是他人的商品"之不正当竞争行为。同时，埃克森美孚公司、美孚石油公司的字号与其公司主体之间并未形成稳定且唯一对应的关联关系，且与"Das Mobil""Das MeiFu"标识在文字、图形及整体结构等方面均存在区别。因此，大众油业公司申请注册并使用上述标识之行为，不构成不正当竞争。

第三，关于民事侵权责任。大众油业公司和彬恒贸易公司已构成商标侵权，应当停止侵害。由于大众油业公司因侵权所获得的利益和埃克森美孚公司因被侵权所受到的损失均难以确定，法院综合考量权利商标的知名度、侵权标识在产品利润中的贡献率、大众油业公司的企业规模、在侵权赔偿额计算期间侵权产品可能的售价、销售地域范围、销量、利润率、侵权行为持续期间、主观恶意等因素，酌情将原判确定的大众油业公司侵权损害赔偿金额调整为 100 万元，同时还应承担权利人的相关维权合理费用。此外，大众油业公司被控侵权行为损害了埃克森美孚公司"MOBIL""美孚"商标的商誉，故应承担消除影响之民事责任。

综上，一审判决在程序和实体处理中均存在错误，上海市高级人民法院依法改判：（1）维持原判第 3 项，即大众油业公司在《汽车画报》上刊登声明、消除影响；（2）撤销原判第 4 项，即驳回埃克森美孚公司、美孚石油公司其余诉请；（3）变更原判第 1 项为大众油业公司、彬恒贸易公司立即停止商标侵权；（4）变更原判第 2 项为大众油业公司赔偿埃克森美孚公司经济损失人民币 1 000 000 元及合理费用人民币 53 740 元；（5）驳回埃克森美孚公司、美孚石油公司其余诉请。

二、撰写心得

裁判文书是人民法院审判活动的最重要载体，体现了法官的价值取向、法律素养和文字功底，也是社会公众了解司法的重要途径。

一篇优秀的裁判文书必须具备三个要素：首先是格式规范，能做到格式统一、要素齐全、结构完整；其次是具有文采，要做到用语准确、逻辑严密、繁简得当；最后是有司法温度，即做到彰显理性、兼顾情理、指引公众。

具体而言，裁判文书撰写一般分为三个阶段。

（一）庭审之前

法官在庭审之前，应当将案卷材料按照时间顺序进行整理，特别需要注意其中曾发生过变更的信息，例如当事人或诉讼参与人主体变更、合议庭组成人员变更、案由变更等情况。此外，法官在庭审前要做好阅卷笔记，对当事人的诉请、理由进行合并梳理，归纳总结。

（二）庭审期间

庭审中，法官要注意对各方当事人的诉辩意见进行归纳，概括争议焦点并对证据进行分类，可以以时间顺序或争议焦点为标准分类。如果争点和证据比较繁杂，后一种方法更有利于撰写文书时条理清晰。

（三）动笔撰写

1. 文书首部。判决书的首部是诉讼参加人及其基本情况的查明。本案系涉外案件，对于涉外案件当事人的信息，要严格以当事人提交的身份材料上记录的信息为准，尤其要注意信息的完整性。例如，本案判决在当事人名称后以括号备注其英文名称全称，同时需要注意的是，在国别称谓上一定要使用全称，如本案中使用"美利坚合众国"，而不是"美国"。同时鉴于外国企业没有"法定代表人"一称谓，所以在涉外案件的判决中，经常以"授权代表"代替"法定代表人"，本案即属于这种典型的情况。

文书首部介绍案件由来和审理经过时，需要注意在概括当事人名称的简称时，应当与一审判决中所使用的简称保持一致，以避免行文发生歧义。本案审理中，曾有一方当事人缺席庭审，因此文书在首部应当记录当事人缺席审理的情况；同时因该名当事人庭后另行对其他当事人提供的证据材料补充了意见，因此裁判文书也特别予以说明，以免让文书的受众对此节事实产生疑问。

2. 案件事实。文书在归纳当事人的诉讼请求以及事实和理由时，要把握围绕争议焦点和言简意赅的原则。本案双方均提起上诉，面对十几页的上诉状，判决均以简练的数百余字予以概括。

对于当事人二审提供的证据，文书一般有三种撰写方式：逐一认证、分组认证两种方式和两者混合式。其中，前一种可分为逐一示证质证认证、逐一示证质证统一认证、逐一示证统一质证认证三种形式；第二种也可以分为分组示证质证统一认证、分组示证统一质证认证两种方式；而第三种则较为灵活，可以根据具体情况综合应用。一般而言，前一种撰写方式适合证据较少、以时间顺序排序的情况，而后一种则比较适合证据繁多、按争议焦点进行排序的情况，第三种适合案件复杂、争点和证据都繁多的案件。本案二审中因证据不多，判决在撰写中采取了第一种方法中的逐一示证统一质证认证方法。

对于案件事实的认定，一般也可采取两种撰写方式：按时间顺序或者按争议焦点撰写。事实简单的判决以时间顺序来撰写条理比较清晰；而争议焦点较为复杂的案件以后一种方式撰写，则更容易让文书的受众理解法官裁判的逻辑路径。在知识产权案件中，大部分案件还是采用时间顺序来撰写判决认定事实。

3. 裁判理由。如果说不同法官对同一案件事实认定的撰写，文字不会有太多实质性差异的话，那对于同一案件的裁判理由部分，两位法官可能不会写出相同或者相近似的文字表达，这是因为裁判理由部分是法官基于个人对法律的理解，结合其逻辑分析能力，综合运用语言文字而进行的法律分析，其中蕴含着个人的价值观，具有鲜明的个人特征。

在本案判决的裁判理由部分，文书首先明确了当侵权行为跨越新旧法实施日的情况应当选择适用的法律，然后以程序和实体的相关争议问题为次序展开论述。在程序部分，本案判决涉及案件受理、证据采信等问题的回应；在实体部分，则还涉及部分被告的诉请是否应予支持、商标侵权认定、商标驰名认定、生产商和销售商责任的区别、侵害字号权行为的认定等问题。尤其在论证赔偿金额时，判决梳理了损害赔偿的计算期间和诉讼时效中断两个概念的区别，也对本案具体赔偿金额的各项综合考量因素进行了详尽的阐述，由此得出一审确定的赔偿数额过低的结论才能具有事实和法律依据。

最后，由于本案判决书篇幅较长，所以判决在"综上所述"的总结段对双方当事人上诉主张中支持、部分支持、不予支持的请求进行了总结，并对一审判决有误的部分予以指明，援引了相关法条引出判决主文。在法律适用中，特别需要注意的是由于本案存在缺席审理的情况，因此需援引相关法条。

4. 主文部分。主文的撰写涉及判项的执行，因此法官需反复核查，格外当心，避免发生当事人名称、标的物、金额错误等低级错误。在本案中，主文特别对涉案商标标注了商标注册号，以避免同一当事人在不同类别上注册有相同商标时发生指代不明的情况。此外本案涉及改判，判决书还需注意对当事人提出的但并未获得支持的诉请的回应，即需在末尾项载明驳回当事人其余诉请之表述。

在诉讼费用承担部分，法官要注意对案件中发生的各种程序性费用的负担情况进行明确，如本案中的诉前证据保全申请费人民币30元，司法审计费人民币139 000元，有些金额很小容易遗漏处理，法官要特别注意予以避免。

5. 附图部分。在知产案件的审理中，很多案件会涉及权利著录事项、侵权产品图片等比对，因此本案在判决书末尾特别附上权利商标图片、被告使用标识和侵权产品图片，以供文书的受众阅读判决时参考，以更好地辅助判决书文字明法析理。

最后，笔者想借用上海市高级人民法院张斌副院长对法律、法官和裁判文书三者的经典总结，与法官们共勉："法律是一种流动的艺术，法官是体现法律这种艺术的载体。法官要有丰富的阅历经验，内心安静，又充满对社会的关爱""一份优秀的裁判文书，是法官在事实和法律当中不断游走所碰撞出的火花，然后能够把两者良好地结合。法律文书是法官法律思维的重要体现"。

（王静，上海市高级人民法院法官）

三、专家评析

本案是一起疑难复杂的侵害商标权及不正当竞争纠纷案，其疑难复杂性主要体现在以下四个方面：第一，案件事实繁杂。本案不仅当事人较多，而且双方当事人诉辩意见多，争议事实时间跨度长。此外，本案不仅涉及民事侵权争议的事实，还涉及案外行政程序和行政诉讼纠纷的事实。第二，证据材料繁多。双方当事人不仅在一审程序中提供了大量证据，而且在二审程序中又提供了新的证据。第三，争议焦点较多。本案不仅涉及程序争点，如法院是否应当受理本案，又涉及事实争点，如两被告侵害商标权和不正当竞争的行为发生的时间，还涉及许多法律争点。第四，法律问题复杂。本案需要解决的法律问题较多，包括：法院可否直接受理注册商标之间的商标权冲突，法院在何种条件下才能启动驰名商标的司法认定程序，商标侵权的考量因素和裁判思路，擅自使用他人字号构成不正当竞争的裁判思路等。以上四个方面决定了要写好本案判决书必须具备以下四个条件：

第一，清晰的审判思路。从本案判决书可以看出，本案承办人审判思路十分清晰，紧紧抓住本案当事人的争议焦点，逐一展开证据审查、事实认定和法律评判。通读全文，会让读者感到虽然事实繁杂，争议繁多，但裁判思路清清楚楚，让读者对本案裁判能够看得明明白白，更能让双方当事人服判息诉，胜败皆服。

第二，缜密的逻辑思维。无论是证据的分析认定，还是事实的审查判断，或者争议的分析推理，乃至法理的阐释论证，都表现出承办人周密完整的分析推理，细致入微的思维方法，从而让读者感到这是一篇释法明理、以理服人的裁判文书。

第三，严谨的法律推理。虽然本案涉及的疑难法律问题较多，但对每一个法律争点都有深入浅出的分析、推理和论证。本判决书对驰名商标司法认定的必要性论证，对商标近似性的比对判定，对擅自使用他人字号构成不正当竞争的认定，对司法介入注册商标间权利冲突的条件等法律问题的分析评判，为处理类似问题提供了正确的裁判思路和裁判方法。

第四，准确的语言表达。本案虽然事实繁杂、证据较多、争议较多，但本案判决书仍然做到了样式规范、语言精练、表述准确、易于读懂，充分体现了承办人较强的语言表达能力和较高的写作水平。

综上所述，本案判决书体现了承办人具备丰富的审判经验，清晰的审判思维，扎实的理论功底，良好的写作水平，是一篇具有示范指导意义的优秀裁判文书。

（点评人：朱丹，上海市浦东新区人民法院院长，全国审判业务专家，上海市法学会知识产权法研究会会长）

（2016）沪民终 35 号裁判文书原文

40. 拉菲罗斯柴尔德酒庄和上海保醇实业发展有限公司、保正（上海）供应链管理股份有限公司侵害商标权纠纷案 *

【关键词】

　　未注册驰名商标　赔偿责任　类推适用

【裁判要旨】

　　侵权行为发生在原告商标被核准注册之前，被诉侵权行为是否成立与所主张的商标在侵权行为发生时是否驰名有关，法院有必要对涉案商标是否属于未注册驰名商标予以认定。对于恶意使用未注册驰名商标的行为人，可以类推适用《商标法》第 36 条关于恶意使用准予注册前商标应当赔偿的规定，判决其承担赔偿责任。

一、简要案情

　　原告拉菲罗斯柴尔德酒庄是世界闻名的葡萄酒制造商。1997 年 10 月，其在葡萄酒商品上的"LAFITE"商标在中国获准注册。2015 年 5 月，原告发现被告上海保醇实业发展有限公司（以下简称保醇公司）在进口、销售原告所产葡萄酒的同时，自 2011 年起持续进口、销售带有"CHATEAU MORON LAFITTE""拉菲特庄园"标识的葡萄酒，并由被告保正（上海）供应链管理股份有限公司（以下简称保正公司）负责物流和仓储。原告诉至法院称，涉案葡萄酒酒瓶瓶贴正标上使用的"CHATEAU MORON LAFITTE"与"LAFITE"商标构成近似；背标上使用的"拉菲特"与中国消费者广为知晓的"LAFITE"商标的音译"拉菲"构成近似。鉴于侵权行为发生时"拉菲"还未被核准注册，故"拉菲"应被认定为未注册驰名商标，两被告的行为构成商标侵权。因此，原告请求法院认定"拉菲"为未注册驰名商标，判令两被告停止侵权、消除影响并赔偿经济损失及合理支出共计人民币 500 万元。

　　　* （2015）沪知民初字第 518 号。

被告保醇公司、保正公司共同辩称：（1）"拉菲"远未达到未注册驰名商标的程度，原告要求认定"拉菲"为驰名商标的主张不能成立，法院对此不应亦没有必要予以认定。（2）被诉侵权葡萄酒瓶贴上使用的"CHATEAU MORON LAFITTE"商标是法国的有效注册商标，该商标与涉案注册商标"LAFITE"既不相同也不近似，不会使消费者对商品的来源产生混淆，故不构成对"LAFITE"商标权的侵犯。（3）即使法院认定保醇公司构成侵权，因其实际销售的被诉侵权商品仅为6394瓶，销售亦主要以批发为主，扣除税收、仓储费用、销售成本等，获利极为有限，原告主张的赔偿金额过高。综上，两被告请求法院驳回原告的诉讼请求。

上海知识产权法院于2017年12月27日作出（2015）沪知民初字第518号民事判决：（1）两被告立即停止对原告享有的第1122916号"LAFITE"注册商标专用权的侵害；（2）两被告立即停止使用与"拉菲"近似的"拉菲特"标识；（3）两被告应于判决生效之日起30日内在《中国工商报》上刊登声明，消除因商标侵权行为对原告造成的影响（声明内容须经法院核定）；（4）两被告应于判决生效之日起10日内共同赔偿原告包括合理费用在内的经济损失人民币200万元；（5）驳回原告的其余诉讼请求。一审宣判后，各方当事人均未上诉。

法院生效裁判认为：本案被诉侵权行为发生的时间早于原告取得"拉菲"商标专用权的时间，故对于与"拉菲"有关的被诉侵权行为是否成立的相关判断必须以"拉菲"在被诉侵权行为发生时是否属于未注册驰名商标作为事实依据。因此，本案中法院有必要对"拉菲"是否属于未注册驰名商标予以认定。本案相关事实足以证明我国相关公众通常以"拉菲"指代原告的"LAFITE"商标，并且"拉菲"已经与"LAFITE"商标之间形成了稳定的对应关系，在被诉侵权行为发生前"拉菲"已为中国境内相关公众广为知晓，"拉菲"可以被认定为未注册驰名商标。

被诉侵权葡萄酒酒瓶瓶贴正标上突出使用的"MORON LAFITTE"标识在我国侵犯了原告的"LAFITE"注册商标专用权，被告保醇公司在酒瓶瓶贴背标上使用的"拉菲特"标识侵犯了原告未注册驰名商标"拉菲"的商标权利。被告保醇公司进口并销售侵权葡萄酒的行为构成商标侵权，且主观恶意明显。被告保正公司明知被告保醇公司的侵权事实，仍为其提供物流、仓储等便利条件，构成帮助侵权。因此，两被告依法应当承担停止侵权、消除影响、赔偿损失等民事责任。

关于侵权赔偿数额。根据《商标法》第36条第2款的规定，经审查异议不成立而准予注册的商标，商标注册申请人取得商标专用权的时间自初步审定公告 3 个月期满之日起计算。自该商标公告期满之日起至准予注册决定作出前，对他人在同一种或者类似商品上使用与该商标相同或者近似的标志的行为不具有追溯力；但是，因该使用人的恶意给商标注册人造成的损失，应当给予赔偿。该条法律规定对商标准予注册决定作出前因使用人的恶意给商标注册人造成的损失提供了救济途径。而本案侵权行为发生的时间早于原告取得"拉菲"商标专用权的时间，《商标法》及其相关司法解释虽未规定未在我国注册的驰名商标受侵害时可以获得赔偿，但被告保醇公司对"拉菲特"标识的使用主观恶意明显，结合上述《商标法》第 36 条第 2 款规定的立法本意以及对未注册驰名商标的侵害确实也会给权利人造成损失的实际情况，本案中两被告应自其侵权行为发生时起根据《商标法》的相关规定对原告予以赔偿。本案中，原告因被侵权所受到的实际损失、两被告因侵权所获得的利益以及注册商标许可使用费均难以确定，故法院结合原告未注册商标的驰名程度及其显著性、两被告实施侵权行为的主观恶意、侵权持续时间、侵权规模、侵权商品的销售情况、侵权商品进口单价与销售价格之间的差价，以及原告为本案诉讼所支出的合理费用等因素，酌情确定两被告共同赔偿原告经济损失及合理费用共计人民币 200 万元。

二、撰写心得

裁判文书是对审判经验和审判规则的真实记录，集中体现了法官的司法水平和司法智慧，也是司法公正的最终载体。这是裁判文书的共性，而知识产权案件的裁判文书更有其个性和特点。

（一）知识产权案件专业性强，判决书中会有较多专业用语和描述

知识产权法院审理的大部分是技术类案件，涉及的技术领域也很广泛，有机械、医药、化学、计算机软件等，判决书中少不了对于技术事实的描述。文书中专业问题的描述是否准确、到位，关系到当事人能否服判息诉，也关系到法官的专业水平能否被认可。一篇优秀的知识产权文书，不但凝结了合议庭成员、法官助理、书记员共同的心血，还少不了技术专家们的帮助。技术类案件审理中，笔者会邀请技术调查官或者技术专家共同参与技术问题的事实查明；写完判决书后，笔者也会将其中涉及技术事实部分的表述让他们帮忙把关、修改，让技术问题的描述更为专业、精准。即使不是技术类案件，其中需要掌握的专业知识也不少。为了能写好这篇判决书，笔者阅读了《波

尔多 1855 年列级酒庄》等一些关于红酒文化的书籍，去了解"拉菲"这个红酒品牌；查阅了我国进口食品标签的相关规定，用来回应被告关于印有侵权标识的葡萄酒酒瓶背标是根据相关规定制作，并不构成侵权的抗辩；查询了进口商品的税率标准，以便能更准确地确定侵权赔偿数额。

（二）知识产权案件除了专业性强外，证据材料多也是一大特点

不少案件法官需要从成百上千页，甚至几万页的证据材料中厘清案件事实，很大一部分案件都需要经过几次庭前会议之后才能正式开庭，判决书字数较多，写作周期也较长。因此，对于一些证据众多、案情复杂、争议较大的案件，法官可以选择在庭前会议之后先草拟判决书，再去开庭。可能有人会有疑虑，这样的判决书写作方法会不会有"先入为主"之嫌，既然判决书都写了，判决结论不也就出来了吗，开庭还有意义吗？严格来讲，法官这样做，不是先写判决书，而是先按照写判决书的要求，把证据和事实梳理一遍，将没有争议的部分先固定下来，这样可以让庭审方向更明确，审理重点更突出，双方争议焦点的归纳更全面准确，也能让当事人在开庭时更充分地发表意见，还能起到查漏补缺的作用。可能有不少法官都有这样的感受，在写判决书的时候总会觉得"差口气"，可能是有一节事实漏查了，也有可能是少问了一个问题。如果先草拟判决书再去开庭，可能这些问题都能避免。庭审的质量与判决书的质量其实是相辅相成的，判决书初稿中标红的段落、留白的部分往往就是庭审提纲中列出的需要重点查明的事实、询问的问题。

（三）知识产权案件中新情况、新问题较多，还存在同一权利人在全国各地进行维权的情形，适法统一问题比较突出，所以"类案检索"在案件审理中尤为重要

笔者一般会从三个"横向"和三个"纵向"进行"类案检索"。第一个横向检索，是检索自己所在法院和本市其他法院之前是否受理过类似的案件，了解案件的审理情况及处理结果。第二个横向检索，是检索全国其他法院类似案件的判决书，梳理每个案件的相同点和不同点，以及判决结果的差异。第三个横向检索，是检索与案件审理中遇到的问题相关的调研文章，学习专家学者和其他法官的理论和观点。三个纵向检索，第一个纵向检索，是对自己之前类似案件的判决书进行检索，笔者有个习惯，每年审结当年的最后一个案件后，会对自己一年来所有的结案文书电子版作整理归类，在每份判决书的文件名中将案件的类型、要点等用几个关键词进行标注，便于之后查找、使用。第二个纵向检索，是对之前判决的类似案件上诉后二审法院的判决书

进行检索。每一个上诉案件的二审判决书笔者都会留一份，抽时间仔仔细细看一遍，看看有什么事实是一审时没有查明，二审法院补充查明的，有没有判决理由是二审法院不认同而进行更改或者进行补充的。这些都成为笔者之后在案件审理和判决书写作中特别关注的问题。第三个纵向检索是检索最高人民法院的指导性案例、公报案例和最高人民法院每年公布的知识产权典型案例等，看看有没有类似案件以及成熟的司法裁判观点可以参考。就这篇获奖文书而言，在文书撰写前上述检索方法笔者基本都采用了。本案是原告要求对其未注册的驰名商标"拉菲"进行认定并要求被告对侵权行为进行赔偿的案件。我们国家主要保护的是注册商标，而对于未注册商标，只有符合法律规定的条件被认定为驰名商标，才受《商标法》保护，所以这类案件会比较少，笔者在进行"类案检索"时，查到的判决书一共只有5篇。笔者对所检索的内容逐篇进行阅读学习，梳理了这些资料中关于未注册驰名商标认定必要性的判断理由、认定标准，以及侵害未注册驰名商标是否应承担赔偿责任等几个比较重要的问题的各种观点和意见，并做了检索笔记，这对于之后判决书的写作起到了很大的帮助。通过检索，笔者发现在之前的案件中，法院都没有判决侵害未注册驰名商标的行为人承担经济损失的赔偿责任，个别案件权利人在起诉时就没有要求被告赔偿经济损失，只要求赔偿合理支出。因此，笔者加强了对《商标法》立法本意和立法精神的研究，充分理解和运用好立法精神和原理，在《商标法》及相关司法解释没有明确规定未注册驰名商标受侵害时可以获得赔偿的情况下，类推适用《商标法》的其他规定，判决被告承担赔偿责任。

判决书是法官职业生涯最好的见证，它既可以见证法官在判决书撰写过程中付出的努力，也可以见证法官审判经验的积累过程，还可以见证法官的每一次成长。法官撰写判决书的能力和水平的提升空间一直会存在，最好的判决书永远是下一篇。

（吴盈喆，上海知识产权法院法官）

三、专家评析

本案主要涉及未注册驰名商标认定必要性的判断、认定标准，以及侵害未注册驰名商标是否承担赔偿责任等问题。本案除了对"拉菲"商标属于未注册驰名商标作出准确认定外，在我国《商标法》及相关司法解释并未规定未注册驰名商标受侵害时可以获得赔偿的情况下，类推适用《商标法》第36条关于恶意使用未准予注册商标应当赔偿的规定，判决恶意使用未注册驰名商标的行为人承担赔偿责任。

我国《商标法》及相关司法解释对于未注册驰名商标和已注册驰名商标的保护都体现为不予注册并禁止使用，且对于侵犯未注册驰名商标的明确规定需承担停止侵害的民事责任，但无赔偿责任的规定。本案中原告要求保护的"拉菲"商标虽然在被诉侵权行为发生时属于未注册商标，但经过原告长期使用及大量商业推广与宣传，该商标在市场上已享有很高知名度并为公众所熟知，凝集了较高的商业信誉。被告使用侵权标识的主观恶意明显，其使用行为亦必然占用未注册驰名商标的商誉，给原告造成损害。如果被告不承担赔偿责任，既不公平，又不合理，也难以达到有效制止和预防侵害未注册驰名商标的目的。本案判决结合我国商标法保护商标权利、维护商标信誉、保障消费者和生产、经营者利益等立法本意，在商标法中找寻可以适用的法律规则。《商标法》第36条第2款系2013年修改时新增加的条款，根据该条法律规定，对于经审查异议不成立而准予注册的商标，一方面规定对他人自该商标公告期满之日起至准予注册决定做出前，在同一种或者类似商品上使用与该商标相同或者近似的标志的行为不具有追溯力，另一方面又规定因使用人的恶意给商标注册人造成的损失，应当给予赔偿。鉴于本案所涉未注册驰名商标的性质、被告的主观恶意等均与《商标法》第36条第2款所规定的恶意使用准予注册前的商标应当赔偿的情形存在类似性，故运用类推适用的方法，将《商标法》第36条第2款规定所体现的法律规则适用于本案。本案判决弥补了法律和司法实践对未注册驰名商标损害赔偿规定的缺失。

本案虽案情复杂，证据繁多，判决书篇幅较长，但详略得当，条理清晰，争议焦点归纳准确，围绕争议焦点论证翔实，说理透彻，体现了撰写人专业、公正的职业素养，严谨、细致的工作作风，扎实、深厚的业务水平。本案例及文书能够获得多个全国法院和上海法院的奖项，也是实至名归。

（点评人：陈惠珍，上海知识产权法院审判委员会专职委员，全国审判业务专家）

（2015）沪知民初字第518号裁判文书原文

41. 河北山人雕塑有限公司和河北中鼎园林雕塑有限公司等侵害著作权纠纷案[*]

【关键词】

美术作品 红色经典 共同侵权 著作权

【裁判要旨】

1. 权利人创作的雕塑设计图和效果图等构成美术作品，未经许可制作与该作品实质性相似的雕塑构成对该美术作品著作权的侵犯。其他主体明知权利作品来源及权属，仍然向侵权雕塑制作人提供该作品图纸、指示其复制侵权产品或者为复制行为提供便利的，与侵权雕塑制作人构成共同侵权，依法应承担连带责任。

2. 侵权雕塑为大型户外雕塑，放置的场所具有革命传统教育和爱国主义教育功能，如因承担停止侵权责任而判处拆除，一方面会造成社会资源的极大浪费，另一方面亦不利于发挥作品的教育功能，综合考虑尊重历史、尊重法律、尊重权利的原则，可以判令被告在赔偿金外另行支付合理许可使用费，代替对被诉侵权复制品进行拆除的责任方式。

一、简要案情

2017 年 5 月，遵义市播州区三合镇人民政府（以下简称三合镇政府）作为发包人与贵州慧隆建设工程有限责任公司（以下简称慧隆建工公司）签订了《建设工程施工合同》，就三合镇烈士陵园一期工程施工有关事项达成协议。2017 年 12 月，河北山人雕塑有限公司（以下简称山人雕塑公司）与遵义众和诚农业开发有限公司（以下简称众和诚公司）洽谈，有意合作三合镇刀靶烈士陵园（也称"三合镇烈士陵园"）的"刀靶大捷"浮雕工程。同月，众和诚公司通过电子邮件告知山人雕塑公司设计主题等。2018 年 1 月初，山人雕塑公司完成设计图后，与众和诚公司同三合镇政府就浮雕项目的设计及

---

[*] （2019）黔民终 449 号。

费用等进行商谈。2018年3月5日，贵州慧隆建设工程有限责任公司遵义分公司（以下简称慧隆建工公司遵义分公司）与河北中鼎园林雕塑有限公司（以下简称中鼎雕塑公司）签订《雕塑设计制作安装合同书》，就三合镇烈士陵园主墓区的雕塑设计制作安装工程在工程内容、工艺要求、合同工期、合同价款等方面进行了约定。2018年5月，山人雕塑公司发现三合镇烈士陵园中的浮雕侵害其著作权，遂诉至法院，请求判令三合镇政府、众和诚公司、慧隆建工公司及其遵义分公司、中鼎雕塑公司立即拆除位于三合镇烈士陵园的侵权"刀靶大捷"浮雕，在《遵义日报》及众和诚公司网站主页刊登道歉信，赔偿7万元及承担本案诉讼费用。

涉案作品的传递路径为：山人雕塑公司将设计图提供给众和诚公司，众和诚公司提供给三合镇政府和慧隆建工公司遵义分公司，慧隆建工公司遵义分公司提供给中鼎雕塑公司。该作品经中鼎雕塑公司稍作修改并经三合镇政府最终确认后，由中鼎雕塑公司负责制作和安装。中鼎雕塑公司自认侵权雕塑系由其制作安装，但未提交证据证明侵权雕塑由其进行创作。

二、撰写心得

本案涉及作品保护范围的确定、多主体侵权的责任认定、红色经典作品的利用与保护等多个问题。具体分析，包括如下几个方面。

（一）涉案作品性质及保护范围

根据《著作权法实施条例》的规定，美术作品是指绘画、书法、雕塑等以线条、色彩或者其他方式构成的有审美意义的平面或者立体的造型艺术作品；而图形作品则是指为施工、生产绘制的工程设计图、产品设计图，以及反映地理现象、说明事物原理或者结构的地图、示意图等作品。本案中，涉案作品为"刀靶大捷"浮雕设计图及效果图，系通过平面方式呈现对烈士陵园浮雕内容的设计，而非标注尺寸、材质等可供施工的图纸，因此应属《著作权法》意义上的美术作品。

法院在确定作品的保护范围时，基于《著作权法》原理和立法目的，尚需排除属于公有领域、不具有独创性（如惯常表达及事实）、表达唯一或有限等内容。涉案作品具体由"刀靶大捷"简介、"刀靶大捷"战役浮雕和长征组歌乐谱片段三部分构成。其中，长征组歌乐谱片段系将长征组歌节选部分的曲名和五线谱雕刻于墙体上。文书对该部分进行了分析，首先，五线谱是通用的对音乐作品的记载方式，属于以书面形式记录的音乐作品，而其记录载体无论是纸、金属还是墙体均不会改变作品性质，故该作品应认定为音乐作品，著作权属于音乐作品作者，而非将其以浮雕形式呈现的制作者（复制者）；其次，原告的该部分设计仅包含规范的曲谱名和五线谱，并未另外增添其他任何具有独创性的表达，因此也不存在基于改编而形成新作品的情况；最后，即使不讨论这一设计手法是否常见，而认为在浮雕中加入描述刀靶大捷的长征组歌片段属于原告的创意，这一创意也属于不受《著作权法》保护的思想范畴，而对材料的选择方面，长征组歌中涉及刀靶大捷的仅有一个片段，任何人基于给定创作主题，在选取乐曲片段时均会、也只能选取该片段。综上，在确定涉案作品保护范围时理应将其中的长征组歌乐谱片段部分予以排除。

（二）涉案作品的权属

中鼎雕塑公司认为，涉案作品著作权不能由山人雕塑公司独享，三合镇政府和慧隆建工公司为合作作者。本案中，三合镇政府作为烈士陵园浮雕工程的发包方，慧隆建工公司作为项目的参与者，必然会对浮雕设计的主题等提出具体要求，对设计方案提出修改意见，并对是否采纳方案享有最终决定权，但这些都不意味着其为作品创作增添了某种具体的独创性表达，赋予了作品独特的个性。正如《著作权法》及其实施条例所规定的：没有参加创作的人，不能成为合作作者；为他人创作进行组织工作，提供咨询意见、物质条件，或者进行其他辅助工作，均不视为创作。

（三）侵权人的主观过错

中鼎雕塑公司称，其只是按第三方提供的图纸进行施工，没有侵权的主观故意。《著作权法》第53条[①]对免除侵权复制品制作者和发行者的赔偿责任设置了不同层次的抗辩事由：对发行者（销售者），要求证明复制品具有合法来源；而对于侵权复制品的源头，即其出版者、制作者，则提出了更高的要求，要求其能够证明制作有合法授权，即取得了权利人的明确许可。本案中，中鼎雕塑公司作为侵权复制品的制作者，显然无法提供证据证明其复制行为

---

① 该条已被《著作权法》（2020年修正）第59条修改。《著作权法》（2020年修正）第59条规定："复制品的出版者、制作者不能证明其出版、制作有合法授权的，复制品的发行者或者视听作品、计算机软件、录音录像制品的复制品的出租者不能证明其发行、出租的复制品有合法来源的，应当承担法律责任。在诉讼程序中，被诉侵权人主张其不承担侵权责任的，应当提供证据证明已经取得权利人的许可，或者具有本法规定的不经权利人许可而可以使用的情形。"

获得了著作权人授权。

此外，最高人民法院在（2019）最高法知民终 118 号民事判决书中亦指出，销售者合法来源抗辩的成立，需要同时满足被诉侵权产品具有合法来源这一客观要件和销售者无主观过错这一主观要件，两个要件相互联系。主观要件具体包含"不知情"和"无过失"两个方面。"不知情"指销售者在事实上确实不知道所售商品是侵权商品，即排除了其"明知""故意"的情形；而"无过失"则是从客观方面具体考量销售者是否尽到了应尽的注意义务，具体可从主体、客体和其他方面进行考量。因为从某种意义上来讲，合法来源抗辩是为保护善意第三人和交易安全，为无过错的侵权人提供的救济途径。举轻以明重，对侵权复制品的制作者更应当进行主观方面的考量，尤其是考察是否存在有其他证据证明其明知侵权仍故意而为的情况。本案中，中鼎雕塑公司作为侵权复制品的制作者，并没有对其所复制作品的来源进行任何审查，未尽到法律要求的注意义务，对他人权利的漠视和对侵权行为的放任体现出其主观上的严重疏失。

（四）共同侵权的认定

本案中，三合镇政府、众和诚公司和慧隆建工公司均明知涉案作品来源及权属，其虽未参与被诉侵权雕塑的制作，但其或是直接指示中鼎雕塑公司复制涉案作品，或是提供、传递该作品图纸，为复制行为提供极大便利。《侵权责任法》第 9 条第 1 款①规定："教唆、帮助他人实施侵权行为的，应当与行为人承担连带责任。"前述主体分别对直接侵权者进行教唆或帮助，与其构成共同侵权，依法应承担连带责任。此外在传统民法中，评判教唆、帮助者的责任时，对其动机或目的均是在所不问的，亦即被诉侵权雕塑所涉的公共利益、社会福祉、革命教育、非营利性等因素均不能作为侵权的抗辩事由。

（五）侵权责任的承担方式

本案中，中鼎雕塑公司对涉案作品进行了少量修改，侵犯了涉案作品著作权中的修改权；其在完成的浮雕上并未以任何方式为作者署名，侵犯了作者的署名权；山人雕塑公司仅将涉案作品设计图提供给众和诚公司和三合镇政府，并未向不特定的社会公众公开，故中鼎雕塑公司还侵犯了涉

---

① 对应《民法典》第 1169 条第 1 款。

案作品发表权。而这三项权利均属著作人身权，故原告要求被告在侵权地媒体《遵义日报》及众和诚公司网站主页刊登道歉信的诉讼请求可以得到支持。

被诉侵权雕塑已在三合镇烈士陵园内修筑完毕，如被告因承担停止侵权的责任而拆除该大型浮雕墙，则一方面从经济角度出发，将会造成社会资源的极大浪费，不符合《民法典》的绿色原则；另一方面从作品性质考虑，该作品系为纪念红军长征刀靶大捷而设计，修筑于刀靶水所在地三合镇的烈士陵园内，有着突出的革命传统教育和爱国主义教育功能，弘扬了社会主义核心价值观，已然关涉公共利益。最高人民法院亦在相关通知中指出，要依法妥善审理好使用红色经典作品报酬纠纷和英雄烈士合法权益纠纷案件，在侵权认定、报酬计算和判令停止行为时，法院应当秉承尊重历史、尊重法律、尊重权利的原则，坚持红色经典和英雄烈士合法权益司法保护的利益平衡。基于此，一、二审法院均以要求被告以在赔偿金外另行支付合理许可使用费的方式代替对被诉侵权复制品进行拆除，二审判决更提高了侵权赔偿金和使用费，对本案所涉各类利益审慎进行平衡。

（秦娟，贵州省高级人民法院法官）

三、专家评析

本案同时入选 2019 年"中国法院 10 大知识产权案件"。近年来，人民法院积极将社会主义核心价值观纳入知识产权司法全过程，将社会主义核心价值观贯穿法律解释和法律适用全过程。其中，妥善审理涉及红色经典作品的著作权案件，是传播知识产权司法保护正能量的重要环节。

本案是一起涉及红色经典作品的著作权纠纷，二审判决秉承尊重法律、尊重权利、尊重经典的原则，在判决不停止侵权的同时，通过提高侵权赔偿金和使用费的方式对权利人进行救济，既充分考虑了对权利的有效保护，也有力兼顾了经典传承，使裁判结果既符合法律，又契合社情民意。法官是一线工作者，最能触及社会百态，也最能感受社会对法律的需求，法官不能局限于适用现行法，还应对法学理论进行有益探索，推动我国法治的进步。本案判决未止步于法律的适用，还积极探索了"著作权侵权不停止"的利益平衡考量，承担了法治进步推动者的职责。

此篇文书制作精良，说理充分，逻辑严谨，层次清晰，论证有力，取得了良好的法律效果和社会效果，具有示范性价值，体现了司法裁判者的理论功底和智慧。

（点评人：冷传莉，贵州大学法学院院长、二级教授）

（2019）黔民终 449 号裁判文书原文

42. 刘某某和内蒙古阿儿含只文化有限责任公司、巴某某、内蒙古电影集团有限责任公司侵害著作权纠纷案*

【关键词】

接触可能性　法定赔偿　合理开支

【裁判要旨】

1. 著作权人主张他人侵犯其作品著作权，应举证判断被诉侵权作品的作者具有接触其在先作品的可能性。在先作品未发表，但法院综合考虑在先作品曾交由被诉侵权作品作者单位立项拍摄以及被诉侵权作品作者参与该项目的情况等事实，可以认定被诉侵权作品作者有可能接触在先作品。

2. 拍摄完成的侵权影片虽未放映，但在国内外影展中获得多个奖项的，可以认定侵权人就此获得较大利益。综合考虑侵权人侵权的主观故意及因侵权行为导致权利人经济利益受到减损、侵权人获得无形的经济利益和商业机会等因素，法院可依照法定赔偿顶格判赔，并判决侵权人另行赔偿合理开支。

一、简要案情

刘某某创作完成的《母亲》剧本，于 2002 年进行了作品登记。2004 年内蒙古电影制片厂对《母亲》剧本申请立项并获准拍摄。影片总导演刘某某，策划刘某某，导演郁某某，因其他原因该影片未进行实际拍摄。2016 年，刘某某就该剧本委托大连两度文化传媒有限公司以《金花额吉》为名申报拍摄。国家新闻出版广电总局（现国家广播电视总局）回复辽宁广播电影电视局称，《金花额吉》与已有的影片《诺日吉玛》非常相近，建议该局了解情况，对于简单重复的项目不予备案。《诺日吉玛》影片的编剧和导演为巴某某，该影片于 2011 年由电影集团内蒙古电影制片厂立项，后由阿儿含只公司作为出品

---

* （2019）内民终 156 号。

单位于 2013 年实际拍摄完成，至今未公映。该影片获得伊朗国际电影节最佳影片奖等国内外多个奖项。刘某某认为，巴某某、阿儿含只公司、电影集团侵害其《母亲》剧本的署名权、改编权、摄制权，诉至法院请求判令三被告承担停止侵权、赔礼道歉、赔偿损失 50 万元及合理开支 2 万元的连带责任。

本案争议焦点为：阿儿含只公司、巴某某是否有侵权行为。如构成侵权，应如何承担侵权责任。

第一，阿儿含只公司、巴某某是否有侵权行为的问题。

1. 巴某某是否接触了刘某某创作的《母亲》剧本是认定是否存在侵权行为的关键。刘某某 1993 年创作的《母亲》剧本虽未发表，但其曾在 2004 年将《母亲》剧本提供给原内蒙古电影制片厂进行影片拍摄立项，该影片导演确定为郁某某。巴某某系原内蒙古电影制片厂员工（演员），且多次在郁某某导演拍摄的影视作品中担任男主角，尤其在郁某某导演筹拍《母亲》影片期间，巴某某正在郁某某导演拍摄的电视剧《我从草原来》中饰演男主角，与其共同拍摄至该剧完成。结合同在现场拍摄的两名证人所述"郁某某导演说过想让巴某某饰演《母亲》中的日本兵"的证言，可以认定巴某某接触过《母亲》剧本。

2.《诺日吉玛》剧本及影片与刘某某在先剧本《母亲》是否构成实质性相似。根据中国版权保护中心版权鉴定委员会鉴定意见，《诺日吉玛》剧本与《母亲》剧本存在基本相同或者相似的情节有 24 处，影片《诺日吉玛》与《母亲》剧本存在基本相同或者相似的情节有 25 处。即使这些相同或者相似的情节中包含如"50 多岁蒙古族妇女特写""草原人家外景""望着远方，听战斗枪炮声，看见火光""金花喂两伤兵食物""撕布条缠伤口""唱蒙古长调"等几处必要场景和有限表达的部分，仍有"金花救出两名伤兵，一名苏联伤兵、一名日本伤兵""金花分别给两名伤兵抹药'马粪包'""两伤兵打架，金花骂伤兵""看照片""金花病倒"等近 19 处情节表达与刘某某独创性的情节表达相同或相似，并且这些相同或相似的表达亦选择与《母亲》剧本同一时期的战争历史背景，选择包含一位蒙古族母亲和一个苏联伤兵、一个日本伤兵的人物设置，选择在蒙古族母亲救护伤兵及两伤兵之间活动的两个线索中安排、设计和串联上述具体情节发展剧情完成全剧的整体表达，其中上述相同或相似的情节表达已占《诺日吉玛》剧本及影片内容的 58.31%，故《诺日吉玛》剧本及影片与在先剧本《母亲》已经构成实质性相似。综上，巴某某接触了刘某某《母亲》作品的内容，并实质性使用了《母亲》作品的人物设置、人物关系以及具有较强独创性的情节表达来发展故事情节，完成《诺日吉玛》剧本作品，提供给电影集团立项拍摄，其行为已经超越了合理借鉴的边界，构成对案涉《母亲》作品的改编，且其对原作品作者未予署名，侵害了刘某某对《母亲》作品享有的署名权、改编权、摄制权。阿儿含只公司作为影片《诺日吉玛》的出品单位对于巴某某侵害案涉《母亲》作品改编权的行为提供帮助，在《诺日吉玛》剧本的基础上实际拍摄完成《诺日吉玛》影片并出品，亦侵犯了刘某某对《母亲》作品享有的改编权、摄制权。因刘某某在二审期间声明对电影集团放弃诉讼主张，法院对电影集团是否侵权的事实不再评判。

第二，关于如何承担侵权责任。《著作权法》第47条①规定：未经著作权人许可，以展览、摄制电影和以类似摄制电影的方法使用作品，或者以改编、翻译、注释等方式使用作品的行为，应当根据情况，承担停止侵害、消除影响、赔礼道歉、赔偿损失等民事责任。《侵权责任法》第8条②规定：二人以上共同实施侵权行为，造成他人损害的，应承担连带责任。巴某某未经刘某某许可，擅自使用《母亲》剧本创作《诺日吉玛》剧本并将剧本提供给《诺日吉玛》影片的出品单位，阿儿含只公司在巴某某提供的《诺日吉玛》剧本基础上实际拍摄《诺日吉玛》影片出品，并以该影片参加国内外多项影展，扩大侵权影响，与巴某某共同侵害了刘某某对《母亲》剧本享有的著作权，应共同承担停止侵害、赔礼道歉并连带赔偿损失的侵权责任。

---

①　该条已被《著作权法》（2020年修正）第52条修改。《著作权法》（2020年修正）第52条规定："有下列侵权行为的，应当根据情况，承担停止侵害、消除影响、赔礼道歉、赔偿损失等民事责任：（一）未经著作权人许可，发表其作品的；（二）未经合作作者许可，将与他人合作创作的作品当作自己单独创作的作品发表的；（三）没有参加创作，为谋取个人名利，在他人作品上署名的；（四）歪曲、篡改他人作品的；（五）剽窃他人作品的；（六）未经著作权人许可，以展览、摄制视听作品的方法使用作品，或者以改编、翻译、注释等方式使用作品的，本法另有规定的除外；（七）使用他人作品，应当支付报酬而未支付的；（八）未经视听作品、计算机软件、录音录像制品的著作权人、表演者或者录音录像制作者许可，出租其作品或者录音录像制品的原件或者复制件的，本法另有规定的除外；（九）未经出版者许可，使用其出版的图书、期刊的版式设计的；（十）未经表演者许可，从现场直播或者公开传送其现场表演，或者录制其表演的；（十一）其他侵犯著作权以及与著作权有关的权利的行为。"

②　对应《民法典》第1168条。

第三，关于赔偿数额。根据《著作权法》第49条①规定：侵犯著作权或者与著作权有关的权利的，权利人的实际损失或者侵权人的违法所得不能确定的，由人民法院根据侵权行为的情节，判决给予50万元以下的赔偿。刘某某未提交证据证实其因被侵权遭受的实际损失及阿尔含只公司和巴某某因侵权所获得的实际利益，故本案适用法定赔偿原则确定赔偿数额。对于剧本作品而言，将剧本拍摄成影视作品是最具有市场影响和商业价值的利用方式。首先，阿儿含只公司和巴某某的上述侵权行为导致刘某某《母亲》剧本（以《金花额吉》申请立项）不能立项、拍摄，阻碍了《母亲》剧本通过拍摄进入市场的商业机会，造成刘某某相应经济收益的减损。其次，案涉《诺日吉玛》影片虽未在影院公映，但多次参加国内外影展，已获得多个奖项，客观上提升了阿儿含只公司和巴某某在国内外同行业中的声誉并为其带来了无形的经济利益和商业机会。法院综合上述情形，根据案涉作品的性质、类型、影响力、侵权作品的传播范围等因素综合考虑，确定阿儿含只公司和巴某某共同赔偿的数额为50万元。法院判决：阿儿含只公司、巴某某停止侵权、赔礼道歉，共同赔偿刘某某损失50万元及合理开支2万元。

二、撰写心得

（一）是否存在"接触"事实的考虑

在侵害著作权纠纷中，被诉侵权作品的作者在创作时接触过权利人主张权利的作品或者存在接触的可能，且被诉侵权作品与权利人主张权利的在先作品的相关内容相同或者实质性相似，而被诉侵权作品的作者不能举证或者说明被诉侵权作品合法来源的，可以认定被诉侵权作品的作者侵害了权利人著作权。由此可见，"接触加实质性相似"是著作权侵权判断的基本规则，其

---

① 该条已被《著作权法》（2020年修正）第54条修改。《著作权法》（2020年修正）第54条规定："侵犯著作权或者与著作权有关的权利的，侵权人应当按照权利人因此受到的实际损失或者侵权人的违法所得给予赔偿；权利人的实际损失或者侵权人的违法所得难以计算的，可以参照该权利使用费给予赔偿。对故意侵犯著作权或者与著作权有关的权利，情节严重的，可以在按照上述方法确定数额的一倍以上五倍以下给予赔偿。权利人的实际损失、侵权人的违法所得、权利使用费难以计算的，由人民法院根据侵权行为的情节，判决给予五百元以上五百万元以下的赔偿。赔偿数额还应当包括权利人为制止侵权行为所支付的合理开支。人民法院为确定赔偿数额，在权利人已经尽了必要举证责任，而与侵权行为相关的账簿、资料等主要由侵权人掌握的，可以责令侵权人提供与侵权行为相关的账簿、资料等；侵权人不提供，或者提供虚假的账簿、资料等的，人民法院可以参考权利人的主张和提供的证据确定赔偿数额。人民法院审理著作权纠纷案件，应权利人请求，对侵权复制品，除特殊情况外，责令销毁；对主要用于制造侵权复制品的材料、工具、设备等，责令销毁，且不予补偿；或者在特殊情况下，责令禁止前述材料、工具、设备等进入商业渠道，且不予补偿。"。

中"接触"的认定和论理更是撰写此类案件裁判文书的关键部分。对于已经发表的作品，不特定的公众均有可能"接触"到作品，相对容易判断被诉侵权作品的作者是否"接触"权利人作品的事实；对于权利人未发表的作品，判断是否存在"接触"，较为复杂，一般考虑被诉侵权作品的作者或其关联主体与在先未发表作品的作者之间是否存在联系、投稿、合作洽谈等情况，视不同情形综合判定是否有存在"接触"的可能。通常认为，权利人只要能够证明被诉侵权作品作者存在具有接触权利作品的可能性则应视为完成了举证责任。一审判决以"刘某某未能证明其将剧本交由巴某某的事实"认定巴某某未"接触"权利作品，显然对权利人提出了过于严苛的举证要求，加重了权利人的举证责任。该认定不利于保护著作权人的合法权益，更有悖于严格保护知识产权的司法政策精神。案涉《母亲》剧本未发表，但可以确认创作时间为1993年，早于巴某某2010年创作的《诺日吉玛》剧本，属于在先为发表作品，具备判断"接触"的前提条件。二审判决在认定巴某某是否"接触"《母亲》剧本时主要论述以下事实：一是权利人曾在2004年提供《母亲》剧本给内蒙古电影制片厂立项拍摄，而《诺日吉玛》编剧巴某某系该厂演员；二是巴某某在郁某某导演筹拍《母亲》影片期间在该导演拍摄的另一电视剧《我从草原来》中饰演男主角，且具有与该导演长期合作拍摄多部影视作品的经历；三是电视剧《我从草原来》剧组人员证实郁某某导演谈到过让巴某某饰演《母亲》剧日本兵的角色。综合以上事实，在权利人将剧本交由内蒙古电影制片厂立项拍摄期间，巴某某极有可能接触到《母亲》剧本，二审据此认定巴某某"接触"了权利人在先未发表作品。

（二）侵权影片未公映的判赔数额考虑

影片《诺日吉玛》未公映，因此公映后可能产生的市场利益无法确定。权利人亦未提交证据证实其因被侵权遭受的实际损失及侵权人因侵权所获得的实际利益，故本案应适用法定赔偿。案涉作品类型为剧本作品，且基于该剧本拍摄的《诺日吉玛》影片在国内外影展多次获奖，在影视界已经产生较大影响力。对于剧本作品而言，将剧本拍摄成影视作品是最具有市场影响和商业价值的利用方式，且剧本作者主要据此方式获得利益回报。基于此，二审法院主要考虑：（1）侵权人的侵权行为导致权利人《母亲》剧本（以《金花额吉》申请立项）不能立项、拍摄，阻碍了《母亲》剧本通过拍摄进入市场的商业机会，造成权利人相应经济收益的减损；（2）案涉《诺日吉玛》影片多次参加国内外影展，已获得多个奖项，客观上提升侵权人（出品公司和编剧）在国内外同行业中的声誉并为其带来了无形的经济利益和商业机会。虽然上述情形无法精确量化，但实际的损失或利益已经客观存在，且所产生的损失或利益可能大于法定赔偿上限确定的补赔偿数额，故二审判决将侵权人的赔偿数额酌情顶格确定为 50 万元。

（三）顶格判赔的著作权案件，合理开支另行计赔考虑

《著作权法》第 49 条第 2 款①规定：赔偿数额应当包括权利人为制止侵权行为所支付的合理开支。对此作文义解释则为"权利人为制止侵权行为所支付的合理开支应当包括在人民法院确定的法定赔偿限额内"。但 2015 年 1 月修正的《最高人民法院关于审理专利纠纷案件适用法律问题的若干规定》第 22 条②规定，权利人主张合理开支的，人民法院可以在《专利法》第 65 条确定的赔偿数额之外另行计算。可以说，该专利司法解释率先明确了合理开支单独计赔，不包括在法定赔偿限额内的规则。另外，《最高人民法院关于当前经济形势下知识产权审判服务大局若干问题的意见》（法发〔2009〕23 号）第 16 条指出，除法律另有规定外，在适用法定赔偿时，合理的维权成本应另行计赔。2016 年 7 月 7 日，最高人民法院副院长陶凯元在全国法院知识产权审判工作座谈会上的讲话中指出："加大对合理开支的支持力度，除法律另有规定外，在适用法定或者酌定赔偿时，应另行计算合理的维权成本。"上述有关合理开支的最新的司法理念，不应与《著作权法》及其司法解释相关规定割裂开来理解。因此，本案依照相关司法解释及司法政策、领导讲话精神，在适用法定赔偿顶格判赔的前提下，另行计赔合理开支，充分保护了著作权人的合法权益。

（白海荣，内蒙古自治区高级人民法院法官）

三、专家评析

发挥司法保护知识产权主导作用，加大知识产权司法保护力度，是人民法院服务国家创新发展大局、推进知识产权强国建设的应有之责。本案中，二审法院严格贯彻落实最高人民法院"司法主导、严格保护、分类施策、比例协调"的司法政策，在法定赔偿范围内对著作权人的合法权利给予了最高额保护，彰显了人民法院运用司法保护知识产权的坚决态度。本案的裁判亮点在于三个方面。

---

① 对应《著作权法》（2020 年修正）第 54 条第 3 款。
② 对应《最高人民法院关于审理专利纠纷案件适用法律问题的若干规定》（2020 年修正）第 16 条。

（一）合理分配举证责任，以程序正义助推实体正义

在对"接触"事实的判定上，二审法院改变了一审法院举证责任的分配方式，认为权利人只要能够证明被诉作品作者存在具有接触权利作品的可能性则即完成了举证责任，这一分配方式使得人们赋予对侵权人"接触"了权利人在先未发表作品的事实得以认定，进而指引法官作出正确裁判。二审法院对举证责任的合理分配，有助于著作权人行使诉权，对于著作权人实体权利的保护起到了关键作用。

（二）顶格判赔，切实体现严格保护的法律效果

本案在确定知识产权赔偿数额时，力求准确反映被侵害的作品著作权的相应市场价值。二审法院在充分考虑权利人因被侵权导致经济收益减损及侵权人因侵权获得了经济利益和商业机会，且所产生的损失或利益可能大于法定赔偿上限确定的赔偿数额的前提下，在法定赔偿限额内顶格支持了权利人的赔偿请求，体现了人民法院在司法实践中，充分用足用好自由裁量幅度空间，在法律允许的幅度范围内加大司法惩处力度，使侵权人为其侵权行为付出沉重代价的司法理念。

（三）有效降低维权成本，为知识产权保护提档加速

针对权利人"举证难、周期长、成本高、赔偿低"等社会关切的实践问题，本案在顶格判赔的基础上，对权利人的维权合理开支另行计赔，有效降低了权利人的维权成本，对权利人给予了充分的司法救济，对社会公众关切的问题给予有力回应，同时，本案具有一定的示范效应，破解了权利人维权成本高，赢了官司输了钱的现象，有效激发了权利人主动维权的积极性。

值得指出的是，主审法官在裁判文书的制作上也精益求精，整篇判决书格式规范、要素齐全、结构严谨、重点突出，尤其在说理部分，论点鲜明，论据充分，体现了主审法官在知识产权方面扎实的理论功底和丰富的审判实践经验，以及对知识产权司法保护政策的正确理解和精准运用，文书达到了政治效果、法律效果和社会效果的有机统一。

（点评人：徐雷，全国优秀法官）

（2019）内民终 156 号裁判文书原文

43. 广州网易计算机系统有限公司和广州华多网络科技有限公司侵害著作权及不正当竞争纠纷案[*]

【关键词】

　　游戏连续动态画面　类电作品　游戏直播　合理使用　利益平衡

【裁判要旨】

　　游戏运行时在终端屏幕上呈现的画面集合或整体，若由一系列有伴音或者无伴音的画面组成，且符合作品实质要求的，可被认定为以类似摄制电影的方法创作的作品。未经许可的游戏直播，若影响游戏著作权人对游戏画面的正常使用或者不合理损害其合法利益的，可认定行为人侵犯了"应当由著作权人享有的其他权利"。游戏直播平台和游戏主播对直播获利有重要作用的，赔偿数额应剔除不属于知识产权价值贡献的部分。

一、简要案情

　　广州网易计算机系统有限公司（以下简称网易公司）享有《梦幻西游》《梦幻西游2》网络游戏的著作权。游戏用户在登录涉案游戏过程中，必须点击同意《服务条款》《玩家守则》等前置说明，其中规定了"未经许可不得通过第三方软件公开全部或部分展示、复制、传播、播放《梦幻西游》的游戏画面"等条款。在游戏用户操作下，涉案游戏呈现出一系列有伴音的连续动态画面，展示了以我国四大名著之一《西游记》取经故事为背景的"人、仙、魔"三界各门派争斗、合作、发展的虚拟游戏社会。自2011年开始，广州华多网络科技有限公司（以下简称华多公司）擅自在经营的直播网站上开设直播专区，组织主播人员直播涉案游戏，直播所呈现的画面实时展示、传播了主播人员操作下的游戏连续动态画面。华多公司对主播人员进行排行、点评、推荐，制定利益分成体系，并直接从直播中抽成获利。网易公司发现上述情况后致函华多公司要求停止直播涉案游戏，但交涉未果，遂向广州知

---

　　* （2018）粤民终137号。

识产权法院提起诉讼，请求判令华多公司停止侵权、赔礼道歉和赔偿网易公司1亿元等。

广州知识产权法院一审判决：华多公司停止网络直播"梦幻西游"游戏画面及赔偿网易公司2000万元等。网易公司、华多公司均提起上诉。

网易公司上诉认为：一审关于赔偿计算期间认定有误，本案索赔1亿元应全额支持；华多公司应赔礼道歉。华多公司上诉认为：网易公司无权提起本案诉讼；游戏运行呈现的连续动态画面不构成《著作权法》规定的以类似摄制电影的方法创作的作品（以下简称类电作品）；即使构成作品，游戏主播或玩家对被诉游戏直播画面形成有重要贡献，应成为主要权利人；游戏直播对游戏本身有极大促进作用，游戏直播创造的价值主要来源于游戏主播，游戏直播应构成著作权的合理使用，华多公司不构成著作权侵权；即使侵权，华多公司经营梦幻西游直播业务长期亏损，游戏著作权因素在直播获利中贡献极小，华多公司不应承担赔偿责任。双方当事人争议的焦点主要在于：（1）涉案游戏连续动态画面是否构成作品及类电作品；（2）被诉游戏直播行为是否属于我国《著作权法》规定的著作权利调整范围；（3）被诉游戏直播行为是否属于对涉案游戏连续动态画面的合理使用；（4）一审判决的赔偿数额是否合法合理。

广东省高级人民法院二审认为：网易公司作为《梦幻西游》著作权人以及《梦幻西游2》独占被许可人，对涉案游戏画面享有实体权利和诉讼权利，有权提起本案诉讼并主张权利。涉案游戏连续动态画面属于文学、艺术领域具有独创性并能以有形形式复制的智力成果，能够作为作品获得《著作权法》保护。涉案游戏连续动态画面符合"由一系列有伴音或者无伴音的画面组成"的核心特征，其复杂制作过程和最终视听表达体现了较高的创作高度，符合类电作品实质特征，可归入类电作品范畴。从涉案游戏类型、制作技术等方面分析，玩家须按照游戏既定玩法步骤进行有限的故事探索、角色养成、互动交流和回合制战斗，其交互性操作虽然可能导致游戏画面存在略微差异，但这些差异并未超出游戏在画面表达层面上的预设范围，难以构成《著作权法》意义上的创作，也没有改变涉案游戏"连续动态画面"的核心特征，不影响对涉案游戏连续动态画面整体构成类电作品的判断。游戏直播不属于著作权法规定的展览权、放映权、表演权、广播权、信息网络传播权的调整控制范围。从法律体系和文义解释角度来看，游戏直播应归属《著作权法》第10条第1款第17项"应当由著作权人享有的其他权利"调整控制。游戏直播不属于《著作权法》第 22 条①规定的任何一种权利限制情形。从作品使用行为的性质和目的、被使用作品的性质、被使用部分的数量和质量、使用对作品潜在市场或价值的影响等因素综合考虑，被诉游戏直播行为基于商业营利目的使用了涉案游戏画面，使用部分的比例超出合理限度，影响了网易公司对涉案游戏画面著作权利的正常许可使用，对涉案游戏潜在市场收益造成实质性损害，不能认定为合理使用。游戏直播画面是否构成作品与游戏直播侵权与否并无关联。贡献不能取代许可。未经许可单独或者以分工合作方式共同公开传播作品，属于直接侵权行为。侵害著作权的违法所得应为侵权人扣除必要成本之后的合理利润。一审法院对于赔偿计算期间认定错误，重复扣除主播分成部分，没有考虑涉案游戏因素对于被诉游戏直播平台获利中的贡献程度。一审法院以涉案证据估算华多公司侵权期间获利情况为基础，综合涉案游戏类型和知名度、侵权行为性质和情节、与涉案游戏直播相关的授权许可市场情况、涉案游戏因素对于游戏直播平台获利的贡献程度、权利人维权费用等因素，酌定判决 2000 万元赔偿数额无明显不当，可予维持。

二、撰写心得

本案是全球首例游戏厂商诉直播平台主张游戏直播控制权的案件，事关游戏厂商和直播平台、玩家之间的权利划界，决定游戏直播业利益格局，对行业影响深远，在案件受理之初即受到了极高的社会关注和期待。华多公司

---

① 该条已被《著作权法》（2020 年修正）第 24 条修改。《著作权法》（2020 年修正）第 24 条规定："在下列情况下使用作品，可以不经著作权人许可，不向其支付报酬，但应当指明作者姓名或者名称、作品名称，并且不得影响该作品的正常使用，也不得不合理地损害著作权人的合法权益：（一）为个人学习、研究或者欣赏，使用他人已经发表的作品；（二）为介绍、评论某一作品或者说明某一问题，在作品中适当引用他人已经发表的作品；（三）为报道新闻，在报纸、期刊、广播电台、电视台等媒体中不可避免地再现或者引用已经发表的作品；（四）报纸、期刊、广播电台、电视台等媒体刊登或者播放其他报纸、期刊、广播电台、电视台等媒体已经发表的关于政治、经济、宗教问题的时事性文章，但著作权人声明不许刊登、播放的除外；（五）报纸、期刊、广播电台、电视台等媒体刊登或者播放在公众集会上发表的讲话，但作者声明不许刊登、播放的除外；（六）为学校课堂教学或者科学研究，翻译、改编、汇编、播放或者少量复制已经发表的作品，供教学或者科研人员使用，但不得出版发行；（七）国家机关为执行公务在合理范围内使用已经发表的作品；（八）图书馆、档案馆、纪念馆、博物馆、美术馆、文化馆等为陈列或者保存版本的需要，复制本馆收藏的作品；（九）免费表演已经发表的作品，该表演未向公众收取费用，也未向表演者支付报酬，且不以营利为目的；（十）对设置或者陈列在公共场所的艺术作品进行临摹、绘画、摄影、录像；（十一）将中国公民、法人或者非法人组织已经发表的以国家通用语言文字创作的作品翻译成少数民族语言文字作品在国内出版发行；（十二）以阅读障碍者能够感知的无障碍方式向其提供已经发表的作品；（十三）法律、行政法规规定的其他情形。前款规定适用于对与著作权有关的权利的限制。"

和网易公司从程序到实体提出了诸多时下讨论热烈、颇有争议的问题。本案裁判文书撰写过程中主要遇到三个难题。

（一）游戏连续动态画面可否被认定为类电作品或视听作品

近年来，不少优秀原创游戏屡遭"换皮"山寨，前沿产业的痛点提出了严格保护游戏知识产权的司法需求，司法实践中对于以游戏画面整体化保护游戏著作权的探索路径逐步展开。多地法院先后判决支持将角色扮演类（RPG）游戏画面整体认定为类电作品，也陆续有法院将相应裁判思路拓展到第一人称射击类（FPS）、多人战术竞技类（MOBA）游戏。在一定条件下将游戏画面整体认定为类电作品，正逐渐成为理论界与实务界共识。在实务探索的经验上总结提炼游戏画面的著作权保护裁判思路，正当其时。对游戏连续动态画面作为类电作品予以保护的规则作出提炼，十分必要。游戏产业蓬勃发展，游戏行业的法律规则和产权边界亟须明晰，法院适用类电作品的相应规则对涉案游戏整体画面进行保护，既符合《著作权法》立法目的，也能适应游戏产业迅速发展的知识产权保护需求。

但是，游戏类型众多、特征各异。回到本案，游戏连续动态画面是游戏运行时在终端屏幕上呈现的一系列有伴音或者无伴音游戏画面的集合或整体，是否可以被认定为《著作权法》规定的类电作品呢？涉案游戏是一款角色扮演类游戏，玩家必须按照游戏既定玩法步骤进行有限的故事探索、角色养成、互动交流和回合制战斗，其游戏连续动态画面由一系列有伴音或无伴音的活动图像组成，给予玩家电影般的视听体验，可被认定为类电作品。首先，关于游戏画面的创作方法是否满足"摄制"的问题，《保护文学和艺术作品伯尔尼公约》第2条第1款指出，电影作品和以类似摄制电影的方法表现的作品应当受到保护，强调认定电影作品或类电作品应以其表现形式而非制作手段。结合产业发展情况来看，越来越多的电影采用电脑技术制作而非传统的摄像机"摄制"。《著作权法》保护作品的独创性表达，而非创作的技术和手段，不应以创作的工艺方法来限定创作的作品类型。如果将"摄制"简单理解为电影作品或类电作品的构成要件，实则以创作技术和手段来限定或排斥对作品的著作权保护，与《著作权法》鼓励创作的立法精神相悖。其次，电影作品或类电作品区别于其他作品类型的核心特征是"一系列有伴音或者无伴音的画面"即"活动图像"，若游戏连续动态画面满足该特征且具有一定创作高度，则符合类电作品的特殊门槛要求，可考虑归入类电作品予以保护。有无预设故事情节或交互性强弱，并非判断是否构成类电作品应当考虑的要件。

再次，游戏连续动态画面是通过指令操作调取的游戏资源库中固定的相应的美术、音乐等视听资源集合呈现的画面，是资源库中相应作品的集合体。权利人对此逐一请求拆分保护，还是统一请求整体保护，并未改变其依法享有的权利性质。但是，如果只允许对游戏画面中各个满足作品要件的元素进行"分拆式保护"，可能会割裂游戏作为有机整体所呈现的综合视听效果，将不能有效保护权利人的利益，同时给当事人带来讼累及相应作品权属认定、侵权比对的繁琐和困难。尤其是面对当前常见的更换了美术、音乐资源等游戏素材但保留游戏具体设计的"换皮"游戏，分拆式保护方式已显得力不从心。因此，本案裁判在各地法院裁判经验的基础上，从立法宗旨、技术发展、游戏特点、产业需求等多维度进行分析，论证了认定涉案游戏连续动态画面作为类电作品予以著作权保护的法律依据和现实必要性。

同时也应注意到，当前游戏玩法特色呈多样发展且互有融合趋势，不同类型游戏的界限已非十分明晰，笼统说某种类型游戏画面构成类电作品有失偏颇，法院应着眼于画面表达进行个案判断。在请求保护的游戏特色是轻游戏画面而重竞技策略时，其创作重心可能不是画面而是其他，法院在侵权比对时要注意回归画面本身，根据游戏制作规律进行层次分析，查明抽象规则设计不断具化到画面表达的过程，防止借整体保护之名将明显属于思想或公有领域表达的部分纳入保护范围。基于保障产业发展的司法需求，法院不妨求同存异，在游戏画面作品定性问题上放宽准入门槛，而在实质性相似问题上审慎对待，在"加法"和"减法"之间寻求微妙的平衡。

（二）游戏直播是否属于著作权调整范围及是否构成合理使用

《著作权法》第10条列举了17项著作权具体权利，其中第17项为"应当由著作权人享有的其他权利"。华多公司上诉主张，游戏直播不属于著作权保护范围，不能适用"兜底权利"条款进行调整。法院仔细研究了直播的性质、特点，详细分析其与《著作权法》规定的传播作品的法定权利的关系，检索比较适用著作权"兜底权利"的司法案例。法院认为，直播是一种向公众直接提供内容的实时传播行为。《著作权法》所列举的著作权具体权利中与向公众传播权相关的具体权利有展览权、放映权、表演权、广播权和信息网络传播权，均与游戏直播权存在较大区别，游戏直播不属于侵犯上述5种权利的行为。鼓励创作和鼓励传播是《著作权法》立法宗旨所在，游戏直播这种实时传播的单向传播方式较通过信息网络传播，对作品的使用并无本质不同，将直播此种公开传播作品的新的方式纳入"应当由著作权人享有的其他权利"符合《著作权法》的内在逻辑。著作权中的诸多制度来源于国际条约，对我国《著作权法》中部分用语的解释可参考国际条约的相关规定。在《著作权法》立法时大规模的网络直播尚未出现，不能苛求《著作权法》专门予以规范，《著作权法》第 10 条专门通过兜底条款作出制度安排，以便将法律不能穷尽的应当由著作权人享有的其他权利纳入其中，游戏直播本质上是一种公开传播作品的行为游戏直播权，属于"应当由著作权人享有的其他权利"。

华多公司上诉主张，其游戏直播构成对游戏画面的合理使用。著作权合理使用制度是对著作权利的限制。这既可以说特别简单，也可以说特别复杂。简单之处在于，《著作权法》第 22 条①对于权利限制情形的规定是封闭式的，而游戏直播显然不符合任何一种，据此直接判断即可。复杂之处在于，封闭式规定规范有余而灵活性不足，无法及时应对技术发展所带来的作品利用方式的变化，实务中对于强化裁判说理从而明晰合理使用判断标准的呼声渐起。本案当如何裁判？结合比较法研究，法院对合理使用制度沿革、发展、法律规定和司法政策反复讨论，认为考察游戏直播是否构成对游戏画面的合理使用，关键在于判断直播行为是否与作品的正常使用相冲突以及是否不合理地损害了著作权人合法利益，具体可以参考游戏直播的性质和目的、被直播游戏画面的性质、被直播的游戏画面内容的数量和重要程度以及直播对游戏潜在市场或价值的影响。《梦幻西游》游戏连续动态画面的艺术价值功能在游戏

---

① 该条已被《著作权法》（2020 年修正）第 24 条修改。《著作权法》（2020 年修正）第 24 条规定："在下列情况下使用作品，可以不经著作权人许可，不向其支付报酬，但应当指明作者姓名或者名称、作品名称，并且不得影响该作品的正常使用，也不得不合理地损害著作权人的合法权益：（一）为个人学习、研究或者欣赏，使用他人已经发表的作品；（二）为介绍、评论某一作品或者说明某一问题，在作品中适当引用他人已经发表的作品；（三）为报道新闻，在报纸、期刊、广播电台、电视台等媒体中不可避免地再现或者引用已经发表的作品；（四）报纸、期刊、广播电台、电视台等媒体刊登或者播放其他报纸、期刊、广播电台、电视台等媒体已经发表的关于政治、经济、宗教问题的时事性文章，但著作权人声明不许刊登、播放的除外；（五）报纸、期刊、广播电台、电视台等媒体刊登或者播放在公众集会上发表的讲话，但作者声明不许刊登、播放的除外；（六）为学校课堂教学或者科学研究，翻译、改编、汇编、播放或者少量复制已经发表的作品，供教学或者科研人员使用，但不得出版发行；（七）国家机关为执行公务在合理范围内使用已经发表的作品；（八）图书馆、档案馆、纪念馆、博物馆、美术馆、文化馆等为陈列或者保存版本的需要，复制本馆收藏的作品；（九）免费表演已经发表的作品，该表演未向公众收取费用，也未向表演者支付报酬，且不以营利为目的；（十）对设置或者陈列在公共场所的艺术作品进行临摹、绘画、摄影、录像；（十一）将中国公民、法人或者非法人组织已经发表的以国家通用语言文字创作的作品翻译成少数民族语言文字作品在国内出版发行；（十二）以阅读障碍者能够感知的无障碍方式向其提供已经发表的作品；（十三）法律、行政法规规定的其他情形。前款规定适用于对与著作权有关的权利的限制。"

直播中并未发生质的转变，游戏直播的价值和功能在相当程度上仍来源于网易公司的创造性劳动。华多公司组织游戏直播本质上是一种营商行为，对于游戏画面使用的比例超出了合理限度，对《梦幻西游》游戏潜在市场产生不利影响，与网易公司自己开展游戏直播或者发放游戏直播许可的作品正常使用方式相互竞争而产生冲突，使得其无法充分有效行使著作权利获得经济利益。华多公司对《梦幻西游》的直播行为实质上不合理地损害了网易公司的合法利益，不能被认定为合理使用行为。

（三）游戏直播侵权赔偿如何兼顾新领域新业态利益平衡

网易公司上诉主张其应获得游戏直播的全部获利，华多公司上诉主张其对游戏传播有贡献，游戏画面价值有限，其游戏直播业务持续亏损，不应赔偿。互联网的盈利模式与传统的盈利模式是否有不同？实际上，这是有关如何合理划分权利边界来平衡保护著作权和公众利益，以及如何分配新型传播技术下基于利用作品产生的超额利益的问题。

法院注意到，近年来得益于信息传输技术革新，游戏厂商和视频平台飞速发展，合作与竞争交融，纷争不可避免。本案于 2014 年起诉，那时游戏直播刚刚兴起，渐有火爆之势。紧接着就是资本力量纷纷入局，"千播大战"开始。随后，虎牙、斗鱼等直播平台陆续上市，熊猫、战旗、触手等平台退场，抖音、快手、B 站等视频平台开始布局游戏直播。可以预见，在 21 世纪第三个十年，互联网空间将会掀起新一轮"直播＋"风潮。如今游戏直播进入成熟发展期，内容版权问题如同悬在各大直播平台头顶上的"达摩克利斯之剑"，理应受到更高程度重视。其实，直播只是针对即时影像的一种信息传播方式，本身并没有带着侵权基因，人人都有通过直播展示自己、分享观点的自由。只不过当直播的是拥有版权的作品，问题就复杂了。一方面，游戏直播当然对游戏的推广和人气聚集有巨大促进作用，甚至有些游戏厂商还要付费请人"直播带货（游戏）"，在游戏直播新兴时期，大部分游戏厂商对大量散装游戏直播"睁一只眼、闭一只眼"；另一方面，游戏毕竟是高风险、高收益的产品，当游戏直播产业"蛋糕"足够大，版权方也不大可能坐视不理。说到底，就是新业态利益"蛋糕"怎么分的问题。这本不是一个非黑即白、泾渭分明的是非对错题，而是利弊权衡的市场选择题。但是，当商业问题无法解决而需要司法裁判侵权与否时，法院就需要洞察纠纷背后的利益博弈，结合技术发展和产业格局现状，依法保障权利、认可贡献、明晰规则，彰显严格保护知识产权的司法态度，引导市场主体在新业态下合法、合理、合作获取利益。这里最基本的原则是，自由竞争的市场秩序应当建立在尊重他人知识产权前提之上，为内容付费应是互联网时代通行的商业规则。虽然游戏直播对游戏有促进作用，人气火爆的主播、稳定运营的平台等因素对于直播获利有一定贡献，但是，贡献不能取代许可，不能否定游戏著作权人对其作品传播进行排他控制的权利。网络传播技术进步的红利，著作权人理应享有相当于作品传播价值的相应份额。与此同时，游戏主播、游戏直播平台对于新兴产业发展的价值贡献也不容忽视，直接将游戏直播全部获利归于游戏著作权人独自享有则有失公平。因此，本案在赔偿问题上进行一定利益平衡，同时也特别指明，赔偿数额只是代表法院对损害的法律评价而非授权费用标准，不排除游戏版权方与直播方协商确定具体授权许可方式和费用，甚至基于商业目的采取免费许可政策。

文化创意产业快速发展，各种资本博弈和利益纠葛下，纠纷必然层出不穷。而知识产权审判常常面临新类型的疑难问题，法院被动找法用法可能会一叶障目，陷入两头为难的处境。裁判不仅仅是个案矛盾纠纷的解决，有时还要扛起规范引领行业产业发展方向的旗帜，还要攀越穷尽法律解释方法去适用法律、填写法律留白的高山。此时，法院应当在法政策学下考量，基于社会学观察、经济学分析，多角度探求纠纷背后深层原因，作出价值判断，寻求当前最优解决问题的思路，作出妥善安排。司法不仅能彻底定分止争，还能传递价值导向，深刻影响产业发展趋利避害。因此，法院不能过于追求法律逻辑推理的"术"，而忽略了保护创造、激励创新的"道"，只要有合适的法律解释空间，就应当允许司法为保障创新产业发展提供一条化繁为简、切实可行的道路。总之，要胸怀大局，不畏难新，虚心学习，勤于钻研，海纳百川，不能拒绝的裁判，恰恰是担当使命的荣光。

（欧丽华，广东省高级人民法院法官）

三、专家分析

本案是全国首例游戏直播著作权侵权纠纷。本案涉及《著作权法》领域诸多最基本也是最疑难的问题，包括什么是著作权法意义上的创作，网络游戏画面是什么类型的作品，网络游戏直播侵害了著作权人的何种权利，如何界定著作权的合理使用，如何平衡游戏开发商、游戏直播平台和游戏主播之间的利益。本案判决对以上问题的论述非常深刻，非常精彩，堪称经典，判决结果具有标杆意义。

（一）关于本案网络游戏直播画面的著作权以及权利归属问题

网络游戏，一般可以分为内外两部分，即内部的游戏引擎和外部的资料库。内部的游戏引擎表现为计算机软件程序，外部的资料库表现为外部辅助程序、音频、视频、图片、文档等。所以，一部网络游戏通常是作品的集合，内部的游戏引擎构成计算软件作品，外部资料库里可能存在计算机软件作品、音乐作品、美术作品、文字作品、类电作品等。网络游戏由用户在终端设备上操作后，游戏引擎系统应用户请求，调用资源库的素材在终端设备上呈现一系列有伴音或无伴音的连续画面。游戏画面虽然不满足类电作品"摄制在一定介质上"的要求，但正如承办法官所述，《著作权法》保护的是独创性表达，而非创作的技术和手段。这些连续画面只要满足独创性要求，就构成类电作品。游戏系统的开发者已预设了游戏的角色、场景、人物、音乐及其不同组合，包括人物之间的关系、情节推演关系。用户操作网络游戏，只是对原来预设画面的调取。不同的动态画面只是不同用户在预设系统中的不同操作产生的不同呈现结果。网络游戏直播画面则是将网络游戏的运行画面再进行网络直播形成的另外一种画面。本案中，网络游戏直播画面与网络游戏画面基本相同，实质上还是在传播原来的网络游戏画面。这种行为是一种传播既存的作品的行为，按照《著作权法》的要求应当征得网络游戏画面著作权人的同意，否则构成侵权。因为网络游戏画面作品其实是网络游戏资料库中预设画面的呈现，所以，网络游戏画面作品的著作权归属于网络游戏开发者。网络游戏直播能否吸引流量，与主播的操作技巧关系很大，但操作网络游戏并非《著作权法》意义上的创作行为，其只是通过游戏技术、技巧将既已存在的画面作品呈现出来。本案网络游戏的直播画面并没有在网络游戏画面的基础上添加独创性的新内容，游戏主播的行为既不是作品创作，也不是对作品的演绎，不享有著作权。综上所述，本案认定涉案游戏的整体画面属于类电作品，权利属于网易公司符合《著作权法》的规定。

（二）关于损失认定的问题

本案是按照侵权行为获利来计算损失赔偿的金额。因果关系是侵权责任的构成要件之一，即加害行为与民事权益被侵害之间要有因果关系，知识产权侵权也是如此。本案在认定侵权人所获利益时，剔除了非知识产权因素的贡献，从侵权责任法的原理来看，就是将与加害行为没有因果关系的这部分损失排除在外。这一认定方法符合侵权责任法的原理，也很好地平衡了各方利益，促进网络直播新兴产健康有序的发展。本案在损失认定方法上具有示范意义。在侵权案件中，以侵权人所获利益计算权利人损失，是一种非常常用的方法。但在实践中，我们有时会忽视侵权行为人获得利益是各种因素共同作用的结果，包括资金、劳动乃至管理、技术的投入。如果不考虑这些因素的贡献，将侵权行为人的全部收入都认定为侵权获利，将使权利人不当得利。同样，在违约责任的认定中，也存在类似的问题。《民法典》第584条规定："当事人一方不履行合同义务或者履行合同义务不符合约定，造成对方损失的，损失赔偿额应当相当于因违约所造成的损失，包括合同履行后可以获得的利益……"如何认定合同履行后可以获得的利益，是实践中的难题。一般认为，可得利益损失主要分为生产利益损失、经营利益损失和转售利润损失等类型。以转售利润损失为例，不能简单地将两次交易的差价认定为损失，而是要剔除资金、税收、人工工资等各种经营成本。比如，在房屋买卖合同纠纷案件中，卖方违约的情形下，买方往往并未支付价款或者只支付数额较少的定金，不少判决将房屋升值认定为买方全部损失，由卖方赔偿给买方，没有考虑买方要实现这一利益，要投入买房资金、中介费、过户费等大量成本，有失偏颇。本案是准确计算当事人损失的典型案件，对纠正实践中的错误做法具有很好的示范效应。

（点评人：佘琼圣，广东省第二届全省审判业务专家，广东省高级人民法院民四庭庭长、三级高级法官）

（2018）粤民终 137 号裁判文书原文

44. 苏州蜗牛数字科技股份有限公司和成都天象互动科技有限公司、北京爱奇艺科技有限公司侵害著作权纠纷案[*]

【关键词】

著作权　网络游戏　玩法规则的特定呈现方式　"换皮"抄袭

【裁判要旨】

1. 网络游戏通过计算机软件程序支持游戏玩法规则的实现和执行，依托玩家操作调取游戏图片、音乐、视频等素材形成有独创性的、有变化的、连续运行的游戏画面。游戏整体运行画面是游戏玩法规则以及所有游戏素材相结合而形成的有机、连续、动态的作品呈现，可以认定为类似摄制电影的方法创作的作品。

2. 网络游戏通过具有独创性的界面布局、文字、交互等设计，以及对其他公有领域及有限表达等要素的选择、排列、组合所构成的新的界面布局、文字、交互等设计，实现了对游戏具体玩法规则的特定呈现方式，如果该特定呈现方式已经可以达到区别于其他游戏的创作性特征，则可以被认定为著作权法保护的具有独创性的"表达"范畴。

3. 网络游戏结构、玩法规则、数值策划、技能体系、界面布局及交互等设计属于整个游戏设计中的核心内容。在后游戏使用与在先游戏不同的角色形象、音乐等元素，而在玩法规则、数值策划、技能体系、操作界面等方面与在先游戏相同或者实质性相似，是对游戏具体玩法规则涉及的特定表达整体照搬和复制，构成著作权侵权。

一、简要案情

苏州蜗牛数字科技股份有限公司（以下简称蜗牛公司）开发的手机游戏《太极熊猫》最早版本于2014年10月上线；成都天象互动科技有限公司（以下简称天象公司）、北京爱奇艺科技有限公司（以下简称爱奇艺公司）开发的

---

* （2018）苏民终1054号。

手机游戏《花千骨》最早版本于 2015 年 6 月上线。2015 年 8 月，蜗牛公司向法院提起诉讼，认为《花千骨》手机游戏"换皮"抄袭《太极熊猫》游戏，其仅更换《太极熊猫》游戏中的角色图片形象、配音配乐等，而在游戏玩法规则、数值策划、技能体系、操作界面等方面与《太极熊猫》游戏完全相同或实质性相似。蜗牛公司要求天象公司、爱奇艺公司立即停止侵权、赔礼道歉、消除影响，赔偿经济损失 3000 万元。

天象公司、爱奇艺公司答辩理由主要包括：游戏玩法规则属于思想，不受《著作权法》保护；蜗牛公司权利基础存在瑕疵，其演示版本是蜗牛公司自行单独搭建的服务器，存在修改可能；《花千骨》游戏在人物形象、故事情节、音乐配音等方面均与《太极熊猫》游戏存在较大差异，即便部分玩法规则相同，也属合理借鉴而不属侵权；蜗牛公司主张的赔偿额过高。

一审法院经审理查明：《花千骨》游戏与《太极熊猫》游戏相比，其中有 29 个玩法在界面布局和玩法规则上基本一致或构成实质性相似；另外《花千骨》游戏中 47 件装备的 24 个属性数值与《太极熊猫》游戏呈现相同或者同比例微调的对应关系；《花千骨》V1.0 版游戏软件计算机软件著作权登记存档资料中，功能模块结构图、功能流程图以及封印石系统入口等全部 26 张 UI 界面图所使用的均为《太极熊猫》游戏的元素和界面；在新浪微博以及 IOS 系统《花千骨》游戏用户评论中，大量游戏玩家评论两游戏非常相似。

关于赔偿额，2015 年 7 月至 2016 年 1 月期间，天象公司向爱奇艺公司开具的增值税专用发票涉及价税金额 16 917 299.33 元。天象公司认证爱奇艺公司开具的增值税专用发票涉及价税金额 40 871 859.22 元。根据爱奇艺公司与天象公司签订的《〈花千骨〉手机网络游戏合作协议》，双方支付对方的分成为运营收入的 25%。

另外，蜗牛公司确认《花千骨》游戏经过历次迭代更新，于 2016 年 1 月 19 日上线发布的 1.8.0 版本已经不包含指控的侵权内容。

一审法院认为：（1）涉案《太极熊猫》游戏运行动态画面整体构成以类似摄制电影的方法创作的作品。网络游戏的整体运行画面是其整体作品的表现形态。网络游戏最终显示在屏幕中的整体画面，是以计算机程序为驱动，将文字、音乐、图片、音频、视频等多种可版权元素，以体现和服务游戏玩法和游戏规则为目的形成的有机、连续、动态组合的呈现。其整体运行画面是网络游戏作品完整的呈现方式，也是玩家认知和感知的整体作品形态。《太极熊猫》整体画面从表现效果看，是随着玩家不断操作，呈现在屏幕上的

"连续动态的图像"，符合类电作品定义。（2）《太极熊猫》游戏整体画面中游戏玩法规则的特定呈现方式构成《著作权法》保护的客体。游戏设计师通过游戏连续动态图像中的游戏界面，将单个游戏系统的具体玩法规则或通过界面内直白的文字形式，或通过连续游戏操作界面对外叙述表达，使玩家在操作游戏过程中能清晰感知并据此开展交互操作，具有表达性。此外，确定保护范围时，应将不具有独创性的表达部分、有限表达和公有领域的表达内容过滤出保护范围。（3）《花千骨》游戏在游戏玩法规则的特定呈现方式及选择、安排、组合上，整体利用了《太极熊猫》基本表达，并在此基础上进行美术、音乐、动画、文字等一定内容再创作，侵害了著作权人享有的改编权。（4）天象公司、爱奇艺公司运营《花千骨》游戏所获利润已明显超过蜗牛公司主张的赔偿数额，对于蜗牛公司请求天象公司、爱奇艺公司连带赔偿3000万元的诉讼主张予以支持。

一审法院判决：（1）天象公司、爱奇艺公司立即停止改编《太极熊猫》安卓1.1.1版本游戏并停止通过信息网络向公众提供改编作品的行为；（2）天象公司、爱奇艺公司在判决生效之日起30日内共同在蜗牛公司认可或经一审法院指定的全国性报刊上刊登声明以消除其侵权行为给蜗牛公司造成的影响（声明内容需经一审法院审核，逾期不履行的一审法院将在同等范围内刊登本判决内容，相关费用由天象公司、爱奇艺公司负担）；（3）天象公司、爱奇艺公司在判决生效之日起10日内连带赔偿蜗牛公司经济损失3000万元；（4）驳回蜗牛公司的其他诉讼请求。一审判决后，天象公司、爱奇艺公司提出上诉。

江苏省高级人民法院二审认为：（1）涉案《太极熊猫》游戏属于《著作权法》所规定的文学、艺术和科学领域内具有独创性的智力成果，应受《著作权法》保护。一审法院以包含游戏玩法规则及所有游戏素材的游戏运行整体画面为比对基础，以期实现对网络游戏的整体保护，系在现行法律体系框架内的合理判断，具有相应的事实基础和法律依据。游戏整体画面包括一系列有伴音或无伴音的游戏画面，可以通过电脑等数字播放设备予以传播。在《著作权法》对作品形式采用列举式的情形下，一审法院将《太极熊猫》游戏的整体运行画面认定为类似摄制电影的方法创作的作品并无不当。（2）《太极熊猫》游戏中玩法规则的特定呈现方式可以被认定为《著作权法》保护的客体，依据在案证据可以认定《花千骨》游戏实施了对《太极熊猫》游戏的"换皮"抄袭，实质上利用了《太极熊猫》游戏中玩法规则的特定表达内容。

（3）一审确定 3000 万元赔偿额具有事实和法律依据。综上，二审法院对一审判决予以维持。

二、撰写心得

近年来，网络游戏产业发展迅猛，网络游戏作品的知识产权市场价值越来越高，与此同时，相关知识产权侵权行为也越来越隐蔽、越来越复杂。本案是一件著作权侵权领域的新类型案件，也是一件在互联网产业领域影响较大、倍受业内业外各方广泛关注的案件，系首例以判决方式明确网络游戏中玩法规则的特定呈现方式可以获得《著作权法》保护的判决。本案入选了 2020 年 4 月 26 日发布的"中国法院十大知识产权案件"，同时入选了"江苏法院知识产权司法保护十大案例"并位列第一，本篇裁判文书也获评第四届"全国法院知识产权优秀裁判文书"特等奖。

本案的案情较为复杂，其中涉及游戏开发技术因素的影响和考量、著作权保护客体和新类型作品的理解认定、游戏作品比对和是否构成侵权的分析判断等诸多问题，裁判观点的形成及裁判文书制作，都面临着较大难度、较高要求。办案过程中，梳理审理思路和形成裁判结论，文书起草构思和实际撰写制作，都需要裁判者缜密分析在案证据，正确理解法律规定要义，对证据采信、事实认定以及法律适用等作出精准判断，最终呈现出裁判文书这样一份司法成果。

形式要素或者说体例上的要求，是对于一份规范化文书的基本要求和应有之义，无论是简单案件还是复杂案件，并无例外。当然，仅有格式方面的外在要求是远远不够的，审理过程的呈现和裁判结论的说理则是一篇法律文书的"精髓"和"灵魂"所在。对于较为复杂的本案来说，审理中厘清当事人诉辩意见、证据主张和法律观点，是需要着力的过程，在此基础上法院才能准确认定事实和释法析理。相应地，上述过程也应当在裁判文书中予以反映。

正是由于案情复杂和文书说理的撰写需要，二审判决书全文长达 138 页，制作中注重了内容要素的全面齐备，注重了文书结构的规范完整，注重了裁判说理的严谨逻辑，注重了文字表述的流畅精练。从证据采信到事实认定，从法律分析到裁判结论，文书撰写时注意起承呼应，衔接自然，清楚明了。判决书特别是在二审"本院认为"说理部分，在对案涉作品属性、类型认定和赔偿额确定的内容中，以实例和三角模型生动、翔实解析思想与表达的划分与判断；在确定赔偿额部分，在精细化计算的同时考虑惩罚性因素。概括而言，本案判决结论的作出和裁判文书的制作，要在阐明案情并作出裁判的同时，体现出裁判者对网络游戏知识产权领域著作权保护的积极思考和探索，体现有利于创新发展、公平竞争、权利保护的基本思路，体现司法促进新兴产业发展壮大、规范产业竞争秩序的价值导向。

就裁判文书体现司法观点、法律适用的核心部分，对于裁判说理的翔实分析主要包括三个方面。

（一）如何阐述网络游戏的作品属性和保护路径

本案判决以前，网络游戏知识产权保护通常是从文字、美术、音乐或者计算机软件作品等单一角度进行，但伴随着网络游戏从简单到复杂的发展变化，许多中大型网络游戏的开发和运行，都是由上述各类及其他各种不同元素所组成的具有一定逻辑关系、并能以特定方式有机联系并予以呈现的整体。这就使侵权者很容易通过回避、更换整体游戏中某一类别元素的方式来逃避承担侵权法律责任。

"换皮"抄袭即是随着技术发展而出现的一种新型侵权方式，本案中的侵权方式即可归入此种类型。"换皮"抄袭一般是指在后游戏使用与在先游戏不同的 IP 形象、音乐等细节元素，而在玩法规则、数值策划、技能体系、操作界面等方面，则与在先游戏完全相同或构成实质性相似。网络游戏整体是否属于作品或者哪一种作品，是判断被诉侵权行为是否受《著作权法》调整和规制的前提性问题。本篇文书中，法院对于将网络游戏整体运行画面认定为属于受《著作权法》保护的类似摄制电影的方法创作的作品作了详细阐述，为后续的侵权说理判定内容奠定了法律基础，提供了专业支撑。文书阐述，网络游戏通过计算机软件程序支持游戏玩法规则的动态实现和执行，依托游戏玩家实际操作，通过调取游戏图片、音乐、视频等基础性元素素材，结合开发者设置的连接逻辑后形成有独创性、有变化、连续运行的游戏画面。游戏整体运行画面是游戏玩法规则及所有游戏素材相结合而形成的有机、连续、动态的作品呈现。

从一份判决书在裁判之外的专业思考延伸功能来说，文书制作中上述关于涉案网络游戏作品属性的论述，除通过充分透彻的说理分析以解决本案法律适用问题外，还着眼于向社会主体提供行为参照和规则指引，对网络游戏的知识产权保护可选路径进行开创性探索，丰富了网络游戏知识产权保护的可选路径，拓宽了网络游戏知识产权保护的法律维度。

（二）如何阐述思想与表达的界限和确定保护客体

只保护表达，不保护思想，这是《著作权法》基本原理，但这里的"表达"不仅指"表达形式"，也包括具有独创性的"表达内容"。如何结合案情予以分析，也是法官撰写文书时的一个重点部分。

对于上述问题，文书主要结合示例和模型展开，即以小说为例，辅以"三角形"加以进一步论述。对于一部小说，可以归入思想范畴的并不仅仅是小说总体概括出的主题或中心思想，从作品每一个细节开始，直至无数个细节的并存、连续，再到最终作品向读者传递出的可以提炼的中心主题，其间经过了一步步演绎，经过了由朦胧到清晰、由抽象到具体、由局部到整体、由复杂表达再到简单表达的过程，类似于一个由低端至顶端的三角形结构。从三角形底边最为基本的表达到顶端最为清晰的思想，是一个渐进过程。对一部作品而言，判断思想与表达的分界线不能划在最底端，否则就意味着只有逐字逐句抄袭才属于侵犯表达的行为，大大缩小了表达的应有范围；同样，这条分界线也不能划在最顶端，否则任何比主题思想具体一些的抽象情节均会被认定为表达，大大扩大了表达的应有范围。

在就思想与表达的界限进行著作权领域法律分析的基础上，文书切入具体案情，有序展开、层层递进，确定《太极熊猫》游戏哪些内容属于可以获得著作权保护的表达。文书首先剔除了游戏玩法系统设计中以及对战系统、成长系统项下具体化、显性化的思想部分；然后，文书进一步将游戏玩法界面基本布局及主界面、战斗界面设计布局中等非独创性或属于有限表达和公有领域的表达内容，从蜗牛公司主张的表达中排除；排除上述内容后，《太极熊猫》游戏中的界面基本布局、界面具体内容均由权利人独立设计，且通过直白的文字形式或游戏操作界面等的连续展示，实现了将部分游戏具体玩法规则的对外叙述、显性表达，网络游戏玩家通过这些具有独创性的界面布局、界面文字、界面交互，可以了解、感受到蜗牛公司在《太极熊猫》游戏中所设计的特定玩法规则及其运行体验。因此，对于该部分的界面布局、界面内容以静态和动态方式相叠加、连接的形态，可以认定是游戏具体玩法规则的特定呈现方式，构成《著作权法》中的表达。文书还进一步说明，除考虑上述蜗牛公司具有独创性的界面布局、文字、交互等设计以外，蜗牛公司对其他公有领域、有限表达等要素进行选择、排列、组合后所构成的新的界面布局或具体玩法规则的特定呈现，如果这种特定呈现已经具有区别于其他游戏的创作性特征，则可以认定其具有独创性表达。

由此，将《太极熊猫》游戏中玩法规则的特定呈现方式认定为《著作权法》保护的客体，既结合本案案情厘清了网络游戏中思想与表达的界限，也为网络游戏整体保护提供了具有事实基础和法律依据的法律路径。

（三）关于如何阐述"换皮"抄袭构成侵权的司法判断

本案中，天象公司、爱奇艺公司在抗辩理由中认为，《花千骨》游戏与《太极熊猫》游戏在故事背景、美术设计、配音配乐等方面均完全不同，因此，即使两个游戏有些玩法规则相似，也应属思想层面而非表达层面，不构成著作权侵权。有针对性地回应被诉侵权人的抗辩意见和观点，是文书制作中不可缺少的应有内容，同时，关于是否属于表达层面这一问题的论述，也是支撑裁判观点的逻辑起点和核心要素。

涉案游戏运行较为复杂，对于较为复杂的网络游戏来说，构成游戏的元素非常多，除了通常情形容易直接感知的角色形象、道具、配乐等以外，还包括支持游戏运行中动态演绎的众多数值和逻辑关系等要素，而后者直接关系着甚至是决定了一款游戏开发创新程度高低和游戏运行实际体验效果，重要性不言而喻。根据法院查明认定的本案事实，文书结合涉案游戏的构成要素和运行实际予以条分缕析，明确《花千骨》游戏虽然在角色形象、配音配乐等内容方面与《太极熊猫》有所不同，但在对战副本、角色技能、装备及武神（灵宠）系统等 ARPG 游戏的核心玩法及装备数据等方面，与《太极熊猫》游戏存在诸多实质性相似之处，且部分细节处的雷同远超创作巧合的可能，故认定《花千骨》游戏对《太极熊猫》游戏的具体玩法规则所设计的特定表达进行了整体照搬和复制。

另外，对于本案 3000 万元的赔偿额问题，如何确定数额部分的论述也是文书制作的重要内容。文书有针对性地进行了细致分析。法院经详细调查，确定了天象公司、爱奇艺公司间收入分成及利润率的计算方式，通过增值税发票及上市公司公告信息计算出天象公司、爱奇艺公司侵权获利远超蜗牛公司主张的 3000 万元，在此情形下，判决全额支持了蜗牛公司的赔偿诉请。

（魏明，江苏省高级人民法院法官）

三、专家评析

随着社会发展和技术演进，网络游戏相关案件频发、高发，新问题层出不穷，再加上法律规定模糊、技术评判复杂和缺乏先例遵循，游戏相关的新型疑难法律问题成为司法裁判难点。本篇文书和案件裁判的可圈可点之处，可谓"始于审判"却未"止于裁判"，在破解规则适用难题的同时，跳出了就案办案的思维限制，站在促进产业发展、规范市场秩序、揭示竞争边界的高度看待本案，通过个案说理，厘清了对网络游戏整体运行画面是否构成作品、构成何种类型作品、给予何种形式保护等游戏保护中的基础性问题，实现了网络游戏著作权保护从分类保护到全面保护、从单一保护到整体保护、从有效保护到充分保护的质的跨越，有效平衡了开发者、运营方、玩家和社会公众的利益，从而引导相关产业健康发展，实现社会整体效益提升。

文书篇幅较长，但证据分析、事实认定和裁判说理铺陈有序，渐次展开环环相扣，通篇读来流畅明晰，个案处理的权利保护导向和产业发展导向，行文之中可感可见。本篇判决书是一篇集产业认知、释法析理、规范指引于一体的佳作，突出体现在以下几点。

（一）从产业角度分析网络游戏中的思想与表达

判决书围绕涉案游戏的"产品"属性，论证了网络游戏通过具有独创性的界面布局、文字、交互等设计，以及对其他表达要素的选择、排列、组合所构成的新的界面布局、文字、交互等设计，实现了对游戏具体玩法规则的特定呈现方式，如该特定呈现方式已经可以达到区别于其他游戏的创作性特征，则可以被认定为《著作权法》保护的具有独创性的表达范畴。

（二）从产业角度分析游戏整体运行画面构成类电作品

判决书在分析网络游戏的核心构成要素、运行效果、保护路径选择、现行《著作权法实施条例》关于作品构成要件的基础上，主张：（1）涉案游戏的不同角色、角色间的互动、整个游戏的故事情节等内容设计，类似于电影创作过程中的剧本创作；（2）玩家操作形成的整体运行画面，类似于电影在剧本的框架下进行摄制及成像的过程，且玩家操作后呈现的表达亦在游戏开发者设定范围的边界之内；（3）游戏整体画面包括一系列有伴音或无伴音的游戏画面，可以通过电脑等数字播放设备予以传播，故涉案游戏整体运行画面构成类电作品。

（三）从产业角度分析是否两款游戏构成《著作权法》意义上的"实质性相似"

判决书提出："网络游戏结构、玩法规则、数值策划、技能体系、界面布局及交互等设计属于整个游戏设计中的核心内容，游戏角色形象、配音配乐等内容则属于形象设计，相当于游戏的皮肤或者衣服。'换皮'抄袭一般是指在后游戏使用与在先游戏不同的角色形象、音乐等元素，而在玩法规则、数值策划、技能体系、操作界面等方面与在先游戏相同或者实质性相似，是对游戏具体玩法规则涉及的特定表达整体照搬和复制，构成著作权侵权。"

（四）从产业角度精准评判侵权人承担的损害赔偿责任

鉴于电视剧的热播、侵权手游的获利情况，且侵权人在同名电视剧热播期间推出侵权手游，判决书阐明其侵权恶意明显，全额支持了权利人诉请的3000万元赔偿请求，鲜明彰显"最严格保护知识产权""让侵权者付出沉重代价"的司法态度，与之后出台的惩罚性赔偿制度司法解释在裁判思路、说理进路等方面均不谋而合，充分体现裁判者的前瞻性。

由是观之，本案裁判文书格式规范，用语精确，逻辑严谨、说理透彻。在厘清行业中难点问题的同时，也必将促进整个行业的健康发展。

（点评人：邓宏光，西南政法大学知识产权学院教授、博士生导师）

（2018）苏民终 1054 号裁判文书原文

45. 深圳博林文创股份有限公司和贵州梦香园
餐饮管理有限公司侵害著作权纠纷案 *

【关键词】

　　注册商标标识　侵犯著作权　著作权登记　权属　侵权　赔偿

【裁判要旨】

　　原告主张被告招商手册及店铺等使用的标识侵犯其美术作品著作权，被告以其使用的系其注册商标为由进行抗辩，被告申请商标注册日期晚于原告著作权登记日期且其注册商标已被宣告无效的，人民法院对该抗辩不予支持。

一、简要案情

　　2015 年 5 月 5 日及 2015 年 9 月 9 日，深圳博林集团有限公司将作品名称为"HelloKongzi"及"HelloKongzi 商标"的美术作品在国家版权局登记，登记号分别为：国作登字 – 2015 – F – 00190132、国作登字 – 2015 – F – 00227105，登记证上载明著作权人均为深圳博林集团有限公司，作品完成时间分别为2014 年 9 月 25 日和2014 年 7 月 1 日。原告经深圳博林集团有限公司转让，于 2015 年 10 月 14 日取得了美术作品《HelloKongzi》（共三幅）及《HelloKongzi 商标》在我国的著作权，原告向国家版权局申请对上述权利进行登记，登记日期为 2016 年 2 月 24 日，登记号为国作登字 – 2016 – F – 00249948 号、国作登字 – 2016 – F – 00249945。该两幅美术作品的正面图像为：

* （2018）黔 01 民初 400 号。

贵州省贵阳市立诚公证处于 2017 年 8 月 10 日出具（2017）黔筑立诚公字第 7295 号《公证书》载明，原告向该公证处申请证据保全，公证人员与原告的委托代理人一同到贵阳市南明区花果园国际金融街×号写字楼内的贵州梦香园餐饮管理有限公司取证，取得该公司的招商手册 1 份，并进行拍照，拍摄照片 11 张。该公证书反映，被告在其招商手册及公司的宣传图片中使用了"7 夫子及图"。被告招商手册中"产品介绍"栏目内容为："7 夫子一般是由面粉做的，呈白色。7 夫子由 7 个均有着 30 余年白面经验的股东创立，他们希望通过自己像老师一样把更多的美味传承和发扬光大，故名 7 夫子，原料选自加拿大上好优质面粉，由独自研发的配料包制而成，使其成为具有较高营养的包点，因此广受现在消费者的喜爱。"招商手册中还载明有"加盟政策""评估分析"等栏目，"评估分析"内容为：A 级，店面面积 15 平方米，投资总额 4.5 万元……年利润 20 万元左右；B 级，店面面积 15 平方米，投资总额 7.5 万元……年利润 45 万元左右，同时载明，本报告是在经营预测的基础上完成，仅供参考，公司对此不作盈利和投资回收的承诺。

贵州省贵阳市恒律公证处于 2017 年 10 月 18 日出具（2017）黔筑衡律公民字第 5352 号《公证书》载明，原告向该公证处申请证据保全，公证人员在原告委托代理人的带领下到达贵阳市浣沙路×号的"7 夫子第 1007 店"；贵阳市黄金路×号的"7 夫子第 10011 店"；贵阳市延安南路花果园 V 区×栋的"7 夫子第 10020 店"；贵阳市中山南路花果园国际金融街×号的"7 夫子第 01088 店"；贵阳市遵义中路花果园 C 区×栋的"7 夫子第 1005 店"；贵阳市花溪大道（甘荫塘）5、6、7 公交车始发站的"7 夫子第 1018 店"；贵阳市花溪区民主路的"7 夫子第 1002 店"；贵阳市观山湖区兰州街的"7 夫子第 1009 店"；贵阳市观山湖区龙泉苑街与金源街交叉路口的"7 夫子第 10010 店"；贵阳市乌当区新添寨富康路的"7 夫子第 1001"店，分别对各店铺门头进行了拍照。从公证书所附照片看，贵阳市延安南路花果园 V 区×栋的"7 夫子第 10020 店"、贵阳市中山南路花果园国际金融街×号的"7 夫子第 01088 店"的门头使用的是"七夫子及图"，其余店铺门头使用的是"7 夫子及图"，具体如下图。

被告提供了国家知识产权局商标局颁发的第"18686747"号商标注册证，用于证明被告使用的"7 夫子及图"是基于被告于 2017 年 1 月 28 日取得国家知识产权局商标局颁发的商标注册证。原告提供了原国家工商行政管理总局商标评审委员会作出的商评字（2018）第 0000003397 号《关于第 18686747

号"7 夫子及图"商标无效宣告请求裁定书》，用于证明被告的"7 夫子及图"商标于 2018 年 1 月 10 日被宣告无效。

原告提供了被告网站上宣传图片网页打印件，用于证明被告的加盟店为4358 家，同时证明被告的网站上仍然在使用"7 夫子及图"商标。被告对该证据的真实性不予认可，原告当庭使用手机登录被告的网站，进行核对。

本案争议焦点为：（1）原告对涉案美术作品是否享有著作权；（2）被告在其经营行为中使用的"7 夫子图案"是否构成对原告美术作品的侵权；（3）若构成侵权，被告应承担何责任。

二、撰写心得

本侵害著作权纠纷案件的案情不算复杂，但是为什么该判决书与笔者办理得更具有新颖性、复杂性案件的判决书相比，更能得到肯定，笔者就本判决书的撰写过程谈谈心得体会。

（一）固定当事人的诉辩主张

案件的审理是围绕着当事人的诉辩主张而展开的，因此，当事人诉辩主张的确定对于裁判文书查明事实部分、说理部分的撰写以及法律适用而言意义重大。裁判文书要全面准确地表述当事人的诉辩主张，同时又要概括表述，而不是将起诉状、答辩状的内容照搬照抄。

（二）对证据的审查判断

裁判文书写作新规定已经摒弃了以前那种罗列证据的做法，要求对当事人有争议的证据进行分析和认证。文书对证据的审查判断，包括证据能力和证明力两部分，这两者是有机结合的。对于单一证据而言，首先是要判断其是否符合证据的客观真实性，关联性、合法性要件，从而决定其是否具有证据能力。文书在确定了证据的证据能力之后，还必须进一步根据证据与待证事实（当事人的证明主张）之间的关联程度、证据与证据之间的相互关系，决定证据是否可以采信，是否具有证明力。本判决书表述为："当事人围绕诉讼请求依法提交了证据，本院组织当事人进行了证据交换和质证。对当事人无异议的证据，本院予以确认并在卷佐证。对有争议的证据和事实，本院认定如下：……"

（三）对查明事实的构建

首先，文书对事实部分的写作，一定要紧扣当事人的诉辩主张，紧扣争议焦点及证据反映出的法律事实，应当以证明主张为基础。证据所能证明的事实并不都是裁判文书需要认定的事实，对证据的采信实际上是对当事人证明主张的采信，而当事人的证明主张通常涵盖的事实要小于证据所能反映出的事实。因此，文书对事实进行陈述时，只需对证明主张进行整合，只有与案件有关的在法律规范适用上有意义的事实才是裁判文书中所要认定的事实。法官在写作时要剔除与案件无关的事实，避免使判决书冗长。其次，对事实部分的写作要既需要配合法律用语，又不能背离客观实际。如本案，当事人的诉辩争议主要为：（1）原告对其所称的两幅美术作品是否享有著作权。对此，承办人在文书中写明相应事实：深圳博林集团有限公司将作品名称为"HelloKongzi"及"HelloKongzi商标"的美术作品在国家版权局登记，登记号分别为：国作登字－2015－F－00190132、国作登字－2015－F－00227105，登记证上载明著作权人均为深圳博林集团有限公司，作品完成时间分别为2014年9月25日和2014年7月1日。原告经深圳博林集团有限公司转让，于2015年10月14日取得了美术作品《HelloKongzi》（共三幅）及《HelloKongzi商标》在我国的著作权，原告向国家版权局申请对上述权利进行登记，登记日期为2016年2月24日，登记号为国作登字－2016－F－00249948

号、国作登字－2016－F－00249945。（2）被告在其经营门店的门头上及宣传手册中使用的"7夫子及图"对原告主张的美术作品是否构成侵权。对此，相应的事实主要为，原告向贵州省贵阳市恒律公证处申请证据保全，该公证处于2017年10月18日出具（2017）黔筑衡律公民字第5352号《公证书》载明的内容等。

（四）判决书的说理性

首先，判决书说理对于败诉者的意义远大于胜诉者的意义。胜诉者往往坚信自己的立场正确无疑，而败诉方一定是要清楚地知道他们为什么会输，输在什么地方。所以，对于败诉一方而言，司法公正要通过司法程序的正当性和败诉方清楚了解败诉原因得以实现，即所谓胜败皆明。因此，充分、透彻的说理有利于增强说服力，有利于定分止争，减少信访案件的发生，有利于体现司法的公正性和保障当事人的合法权益。其次，要注意用语的严谨性和精练性。剔除不必要的词句，简洁的作品才有力量。一句话不应包含不必要的词语，一段话不应包含不必要的句子。应避免使用那些可有可无、极易引发当事人及社会公众误解的词语和句子，同时使用尽量有限的文字，确保每个字都言之有物。例如，本案在判决说理部分，要对比被告使用的"7夫子及图"与原告的两幅美术作品是否构成相同或相似，笔者感觉很难用语言去描述，经过反复思考，最后描述为"被告使用的'7夫子及图'中的图像从造型、发饰、眼睛、眉毛、胡须、衣袖等方面均与原告的美术作品基本一致"，但感觉还是比较单薄，不能给人以直观的感觉，不一定能使人信服。为此，笔者想到了把原告登记号为国作登字－2016－F－00249948号、国作登字－2016－F－00249945号的两幅美术作品的正面图片及被告店铺门头、宣传手册使用的"7夫子及图"的图片放进判决书里，这样给人以直观感觉，一般人在看判决书时，也可根据自己的视觉作出判断，感觉言之有物，图文并茂。

（吴霞，贵州省贵阳市中级人民法院法官）

三、专家评析

本判决书对当事人的诉辩主张，概述清楚、全面准确；对当事人有争议的证据分析认证清楚；查明事实部分，能紧扣当事人的诉辩主张，紧扣争议焦点及证据反映出的法律事实；判决书的说理充分、透彻，用语严谨、精练、简洁；将图片放进判决书里，图文并茂，给人以直观感觉，社会公众在看判决书时，也可根据自己的视觉作出判断，感觉言之有物。

（点评人：施辉发，贵阳市中级人民法院审判委员会委员、三级高级法官、研究室主任）

（2018）黔01民初400号裁判文书原文

46. 武汉光亚文化艺术发展有限公司、黄某 1 和刘某 1 等著作权侵权及不正当竞争纠纷案*

【关键词】

　　剧本　策划方案　改编权　著作权侵权　不正当竞争

【裁判要旨】

　　1. 作品中受到著作权保护的独创性表达，应当足够具体，读者或观众能充分感受作者进行的独特取舍、选择、安排、设计，产生特有的欣赏体验。法律对其保护既不会变相垄断已有的公知素材，也不会不适当地妨害创作自由。

　　2. 著作权法排除保护的对象，纳入反不正当竞争法的保护需满足两个前提条件：其一是产生了独立的保护价值，其二是符合不正当竞争行为的侵权构成要件。

一、简要案情

　　武汉光亚文化艺术发展有限公司（以下简称光亚公司）委托黄某 2 创作剧本《后来》。黄某 2 完成创作后，于 2015 年 5 月 4 日在国家版权局进行作品登记。该剧本讲述了宋词与温恒之间的"等待与错过"，高中时代，两人互生好感，因宋词好友李夏儿也喜欢温恒，导致李夏儿与宋词的友情逐渐破裂；大学时代，宋词与温恒到了同一所大学，虽互有情愫，但因宋词的好友兼室友林琳喜欢温恒，固执的宋词又痛苦地拒绝了温恒的表白；毕业十年后，宋词与温恒在 A 大百年校庆上相遇，但再次产生误会未能在一起。

　　2015 年 4 月 13 日，光亚公司获得摄制电影许可证，影片名称为《后来·懂得如何去爱》，梗概为："本剧的主题主要是围绕 80 后一代人的感情、价值及人生来写的，一代人有一代人的青春故事，本剧从开始到结局只想完整呈现出一个真挚的感情故事。"2015 年 5 月 11 日，光亚公司获得刘某 1 演唱的

---

　　* （2018）鄂 01 民初 5015 号。

歌曲《后来》非独家使用权，即作为电影《后来》（由刘某2导演、李某某及刘某3主演）的歌曲并用于电影宣传，不得切割使用，不得用于其他用途。

光亚公司为上述电影制作策划方案，内容包括：（1）打造2016年最值得期待的青春爱情电影，根据刘某1同名歌曲《后来》改编，重温令万千歌迷感同身受的心碎爱情故事，一起重返青葱懵懂的校园时代；（2）片名《后来》，导演刘某1，预计开机2015年底，预计上映2016年5月；（3）强力创作团队（拟请），编剧李某2，监制薛某某，艺术指导谢某，原创音乐梁某某；（4）备选演员井某某、李某某、黄某、周某某、杨某某、郭某某；（5）2016年最具话题性的青春校园电影"成长与失去"，2016年最感动人心的爱情故事"等待与错过"。2015年8月2日，原告方经与叶某某联系，将《后来》剧本与该策划方案以电子邮件发送给叶某某，希望刘某1参与，刘某1方未同意。经查，上述剧本及策划方案中，均未出现过"恋爱、分手、错过、重逢……后来的他们再也回不去了"的表述。策划方案中涉及的监制、演员等，原告则均未有过联系。

电影《后来的我们》备案立项梗概为"小晓和见清是同乡，他们在过年回家的火车上相识。机缘巧合之下，小晓在见清家吃了一顿年夜饭，从那之后，小晓和见清的命运便纠缠在一起：恋爱、分手、错过、重逢……后来的他们再也回不去了"。该剧由刘某1导演，张某某监制，井某某、周某某领衔主演，田某某主演，出品公司为拾谷公司、因而公司等。该片剧本署名编剧为袁某、何某某，被告陈述，剧本系根据刘某1所著《过年，回家》改编，于2018年2月5日形成最终拍摄剧本。《公证书》显示，袁某电子邮箱中，主题包括"后来的我们"的邮件有150余封，收件时间从2016年10月25日至2018年8月28日，持续有发送包括不同时间段的剧本、分场大纲、会议记录、何某某版、导演工作版台词修改、情节线、终稿等。《后来的我们》讲述了未上大学、在外漂泊多年、想在北京安居立命的女主角小晓和大学毕业走入社会的男主角见清的北漂生活及相爱历程，但因步入社会时间不同，对爱情、人生认知的成熟度不同，两人最终错过；同时讲述了两人回家过年及与见清父亲的亲情故事。

原告主张两者故事核完全相同，均是"恋爱、分手、错过、重逢……再也回不到从前"，且被告剧本、电影有24处在情节上涉嫌抄袭剽窃，如均含主角为另一主角解围、主角给另一主角巧克力、主角有长辈、男女主角最终未在一起、配角遇上视听电子产品出故障、人物间互相处理矛盾、"三剑客"

人物关系等，构成著作权侵权。同时主张，被告侵占原告基于歌曲《后来》、剧本及策划方案的商业机会，给原告影片摄制造成实质性妨碍。

另查明，光亚公司、黄某1向法院提交的光亚公司与黄某2的委托创作合同，系由黄某1代黄某2签名，合同落款时间为2015年1月6日，但载明的光亚公司地址为2018年4月8日变更后的地址，并写有剧本设计"恋爱、分手、错过、重逢、回不到以前"。

法院认为，就著作权侵权之诉，原告主张的被改编和摄制的内容均非《著作权法》保护范围，不仅如此，原告的多处比对意见实际上已偏离了作品实际内容，有牵强附会之嫌，原被告作品在故事主线、主要故事内容、人物设置、人物关系、情节事件、情节发展串联等独创性表达方面均存在实质区别，被告不构成著作权侵权；就不正当竞争之诉，原告不具有竞争法意义上的可保护利益，被告的行为则在合法合理范畴之类，符合商业道德要求，既未扰乱市场竞争秩序，也未损害原告或其他经营者、消费者的合法权益，不构成不正当竞争。遂判决驳回光亚公司、黄某1的全部诉讼请求。

二、撰写心得

近年来，热门影视作品公映后，时常卷入纠纷，是合理维权还是"碰瓷"，众说纷纭。影迷、书迷往往争论不休，抄袭、融梗、借鉴、致敬、"碰瓷"，各种观点层出不穷。本案即其中备受关注的热门案件。本案在裁判时，对裁判结论的争议并不大，如在对比完影片和剧本后，可以明显感知是完全不同的欣赏体验，也完全不会有相似的感觉。但裁判文书的撰写却不是那么容易，本案涉及了影视行业纠纷中的数个热点、难点问题，包括：著作权的保护范围；思想表达二分法在侵权判定上的具体运用；著作权与不正当竞争的关系；影视行业公平竞争与不正当竞争的边界；等等。这些问题尽管在理论上较为统一，但在实践运用上仍存在划分边界困难的问题，如果仅仅以"著作权不保护思想"等表述作为说理简单进行论述，虽亦可作出裁判，但无异于硬生生给当事人塞一个结果，无法达到以精确的司法裁判告诉公众法律的价值取向的目的。特别是结合本案审理看，原告实际上对相关规则并不是特别清楚，说理不宜过于简化。因此，本案在说理时，特别注意针对当事人的诉辩意见，以案件事实为基础，以抽丝剥茧的方式逐层解读规则、代入事实、正反剖析、推理结论，以求清晰传递司法的力量、规则的理性，为当事人答疑解惑，力争胜败皆明。基于本案著作权侵权与不正当竞争指向不同，笔者分别叙述撰写思路如下。

（一）著作权侵权

著作权侵权之诉中，原告主张两者故事核完全相同，均是"恋爱、分手、错过、重逢……再也回不到从前"，且被告《后来的我们》剧本、电影有 24 处在情节上涉嫌抄袭剽窃，侵犯其改编权和摄制权，并对上述共计 25 处涉嫌抄袭情节一一进行了列举。被告则认为，无论从改编基础、主题诠释、具体表达、人物设定和角色关系，还是从情节设计以及时空场景的设定上，两者均有天壤之别，不构成抄袭。

从原告主张来看，其判定上有两个明显不足，一个是其主张的应当受到保护的部分多为思想，而非表达；另一个是原告在进行实质相似比对时，对原被告作品均进行了抽象，且在一定程度上偏离了实际作品内容。但如果文书仅简单地讲其主张受到保护的内容均为思想，《著作权法》不保护思想，很难让原告方明理，从庭审看，原告一定程度上并没有准确厘清《著作权法》的保护边界，仅仅认为如果不是抄袭剽窃，不可能有其主张的这么多处"相似"。因此，承办人在撰写文书时，尝试以逐层递进方式阐明被告作品不构成著作权侵权的理由。

1. 阐述著作权的保护范围。第一，文书讲明了《著作权法》为何不保护思想，即考虑到《著作权法》保护思想自由表达、鼓励创作的宗旨，任何属于思想层面的内容均不应被垄断而禁锢后来者的创作空间，任何人均有权自由使用或借鉴前人思想独立创作新的作品，只要其表达系独创即可。第二，文书讲明了思想如何转化为作品成为保护范围，即思想是被描述、表现的对象，属于主观范畴，必须借助各种形式表现出来，才能使读者或观众感知，而特定思想在向表达转化时，不同作者往往会有各异的取舍、选择、安排、设计，这些即为创作，当该创作系独立完成，并包含一定智力创造时，便具备了独创性，形成独创性的表达，从而成为《著作权法》保护的作品。由此明确，著作权的保护范围实为"独创性"的表达。

2. 阐述思想表达二分法在侵权判定上的具体运用。文书从著作权对"独创性"的表达出发，明确侵害改编权的判定步骤，在此基础上，基于本案实际，重点分析如何判定何为作品中的"表达"。这里承办人借用了最高人民法院第 81 号指导案例和"金字塔"理论去阐述。其后，文书再结合案件事实，从正反两个方面阐述思想表达二分法的运用。正向而言，用案件事实说明"分界线之下的表达，必然足够具体，使读者或观众能充分感受作者进行的独特取舍、选择、安排、设计，产生特有的欣赏体验，可以明确的感知来源"；反向而言，以原告主张的原被告均安排和设计了"一位主角给另一位主角巧克力"的相同情节为例，阐述了为何"著作权保护不应延及作品所表达的抽象内容"。

（二）涉策划方案不正当竞争的判定

不正当竞争之诉中，原告主张被告侵占原告基于歌曲《后来》、剧本及策划方案的商业机会，给原告影片摄制造成实质性妨碍，具体包括两个方面：一是被告使用了原告剧本的独创性内容及影片策划方案；二是被告在明知光亚公司购买歌曲《后来》版权素材的情形下，使用与光亚公司已报备的相近电影名称，并在电影宣传时仍然使用该歌曲进行相关宣传，使其丧失了基于《后来》歌曲所产生的相应的商机。

审理中，笔者发现，实际上《后来》歌曲反而是被告的成名曲，原告也明确就歌曲《后来》只涉及策划方案从该歌曲受到启发，不涉及歌曲《后来》的权利。因此，原告所谓的不正当竞争之诉，实际是希望通过其策划方案获得一定程度上的垄断市场的优势。而影视行业中，制作并提出策划方案，以寻找合作机会实属常态，若最终未进行合作，策划方能否通过策划方案获得竞争法上的保护，何种情形下能获得保护，笔者认为应当从我国《反不正当竞争法》的立法目的"鼓励和保护公平竞争"，以及影视行业的竞争秩序出发进行说理。因此，文书从两个方面重点评析：其一是策划方案是否属于受法律保护的利益，以及原告利益是否受到损害；其二是被告行为是否违反影视行业特有的诚信原则和公认的商业道德。结合实际案件，承办人认为对前一个问题，原告对歌曲《后来》、剧本及策划方案均并不享有竞争法意义上的可保护利益。就歌曲，其既未获得歌曲的独家权利，该歌曲知名度的产生也与之无关；就剧本，在影视行业，相同或类似的导演、演员等拍摄同类题材的情形大量存在，并不存在相互妨碍的问题；就策划方案，原告尽管建议了一些备选的导演、演员、编剧、监制等，但除刘某1外，原告根本未与井某某、周某某等进行联系，上述备选人员中，更未有任何人员曾经同意与其合作。对后一个问题，被告就片名的确定、导演及演员的选择，均符合影视行业商业惯例。同时，为了加强说理性，笔者还从反向进行论证，即如果按照原告的主张和逻辑，实际上相当于要求影视行业中，只要某公司或艺人收到过策划方案，无论其是否采纳，无论实际剧情是否相关，均不得再行拍摄相同或类似题材影片，不得使用相同或类似演员、导演、制片，若确定该种行业规则，恐怕以后行业内相关公司或艺人会拒绝一切策划方案或邀请，演员、导演等从业人员也将极大减少商业机会。

（余杰，湖北省武汉市中级人民法院法官）

三、专家评析

近年来，影视圈的侵权纠纷、不正当竞争纠纷时有发生，往往迅速成为当下热门话题。特别是热门影视作品陷入"抄袭门"的比例更高，不少还进入了法院诉讼程序。究其原因，既有确系作品本身的问题，如明显属于抄袭，也有疑似"碰瓷"之嫌的，但更多的起因则是由于涉及影视作品的侵权判定中，存在着思想表达难区分、公有素材难界定、实质相似难认定、合理使用难判定的诸多难题，导致观点不一、认识不同、众说纷纭，也正因此，"吃瓜群众"也极易对同一事件发表"抄袭、融梗、借鉴、致敬、碰瓷"不同的观点。本案涉及影视行业纠纷中的几个热点、难点问题：著作权的保护范围；思想表达二分法在影视作品侵权判定上的具体运用；著作权与不正当竞争的关系；影视行业公平竞争与不正当竞争的边界等。除了裁判结论正确外，本案文书也是亮点纷呈，特别是主旨鲜明、重点突出、条理清楚、详略得当、说理透彻、论证充分，从而清晰地展现了影视作品纠纷案件的审理思路和裁判逻辑，因而被媒体称赞本案判决或将成为行业维权新标准。

（一）文书在谋篇布局上，脉络清晰

本案事实较为复杂，涉及多方主体、多层法律关系。文书在事实查明部分，着眼于有利于展现全景、评判各方争点的角度，将案件事实分为权利作品创作事实、权利授权情况、被告作品创作及影片制作过程、原被告作品内容、侵权主张及各方比对意见等，逐步铺陈展开论述；说理部分，聚焦争议焦点，繁简得当，对争议不大的主体适格等问题简要表态后，总结双方的主要争议焦点，并逐一详细评判。

（二）在核心争议焦点的评判上，分析论证透彻，法律适用精准

首先，针对著作权侵权纠纷，文书在明确影视作品是否侵犯他人作品改编权、摄制权的判定步骤以及思想表达二分法在侵权判定上的具体运用的基础上，从防止不当维权的角度进一步指出：除了思想表达区分的要求外，著作权保护不延及作品所表达的抽象内容，该论述具有侵权判定上的独立价值。文书在具体论述方法上，既注重从法理上分析，讲明《著作权法》的保护对象为独创性表达，并厘清思想表达二分法分界线的评定规则，又注重结合案

件中当事人主张及具体相关事实，从正反两方面深入分析，让当事人明确创作自由与著作权侵权的规则边界。其次，针对不正当竞争纠纷，文书明确了影视行业适用一般条款应当考虑的三个问题，并采取逐层递进的方式逐一评述：（1）当原告就同一行为同时主张著作权侵权及不正当竞争时，如何看待《反不正当竞争法》与《著作权法》的关系，就同一行为，在不属于《著作权法》保护时，是否依然可依《反不正当竞争法》获得保护，若依《反不正当竞争法》保护，应当具备何种条件；（2）原告应当具有竞争法意义上的可保护利益，且该利益受到实际损害，否则不应认定被告构成不正当竞争；（3）影视行业的公认商业道德为何，被告行为是否违反该行业特有的商业道德。文书如此撰写，既准确作出判决，又使裁判思路能适用于影视行业类似纠纷的审理。

　　总体而言，本案裁判文书事实陈述准确，说理论证充分，法律适用精准，语言表达凝练，逻辑文理清晰，是一篇较为优秀的民事裁判文书。

（点评人：何华，中南财经政法大学教授）

（2018）鄂 01 民初 5015 号裁判文书原文

47. 广州新族化妆品有限公司和广州冠以美贸易有限公司著作权侵权纠纷案[*]

【关键词】

实用艺术作品　独创性

【裁判要旨】

实用艺术作品兼具实用性和艺术性，《著作权法》对实用艺术作品的保护仅限于其艺术表达方面，而不保护其实用功能。在物理或观念上无法分离实用性和艺术性的实用艺术品不能得到《著作权法》保护。考虑到著作权保护与外观设计专利权保护的关系，实用艺术作品需达到一定的创作高度才能被认定为具有独创性。

一、简要案情

2016年6月8日，国家版权局对名称为"彩妆一体背柜"的作品出具美术作品登记证书，著作权人为广州冠以美贸易有限公司（以下简称冠以美公司），创作完成时间为2015年1月4日，首次发表时间为2015年1月22日。本案中，冠以美公司主张该证书附件中规格为2米×2米的美妆一体柜构成美术作品范畴的实用艺术作品。

2016年4月8日，冠以美公司的关联公司委托代理人来到贵阳市白云区长山路×号佳禾化妆品店，对该店展示的"诱惑"品牌化妆品一体柜进行拍照。贵州省贵阳市立诚公证处对此进行了公证。同年4月26日，冠以美公司的关联公司委托代理人来到佛山市南海区丹灶镇樵金北路的东联商业中心首层一间商铺，对该店展示的"诱惑"品牌化妆品一体柜进行拍照。广东省佛山市南海公证处对此进行了公证。

上述"诱惑"品牌化妆品一体柜由广州新族化妆品有限公司（以下简称新族公司）提供，冠以美公司认为该一体柜抄袭其美妆一体柜的设计，侵害

---

* （2017）粤73民终537号。

其著作权，故向法院起诉要求新族公司停止侵权并赔偿损失 20 万元。

新族公司主张上述两家店铺均不是其代理商，但确认"诱惑"是其品牌，同时认为冠以美公司的美妆一体柜不具有独创性，不构成实用艺术作品。

新族公司为证明冠以美公司美妆一体柜不具独创性，提交了 2013 年《中国美妆》和 2014 年第 2、3、10 月的《化妆品观察》杂志。上述杂志可见多个品牌的彩妆背柜图片。冠以美公司对杂志的真实性、合法性并未提出异议。

争议焦点：冠以美公司美妆一体柜是否具有独创性，构成实用艺术作品。

一审法院经审理认为：冠以美公司涉案美妆一体柜具备一定的实用性和艺术性，可以认定具有一定独创性，构成作品。被诉一体柜由新族公司提供或根据其要求制作。经比对，被诉一体柜与冠以美公司美妆一体柜构成实质性相似。故新族公司行为构成抄袭，侵害了冠以美公司的复制权。该院据此判决新族公司立即停止侵权行为，赔偿冠以美公司经济损失 8 万元，并驳回冠以美公司的其他诉讼请求。

新族公司不服上诉至广州知识产权法院。

二审法院经审理认为：作为美术作品保护的实用艺术作品除需要满足作品的一般要件外，还需要满足美术作品的特殊要件。具体而言，在独创性要件判断过程中，该实用艺术品应达到美术作品的创作高度。另外，实用艺术品兼具实用性和艺术性，往往也可以申请外观设计专利保护。作为美术作品保护与作为外观设计专利保护是不一样的，两者在权利取得、保护范围、有效期限等方面都存在重要区别：前者自动取得，后者须经国家审核授权才能取得；后者保护范围限于相同或类似产品上相同或近似外观设计，前者无此限制；前者有效期为作者生平加 50 年，后者仅为 10 年。如果法院在实用艺术作品独创性要件判断上过于宽松，将导致无人愿意申请外观设计专利，进而导致《专利法》相关制度形同虚设。所以，法院有必要严格审查作为美术作品保护的实用艺术作品独创性要件。

涉案《中国美妆》和《化妆品观察》等杂志属合法出版物且在涉案美妆一体柜公开之前发行，应予以采纳。涉案美妆一体柜与杂志中彩妆背柜的区别主要在于整体颜色搭配、眉头是否采用雕空奶白透光以及产品展示区格状的具体设计。按照美术作品的创作高度和严格审查的原则进行分析，涉案美妆一体柜上述区别设计不足以构成艺术上的独特表达，尚未达到美术作品的创作高度。

广州知识产权法院据此认定冠以美公司的主张不能成立，遂撤销一审判决，改判驳回冠以美公司全部诉讼请求。

二、撰写心得

好文书应当具备格式规范、语言流畅、条理清晰、详略得当、认定事实清楚、适用法律正确、裁判结果明确等基本要件。除此之外，对于什么是好文书和如何写出好文书，笔者还有以下四点体会。

（一）好文书要"难"

"难"不是指文书难懂，而是指案件难办。案件难度与文书好坏并非毫无关联。众所周知，好文章一定独创性高。裁判文书虽然不是《著作权法》保护的文字作品，但裁判文书和文字作品也有一定的可比性。好文书相当于好文章。所以，好文书也一定独创性高。而独创性跟创作空间密切相关。创作空间越大，作者越容易发挥聪明才智，从而越容易写出好文章。裁判文书是审判工作的最终成果，是法官专业能力的集中体现。办理重大、疑难、新类型案件，不仅对法官的审判能力提出更高的要求，也对法官的文书能力提出更高的要求。换言之，办理这些疑难案件可以倒逼法官充分发挥才能和主观能动性，客观上为法官写出优秀裁判文书提供了更大的"创作空间"。本案正是这种疑难案件。由于作品独创性的判断没有客观标准，故一直是司法实践中的难点，对于实用艺术作品这类"小众"作品而言更是如此。本案判决书也正是在较好解决这一问题基础上成为一篇好文书。

（二）好文书要"专"

"专"不是指专业，而是专注。相比专业，专注更为重要。法官专业能力再强，如果心猿意马，也会犯写作上的低级错误。法官只有全力以赴，聚精会神，才可能写出好文书。但问题在于，法官不是自由职业者，不可能长期置身某个没有干扰的环境，全身心地撰写一个文书。案多人少已经成为很多法院的工作常态。以广州市知识产权法院为例，近两年一个法官通常需要同时审理数个甚至数十个案件。所以，如何保持专注写出好文书，对法官而言具有重要现实意义。笔者采取的方法是"化零为整"。首先，无论手上可写案件有多少，当前只确定一个写作任务，然后专注于该任务，不完成原则上不启动第二份文书的写作。其次，在完成每天的开庭、合议等常规或紧急工作后，笔者都尽可能挤出一段时间专注文书写作。当然，该段时间根据实际情况可长可短，但贵在每天坚持，积少成多。同时，为保证写作的效率和思路的完整，笔者还充分利用零散时间进行思考，在脑海中不断调整文书的框架脉络，反复比较推理的逻辑性和表达的准确性，做到胸有成竹。本案判决书的撰写也是如此。因为日常审判工作繁忙，笔者始终没有大块和整块时间进行撰写，但通过专注和"化零为整"，还是在一段可控且合理的时间内完成了本案文书的制作。

（三）好文书要"释"

"释"是指解释法律。法律必须被信仰，否则形同虚设。但法律不会自动被信仰，被信仰的一定是实施的法律。故也可以说，法律必须被实施，否则形同虚设。法官判案就是实施法律，并通过裁判文书告诉社会公众实施法律的过程和结果。法官是如何实施法律的？首先，法官必须根据案情找到合适的法律。其次，法官必须结合案情对找到的法律进行解释。最后才是判决。换言之，法官实施法律的过程就是"找法"和"释法"的过程。对于绝大多数常规案件而言，由于法律有明确规定，故"找法"不难，实施法律主要就是解释法律。对于某些新类型案件，由于法律没有明确规定甚至存在漏洞，要找到合适法律并不容易，相关的法条都似是而非，难以适用于某案。此时，法官就需要对这些似是而非的法条进行解释、分析、比较，最终确定适用的法律。而一旦通过充分论证千辛万苦找到合适法律，法官就可以径行下判了。从这个过程可以看出，对于新类型案件，"找法"和"释法"合二为一，"找法"就是"释法"。所以，解释法律是法官实施法律的核心。也正因为如此，文书必须解释法律。不好的文书各有瑕疵，但好文书一定是在解释法律这个核心环节上大放异彩的文书。有人说，新类型案件的文书固然容易出彩，而大量常规案件，由于法律规定明确，似乎没有必要大费周章解释法律，文书也容易千篇一律，很难出彩。其实不然。不少常规案件的文书并未简单罗列法条，它们要么对其构成要件进行仔细分析，要么对其立法本意进行深刻探究，要么对其社会价值进行充分阐明。有的论述层层推进、逻辑严密，有的论述深入浅出、明明白白，有的论述苦口婆心、情理交融，还有的论述以天下为己任，对一个行业乃至整个社会的行为规范都提出明确要求。这样的文书难道不是好文书吗？本案判决为解决双方争议焦点问题，首先，根据思想和表达二分法，"解释"指出涉案美妆一体柜的艺术表达部分才能获得《著作权法》保护。其次，根据《著作权法实施条例》关于作品一般要件和特殊要件的规定，"解释"指出实用艺术作品应当达到美术作品的创作高度。最后，根据实用艺术作品也可申请外观设计专利的特性，"解释"指出法院应当严格审查其独创性。三个方面的"解释"有理有据层层推进，极具说服力，不仅为本案正确判决奠定了基础，也为本案判决书成为好文书奠定了基础。

（四）好文书要"磨"

"磨"是指修改打磨，追求完美。我们曾听说曹子建七步成诗，也曾听说李太白一气呵成"云想衣裳花想容，春风拂槛露华浓"。这些天才作品似乎信手拈来、毫不费力，可谓"文章本天成，妙手偶得之"。但既然有"偶得之"，也就会有"常得之"的情况。于是，我们更多听说的是曹雪芹"批阅十载，增删五次"写就《红楼梦》，是司马迁前后历时14年完成《史记》，是贾岛"推敲"的典故，是卢延让"吟安一个字，拈断数茎须"的苦吟。这些都说明，好文章常常是"磨"出来的。越是完美，越要反复打磨。这与文章的创作规律有关。人创作时，首先确定中心思想，然后拟定框架脉络，最后才是遣词造句进行具体表达。但中心思想可能发生变化，比如作者对希望表达的中心思想有了更深刻认识，就会对原来的中心思想进行调整，进而导致框架脉络和具体表达的修改。即便中心思想不变，框架脉络也可能变化，比如原来平铺直叙，后来作者认为倒叙或插叙更能表现中心思想。即便中心思想和框架脉络都不变，由于汉字博大精深，作者遣词造句也可能经常变化，以实现更加精准的目的。裁判文书制作有规范的格式要求和专业的用语要求，故文书撰写不是纯粹的文学创作，但文书撰写同样遵循创作"三步走"的规律。而且，裁判文书事关法律实施，事关生杀予夺，事关社会关系调整。一句含糊的话、一个多余的字甚至一个错误的标点，都可能产生极大负面影响，故更需要法官认真细致，反复推敲，力求完美。本案判决书也是"磨"出来的。笔者撰写"本院认为"部分时，对相关论点反复思考，对相关说理反复推敲，对相关表述反复修改，断断续续历经三周才最终完成，其中的艰辛和快乐如人饮水，冷暖自知。

（龚麒天，广州知识产权法院法官）

三、专家评析

本案文书之所以优秀，主要原因在于写作规范、文字精练、说理清晰。

（一）写作规范

虽然裁判文书具有法律和写作的双重属性，但本质上属于公文，应当具有统一的文书样式和规范标准。最高人民法院先后出台了《法院诉讼文书样式（试行）》（已废止）、《刑事诉讼文书样式》、《一审行政判决书样式（试行)》（已废止）等文书样式，裁判文书的写作首先应当符合上述文书样式的各项要求。本案文书遵循了相关文书样式的技术规范标准，引用规范性法律文件亦遵循了相关司法解释规定，符合著作权侵权纠纷案件和二审案件文书写作的规范。

（二）文字精练

文书好坏并非由字数决定。针对不同案件，文书应当实现简案简写、繁案精写、繁简有度、详略得当。当事人对事实争议较大的，文书应加强证据分析和事实说理；对适用法律争议较大的，文书应加强法律推理和法律解释。本案文书篇幅不算长，但其表述在"咬文嚼字"反复推敲中，锤炼语言，完善句法，权衡逻辑，做到了规范、准确、清楚、朴实、庄重、精练。

（三）说理清晰

《法官写作手册》一书提到"司法判决的任务是向整个社会解释，说明该判决是根据原则作出的好的判决，并说服整个社会，使公众满意"。司法权是一种判断权，要让当事人和公众信服，文书必须把裁判过程、事实认定、判决理由、依据的法律等讲清楚、说明白。本案文书的说理具有针对性，逻辑严谨，说理充分。

首先，说理有针对性。本案文书紧紧围绕双方当事人二审争议焦点，就涉案美妆一体柜是否构成实用艺术作品进行论述。其次，说理逻辑严谨。裁判文书说理要遵循逻辑顺序，事实、证据、理由和结论之间要具有内在逻辑层次。裁判文书说理一般按照"三段论"公式，通过展示逻辑推理来证明裁判结论的正当性。针对案件争议焦点，本案文书层层递进展开说理：第一步，论述实用艺术品可以获得保护的法律依据；第二步，论述作品保护的一般要件和美术作品保护的特殊要件；第三步，论述实用艺术品作为美术作品保护时的独创性要件判断标准；第四步，根据上述三步确立的判断标准，结合案情论述涉案美妆一体柜是否构成实用艺术作品。文书通过以上三步实现了通过展示逻辑推理证明裁判结论正当性的目标。最后，说理充分。本案文书说理既有广度又有深度。就广度而言，本案文书跳出了著作权保护的一元思维模式，分析了著作权和外观设计专利权给实用艺术品提供的不同保护；就深度而言，本案文书从作品保护的一般要件到实用艺术作品保护的特殊要件均进行了详细分析。

本判决不仅充分体现了主审法官对法律精髓的精通、法律逻辑的缜密、写作技巧的高超，更体现了其工匠精神的优良作风，值得我们学习借鉴。

（点评人：邓燕辉，广东省高级人民法院民三庭二级高级法官，广东省第二届全省审判业务专家）

（2017）粤 73 民终 537 号裁判文书原文

48. 迪士尼企业公司、皮克斯和厦门蓝火焰影视动漫有限公司、北京基点影视文化传媒有限公司、上海聚力传媒技术有限公司著作权侵权及不正当竞争纠纷案*

【关键词】

著作权侵权　实质性相似　不正当竞争　知名商品特有名称　混淆

【裁判要旨】

1. 判断两个作品是否构成实质性相似，既要考虑两个作品相同点的数量，也要考虑相同点是否是《著作权法》所保护的具有独创性的表达。

2. 如果两个动画形象在具体表达方式的选择上基本相同，其相似程度已经达到了以普通观察者的标准来看，不会认为后者是在脱离前者的基础上独立创作完成的，则其应被认定构成实质性相似。

3. 经过长期使用、具有较高知名度的系列电影名称具有显著性，构成知名商品特有名称。

4. 对于电影行业而言，电影海报、媒体报道等对公众决定是否观看某部电影有着重要影响。观众的观看意愿往往是在购票前产生的，电影票上载明了实际电影名称的事实不影响对于混淆可能性及实际是否产生混淆的认定。

一、简要案情

原告迪士尼企业公司（以下简称迪士尼公司）、皮克斯是电影《赛车总动员》的著作权人。"闪电麦坤""法兰斯高"为其中的动画形象。上述电影取得了较好的票房，并获得多个奖项或提名，原告也对其也进行了广泛的宣传。国产电影《汽车人总动员》中的"K1""K2"动画形象使用了与"闪电麦坤""法兰斯高"近似的动画形象，并且在电影海报上将《汽车人总动员》的"人"字用轮胎进行了遮挡。迪士尼公司及皮克斯遂将三被告即电影出品

＊（2017）沪73民终54号。

方厦门蓝火焰影视动漫有限公司（以下简称蓝火焰公司）、发行方北京基点影视文化传媒有限公司（以下简称基点公司）及在网站上传播了该片的上海聚力传媒技术有限公司（以下简称聚力公司）诉至法院。

上海市浦东新区人民法院一审认为，"闪电麦坤""法兰斯高"动画形象通过拟人化的眼部、嘴部以及特定色彩的组合，构成独创性表达。《汽车人总动员》电影及海报中的"K1""K2"动画形象使用了"闪电麦坤""法兰斯高"具有独创性的表达，构成实质性相似，侵犯了迪士尼公司和皮克斯的著作权。《赛车总动员》电影名称经过权利人的大量使用、宣传，构成知名商品特有名称，《汽车人总动员》的电影海报将"人"字用"轮胎"图形遮挡，在视觉效果上变成了《汽车总动员》，与《赛车总动员》仅一字之差，容易使公众产生误认，故构成擅自使用知名商品特有名称的不正当竞争行为。一审法院判决三被告停止侵权；蓝火焰公司赔偿迪士尼公司、皮克斯经济损失100万元，基点公司对其中80万元承担连带赔偿责任；蓝火焰公司与基点公司共同承担制止侵权的合理开支35万余元。

一审判决后，蓝火焰公司与基点公司均向上海知识产权法院提起上诉，主要理由为：（1）一审法院认定"K1""K2"动画形象与"闪电麦坤""法兰斯高"动画形象构成实质性相似，进而构成著作权侵权是错误的。①一审法院归纳的"闪电麦坤""法兰斯高"动画形象具有独创性的特征早已进入公共领域。拟人化的眼部、嘴部的表达属于公共领域的表达。②《赛车总动员》与《汽车人总动员》均为"汽车拟人化"的赛车类动画电影题材，表达方式有限，设计思路不应被垄断。③一审法院在比对"K1""K2"动画形象与"闪电麦坤""法兰斯高"动画形象是否构成实质性相似时，既未对汽车动画形象进行整体比对，也未就主要特征部位即拟人化的脸部形象进行比对，而是以两者都使用了"拟人化的眼部、嘴部以及特定色彩的组合"直接认定构成实质性相似，是错误的。④原被告动画形象在整体或主要特征的表达方式上均存在明显差异，不构成实质性相似，也不会造成相关公众的混淆、误认。（2）涉案电影海报上注明的是国产电影，海报通常在电影院里使用，不会使相关公众产生混淆，不构成不正当竞争。（3）一审法院判决赔偿数额过高，且存在重复计算的错误。不正当竞争的侵权结果应该被著作权侵权结果所吸收。

根据上述意见及被上诉人的答辩意见，上海知识产权法院归纳二审争议焦点为：（1）蓝火焰公司和基点公司是否实施了著作权侵权行为。具体涉及拟人化动画形象独创性表达的认定、以现实物品为原型的动画形象著作权侵权实质性的判断等。（2）蓝火焰公司和基点公司是否实施了擅自使用知名商品特有名称的不正当竞争行为。具体涉及电影名称作为知名商品特有名称保护的条件、混淆的认定等。（3）如果著作权侵权和不正当竞争行为成立，一审法院确定的赔偿数额应否予以维持。具体涉及著作权侵权与不正当竞争行为交织时赔偿数额的确定等。

上海知识产权法院认为：（1）将汽车进行拟人化设计属于思想范畴，不受《著作权法》的保护，但是拟人化的具体表达方式则属于表达范畴，可以受到《著作权法》的保护。著作权侵权认定中的实质性相似的判断，要考虑两组动画形象的相同点是否是《著作权法》所保护的具有独创性的表达。法院在比对了被诉侵权作品与权利作品相同点与不同点后认为，前者在具体表达方式的选择上与后者基本相同，这些汽车拟人化的具体表达方式体现了迪士尼公司、皮克斯具有独创性的设计，属于《著作权法》所保护的具有独创性的表达，且其表达相似程度已经达到了以普通观察者的标准来看，不会认为两组动画形象中前者是在脱离后者的基础上独立创作完成的，故构成实质性相似。此外，《赛车总动员》作为迪士尼公司、皮克斯的系列电影名称，具有一定的显著性和较高的知名度，构成知名商品特有名称。电影海报、媒体报道对于公众决定是否观看某部电影有重要影响，"轮胎"图形遮挡"人"字的涉案海报不仅在影院被张贴，还在网络等媒体宣传中被使用，在观众拿到电影票之前，可能产生的混淆及混淆结果已经发生，电影票上的名称不影响对于混淆的认定。蓝火焰公司及基点公司在涉案海报的制作及使用上存在混淆的故意，也实际产生了混淆的结果，其行为构成擅自使用知名商品特有名称的不正当竞争行为。本案著作权侵权与不正当竞争行为本身各自独立，侵权结果也不同，不正当竞争行为的侵权结果没有被著作权侵权的侵权结果所吸收。综上，上海知识产权法院判决驳回上诉，维持原判。

二、撰写心得

本案为美国迪士尼公司与国产电影公司之间的著作权侵权及不正当竞争纠纷二审案件。案情较为复杂，二审争议点又较多，且既涉及事实问题，又涉及法律问题。在著作权侵权判定方面，涉及著作权保护范围的确定中的思想与表达二分法的适用、拟人化动画创作独创性表达的认定及实质性相似的判定等。在不正当竞争判定方面，涉及电影名称构成知名商品特有名称的认定、混淆的判定等。同时，本案还涉及著作权侵权与不正当竞争纠纷行为交织时赔偿数额的确定等。

二审裁判文书先是简明扼要地总结了与上诉意见有关的一审遗漏的事实，接着根据两上诉人的上诉主张，结合被上诉人的答辩意见，围绕争议焦点逐一进行了详细论述。文书在阐述裁判理由时，着重于厘清与当事人争议焦点相关的法律问题，在解决双方纠纷的同时确立相关的裁判规则，明确拟人化作品著作权保护范围及实质性相似的判断标准、电影名称作为知名商品特有名称的判定及混淆的认定、著作权侵权与不正当竞争行为交织时赔偿数额的确定等，旨在通过判决厘清影视作品著作权及不正当竞争保护中的相关问题，明晰拟人化作品创作、电影创作及宣传的行为边界等，对相关案件的精细化审理提供借鉴。

（一）著作权侵权的认定

在著作权侵权案件中，法院通常先判断原告作品是否具有独创性，能否受到著作权保护；再认定被诉侵权作品是否与其构成实质性相似，被告是否接触过原告作品，然后得出是否构成侵权的结论。判决书一般也是采取此种论述方式。

但实践中，原告作品中常有公有领域甚至是他人作品中的独创性表达，在此情况下，原告仅有权就被告使用的原告的独创性表达主张权利。本案就是这种情况。本案所涉权利作品《赛车总动员》与被诉侵权作品《汽车人总动员》均为赛车类动画电影题材，系将现实中的赛车进行拟人化设计创作的动画电影。在进行创作时，都保留了赛车常有的基本结构，如车身、车窗、车灯、车轮、尾翼等；同时将挡风玻璃、进气格栅处做了拟人化的设计，分别设计成眼镜和嘴巴，使车辆具有拟人化的形象，能够通过表情表达情绪。故原审法院认为："本案原告'闪电麦坤'和'法兰斯高'动画形象通过拟人化的眼部、嘴部以及特定色彩的组合，构成独创性表达，而被告恰恰在上述设计组合上复制了原告。'K1''K2'使用了'闪电麦坤''法兰斯高'具有独创性的表达，两者构成实质性相似。"两上诉人对此提出异议，并结合一审证据指出，将挡风玻璃设计成眼睛、进气格栅设计成嘴巴的拟人化表达在多个动画作品中均有采用，已经进入公有领域。一审法院据此直接认定构成实质性相似是错误的。

对此，二审判决书先是对上诉人上诉主张公有领域元素的相关事实进行了补充认定。接着基于思想表达二分法明确了将汽车进行拟人化设计属于思想范畴，不受《著作权法》的保护；但是具体设计方案即拟人化的具体表达方式，则属于表达范畴，可以受到《著作权法》的保护。然后，法院在进行实质性相似的认定时，鉴于本案涉诉权利作品和被诉侵权作品均取材于同款赛车，且均对赛车进行了拟人化设计，认定两作品中均含有不受著作权保护的思想范畴的元素及现实赛车原有的设计元素。同时，涉案权利作品中又存在大量独创性的表达，有些表达与被诉侵权作品相同，有些则不同，二审判决未囿于著作权侵权案件通常的论述方式，而是先细致比对了原、被告作品的相同点及不同点，再指出，判断作品是否构成实质性相似，关键看相同点是否是实质性的。对于"实质性"的认定，既要考虑相同点的数量也要考虑相同点的质量。数量主要考虑相同点是否达到一定数量；质量主要考虑相同点是否是《著作权法》所保护的具有独创性的表达。被诉侵权作品在涂装色、眼睛、鼻子、嘴部乃至眼珠、眼睑、牙齿等细节方面的表达均与权利作品基本相同，数量达到一定程度。而且，这些基本相同的表达，即汽车拟人化的具体表达方式，均体现了迪士尼公司、皮克斯具有独创性的设计，属于《著作权法》所保护的具有独创性的表达。权利人无权阻止他人用前挡风玻璃表达眼睛、用进气格栅表达嘴巴进行创作，但即使均用前挡风玻璃表达眼睛、用进气格栅表达嘴巴，其具体表达方式也有多种选择，这从上诉人提供的他人创作的拟人化动画形象中亦可看出。而被诉侵权作品在具体表达方式的选择上均与权利作品基本相同，其表达相似程度已经达到了以普通观察者的标准来看两组形象，无论如何，不会认为前者是在脱离后者的基础上独立创作完成的。综上，足以认定两者构成实质性相似。

对于实质性相似的判断标准，本案二审判决采用了"普通观察者"的标准。并明确对于"实质性"的认定，既要考虑相同点的数量也要考虑相同点的质量。数量主要考虑相同点是否达到一定数量；质量主要考虑相同点是否是《著作权法》所保护的具有独创性的表达。同时，文书针对上诉人关于一审法院未考虑混淆因素的主张，明确著作权侵权判定不以混淆作为作品是否构成实质性相似的考量标准。

（二）擅自使用知名商品特有名称不正当竞争行为的认定

由于在该问题上，当事人二审争议主要集中上诉人是否具有混淆的故意、海报宣传是否会导致消费者产生混淆上，故二审判决并未对涉及自使用知名商品特有名称不正当竞争行为的其他问题进行过多论述。只是明确了擅自使用知名商品特有名称的不正当竞争行为的构成条件：一是该名称构成知名商品特有名称；二是被诉侵权名称与知名商品特有名称相同或近似；三是相关公众产生混淆或误认。对于第一个条件，二审判决未重复一审判决的论述理由，而是着重强调经过长期使用、具有较高知名度的系列电影名称具有显著性，构成知名商品特有名称。为电影名称获得知名商品特有名称反不正当竞争保护确立规则。

对于混淆故意，二审文书结合案件事实，从两方面进行了分析：一是多年来《赛车总动员》系列电影在我国进行了大量的宣传，且有着较高的票房收入。蓝火焰公司作为制作动画电影的同业竞争者，基点公司作为从事电影发行的专业公司，在为影片定名及宣传时均不可能不知道《赛车总动员》系列电影的知名商品特有名称，二是涉案电影最初的备案名称为《小小汽车工程师》，却在放映之前的几个月更名为《汽车人总动员》，蓝火焰公司的法定代表人卓某某更是将《汽车总动员》作为电影名称在微博中进行宣传，所附图片中使用的名称也是《汽车总动员》；电影海报亦将《汽车人总动员》中的"人"字用轮胎遮挡，以在视觉上形成《汽车总动员》的效果，据此，足以认定两上诉人存在混淆的主观故意。

对于海报宣传是否会导致消费者产生混淆上，二审判决先是明确混淆可能性的判断应结合产品或服务的种类及相关公众的消费习惯进行认定。然后结合电影行业的特点进行论述，指出电影海报、媒体报道等对公众决定是否观看某部电影有着重要影响。上诉人海报容易使相关公众产生涉案电影名称为与《赛车总动员》相近似的《汽车总动员》的印象，加之《赛车总动员》也曾被译为《汽车总动员》，涉案海报上的动画形象也与《赛车总动员》相近似，极易使相关公众对涉案电影与《赛车总动员》系列电影产生混淆。虽然涉案电影的电影票上明确载明该电影为《汽车人总动员》，但观众的观看意愿是在购票前产生的，也就是说，在观众拿到电影票之前，可能产生的混淆及混淆的结果已经发生，电影票上载明了电影名称这一事实不影响对于混淆可能性的认定。而且，从迪士尼公司和皮克斯提交的证据来看，实际上，确有相当数量的公众误以为《汽车人总动员》是迪士尼公司的电影而购买了电影票，可见实际上也产生了混淆。

（三）著作权侵权及不正当竞争行为交织时赔偿数额的确定

在该问题的论述中，二审判决仍然结合案情，围绕上诉人的上诉主张进行论述，并旨在通过个案确定规则，如果从行为本身来看，著作权侵权与不正当竞争行为是各自独立的；从侵权结果来看，前者产生复制、发行、展览、信息网络传播他人作品的法律后果，后者产生擅自使用知名商品特有名称导致相关公众混淆误认的法律后果，且不正当竞争行为给侵权行为人带来了著作权侵权之外的获利，则不正当竞争行为的侵权结果不能被著作权侵权的侵权结果所吸收，赔偿数额不能予以抵消。

（徐飞，上海知识产权法院法官）

三、专家评析

本案权利人为知名动画电影公司——迪士尼公司及皮克斯；主张权利的作品为具有一定知名度的系列电影《赛车总动员》及其中的动画形象。上诉人上诉意见繁多，涉及著作权侵权及不正当竞争领域的多个问题。判决书紧紧围绕当事人的上诉主张，有理有据，逐一进行回应，条理清晰，论述充分。本判决对思想与表达两分法在动画形象著作权保护中的运用、拟人化动画形象独创性表达的认定、著作权侵权认定中实质性相似的判断标准进行了深入的探索。同时，还对影视剧宣传构成擅自使用知名商品特有名称的不正当竞争行为的认定标准、著作权侵权与不正当竞争纠纷行为交织时赔偿数额的确定等也进行了详细阐述。

本判决的特点在于，在说理论述时始终注意总结提炼，归纳能适用于类案的审理规则，如：（1）对于著作权侵权认定中的实质性相似的判断，法院既要考虑两个作品的相同点，也要考虑这些相同点是否是《著作权法》所保护的具有独创性的表达。（2）判断作品是否构成实质性相似，关键看相同点是否是实质性的。对于"实质性"的认定，既要考虑相同点的数量也要考虑相同点的质量。数量主要考虑相同点是否达到一定数量；质量主要考虑相同点是否是《著作权法》所保护的具有独创性的表达。（3）著作权侵权认定中应采用普通观察者标准，如果两个动画形象在具体表达方式的选择上基本相同，其表达相似程度已经达到了以普通观察者的标准来看，不会认为后者是在脱离前者的基础上独立创作完成的，则可以认定两者构成实质性相似。（4）构成擅自使用知名商品特有名称的不正当竞争行为需满足三个条件：一是该名称构成知名商品特有名称；二是被诉侵权名称与知名商品特有名称相同或近似；三是相关公众产生混淆或误认。（5）经过长期使用、具有较高知名度的系列电影名称具有显著性，构成知名商品特有名称。（6）混淆可能性的判断应结合产品或服务的种类及相关公众的消费习惯进行认定。对于电影行业而言，电影海报、媒体报道等对公众决定是否观看某部电影有着重要影响。观众的观看意愿往往是在购票前产生的，电影实际名称与宣传名称不同不影响对于混淆可能性的认定。（7）如果同一侵权人的多个行为分别构成著作权侵权和不正当竞争，各行为彼此独立，产生不同的法律后果，则可分别予以赔偿。

本判决通过个案的审理，提炼裁判规则。既对同类案件有重要的借鉴作用，也对动画类影视剧的创作、电影行业宣传等明晰了行为边界。针对当前影视市场资金投入巨大、份额竞争激烈、侵权行为复杂多样的现状，本案对鼓励原创和有序竞争、净化电影市场有一定的规范作用

（点评人：陈惠珍，上海知识产权法院审判委员会专职委员，全国审判业务专家）

（2017）沪 73 民终 54 号裁判文书原文

49. 武汉鱼趣网络科技有限公司和上海炫魔网络科技 有限公司、上海脉淼信息科技有限公司、 朱某侵害著作权及不正当竞争纠纷案[*]

【关键词】

　　网络主播　互联网竞争　不正当竞争　著作权归属

【裁判要旨】

　　1. 明知而擅自使用他人培养并独家签约的知名主播资源的行为是否构成不正当竞争，应当考虑网络直播行业的竞争环境及特点，综合考虑该行为对行业效率的影响、对竞争对手的损害程度、对竞争秩序及行业发展的影响以及对消费者福利的影响等因素，判断该行为是否违反诚信原则和商业道德，从而依《反不正当竞争法》追究相应责任。

　　2. 游戏玩家操作形成的动态画面能否受到《著作权法》的保护，需判定该动态画面是否构成区别于网络游戏作品本身的新作品。游戏类型及游戏操作中预留的创作空间系重要考虑因素，若该动态画面仅系游戏作品预设画面的一种展现，不具备《著作权法》意义上的独创性。

一、简要案情

　　法院经审理查明，武汉鱼趣网络科技有限公司（以下简称鱼趣公司）与斗鱼公司为关联公司，并为后者运营的斗鱼 TV 输送主播资源。朱某与鱼趣公司签约成为斗鱼 TV《炉石传说》游戏独家签约主播，双方约定协议游戏解说视频、音频的各项权利属于鱼趣公司独家所有；合同履行期为 5 年，自 2015年 9 月 1 日起。签约后，鱼趣公司、斗鱼公司及其关联公司对朱某进行了多种形式的推广，包括平台推荐、官方微博和微信推送、合作媒体网站宣传、商业活动安排等，增加了其曝光度和知名度，提高了商业价值，朱某的报酬从 2014 年 10 月的 2500 元/月迅速增至 2015 年 9 月的 400 万元/年。2016 年

---

　　[*]（2017）鄂 01 民终 4950 号。

12 月 12 日，盐城晚报刊登《大丰小伙当游戏主播年薪超千万》一文，文中称：朱某初做主播，只有几十个人看，后被当时的斗鱼平台看上并签约，在这个平台"秋日"变成一个传说，高峰时有 100 多万人同时在线观看；当年下半年，朱某离开斗鱼直播平台来到全民直播平台，对于年薪，朱某称因与签约平台有约定，具体数字没有透露，但默认超千万的事实。

全民 TV 是与斗鱼 TV 相类似的直播平台，由上海炫魔网络科技有限公司（以下简称炫魔公司）、上海脉淼信息科技有限公司（以下简称脉淼公司）运营。2016 年，鱼趣公司发现朱某于 5 月至 11 月在全民 TV 设有直播页面进行《炉石传说》游戏解说与直播。鱼趣公司提起诉讼，请求：（1）确认原告对被告朱某在双方合约期内制作的协议游戏解说作品享有著作权，该游戏解说既包括在朱某斗鱼 TV 平台上的游戏解说（本文中的"斗鱼 TV 平台""斗鱼平台"均为同一含义），又包括朱某在含全民 TV 平台在内的其他所有直播平台的游戏解说；（2）确认被告炫魔公司、被告脉淼公司在其经营的网络直播平台全民 TV 上直播、播放被告朱某《炉石传说》游戏解说作品的行为，共同侵犯了原告的著作权（信息网络传播权）；（3）确认被告炫魔公司、被告脉淼公司的行为构成对原告的不正当竞争；（4）判令被告脉淼公司立即停止在其经营的网络直播平台全民 TV 上直播、播放被告朱某《炉石传说》游戏解说视频、音频；（5）判令三被告赔偿原告经济损失 90 万元；（6）判令三被告承担本案诉讼费用（包括但不限于诉讼费、保全费、公证费）。

武汉东湖新技术开发区人民法院于 2017 年 5 月 10 日作出一审判决：（1）确认鱼趣公司对朱某在双方合约期内、在斗鱼 TV 平台上直播的《炉石传说》游戏解说作品享有著作权；（2）确认炫魔公司、脉淼公司在全民 TV 平台上直播、播放朱某涉案《炉石传说》游戏解说视频、音频的行为构成对鱼趣公司的不正当竞争；（3）脉淼公司于本判决生效之日起立即停止在其经营的网络直播平台全民 TV 上直播、播放朱某《炉石传说》游戏解说视频、音频；（4）朱某、炫魔公司、脉淼公司于本判决生效之日起十日内向鱼趣公司连带赔偿经济损失（含维权合理费用）900 000 元；（5）驳回鱼趣公司的其他诉讼请求。

鱼趣公司、炫魔公司、脉淼公司不服原审判决，提起上诉。武汉市中级人民法院于 2017 年 10 月 10 日作出二审判决：（1）维持湖北省武汉东湖新技术开发区人民法院（2016）鄂 0192 民初 1897 号民事判决第 4 项；（2）撤销湖北省武汉东湖新技术开发区人民法院（2016）鄂 0192 民初 1897 号民事判决第 1 项、第 2 项、第 3 项、第 5 项；（3）确认炫魔公司、脉淼公司在全民 TV 上使用朱某进行《炉石传说》游戏解说的行为构成不正当竞争；（4）脉淼公司于本判决生效之日起立即停止在其经营的网络直播平台全民 TV 上使用朱某进行《炉石传说》游戏解说；（5）驳回武汉鱼趣网络科技有限公司的其他诉讼请求。

二、撰写心得

本案尽管一审原、被告均提出上诉，但实际上双方对一审查明的事实并无太大争议。争议主要在于法律适用上，双方分歧较大。包括两个方面：（1）游戏解说视频、音频是否构成作品；（2）网络主播跳槽案件中，能否对挖角平台适用《反不正当竞争法》规制。尤其是后一个问题，更是本案的核心争点。因此，本案裁判文书的主要着力点，实际上也即辨法析理。笔者的写作思路，简单概括，即明确争点定方向、聚焦产业明思路、创新思维护创新的递进思考过程。

（一）明确争点定方向

就本案的两个争议问题，案例检索显示，2017 年之前，因平台挖角导致明星主播跳槽引发的纠纷非常之多，但诉讼至法院的，基本均是以签约平台为原告、主播为被告的合同违约之诉，而以挖角平台为被告，提起著作权侵权及不正当竞争纠纷之诉的尚属首例。因此，司法实践中并无定论和通行做法。而对理论研究而言，前一个著作权问题，尚有一些探讨，虽无定论，仍有迹可循，即围绕着游戏类型和独创性判断标准予以判定；但后者则连讨论也非常之少。原因在于，一般认为网络主播跳槽与传统行业员工跳槽并无太大区别，而单纯员工跳槽，如果未涉及商业秘密等问题，也基本并不会适用《反不正当竞争法》。

但随着思考的深入，笔者发现一个值得关注的问题。即，从诉讼标的额看，本案一审原告提出的赔偿请求仅为 90 万元，事实上远远低于通过违约之诉所能获得的赔偿。加之两项主张能否成立，尚有争议，似乎一审原告的诉讼选择并无任何益处。审理中，原审原告曾提到本案起诉的考虑，当时主播跳槽的现象太过严重，已形成恶性循环，各平台间互相挖角、抬价，一些主播则全无契约精神，跳来跳去，有的甚至在一个合同期内，数次跳槽，所以这个案子更多的是希望寻找一个行业可以共同遵守的行为准则，而不在于获得高额赔偿。通过进一步了解，笔者发现在过去诸多的违约之诉中，还存在一个明显的不足，即违约之诉并不能阻止挖角平台的挖角行为，且挖角平台往往愿意代为处理跳槽主播违约事宜，或以高额酬金吸引主播违约，该类诉讼对约束主播跳槽威慑力不足，导致纠纷不断涌现。因此，一个值得思考的问题即是，对挖角平台应否规制及如何规制，《反不正当竞争法》能否适用。

基于此，笔者开始重新回归《反不正当竞争法》的本质——促进社会主义市场经济健康发展，鼓励和保护公平竞争，并围绕争点——挖角平台能否适用《反不正当竞争法》处理，确定审理方向，即从行业的真实竞争环境出发，考察相关竞争行为是否违反该行业特有的诚信原则和公认的商业道德。

（二）聚焦产业明思路

《反不正当竞争法》第2条规定，不正当竞争行为，是指经营者在生产经营活动中，违反本法规定，扰乱市场竞争秩序，损害其他经营者或者消费者的合法权益的行为。由此，特定行为是否构成不正当竞争，不可能基于真空或抽象的评判，而必然是放入特定生产经营活动中，行业的竞争环境及特点是我们探寻商业道德、判定行为是否具有可责性的前提和基础。

本案亦是如此。既然传统行业单纯的员工跳槽行为并不会适用《反不正当竞争法》调整，那么网络直播行业是否有其特殊性，以致有必要适用《反不正当竞争法》调整，就是处理本案必须考虑的前提和基础。为此，笔者特地下载了相关的直播平台App，观看了各类型直播节目，并查阅相关的新闻和资料，以便深入了解该行业之特点和竞争环境。笔者发现，网络直播行业确实有其特殊性：一是特定商业模式；二是直播内容强烈的个人特色。对前者而言，互联网环境下，商业模式相比传统行业发生了根本转变，最为基本的方式为流量变现、内容变现。其中，流量系互联网竞争的核心要素，企业通过竞争提升流量，再通过特定模式将流量变现进行盈利。流量成为互联网企业估值的重要指标，流量高的企业，可以更好地获得融资及发展空间。网络直播行业亦如此。从当前主流的直播平台看，基础服务多为免费，观众可自由进入平台观看直播，而平台在获取用户后，即可通过广告、出售虚拟道具、打赏分成、会员增值服务、人气主播线下活动等方式盈利。后者而言，直播内容个人色彩强烈，不同于传统电视行业，不论是新闻纪实类节目，抑或是文娱综艺类节目，即使存在主播或主持人，所起到的主要作用仍是将节目串联起来，观众所要欣赏的更多是节目所传播的作品或信息。网络直播行业则有很大不同，观众欣赏视角集中于主播，以当前网络直播行业最为火爆的两类为例，秀场类主要展示主播个人才艺，内容多为主播的唱歌、跳舞、说唱以及与观众的互动，游戏类则主要展示主播的操作技巧和特定风格解说，直播内容均有着主播极强的个人特色。正因如此，造就了网络直播行业中观众与主播间极强的黏性。

聚焦产业，可以明显感受到，主播就是直播平台吸引观众获得流量，以及促使流量变现的核心资源，可谓直播平台的生存基础。直播平台需要依靠主播吸引人气获得流量，但一旦优质主播流失，由于观众与主播间极强的黏性，加之观众进入直播平台多为免费模式，转换成本非常低，将直接导致原平台观众随主播转换新平台，从而原平台市场份额降低，产生此消彼长的竞争效果。网络直播行业的竞争，实际上就是平台主播资源的竞争。

了解产业竞争环境，有助于法院判断网络主播跳槽与传统行业跳槽的不同之处，以及对行业和相关企业的真实影响，并在此基础上裁判案件。

（三）创新思维护创新

在市场竞争高度发达的今天，特别是互联网等新兴市场的新类型竞争行为大量涌现，知识产权司法保护的能动性需要进一步加强，保护力度必须与创新相匹配。因此，对于司法者而言，也要善于用创新的思维保护创新，促进创新，驱动发展。

因此，尽管传统行业一般不以《反不正当竞争法》约束挖角和跳槽行为，但并不意味着任何行业跳槽行为均不受该法约束。擅自使用他人签约主播资源，虽然与传统行业中企业人才的挖角与跳槽有些类似，但又有本质不同。传统行业中，人力资源虽是企业竞争的核心要素，但企业真正参与市场竞争的，是产品，竞争的目标，是产品的竞争力和市场占有率；企业人才即使流失到竞争对手处，也并不直接导致该企业产品的竞争力和市场占有率下降，加之商业秘密、专利等法律法规的保护，竞争对手也无法直接获得流失人才所掌握的代表原企业竞争优势的技术和经营资源。而网络直播行业中，主播并非企业员工，其更类似于传统行业中参与竞争的企业产品，特别是平台自行发掘并培养的主播，实际上就是平台推向市场直接参与市场竞争、抢占市场占有率、获取流量的"优质产品"。主播的流失，将直接导致平台竞争力和市场占有率的下降。使用他人签约主播，实质上就是直接攫取他人竞争果实——不仅仅是平台花费大量人、财、物所培养的优质主播资源，也包括了平台通过激烈竞争和长期经营所积累的观众及流量。

基于上述思考，笔者深入分析炫魔公司、脉淼公司挖角朱某的行为对行业效率的影响、对竞争对手的损害程度、对竞争秩序及行业发展的影响、对消费者福利的影响后，认为其挖角行为并不能促进行业效率的提升，反而是若主播的培养者和资源投入者的利益不能得到保护，放任无序竞争，将可能导致平台投入的减少、行业发展的减缓和消费者利益的受损。最终，笔者依据前述思路撰写了本案裁判文书。

（余杰，湖北省武汉市中级人民法院法官）

三、专家评析

本案涉及网络直播行业多个突出问题和热点问题，包括：玩家游戏操作画面能否构成作品，该游戏画面与原游戏及游戏类型的关系；主播游戏解说是否构成作品；平台恶意挖角明星主播能否适用《反不正当竞争法》规制。基于上诉各方的诉辩意见，争议集中在案件定性和适用法律方面，本案裁判文书也重点放在了法律适用的说理方面。从篇幅看，二审并未仅简单得出结论，而是用近万字主旨鲜明地针对双方争点逐一条分缕析、论证评述，文书重点突出，逻辑清晰，不仅在充分说理的基础上作出正确裁判，也为类似案件、甚至于互联网行业案件提供了裁判示范和有益参考。

（一）针对平台恶意挖角明星主播能否适用《反不正当竞争法》规制的问题

这一部分的论述可谓精彩绝伦。长期以来，主播跳槽纠纷多涉及合同之诉，但从过往案例看，司法效果并不理想，无法有效禁止平台的任性挖角行为和主播的肆意跳槽，本案则首次从司法层面认可了《反不正当竞争法》在该类案件中的适用，为平台维权提供了新的救济途径。就同类案件而言，文书贡献有三，其一，深入揭示了互联网行业的竞争特点，即流量竞争。在此基础上，文书分析了网络直播行业的竞争本质为培养明星主播获取观众及流量，从而抢占市场占有率。因此，擅自使用他人签约主播资源，虽然与传统行业中企业人才的挖角与跳槽有些类似，但又有本质不同，使用他人签约主播，实质上就是直接攫取他人竞争果实——不仅仅是平台花费大量人、财、物所培养的优质主播资源，也包括了平台通过激烈竞争和长期经营所积累的观众及流量。其二，对《反不正当竞争法》一般条款在此类案件中的适用范围和适用必要性进行了分析。其三，对该类案件中，是否构成不正当竞争的判定要件进行了分析，即文书认为应当坚持个案判定的原则，考虑平台挖角行为对被诉行为对行业效率的影响、对竞争对手的损害程度、对竞争秩序及行业发展的影响、对消费者福利的影响四个要件，最终认定本案被告行为构成不正当竞争。

（二）针对主播操作画面及解说能否构成独立作品的问题

裁判文书并未认定游戏玩家画面一律可以或者不可以构成作品，而是回归问题的本质，即作品核心要件——独创性判定问题上。在深入分析著作权独创性中"创"的判定标准基础上，文书引入了用户创作空间的概念和游戏类型分类评判规则。基于该规则，一方面，文书充分考虑游戏厂商、主播、平台三者对游戏画面形成的贡献；另一方面，文书考量游戏类型对创作空间的影响，从而认定玩家对游戏动态画面的形成具有一定贡献，但该贡献能否构成《著作权法》意义上的创作，还需结合游戏类型及游戏操作中预留的创作空间，判断其是否为区别于网络游戏作品本身的新作品。由此，尽管针对本案《炉石传说》的游戏玩家画面，法院判定玩家操作画面不构成新作品，但也未一概否认任何类型游戏中，玩家画面均无法构成作品，从而为类似案件提供了裁判参考。

此外，本案裁判文书要件齐备，详略得当，如法院考虑到各方对事实争议不大，二审文书未再花更多篇幅进行表述；基于原审被告朱某未上诉，又在二审中陈述一审判决朱某承担赔偿责任无法律依据，也非一审原告所请的主张，结合《民事诉讼法》第 168 条①以及《最高人民法院关于适用〈中华人民共和国民事诉讼法〉的解释》第 323 条②予以了回应。

总体而言，本案裁判文书用语及格式规范，认定事实清楚，适用法律正确，证言表达凝练，特别是说理部分，逻辑严密、说理透彻、释法精准、深入浅出，是一篇较为优秀的民事裁判文书。

（点评人：詹映，中南财经政法大学教授）

（2017）鄂 01 民终 4950 号裁判文书原文

---

①　对应《民事诉讼法》（2021 年修正）第 175 条。
②　对应《最高人民法院关于适用〈中华人民共和国民事诉讼法〉的解释》（2022 年修正）第 321 条。

50. 无锡海斯凯尔医学技术有限公司和弹性测量体系弹性 推动公司、中日友好医院侵害发明专利权纠纷案[*]

【关键词】

保护范围　权利要求解释　技术特征　举证责任

【裁判要旨】

1. 专利民事侵权诉讼，应根据权利要求的解释规则，合理确定专利权的保护范围。当事人解释权利要求，不能脱离权利要求书等内部证据，可以通过外部证据予以佐证，且应站在本领域普通技术人员的角度进行。

2. 法院进行专利侵权判定，应根据民事诉讼举证责任规则，将技术方案的比对结果作为裁判依据。特定情况下，法院可根据部分技术特征的比对结果进行；在已有初步证据证明被诉侵权技术方案的某个或某些技术特征与专利技术方案对应的技术特征不相同也不等同时，法院不宜因对证据真实性的怀疑而采用推定方式直接判定侵权。

一、简要案情

弹性测量体系弹性推动公司（以下简称弹性测量公司）系名称为"使用切变波的成像方法和装置"的 00805083. X 号发明专利（以下简称涉案专利）的专利权人。该发明涉及一种瞬时超声弹性成像技术，2000 年 3 月 13 日根据专利合作条约（Patent Cooperation Treaty，以下简称 PCT）申请进入我国审查，2004 年 11 月 3 日获得授权。针对涉案专利的技术缺陷，发明人之一 L·圣德林又发明了一种"测量人或动物器官的弹性的装置和方法"，2003 年 7 月 16 日由弹性测量公司的关联公司回波检测公司根据 PCT 申请进入我国审查，2008 年 12 月 3 日获得授权（以下简称回波在后专利）。2003 年，回波检测公司向市场推出专利产品 Fibroscan 系列医疗仪器，用于无创检测肝硬度。

无锡海斯凯尔医学技术有限公司（以下简称海斯凯尔公司）创始团队亦

＊ （2019）最高法知民终 21 号。

在瞬时弹性成像领域开展研发，于 2009 年陆续申请系列自主创新技术专利，其中 2009 年 10 月 15 日申请的"超声无损检测粘弹性介质弹性的方法及其装置"，于 2011 年 8 月 17 日获得专利授权（以下简称海斯凯尔专利）。其间，2010 年 7 月 30 日海斯凯尔公司成立，将该专利技术应用在 Fibrotouch 无创肝纤维诊断仪中，并经申报于 2012 年 5 月 15 日首次获得医疗器械注册证，随后推向市场。

弹性测量公司指控海斯凯尔公司的 Fibrotouch 诊断仪系列产品技术方案落入涉案专利权利要求 1 和权利要求 16 的保护范围，该 B 型产品的使用者中日友好医院，与制造、销售、许诺销售被诉产品的海斯凯尔公司的行为均构成侵权，故提起专利侵权诉讼，请求判令海斯凯尔公司、中日友好医院停止侵权，海斯凯尔公司承担消除影响的民事责任，并按涉案专利的实施许可费的三倍标准赔偿 3000 万元，支付维权合理费用 166.0582 万元。

一审北京知识产权法院认为，本案经保全的中日友好医院使用的被诉侵权产品原硬盘已损坏且无法恢复数据，根据该产品在查封、维修及法院使用替代硬盘勘验时，同型号其他产品显示的弹性检测图和中日友好医院提供的检测报告中的弹性测量图所存在的区别，以及查封产品中隐藏的 4G 网卡在保全前后数据流量异常，海斯凯尔公司拒绝提供 4G 网卡交互的具体信息，擅自向鉴定机构撤回恢复数据的开盘指令，持有 2012 年医疗器械注册证申报材料而拒绝提供等诉讼过程中的异常行为，再结合海斯凯尔公司提交的被诉侵权产品技术方案解释中所述内容，北京知识产权法院对 2018 年 11 月 1 日唯一的勘验内容不予采信，由 2014 年医疗器械注册证相关内容推定涉案 B、C、M 型号产品技术方案落入涉案专利权保护范围。北京知识产权法院于 2019 年 1 月 31 日作出（2016）京 73 民初 92 号民事判决：海斯凯尔公司自判决生效之日起停止制造、销售、许诺销售 Fibrotouch – B、C、M 型号产品的行为；海斯凯尔公司自判决生效之日起 10 日内赔偿弹性测量公司经济损失 3000 万元以及合理支出 166.0582 万元。

海斯凯尔公司不服一审判决，向最高人民法院上诉，认为一审法院对权利要求保护范围的认定错误，原告专利技术方案包括"同时观察 + 全部接收"技术特征；一审法院在未查明被诉侵权技术方案的情况下，通过证据规则的适用，以推定的方式认定相关事实，从而作出错误的侵权认定。因被诉侵权技术方案具备的是"延后观察 + 部分接收"技术特征，与原告专利技术方案对应的技术特征既不相同也不等同。据此海斯凯尔公司要求撤销一审判决，改判驳回弹性测量公司的全部诉讼请求，或将本案发回重审。

二审法院补充查明了海斯凯尔公司涉案专利及其无效决定、回波在后专利、海斯凯尔公司专利及其无效决定关于"同时观察"的内容，以及弹性测量公司专利产品及涉案专利发明人的背景技术文献内容，根据权利要求对"全部接收"的限定，确定弹性测量公司涉案专利"同时观察 + 全部接收"的含义，并根据海斯凯尔公司二审期间提交的司法鉴定意见书新证据，结合一审法院的勘验结果、被诉侵权产品说明书、弹性测量公司在另案中所作的陈述，确定被诉侵权技术方案使用的是包含"延后观察 + 部分接收"在内的技术方案。"延后观察 + 部分接收"与"同时观察 + 全部接收"系既不相同也不等同的技术特征。故于 2019 年 12 月 10 日作出本案判决：撤销一审判决，驳回弹性测量公司全部诉讼请求。

二、撰写心得

人民法院的裁判文书是对整个案件审理过程的回顾，是对审判结果的记录，是对法治成果的展示，通过裁判文书这样一个重要的载体，反映出人民法院对案件处理的公正性，进而增加人民群众对"人民法院为人民"的信任、信赖，对中国特色社会主义法治理论的信服、信仰。因此，制作好每一份裁判文书，是人民法院每一位法官的重要职责，也是展示每一位法官良好业务素养及职业操守的重要方式，更是知识产权法官的毕生追求和使命担当。(2019) 最高法知民终 21 号判决书有幸获得第三届"全国法院百篇优秀裁判文书"，回顾来路，收获多多，也感想满怀，故作为技术类知识产权案件优秀裁判文书的代表，分享如下。

（一）凝聚集体智慧，聚焦案件事实

从案件中来，到群众中去。文书作为案件裁判结果的载体，彰显案件审判的全过程，案件的实体审理结果是决定文书质量的方向性因素。诉讼的起点是当事人有期待，诉讼的终点是当事人有依循的结果，阅读文书的大众有行为的指引。作为技术类知识产权侵权案件，技术事实是审理的重点和难点，也是侵权判定的基础，是"以事实为根据，为法律为准绳"的基石。

本案所涉双方当事人弹性测量公司和海斯凯尔公司，因知识产权相关纠纷在国内外引发多起诉讼。本案一审从立案到结案历经三年，二审从开庭到公开宣判接近半年，双方当事人基于弹性成像技术领域的各种纷争，既涉及专利行政授权确权领域，又涉及民事侵权领域，既有海外的同类诉讼，也有

国内的关联案件。定分止争，化解纠纷矛盾，在激烈的市场竞争过程中，只能是一个美好的愿景。基于尖锐的矛盾冲突，把握案件的整体审理方向，确保裁判结果在现有事实基础上的精准裁量，离不开集体的智慧，其中包括技术调查官、合议庭、专业法官会议的力量。

合议庭自立案以来，即做好充分的准备，引入技术调查官全程参与对技术事实的辅助查明。案件开庭前，合议庭归纳了拟调查的争议焦点，由技术调查官协助经办人，将数十篇相关技术文献的内容进行深入浅出地归纳、提炼，为与争议技术特征相关的权利要求的解释做好铺垫。继而，笔者在聚焦案件事实的前提下，通过合议庭的群力群策、法官会议的献计献策，确定了裁判规则，并将审判理念、裁判规则进一步消化、吸收、融合到判决书中。可以说，这份文书是集体智慧的结晶。

（二）剖析技术路线，理解技术创新

本案是一个专利侵权纠纷，权利的内容及保护范围的确定、侵权行为和被诉侵权技术方案的查明、相同、等同或不同技术特征的判定，是此类案件的审理重点。任何技术都不是凭空产生、一蹴而就的，发明是一个循序渐进、积累突破的过程。对技术类知识产权案件，尤其是专利侵权案件来说，专利的背景技术、发明目的、实现手段、技术效果，都具有一定的技术路线，沿着该路线，寻找技术创新点，就能较好地精准把握技术之间的差异，做好专利权人、被诉侵权主体、社会公众的利益平衡。

本案所涉专利技术，是"弹性成像"技术在肝病无创诊治领域的研究和应用成果，其物理学原理已由欧美等发达国家研究得比较透彻，但通过实用的技术方案进入医疗器械应用领域，还是存在一定的难度。弹性测量公司作为该技术领域的创新佼佼者，将本案获得专利的发明创造投入到具体的生产应用中也花费了一段时间，其将早期的研究成果进行专利申请，在尽快占据技术优势的情况下，也给技术方案的实施留下了待克服的缺陷。专利本身系以公开换取垄断，禁止竞争对手的侵袭，但不能绝对排除竞争对手在相同领域的科研、创新。海斯凯尔公司作为竞争者在相同领域所作出的研究，到底是一种赤裸裸的抄袭、侵权，还是一种自主科研、创新？法院需要对技术作一个全面的了解，从技术路线出发，探讨技术创新内容。故本案在作权利要求的解释时，不仅注重内部证据的解释方法，也引入外部证据对内部证据解释得到的结论进行印证，强化法官的内心确信。这份文书是技术事实查明的全过程再现。

（三）强调辨法意义，注重析理过程

本案中，专利权人弹性测量公司强调涉案专利系颠覆式发明，故对权利要求相关技术特征"同时观察、全部接收"，要求作扩大解释。而被诉侵权主体海斯凯尔公司则要求作限缩解释，并认定其实施的被诉侵权技术方案采用的是"延后观察、部分接收"。由于被诉侵权产品还存在除被诉侵权技术之外的技术内容，基于双方的直接市场竞争关系，海斯凯尔公司希望通过权利要求的解释、有限的披露就能查明技术方案的方式进行侵权比对，而弹性测量公司则持相反意见。这也是双方矛盾冲突尖锐的根源。

鉴于权利要求解释是对专利权利内容及保护范围确定的重要方法，故二审在双方的争辩点"观察、接收"的方式，引入权利要求用语的字面解释、说明书内容对权利要求用语的限定解释方式，从本领域技术人员的角度进行解释，同时考虑到发明目的对解释权利要求产生的影响，再通过相同发明人的在后专利、科技文献特别是专利发明人的论文、同一技术领域的专利及其无效决定等外部证据，对权利要求用语的含义予以了辅助理解，从而进一步确定了专利技术方案"同时观察、全部接收"的技术特征内容。

双方在诉讼过程中的冲突，因被诉侵权技术方案的查明，上升到不可调和的高度。也就是说，在一审审理期间，在未精准聚焦权利要求保护内容的情况下，各方对被诉侵权事实的查明方法各执一词，并出现了对技术事实查明的意外事件，即被保全的被诉侵权产品的硬盘发生损坏，在未能缓和冲突之际，一审法院使用证据妨碍制度加深了双方的冲突，使得案件的技术事实查明偏离正常的方向。为此，二审对技术事实查明基于基本分配规则，动态分配举证责任，纠正了一审法院因对部分证据真实性怀疑而放弃查明技术事实的不当。通过析理的过程，这种辨法使文书层次结构严谨，论证依据充分，判决结果水到渠成。

（四）严格裁判规则，彰显多方效果

这是一个接近 7 万字的裁判文书，裁判结果从一审的 3000 多万元判赔额到二审改判驳回专利权人的全部诉讼请求，要将弹性测量公司及其关联公司与海斯凯尔公司之间的恩怨情仇，一朝了断，因此二审法院有必要通过翔实的记录，反映从技术事实的查明到法律规定的适用全过程。

一审对案件的审理，是从多维度回应当事人的诉求、抗辩，特别注重双方冲突的表象，所以对技术事实方面的证据作了较多的分析。二审则充分聚焦双方的核心诉求，在专利侵权诉讼的主要框架下，提炼重点要素，精简有

序地分析评述，在"谁主张谁举证"的一般证据规则指引下，明确"证据为待证事实服务"的基本准则，合理排除技术事实查明内容之外的影响。因此，二审法院做好权利要求的解释后，就能基于争议的技术特征本身，运用"全面覆盖原则"来考虑相关技术事实的查明，做好相同等同或不同技术特征的判定。

本案的裁判文书通过对权利要求解释的强化、专利侵权诉讼中举证责任的分配，严格裁判规则的适用，有效地确定了专利权的保护范围，使公众能够清楚地知道实施何种行为会侵害专利权，从而一方面为专利权人提供有效合理的保护，另一方面又确保公众享有使用技术、通过其他方式创新技术的自由。同时，二审法院将技术事实的查明作为案件审理的重心，合理分配举证责任，客观上实现公平、公正，并为下一步的侵权判定奠定了坚实的基础。

党的十八大以来，我国在知识产权方面作出了一系列重大部署，先后出台各类政策，司法保护力度也不断加强。对技术类案件，最高人民法院专门建立知识产权法庭这样一个内设机构进行审理，可见知识产权司法保护的态度。我国经济发展所涉的各类产业正处于从模仿型向创新型转变的阶段，我国社会位于由工业化向信息化转型发展的重要时期。这个过程中，知识产权保护既可能是企业发展的坚强堡垒，也有可能为企业转型升级带来一些问题。为避免负面效应，如何将知识产权保护水平控制在一个合法、合理的状态，不过度也不能不足保护，是司法裁判者应该深入思考并实践的方向。如果保护过度，将不利于行业的发展，造成产业转型困难；如果保护不足，则会打击创新主体的积极性。面对现实，我国众多科技领域遵循引进、消化吸收、再创新方式的发展方式，由此提高自主创新能力，这既是发展科技创新的重要途径，也是实现产业结构优化升级的有效路径，以及赶超先进地区缩短技术差距的有效措施。

本获奖文书所涉案例的海斯凯尔公司，是我国产业升级转向高质量发展大背景下，众多参与国际市场竞争的我国科技企业的缩影，将来也一定会有越来越多的具有国际竞争力的自主创新企业面临类似问题。无论是引进技术的知识产权，还是再创新形成的知识产权，都应当得到平等的保护。法院既要精准把握现有技术的发展脉络，也要准确判断不同发明人、专利权人的创新点；对于通过自主创新获得的、区别于原有技术的知识产权，当其形成新的保护客体并获得专利权时，应当给予公平的保护，从而激发更多的自主创新。法院在此类案件处理过程中，加强对权利要求的解释，准确界定权利要求的保护范围，合理查明技术事实，包括证据规则的合理运用，尤为重要。唯其如此，司法保护才可能真正成为国家科技创新的助推器，在为不同主体，特别是中小科技企业的发展提供公平公正的司法环境时，真正体现"司法服务创新、创新驱动发展"的重要价值和有益效果，达到法律效果和社会效果的完美结合。

（佘朝阳，最高人民法院法官）

三、专家评析

专利权利要求的解释，关系到专利权人专利权的排他范围和他人行动自由的边界，是专利侵权判断中不可或缺的一环。专利权利要求的解释，应当有机结合专利权利要求的字面用语、说明书的限定、发明目的的限定等内部证据，和相同或者不同发明人的改进发明、公开的科技文献特别是发明人的学术论文、词典、同一技术领域发明专利的无效宣告请求审查决定等外部证据，以所属技术领域普通技术人员的理解为准。

但是，不管建立在充足外部证据和内部证据基础上的专利权利要求解释如何准确，也不能直接得出被诉实施技术行为侵害专利权的结论。专利侵权判断，除了对专利权利要求保护的技术特征进行准确解释外，还需要以证据为基础从被控侵权产品或者方法中准确抽象和解释出被诉行为实施的技术特征，并在此基础上将专利权利要求保护的技术特征和被诉行为实施的相应技术特征一一进行相同或者等同比对，同时排除《专利法》规定的无须许可、无须付费、可以合法实施专利技术的限制与例外行为。

在现有证据能够直接准确解释或者抽象出专利权利要求保护的技术特征和被诉行为实施的技术特征，并且能够对二者可以匹配的相应技术特征一一进行相同或者等同对比，同时排除以上所述的限制与例外行为的情况下，法院无须适用举证妨碍制度推定被诉行为实施了专利权利要求保护的技术特征、是否侵害专利权。反之，现有证据不能直接准确解释或者抽象出专利权利要求保护的技术特征和被诉行为实施的技术特征，且无法对二者可以匹配的相应技术特征一一进行相同或者等同对比，同时无法排除以上所述的限制与例外行为，且造成这些窘迫情形是由于原告或者被告的举证妨碍行为，则法院应当适用举证妨碍制度，推定被诉行为是否实施了专利权利要求保护的技术、是否侵害专利权。

最高人民法院对本案的判决，强化了专利侵权诉讼中举证责任的上述基本分配规则，纠正了法院因对部分证据真实性怀疑而放弃查明技术事实，直接采用推定方式认定被诉行为实施了专利权利要求保护的技术方案乃至侵害专利权的不当做法，相关裁判规则对同类案件的裁判行为能够发挥很好的指引作用，也彰显了最高人民法院同等保护国内外市场主体知识产权的鲜明立场。

（点评人：李扬，中国政法大学民商经济法学院教授、博士研究生导师，中国法学会知识产权法学研究会副会长，最高人民法院第五届特邀咨询员）

（2019）最高法知民终 21 号裁判文书原文

51. 宁波奥克斯空调有限公司和珠海格力电器股份有限公司、广州晶东贸易有限公司侵害实用新型专利权纠纷管辖权异议案*

【关键词】

销售行为地　制造商　销售商　共同被告　特殊的必要共同诉讼

【裁判要旨】

1. 在网络环境下，知识产权侵权案件中的销售行为地原则上包括不以网络购买者的意志为转移的网络销售商主要经营地、被诉侵权产品储藏地、发货地或者查封扣押地等，但网络购买方可以随意选择的网络购物收货地通常不宜作为网络销售行为地。

2. 在专利侵权案件中，如果专利权人将被诉侵权产品的制造商和销售商作为共同被告提起诉讼，基于诉讼标的的同一性以及防止判决冲突、保护当事人利益等政策原因，该诉讼构成一种特殊的必要共同诉讼。

一、简要案情

珠海格力电器股份有限公司（以下简称格力公司）系专利号为200820047012.X、名称为"一种空调机的室内机"的实用新型专利（以下简称涉案专利）的专利权人，其以宁波奥克斯空调有限公司（以下简称奥克斯公司）制造、销售、许诺销售及广州晶东贸易有限公司（以下简称广州晶东公司）销售的被诉侵权产品侵犯了涉案专利权为由，向广东省高级人民法院提起诉讼。格力公司提交了记录其网购13款被诉侵权产品的公证文书以及另外2款被诉侵权产品的销售发票。奥克斯公司在答辩期内提出管辖权异议。广东省高级人民法院一审裁定驳回奥克斯公司的管辖权异议。奥克斯公司不服，提起上诉。最高人民法院二审裁定驳回上诉，维持原裁定。

---

* （2018）最高法民辖终93号。

关于网络环境下销售行为地的认定。最高人民法院二审认为：本案中，广州晶东公司的被诉侵权行为是通过网络销售本案 15 款被诉侵权产品。被诉侵权产品系通过网络进行销售，依据网络销售商的被诉销售行为地确定案件管辖权时，被诉销售行为地的认定既要有利于管辖的确定性，避免当事人随意制造管辖连结点，又要便利权利人维权。在网络环境下，《最高人民法院关于审理专利纠纷案件适用法律问题的若干规定》第 5 条①规定的销售行为地，原则上包括不以网络购买者的意志为转移的网络销售商主要经营地、被诉侵权产品储藏地、发货地或者查封扣押地等，但网络购买方可以随意选择的网络购物收货地通常不宜作为网络销售行为地。具体到本案，首先，关于附有出库单的 9 款被诉侵权产品的销售地。从格力公司提交的证明其网络购买涉案 13 款被诉侵权产品的公证书看，其（2017）粤珠横琴第 8191、8192、8193、8194、9195、8196、8197、8198、8199 号公证书附有被诉侵权产品出库单，且出库单上均记载有"佛山 2 号库"字样。该记载表明，上述 9 份公证书涉及的被诉侵权产品的储藏地均在广东省，并可合理推定被诉侵权产品的发货地在广东省。由于上述被诉侵权产品储藏地和发货地均在广东省，法院因此可以认定广东省为上述被诉侵权产品的销售地。其次，关于未附出库单的其他 6 款被诉侵权产品的销售地。除上述 9 款被诉侵权产品外，其他 6 款被诉侵权产品包括 4 款公证购买的被诉侵权产品及仅有购买发票的两款被诉侵权产品均未附出库单。本案现有证据虽不能直接证明该 6 款被诉侵权产品的储藏地或者发货地位于广东省，但根据该 6 款产品与前述 9 款产品的销售主体均为广州晶东公司、均为通过京东商城网络购买等事实，法院在没有相反证据的情况下，可以合理推定该 6 款产品的储藏地或者发货地亦位于广东省。可见，基于本案现有证据，法院可以认定未附出库单的 6 款被诉侵权产品的销售地亦位于广东省。由于本案 15 款被诉侵权产品的销售地均位于广东省，广东省高级人民法院可以依据"被诉销售行为地"获得本案纠纷的管辖权。

最高人民法院还对被诉侵权产品的制造商和销售商作为共同被告是否构成必要共同诉讼进行了明确。最高人民法院二审认为，第一，在侵权纠纷领域，多个被诉行为人共同实施侵权行为时可以基于诉讼标的的同一性构成必

---

① 对应《最高人民法院关于审理专利纠纷案件适用法律问题的若干规定》（2020 年修正）第 2 条。

要共同诉讼，但是必要共同诉讼的范围并不限于基于共同侵权形成的共同诉讼。在多个被诉行为人分别实施侵权行为造成同一损害时，仍可以基于诉讼标的的同一性以及防止判决冲突、保护当事人利益等政策原因构成一种特殊的必要共同诉讼。对于该种必要共同诉讼，一旦原告选择在同一案件中对多个被告共同起诉，法院仍可以合并审理而无须征得被告的同意。当然，如果原告选择对多个被告分别起诉，法院并不必然需要在特定诉讼中追加其他关联主体参与诉讼。第二，在专利侵权案件中，如果专利权人将被诉侵权产品的制造商和销售商作为共同被告提起诉讼，该诉讼可以构成特殊的必要共同诉讼。原因在于：首先，诉讼标的具有同一性。专利权人将被诉侵权产品的制造商和销售商作为共同被告时，尽管制造商和销售商分别实施了不同的侵权行为，但是其侵权行为密切关联。被诉侵权产品制造商制造并售出被诉侵权产品后，下游销售商的销售行为属于制造商制造、销售行为的自然延伸。两者针对的被诉侵权产品相同，均以同一被诉侵权产品落入专利保护范围为基础，且侵权结果部分重叠，从而形成了部分相同的诉讼标的。其次，基于防止裁判冲突的政策考虑。由于针对被诉侵权产品制造商和销售商的诉讼均以同一被诉侵权产品落入专利保护范围为主要诉讼标的，将两者作为共同被告一并予以审理，可以有效防止或者减少裁判冲突的可能性。再次，基于经济效果的政策考虑。将针对被诉侵权产品制造商和销售商的诉讼作为必要共同诉讼一并予以审理，既可以避免专利权人分别起诉制造商和销售商时可能造成的双重得利，又可以适度减轻专利权人的维权成本、当事人的诉讼成本以及法院的审理成本。最后，这类必要共同诉讼具有法律依据。《最高人民法院关于审理专利纠纷案件适用法律问题的若干规定》第6条第1款①的规定，事实上已经将针对制造者与销售者作为共同被告的诉讼作为一种特殊的必要共同诉讼予以对待。本案中，奥克斯公司系被诉15款侵权产品的制造商，广州晶东公司系被诉15款侵权产品的销售商，格力公司将制造商奥克斯公司和销售商广州晶东公司一并作为共同被告，构成特殊的必要共同诉讼。

---

① 对应《最高人民法院关于审理专利纠纷案件适用法律问题的若干规定》（2020年修正）第3条第1款。

二、撰写心得

知识产权诉讼制度革新是决定知识产权司法保护成效的关键和核心所在。在专利侵权纠纷中，案件管辖、诉讼主体的确定是每个案件的必经程序，构成专利侵权诉讼制度的基础。在司法实践中，通过案件审理不断深入研究和探索，形成符合知识产权案件审理规律、适应其特殊需要的诉讼制度，才能够更好回应知识产权案件审理的特殊需求，实现统一知识产权案件裁判标准、提升知识产权司法保护品质的重要价值。本案涉及以下两个重要问题。

（一）网络销售行为的侵权行为地的确定

对于网络销售的侵权行为地如何确定，实践中多有争议。在原告通过网络购物方式购买被诉侵权产品的情况下，部分法院曾适用《最高人民法院关于适用〈中华人民共和国民事诉讼法〉的解释》第 20 条的规定，将网络购物收货地作为侵权行为地，并以之确定管辖。为此，在广东马内尔服饰有限公司、周某某与新百伦贸易（中国）有限公司等不正当竞争纠纷管辖异议案中①，最高人民法院明确指出，侵犯知识产权和不正当竞争案件中，原告通过网络购物方式购买被诉侵权产品，不宜适用《最高人民法院关于适用〈中华人民共和国民事诉讼法〉的解释》第 20 条的规定，以网络购物收货地作为侵权行为地确定案件的地域管辖。但是，该案在否定网络购物收货地可以作为侵权行为地后，对于应考虑哪些因素确定网络销售的侵权行为地，并未给出清晰指引。本案在前案的基础上，进一步指明了确定网络销售行为的侵权行为地的一般原则和考虑因素。首先，关于一般原则。网络销售行为的侵权行为地的确定，既要有利于管辖的确定性，避免当事人随意制造管辖连结点，又要便利权利人维权，原则上应以网络销售商的行为为核心确定。其次，关于具体考虑因素。侵权行为地不仅包括侵权行为实施地，还包括侵权行为结果地。在专利侵权案件中，网络销售行为地包括行为实施地和结果地，网络销售商的发货地、储藏地均可以作为销售行为地，并据此确定管辖连结点。

---

① 参见（2016）最高法民辖终 107 号裁定书。

（二）专利侵权案件中，制造商和销售商作为共同被告是否构成必要共同诉讼

这一问题涉及实体法与诉讼法的衔接。《最高人民法院关于审理专利纠纷案件适用法律问题的若干规定》第6条第1款①规定："原告仅对侵权产品制造者提起诉讼，未起诉销售者，侵权产品制造地与销售地不一致的，制造地人民法院有管辖权；以制造者与销售者为共同被告起诉的，销售地人民法院有管辖权。"该司法解释颁布于2001年，该条规定的法律基础是《民法通则》②关于共同侵权的规定，其理论基础则是认为制造商和销售商因客观上的共同行为构成共同侵权，故可以作为共同被告。同时，我国《民事诉讼法》规定了两种共同诉讼类型：必要共同诉讼和普通共同诉讼。前者是指复数当事人方的诉讼标的是共同的，其必须共同起诉或者被诉，法院必须合一审理并合一判决；如果在起诉时法院发现必须共同进行诉讼的当事人没有参加诉讼的，应当通知其参加，当事人也可以向法院申请追加。后者是指复数当事人方的诉讼标的属于同一种类，当事人同意合并诉讼，法院认为可以合并审理的诉讼；当事人可以选择单独起诉或者被诉，将普通共同诉讼当事人作为共同被告需要必须得到当事人的同意。在上述实体法和程序法框架下，实体法上的共同侵权是引发诉讼法上必要共同诉讼的重要原因。2010年《侵权责任法》③实施，其关于共同侵权的规定不同于《民法通则》，共同侵权的构成要件和范围发生了重大变化。根据整体解释和通说，《侵权责任法》第8条规定的共同侵权限于两个或者两个以上的侵权主体具有相同或者相近内容的主观过错的侵权行为。④教唆侵权、帮助侵权、共同危险行为等不再作为共同侵权的类型。在实体法上的共同侵权制度发生上述变化，程序法上的必要共同诉讼理论和制度未作调整的情况下，在诉讼实务中如何因应才能既满足权利人有效保护知识产权的诉讼需求，又能够保证纠纷的有效解决，成为本案需要解决的难点问题。本案中，奥克斯公司就在管辖权异议上诉中明确提出，由于奥克斯公司与广州晶东公司不属于共同侵权，不构成必要共同诉讼，且

---

① 对应《最高人民法院关于审理专利纠纷案件适用法律问题的若干规定》（2020年修正）第3条第1款。

② 现为《民法典》。

③ 现为《民法典》。

④ 参见王胜明主编：《中华人民共和国侵权责任法解读》，中国法制出版社2010年版，第42页。

奥克斯公司不同意在本案中合并审理，故原审法院不能基于广州晶东公司获得对奥克斯公司的本案管辖权。的确，本案中制造商奥克斯公司和销售商广州晶东公司确实没有相同或者相近内容的主观过错，难以认定两者构成共同侵权。但显而易见的是，专利权人在本案中将制造商和销售商作为共同被告起诉，更有利于查明事实、一次性解决纠纷；相反，如果专利权人对制造商和销售商分别起诉，则徒增当事人诉累。在必要共同诉讼和普通共同诉讼之间，应该如何选择？面对此问题，本案裁定并未囿于传统必要共同诉讼理论，而是基于部分诉讼标的的一致性、纠纷一次性解决、防止裁判结果冲突、诉讼经济效率的政策考量，通过分析专利侵权中制造商和销售商作为共同被告的行为关联性，创造性地拓展了必要共同诉讼的范围，进而事实上确立了一种新的、广义上的必要共同诉讼类型。与狭义上的必要共同诉讼相比，该类必要共同诉讼其诉讼制度上的差别是：原告可以选择对多个被告分别起诉，此时法院并不必然需要追加其他关联主体参与诉讼；但是，一旦原告选择在同一案件中对多个被告共同起诉，法院可以合并审理，无须征得被告的同意。从比较法的角度看，一些国家法律明确规定了此种类型的必要共同诉讼，例如德国有第三人申请参加之诉、美国有诉的主体的强制合并制度。本案对于必要共同诉讼的拓展和探索，一定程度上缓解了传统必要共同诉讼理论的僵化，因应了实体法的变化和诉讼实践的需要，丰富了诉讼法理论和实践。

　　"法律的生命并不仅是逻辑或经验。法律的生命是根据经验和逻辑重生，使法律适应新的社会现实。"[①] 司法是一门艺术，需要实体与程序、理论与实践的完美融合。法律需要变化发展，作为适用法律的法官，必须保持自我开放，不能固步自封、机械僵化，要让自己向外界开放、向未来开放。法官当然需要谙熟法学理论，但不能让抽象的法学理论成为司法实践发展的障碍。相反，司法实践才是法学理论的来源和动力，学理应以实践为师。法官既要关注案件中的技术和法律问题，更要有开阔的视野和思维，从宏观角度思考问题，作出适应社会经济科技发展需要的裁判。

（朱理，最高人民法院法官）

---

① ［以］巴拉克：《民主国家的法官》，毕洪海译，法律出版社2011年版，第16页。

三、专家评析

"奥克斯空调"专利侵权纠纷管辖权异议案为网络环境下知识产权侵权案件，当年本案入选了 2018 年"知识产权司法保护 50 个典型案例"和 2018 年《最高人民法院知识产权案件年度报告》。本案在确立法律标准方面，具有重要的法律和现实意义。直至今日，本案的裁判要旨仍是知识产权案件审理中需要参考的重要裁判规则。

本案所涉法律问题较为典型，具有很强的指导意义。对于网络环境下销售行为地如何认定，网络购物收货地是否属于网络销售行为地，实践中经常发生争议，也存在不同认识，各地各级法院存在不同的处理方法，容易造成"同案不同判"的结果。承办法官的文书分析说理非常透彻，正面地回答了网络销售案件管辖地的问题，明确了网络购物销售行为地原则上包括网络销售商主要经营地、被诉侵权产品储藏地、发货地或者查封扣押地等，突出地指明了销售行为地不以原告意志为转移的判断标准，有效降低了现实中原告泛滥制造连结点、任意选择管辖法院的可能性，统一了该类问题的裁判标准，解决了实务问题。此外，本案还明确了被诉侵权产品的制造商和销售商作为共同被告构成特殊的必要共同诉讼。被诉侵权产品的制造商和销售商虽然主观上不存在相同或者相近内容的主观过错，不构成常见情形下的基于共同侵权的必要共同诉讼。但是实践中，权利人一般是在市场上发现了侵权产品的销售商，通过先起诉销售商，从而顺藤摸瓜查出制造商。如果要求权利人另案针对制造商提起诉讼，则会给权利人增加诉累。故基于该情形下部分诉讼标的的同一性、侵权结果的部分重叠、防止裁判结果冲突、提高诉讼经济效果等方面考虑，将针对被诉侵权产品的制造商和销售商的共同诉讼认定为特殊的必要共同诉讼来处理是很有必要的。承办法官能够突破既有理论局限，跳出个案，提出了广义的必要共同诉讼的理论，这种规则性裁判指引的作出，体现了司法的担当。专利侵权案件与一般民事侵权案件有较大的不同，法官采用创新思维统一专利案件的裁判标准是很有必要的。当法律出现局限性时，由司法创造性地解释法律，填补空白或漏洞，进而很好地解决实践问题，实现了有益的法律效果和社会效果，通过司法展现了国家对知识产权创新驱动发展提供有力保障的意志。

2017 年 8 月 18 日，我国在杭州设立全球首家互联网法院。2018 年 9 月，又先后增设北京、广州互联网法院。本案裁定所明确的裁判规则，对互联网法院建设中可能遇到的网络管辖问题是很有参考价值和指导意义的。但还需注意到，随着互联网和平台经济的飞速发展，物流和网络购物交易形式也越发多元，新情况也会有新问题，法院更需要把握好原则尺度，不断对类案的说理进行完善。

（点评人：张平，北京大学法学院教授、博士生导师）

（2018）最高法民辖终 93 号裁判文书原文

52. 甘肃洮河拖拉机制造有限公司和宁夏康惟鹏现代农业装备有限公司、宁夏帅之媛农机具制造有限公司侵害发明专利权纠纷案*

【关键词】

背景技术　发明所要解决问题　权利要求解释

【裁判要旨】

专利说明书中对背景技术和发明所要解决问题的描述，可以帮助理解权利要求中所包含的技术特征的含义。如果被诉侵权产品中某结构特征不具备权利要求对应技术特征的相关功能，不能解决背景技术中所载本专利能够解决的问题，应认定被诉侵权产品缺少该技术特征，从而没有落入专利权保护范围。

一、简要案情

原告甘肃洮河拖拉机制造有限公司（以下简称洮河拖拉机公司）与被告宁夏康惟鹏现代农业装备有限公司（以下简称康惟鹏公司）、宁夏帅之媛农机具制造有限公司（以下简称帅之媛公司）侵害发明专利权纠纷案中，原告洮河拖拉机公司称，其系专利号为 ZL201310245906.5、名称为"免耕式双垄沟全铺膜覆土联合作业机"的专利权人，该专利权目前有效，其在申请专利后进行产业化实施并制造出相应专利产品。该产品上市后，有效解决了双垄沟全铺膜机具作业过程中易出现的土壤雍堵、输送皮带绷断、地膜被风吹起、雨水不能从膜面渗入等技术问题。后原告发现被告以盈利为目的销售侵犯上述专利权的产品，向法院提起诉讼，请求：（1）判令被告立即停止对原告的"免耕式双垄沟全铺膜覆土联合作业机"发明专利制造、销售（许诺销售）的侵权行为；（2）判令被告赔偿原告发明专利申请临时保护期间的使用费及被授权后造成的侵权损失人民币共计100万元；（3）判令被告赔偿原告为制

---

* （2018）宁01民初162号。

止侵权行为而支出的律师费、公证费、差旅费等费用10万元；（4）判令被告销毁所有库存侵权产品以及专用模具；（5）本案诉讼费由二被告承担。

被告康惟鹏公司辩称，根据法律规定，当事人以生产经营为目的销售或者许诺销售，不知是未经专利权人许可而制造并且售出的专利侵权产品，能够证明该产品合法来源的，不承担赔偿责任。被诉侵权产品是被告帅之媛公司采购销售的，康惟鹏公司只是代为销售。原告应当以真正的侵权人即生产厂家为被告来主张权利。同时，二被告不知道被诉侵权产品是否侵犯原告专利权，不应承担赔偿责任。请求驳回原告的诉讼请求。

法院审理查明，2013年6月20日，发明人马某1、赵某某、王某、田某、马某2向国家知识产权局申请"免耕式双垄沟全铺膜覆土联合作业机"发明专利。2017年2月8日，国家知识产权局针对该发明向上述发明人授予《发明专利证书》，专利号为ZL201310245906.5，专利权人为原告洮河拖拉机公司。该专利权利要求书共记载了5项权利要求，其中权利要求1系主权利要求，表述为："一种免耕式双垄沟全铺膜覆土联合作业机"，包括机架、旋耕机、土壤输送机构、整形镇压限深机构和土带镇压机构。其特征在于：所述机架前下方设有旋耕机，机架中部设有土壤输送机构，中下方设有整形镇压限深机构，后上方设有土壤分配机构；所述土带镇压机构包括土带镇压轮、仿形臂和仿形臂施压拉簧，所述仿形臂一端连接土带镇压轮，仿形臂另一端连接侧连接架，仿形臂与侧连接架之间设有仿形臂施压拉簧；还包括展膜打孔机构，展膜打孔机构包括展膜辊和螺旋橡胶套管，螺旋橡胶套管中部设有打孔销钉，所述展膜辊设在挂膜架后方。

该专利说明书对于背景技术及发明内容作如下叙述："目前国内已经出现多种类型的双垄沟全铺膜覆土机，其中取土压膜机构和开沟取土机构还不够成熟，土壤输送、开沟取土工作时因土壤比阻、含水率、杂草等自然条件的变化导致机具在使用可靠性、适应性等方面都还存在问题。开沟取土机构的输送带和皮带轮之间极易粘土，使皮带轮直径不断变大，最终将输送带绷断；垄沟沟底的土壤被限深整形镇压轮压实，致使点播器不能将种子点播到预定深度，同时没有合适的机具为垄沟膜面开设渗水孔，雨水无法进入膜下，需要人工再次进入垄沟进行打孔，很容易破坏地膜降低地膜的使用寿命。上述问题不仅影响了机具的正常工作，而且限制全膜双垄沟播种机械化技术的推广应用。本发明为解决双垄沟全覆膜机具作业过程中易出现的土壤雍堵、输送皮带绷断、地膜被风吹起、雨水不能从膜面渗入等技术问题，提供一种结构简单、配置合理、工作可靠性高的免耕式双垄沟全铺膜覆土联合作业机。"

审理中经比对和勘验，原告专利产品的展膜辊上套设有两个橡胶套管，每个橡胶套管通过两个螺钉固定于展膜辊上的特定位置，其中螺钉的钉尖埋入橡胶套管和展膜辊内，钉头与橡胶套管的表面大致齐平。而根据涉案发明专利说明书背景技术的记载可知，打孔销钉主要针对雨水不能从膜面渗入的技术问题而设置，在铺膜的同时为膜面开设渗水孔，以避免人工再次打孔而破坏地膜，属于涉案专利的主要发明点之一。本案中被诉侵权产品的展膜辊上套设有两个橡胶套管，每个橡胶套管通过两个螺钉固定于展膜辊上的特定位置，其中螺钉的钉尖埋入橡胶套管和展膜辊内，钉头与橡胶套管的表面大致齐平。埋入橡胶套管和展膜辊内的螺钉系用于对橡胶套管进行固定的螺钉，并非用于对铺装于垄沟的膜面进行打孔的打孔销钉。整个橡胶套管表面均不具有明显凸出的、可用于对膜面进行打孔的销钉。由此可见被诉侵权产品缺少该打孔销钉这一技术特征，也不具备等同特征。根据《最高人民法院关于审理侵犯专利权纠纷案件应用法律若干问题的解释》第 7 条的规定，被诉侵权产品没有落入原告专利权的保护范围，原告主张被诉侵权产品侵犯其发明专利的主张不能成立，法院不予支持。

宁夏回族自治区银川市中级人民法院于 2019 年 8 月 26 日作出（2018）宁 01 民初 162 号民事判决，判决驳回原告甘肃洮河拖拉机制造有限公司的诉讼请求。宣判后，双方当事人均未提起上诉。

二、撰写心得

在发明专利权纠纷案件中，因权利要求书中技术特征部分的表述较为专业和抽象，为进行有效比对，确定专利权的保护范围至关重要。针对专利权保护范围的界定，《专利法》第 59 条第 1 款①规定："发明或者实用新型专利权的保护范围以其权利要求的内容为准，说明书及附图可以用于解释权利要求的内容。"《最高人民法院关于审理侵犯专利权纠纷案件应用法律若干问题的解释》第 2 条规定："人民法院应当根据权利要求的记载，结合本领域普通技术人员阅读说明书及附图后对权利要求的理解，确定专利法第五十九条第一款规定的权利要求的内容。"第 4 条规定："对于权利要求中以功能或者效果表述的技术特征，人民法院应当结合说明书和附图描述的该功能或者效果

---

① 对应《专利法》（2020 年修正）第 64 条第 1 款。

的具体实施方式及其等同的实施方式，确定该技术特征的内容。"由此可见，确定专利权保护范围首先要对权利要求的内容进行准确把握，说明书和附图起到相应解释作用。所谓解释，是在观察的基础上进行思考，合理地说明事物变化的原因、事物之间的联系或者事物发展的规律。说明书和附图是为了使法院及行政机关更清晰地掌握权利要求内容所载明的内容，以便确定权利保护范围。一般而言，在说明书中，背景技术、发明内容等部分是对权利人发明专利的主要技术点、创新点以及要解决的技术问题所作的解释。若权利要求中具有限定性功能或效果表述的内容，为了更好地理解和把握该部分权利内容，法院应结合说明书确定专利权保护范围，对能否达到该作用和效果进行实质性的比对，以确定被控侵权产品是否落入涉案发明专利的保护范围。《最高人民法院关于审理专利纠纷案件适用法律问题的若干规定》第17条规定："专利法第五十九条第一款所称的'发明或者实用新型专利权的保护范围以其权利要求的内容为准，说明书及附图可以用于解释权利要求的内容'，是指专利权的保护范围应当以权利要求记载的全部技术特征所确定的范围为准，也包括与该技术特征相等同的特征所确定的范围。等同特征，是指与所记载的技术特征以基本相同的手段，实现基本相同的功能，达到基本相同的效果，并且本领域普通技术人员在被诉侵权行为发生时无需经过创造性劳动就能够联想到的特征。"该条所规定的等同侵权原则用以平衡专利权人和公众利益之间因无法实质保护专利权人的利益或扩大专利保护范围限制竞争的矛盾。而通过专利说明书中确定的发明专利的主要技术点和所解决的问题可以更好地对权利要求中所载的功能和效果进行把握。需要注意的是，法院在确定是否构成等同侵权时，还需要确定该功能和效果是否属于发明专利中不可缺少的技术特征。

具体到本案，原告涉案产品是一种"免耕式双垄沟全铺膜覆土联合作业机"，根据原告发明专利权利要求书的记载，其共包含5项权利要求，其中权利要求1系主权利要求，权利要求2、3、4、5系从属权利要求。权利要求1表述为："……还包括展膜打孔机构，展膜打孔机构包括展膜辊和螺旋橡胶套管，螺旋橡胶套管中部设有打孔销钉，所述展膜辊设在挂膜架后方。"其中打孔机构是通过打孔销钉最终实现，而销钉前面的打孔二字应为限定性用语，是对销钉所起作用和达到的效果进行的叙述，结合说明书中载明的"为解决双垄沟全覆膜机具作业过程中易出现的土壤雍堵、输送皮带绷断、地膜被风吹起、雨水不能从膜面渗入等技术问题"以及原告在诉状的事实和理由中提到 2014 年年初涉案专利产品批量上市后，其具有的旋耕、开沟、整形、铺膜、覆土、镇压、打孔等多种功能的情况，可以确定下来本案在比对展膜打孔机构的时候，除需比对是否具有展膜辊、螺旋橡胶套管、打孔销钉的结构之外，还要对该部分结构是否能实现打孔的功能进而实现渗水的效果进行实际比对。法院在进行实物比对时发现，被控侵权产品确实具有展膜辊、螺旋橡胶套管和两枚螺钉，但是该螺钉的钉头与橡胶套管的表面大致齐平，是否能起到打孔作用仍然不得而知。故法院又组织当事人对被控侵权产品进行现场操作演示，在操作演示的过程中，发现被控侵权产品中的螺钉仅能起到固定作用，而不能起到打孔作用，整个橡胶套管表面均不具有明显凸出的、可用于对膜面进行打孔的销钉，经现场工作后田地上的覆膜也未出现明显可用于渗水的孔状物。因此，被控侵权产品因缺少打孔销钉这一技术特征而与原告享有的发明专利权不具备等同特征，可以认定被诉侵权产品未落入原告的发明专利权保护范围。

（杨玫，宁夏回族自治区银川市中级人民法院法官）

三、专家评析

本案为侵害发明专利权纠纷，属于技术性、专业性较强的知识产权案件。本案诉争焦点在于，被诉侵权产品的技术特征是否落入了权利人发明专利的保护范围。本案判决书结构完整、制式规范、叙述清晰、论理严谨，对原被告的主张和答辩意见概括简明准确，在案证据列载清晰，认定证据说理充分，审理查明案件事实清楚。本案判决书结合双方诉辩和举证质证情况，将重点放在了认定案件事实和确定法律的适用上，围绕争议焦点，展开逻辑严谨的论理分析，确系一篇综合质量较高的优秀裁判文书。

判决书中对权利要求的表述涉及该技术领域的专业知识，要辨别被诉侵权产品的技术特征是否落入权利人发明专利的保护范围，就要对权利要求的内容进行解读和比对，这对法官专业知识储备和技术辨别能力的要求很高。在比对的过程中，如何确定比对的重点和难点，是本案要解决的主要问题，也是被诉侵权产品是否能落入原告享有的专利权范围的关键。判决书论理层次清晰，主要有三个特点。首先，在查明事实部分，文书通过对涉案专利权利要求书中记载的主权利要求 1 与从属权利要求 2、3、4、5 的具体内容的查明，结合专利说明书对于背景技术及发明内容的说明，客观解读了原告享有的专利权范围，确定了与被诉侵权产品技术比对的内容；其次，在论理部分，文书对涉案专利权利要求 1 所包含的技术特征进行概括，结合原被告当庭陈述、举证质证内容，记录技术调查官对被诉侵权产品进行实地勘验和工作演示的结果，使被诉侵权产品的具体结构、功能等得以直观反映；最后，文书在确认涉案专利的主要发明点基础上，经技术比对，因被诉侵权产品缺少涉案专利权利要求 1 所述的"免耕式双垄沟全铺膜覆土联合作业机"所包含的技术特征 H 中的"打孔销钉"，从而概括确认被诉侵权产品缺少与涉案专利"相同或等同"的关键技术特征，认定被诉侵权产品不能落入原告专利权的保护范围，故驳回原告诉请。

（点评人：张仁，原宁夏回族自治区高级人民法院审判委员会专职委员、二级高级法官）

（2018）宁 01 民初 162 号裁判文书原文

53. 清华大学、同方威视技术股份有限公司和许昌瑞示电子科技有限公司侵害发明专利权纠纷案*

【关键词】

权利要求书　专利说明书　侵权认定

【裁判要旨】

确定专利权保护范围时，应当结合专利说明书、附图以及专利审查文件解释权利要求的内容，不应机械地从字面含义理解权利要求范围。本领域普通技术人员无须经过创造性劳动，就能够合理地了解发明专利权中可替代部分，采取改变部分结构达到同样功能和效果的，应当认定具有等同特征。

一、简要案情

2007 年 12 月，同方威视技术股份有限公司（以下简称威视公司）向国家知识产权局申请授予用于集装箱/车辆检测系统的"一种双视角扫描装置的臂架结构"发明专利权，权利要求为：（1）一种双视角扫描装置臂架结构，包括以下部件：准直器立柱、主梁、横探测臂、竖探测臂、竖探测臂立柱、和准直器，其特征在于，所述准直器立柱和所述竖探测臂立柱与所述主梁连接，作为所述扫描装置臂架结构的框架，为所述准直器、所述横探测臂和所述竖探测臂提供支撑及调整机构，在所述横探测臂上，X 射线射到的两个成一定角度射线面区域内，均匀安装有射线探测器，所述射线探测器的安装支架可以调整，以保证射线探测器探测面正对 X 射线，使其探测到的 X 射线信号最强。（2）权利要求 1 所述的扫描装置臂架结构的特征在于：所述扫描装置臂架结构的框架是一个整体的龙门结构。（3）权利要求 1 所述的扫描装置臂架结构的特征在于：在所述主梁上还有安装支架，用于安装对所有射线探测器进行冷却的探测器冷却系统。（4）权利要求 1 所述的扫描装置臂架结构

---

* （2017）豫民终 1183 号。

的特征在于：在所述竖探测臂上，X射线射到的两个成一定角度射线面区域内，均匀安装有射线探测器；所述竖探测臂上还装有调整装置，对所述竖探测臂进行调整以保证所述射线探测器探测面正对X射线，使其探测到的X射线信号最强。（5）权利要求4所述的扫描装置臂架结构的特征在于：所述竖探测臂上射线探测器阵列的安装高出所述横探测臂上安装的所述射线探测器，使得在探测面对角线上的X射线也可以被探测到。（6）权利要求1所述的臂架结构中的所述准直器是通过下支座及调整支座与准直器立柱连接，调整调整螺栓可以使准直器进行平移和旋转。（7）权利要求1所述的臂架结构中的所述横探测臂是通过安装支座与主梁连接。（8）权利要求7所述的臂架结构的特征还包括：横探测臂调整装置，具有横向调整螺栓和纵向调整螺栓；调整所述横向调整螺栓，可以使横探测臂进行平移和摆动；调整所述纵向调整螺栓，可以调整横探测臂与竖探测臂的相对位置。诉讼中清华大学、威视公司明确其在本案中主张专利保护范围的为涉案专利权利要求1、2、4、5、6、7、8。之后，威视公司出具知识产权许可使用证明一份，载明：威视公司许可清华大学在研究、商业开发中使用包括涉案专利在内的多项专利权、计算机软件著作权及技术秘密，并授权清华大学就所涉知识产权的任何侵权行为有权与威视公司共同向涉嫌侵权人主张权利，包括但不限于向人民法院提起诉讼、向知识产权主管机关投诉等。

2016年11月，清华大学、威视公司发现瑞示电子科技有限公司（以下简称瑞示公司）的产品涉嫌使用清华大学、威视公司的相关专利技术，遂诉至河南省郑州市中级人民法院，请求判令瑞示公司停止制造、许诺销售、销售侵犯专利权的产品并赔偿110万元。

河南省郑州市中级人民法院作出一审判决：瑞示公司停止制造、许诺销售侵害清华大学、威视公司ZL200710304704.8号发明专利权的产品的行为；赔偿清华大学、威视公司50万元；案件受理费14 700元，由清华大学、威视公司负担6700元，瑞示公司负担8000元。一审判决作出后，瑞示公司不服该判决，向河南省高级人民法院提起上诉。河南省高级人民法院二审判决：驳回上诉，维持原判。

本案的争议焦点为：（1）清华大学诉讼主体是否适格；（2）被控侵权产品是否落入涉案专利权利要求的保护范围；（3）瑞示公司是否存在许诺销售行为；（4）判决的赔偿数额是否适当。

二、撰写心得

法院在审理侵害专利权纠纷案件中，如何正确解释权利要求，准确确定专利权利要求的保护范围，一直是司法实务的难点。

为了充分保护专利权人的合法权益，防止侵权人采用无须创造性劳动就能联想到的技术手段替代专利权利要求中的技术特征，以逃避专利侵权的法律责任，美国法院率先提出了专利侵权判定的等同原则，进而被世界各国广泛采用，成为专利司法实践中判定专利侵权的重要原则。虽然《专利法》第59条第1款①规定：发明或者实用新型专利权的保护范围以其权利要求的内容为准，说明书及附图可以用于解释权利要求的内容。其中蕴含了对采取等同手段替换专利权利要求的技术特征落入专利权利保护范围的含义，但由于该立法未对等同原则作出具体、明确的规定，同时由于审查过程中对于权利解释的时机和程度把握不同，导致对权利要求的保护范围的解读也不尽相同，最终导致审查结论不一致。各地法官在对专利等同的侵权认定裁判尺度并不统一，给司法实践造成了一定的困扰。直至《最高人民法院关于审理专利纠纷案件适用法律问题的若干规定》的出台，才给专利侵权等同原则的适用提供了可参照的法律依据。该规定第17条②规定："专利法第五十九条第一款所称的'发明或者实用新型专利权的保护范围以其权利要求的内容为准，说明书及附图可以用于解释权利要求的内容'是指专利权的保护范围应当以权利要求记载的全部技术特征所确定的范围为准，也包括与该技术特征相等同的特征所确定的范围。等同特征，是指与所记载的技术特征以基本相同的手段，实现基本相同的功能，达到基本相同的效果，并且本领域普通技术人员在被诉侵权行为发生时无需经过创造性劳动就能够联想到的特征。"至此，法律才明确了手段、功能、效果相结合的专利等同侵权判定的"三段式"理论。即被控侵权产品或方法采用"等同特征"替换专利权利技术方案中的一个或几个技术特征，无论是技术变优还是变劣，依然可以认定落入专利权利保护范围。

本案中，双方争议的焦点在于权利要求1部分的三个技术特征，即：（1）被控侵权产品的加速器舱与其上支架与本案专利中的准直器立柱是否构

---

① 对应《专利法》（2020年修正）第64条第1款。

② 对应《最高人民法院关于审理专利纠纷案件适用法律问题的若干规定》（2020年修正）第13条。

成了等同的技术特征；（2）被控侵权产品的探测器是否均匀安装；（3）安装支架是否可调整。

本案的难点在于认定侵权产品是否落入本案专利权利要求的保护范围，判定这个问题就要对两种产品的技术特征是否相同或近似进行识别。针对本案的第一个争议焦点，关键在于等同原则的适用。涉案专利权利要求1中限定了"准直器立柱和竖探测臂立柱与主梁连接，形成框架，为准直器提供支撑及调整机构"，结合专利说明书及附图，准直器立柱为构成准直器框架的一部分，并为准直器提供支撑。而被控侵权产品的加速器舱与其上支架一起构成了一个支撑体，作为准直器框架的一部分，为准直器提供支撑，以实现相同的功能与效果。且这种替代方案和手段系本领域普通技术人员无须创造性劳动就能联想到的，应当认定为构成等同特征。

本案争议焦点二被控侵权产品的探测器是否均匀安装以及争议焦点三安装支架是否可调整，主要涉及对权利要求的解释。

法院对权利要求的解释遵循《专利法》第59条第1款所规定的"发明或者实用新型专利权的保护范围以其权利要求的内容为准，说明书及附图可以用于解释权利要求的内容"这一权利要求解释的基本原则。在具体适用该解释原则时，法院应当在本领域普通技术人员在对专利要求保护技术方案形成整体认识的基础上，结合权利要求的具体语境、说明书及附图，对权利要求的保护范围作出合乎逻辑的界定，以符合发明目的和能够实现发明技术方案为指引。

具体到本案争议焦点二，依据射线探测器的工作原理，并结合专利说明书可知，涉案专利权利要求1中记载"在所述横探测臂上，X射线射到的两个成一定角度射线面区域内，均匀安装有射线探测器"的目的是不遗漏射线，从而能够实现安检的最基本要求。据此，均匀安装并非指各个探测器之间在横探测臂上的水平间距相等，而是在射线发射区域确定的情况下，射线探测器的安装位置也是确定的。被控侵权产品射线探测器的工作原理也是为了能够全部接收两个成一定角度射线面区域内的所有X射线，以实现不遗漏射线的目的。两者的安装机理与安装方式相同，实现的功能与效果也相同，应当认定为相同技术特征。

具体到本案争议焦点三，涉案专利权利要求1中记载了"射线探测器的安装支架可以调整，以保证射线探测器探测面正对X射线，使其探测到的X射线信号最强"，依据专利说明书及附图可知，专利中的若干个射线探测器是呈阵列地排布在水平横探测臂和竖探测臂上，通过调整横向调整螺栓使横探测臂进行平移和摆动，通过调整纵向调整螺栓可以调整横探测臂与竖探测臂的相对位置。调整横探测臂即能对射线探测器阵列进行调整，以保证射线探测器探测面正对 X 射线，探测到的 X 射线信号最强。被控侵权产品的多个射线探测器是呈阵列地排布在水平横探测臂和竖探测臂上，可以通过在两个交叉的狭长安装槽内的位置变动来实现横探测臂的位置调整，进而对多个射线探测器进行整体调整，以保证射线探测器探测面正对 X 射线，探测到的 X 射线信号最强。二者均能通过调整横探测臂来对射线探测器进行整体调整，所起到的目的和方式相同，两者的技术特征相同。

因此，被控侵权产品与涉案专利权利要求 1 的所有技术特征构成等同或相同，落入本案专利权利要求 1 的保护范围，构成侵权。

综上，无论是等同原则的适用，还是对权利要求的解释，都可能扩张或者限制专利权保护范围，裁量标准过宽会导致专利权保护范围膨胀，进而损害公共利益，裁量范围过窄则会导致专利权人权利受损，进而挫伤其创造的积极性。在司法实践中，法官应当全面理解涉案专利，确定当事人的专利保护范围，结合案件实际情况据实分析裁判。既要保护涉案发明专利的创新点，又要防止不恰当地扩大专利权保护范围，以实现专利权人利益和公众利益之间的平衡。

（赵筝，河南省高级人民法院法官）

三、专家评析

随着我国社会经济和科学文化的不断发展，国家大力加强知识产权保护。专利制度是为了鼓励发明创造、推动技术进步、促进经济发展而创设的一项的法律制度，发明和实用新型作为专利制度中最为核心的内容，发挥着不可替代的重要作用。权利要求解释作为专利制度中的重要问题，在侵权诉讼中备受关注，权利要求保护范围的界定，关系到被控侵权产品是否落入涉案专利的保护范围，是否构成专利侵权，从而进一步判断其是否应当承担赔偿责任，对于维护当事人的合法权益至关重要。本案涉及我国在国际上具有技术领先地位高科技企业的专利权保护，法院通过适用等同原则对于案件事实情况进行了准确的判断。等同原则起源于美国，专利权人个人利益和社会公众利益之间的博弈，促进了等同原则的产生。等同原则创造之初是为了防止专利保护范围因局限于文义解释而导致不公的结果，本质上就是对权利要求进行扩大解释，将看似不同但实质相同的技术包含到权利要求之中。但受到经济发展的影响，对权利要求进行扩大解释，容易损坏专利的公示作用，等同原则的适用由对权利要求用语的扩张性解释逐渐转为限缩性解释。在司法实践中逐步引入限制性规则，可以使专利权的保护范围更加明确，也可以有效防止专利侵权行为的发生。但等同原则本身具有不稳定性，一方面能够激发社会发明创造的热情，另一方面也具有一定的压制效果。因此在侵权诉讼中适用等同原则，应当秉持着谨慎的态度，在专利权人个人利益和社会公众利益之间寻求最佳平衡。

　　本案对于严格落实中央加强创新成果知识产权保护精神，充分发挥司法保护在激发创新动力、创造潜力和创业活力中的独特作用，严惩专利侵权，激励正当竞争，鼓励技术创新上起到了示范作用。本案裁判文书诉辩概括准确，证据列载清晰，证据运用充分，事实认定清楚，逻辑结构缜密，事实定性及法律适用准确，对专利侵权认定应当适用的标准和依据进行了较为完整的梳理与阐释，对类似案件的审理具有较强的规则指引作用，是一篇具有示范性的优秀裁判文书。

　　（点评人：王韶华，河南省高级人民法院副院长、一级高级法官，全国审判业务专家）

（2017）豫民终 1183 号裁判文书原文

54. 莱顿汽车部件（苏州）有限公司和盖茨优霓塔传动系统（上海）有限公司侵害发明专利权纠纷案[*]

【关键词】

发明专利　侵权　专家诉讼辅助人　权利要求解释　侵权损害赔偿

【裁判要旨】

权利要求对专利权保护范围的界定作用，是通过每一个技术特征对专利要求保护的技术方案的限定作用体现的。通常情况下应当以技术特征文义范围限定专利权利要求保护的范围，只有当某一技术特征不具备实质性技术内容时，才需对该技术特征文义限定的保护范围进行调整，界定合理保护范围。说明书及其附图对于权利要求的解释作用在于帮助本领域技术人员准确理解权利要求，但不能替代权利要求在界定专利权保护范围过程中的地位和作用。生效专利无效宣告请求审查决定书等审查档案中记载的发明区别于现有技术的内容，应作为确定专利权保护范围的重要参考。

一、简要案情

莱顿汽车部件（苏州）有限公司（以下简称莱顿苏州公司）系一项名称为"具有非圆形驱动部件的同步传动装置及其运转和构造方法"（专利号为ZL02823458.8）的发明专利（以下简称涉案专利）的被许可人，且得到涉案专利的专利权人利滕斯汽车公司授权，有权针对侵害涉案专利权的行为以其自己名义提起诉讼并获得赔偿。2011年9月27日，莱顿苏州公司通过公证购买的方式，从苏州新世纪汽车贸易有限公司购买了一台由奇瑞汽车股份有限公司（以下简称奇瑞公司）制造的型号为SQR481的发动机整机，该发动机的正时传动系统由盖茨优霓塔传动系统（上海）有限公司（以下简称盖茨上海公司）设计，并且，盖茨上海公司提供了该款发动机正时传动系统（以下简称被诉侵权产品）的主要零部件。2012年3月30日，莱顿苏州公司以盖茨

---

* （2015）苏知民终字第00172号。

上海公司和奇瑞汽车公司未经许可，在生产、销售的 SQR481、SQR484、SQR477 及 E4G16 系列四款发动机产品中，以生产经营为目的，共同实施涉案专利技术构成专利侵权为由，诉至江苏省苏州市中级人民法院，请求判令：盖茨上海公司、奇瑞公司立即停止生产、销售与涉案专利相同的同步传动装置及含该装置的发动机总成产品；盖茨上海公司、奇瑞公司共同赔偿莱顿苏州公司经济损失 37 964 906 元及为制止侵权支付的合理费用 475 790 元。

涉案专利是一项关于汽车发动机正时系统的减振技术，包含 58 项权利要求，莱顿苏州公司以权利要求 1、30、39、58 作为其权利依据，限于篇幅，权利要求具体内容不再详述，可参见涉案专利的权利要求书。针对涉案专利，盖茨公司（系盖茨上海公司的母公司）和盖茨上海公司曾分别向国家知识产权局提出无效宣告请求，国家知识产权局分别于 2011 年 1 月 12 日、2013 年 5 月 29 日作出第 15956、20785 号无效宣告请求审查决定书，均维持涉案专利有效。针对涉案专利的同族专利 DE60213647（该德国专利与涉案专利享有共同优先权 US60/333，118，2001.11.27，US60/369，558，2002.4.4，与涉案专利的权利要求的内容基本相同），盖茨公司曾向德国联邦专利法院提起专利无效诉讼，该院于 2016 年 2 月 2 日作出判决，驳回盖茨公司起诉。

一审法院经审理后认为，被诉侵权产品缺少涉案专利权利要求的技术特征，因而不落入涉案专利权的保护范围，据此驳回莱顿苏州公司的诉讼请求，莱顿苏州公司不服一审判决，向江苏省高级人民法院提起上诉。

本案二审主要争议焦点为：被诉侵权产品是否落入涉案专利权的保护范围，其中主要涉及涉案专利权利要求保护范围应如何界定。莱顿苏州公司主张，涉案专利权利要求的保护范围是清楚的，权利要求 1、30、58 为产品权利要求，侵权比对对象是产品，因此，无论被诉侵权产品的具体实施方法是什么，只要具备了权利要求相应的结构特征，就应当认为落入涉案专利权保护范围。一审法院未对方法权利要求 39 适用举证责任倒置属于适用法律错误。奇瑞公司、盖茨上海公司及苏州新世纪汽车贸易有限公司抗辩认为：涉案专利为改进型发明，在确定其保护范围时应当考虑现有技术的情况和涉案专利授权、确权过程中专利权人的相应解释。盖茨上海公司提交的产品研发方法及完整的原始数据，能够证明被诉侵权产品的设计原理、思路以及具备的技术特征与涉案专利不同。

关于被诉侵权技术方案是否落入涉案专利权的保护范围。二审法院根据权利要求字面含义及说明书关于涉案专利发明目的实现过程的记载内容并结合涉案专利确权过程中的审查文档，参考德国联邦专利法院关于涉案专利同族专利的相关认定，对涉案专利权利要求中的"波动负荷转矩""波动校正转矩"及限定该两技术特征之间相互力学作用的技术特征进行了解释。一审法院将上述限定"波动负荷转矩""波动校正转矩"之间相互力学作用的技术特征认定为工作原理类技术特征，并将涉案专利的保护范围限定为说明书所记载的非圆形轮廓的偏心距和角位的具体设定方式的有所不当，二审法院对此予以纠正。在此基础上，二审法院根据被诉侵权产品在测量报告中显示出的技术特征，认定被诉侵权产品具有权利要求1所记载的全部技术特征，落入涉案专利权利要求的保护范围。

关于侵权行为的认定。盖茨上海公司向奇瑞公司提供了被诉侵权技术方案以及产品的主要零部件（非圆轮、惰轮以及张紧轮），奇瑞公司在盖茨上海公司提供的技术方案的指导下，将非圆轮、惰轮、张紧轮、正时皮带等组装在一起，构成正时传动系统，该正时传动系统落入涉案专利权的保护范围，奇瑞公司的上述行为属于《专利法》所规制的制造侵害专利权产品的行为；上述侵害涉案专利权的正时传动系统为SQR481发动机的零部件，奇瑞公司将SQR481发动机安装于整车上并对外销售，上述行为属于《专利法》所规制的使用和销售侵害专利权产品的行为。盖茨上海公司为奇瑞公司制造、销售侵权产品的专利侵权行为提供了帮助，构成帮助侵权。因莱顿苏州公司所获得的授权许可期限已经到期，故其二审中放弃要求盖茨上海公司、奇瑞公司停止侵权的诉讼请求。

综上，二审法院撤销一审判决，并根据侵权产品的数量、单价、利润率以及莱顿苏州公司为本案诉讼所支出合理费用、盖茨上海公司和奇瑞公司侵权行为的性质，判决盖茨上海公司和奇瑞公司应连带赔偿莱顿苏州公司经济损失及维权所支出的合理开支共计10 644 033.7元。

二、撰写心得

努力让人民群众在每一个司法案件中感受到公平正义，这既是司法裁判工作最基本的要求，同时也是最终目标。一方面，对于案件当事人和社会公众而言，评判一个案件的审理是否公平公正，裁判文书是最主要的渠道。同时，通过针对具体个案的裁判文书，社会公众可以更为清楚地了解法律规范的具体含义，促使法律的指引、教育、预测等作用得以真正发挥。另一方面，裁判文书也可以看成是法官对于所承办案件的"答卷"，集中反映出法官综合运用法律的能力，在一些疑难复杂案件中，更是能够体现出一名法官的法学理论功底是否扎实、深厚。

基于裁判文书所承载的上述重要的功能和意义，对于一名法官而言，其不仅要具备查明案件事实、准确适用法律的能力，还要具备将上述查明的案件事实和适用法律的推理过程以清楚、完整的方式呈现在裁判文书中的能力。从这个角度审视裁判文书，可以将案件审理查明的事实以及在此基础上的法律适用过程，看作是裁判文书的"体"；将上述内容的文字表达，看作是裁判文书的"形"。一份优秀的裁判文书，应当是法官在"体"与"形"两个方面共同着力的成果，是"体"与"形"的完美结合。

（一）关于裁判文书的"体"

准确的事实查明和法律适用无疑是一份优秀裁判文书的前提和基础。本案属于较为复杂侵害发明专利权纠纷案件，在事实查明和法律适用两个方面，均体现出此类案件所具有的特殊性。

1. 在事实查明方面，本案所涉技术事实涉及较为抽象的力学基础和较为专业的汽车发动机技术，并非仅依靠简单的直接观察和测量就能确定，或者仅凭日常生活经验和众所周知的基础物理知识即能理解。在早期的技术类知识产权案件的司法实践中，对于案涉复杂技术事实的查明，主要依靠司法技术鉴定、专家咨询、聘请技术专家担任人民陪审员等方式。但上述方式均存在一定不足：司法技术鉴定周期长、成本高；对于涉及复杂技术的案件，咨询专家的参与深度难以得到保证；限于严格的选任制度，人民陪审员们的专业背景能够覆盖的技术领域范围非常有限。而近年来在技术类知识产权案件中广泛运用的技术调查官制度，虽在辅助法官查明涉案技术事实、提高审判效率方面具有较大优势，但由于技术调查意见不向当事人公开、不接受当事人质证，一方面容易导致当事人怀疑技术调查官存在擅断技术事实的可能性，另一方面也与审判公开的现代司法理念相冲突。尤其当涉案技术复杂、当事人关于技术问题争议非常激烈的情形下，上述问题的消极性影响会更为凸显。

本案针对技术类知识产权案件中的技术事实查明这一难题进行了作出了积极探索，将《民事诉讼法》所规定的"有专门知识的人"①，即专家辅助人②申

---

① 《民事诉讼法》（2021年修正）第82条规定："当事人可以申请人民法院通知有专门知识的人出庭，就鉴定人作出的鉴定意见或者专业问题提出意见。"

② 专家辅助人并非严格的法律术语，根据《最高人民法院关于适用〈中华人民共和国民事诉讼法〉的解释》第122条、第123条的规定，当事人可以申请"有专门知识的人"出庭，专门就涉案技术问题代表当事人当庭发表意见，该意见属于当事人陈述。由此可见，《民事诉讼法》所规定的"有专门知识的人"所起的作用就是利用其所掌握的科学技术知识，弥补当事人在陈述技术事实以及技术问题方面的能力不足，辅助当事人参加诉讼活动，故在司法实践中习惯将《民事诉讼法》第82条中所规定的"有专门知识的人"的称为专家辅助人，又由于其可以当庭就技术问题发表独立的意见，故实践中也有人称之为"专家证人"。

请及聘请主体，从案件当事人扩展到审理案件的裁判组织。也就是说，除了当事人可以向法庭申请专家辅助人出庭，就涉案专门技术性问题发表意见外，合议庭亦可根据案件审理需要，聘请专家辅助人（以下简称法庭专家辅助人）参与诉讼，帮助法庭理解涉案技术内容，厘清争议技术问题（发挥技术调查官参与诉讼的作用），最为重要的是，可以当庭针对双方争议的技术问题发表自己的独立意见（发挥专家辅助人的作用）。本案技术事实查明过程中所采取的法庭专家辅助人参与诉讼的方式，属于专家辅助人制度与技术调查官制度在某一具体技术类案件中的综合运用，取得了良好的法律和社会效果。

2. 在法律适用方面，侵害专利权纠纷案件的审理，不仅会涉及对法律、行政法规以及相关司法解释的具体条文进行理解和解读，还会涉及对公示在专利授权文本中的、专利权人据以主张权利的专利权利要求进行解释，以合理界定专利权保护范围，这是专利侵权案件的一个鲜明的特点。对专利权利要求进行解释，是一个需要对法律规则、语法规则、本领域技术人员认知能力进行综合运用的过程。本案二审判决针对双方当事人关于权利要求解释的诉辩主张，在遵循现有法律和司法解释规定的基础上，对权利要求解释原则和方法作了进一步的细化，在此基础上，二审判决对双方争议的"波动负荷转矩""波动校正转矩"技术特征以及与两者的相互作用关系相关的技术特征作出了合理的解释，准确地界定了涉案专利权的保护范围。

需指出的是，本案对于维权合理支出的计算，特别是对于权利人所主张的律师费用的确定，提供了一种精细化审查的思路。一般而言，取证费用的实际发生以及合理性比较容易证明，法院一般会予以全额支持，但是对于律师费，因存在较大的议价空间，故即便是权利人提交了其实际支出的律师费用的相关合同和票据，法院仍然要审查该支出的合理性。二审法院在审查代理合同、律师费发票以及支付凭证之外，还考虑了案件性质、难度和代理人的工作量等因素，对莱顿苏州公司主张的150万元律师费（包括一、二审）予以全额支持。

（二）关于裁判文书"形"

最高人民法院对于各类裁判文书制定了一般性的样式和规范，但对于涉及较为专业技术问题的技术类知识产权案件的裁判文书撰写，如何进一步提高技术术语运用的规范性和准确性，如何提高裁判文书的可读性和说服力，仍然值得深究研讨。笔者认为，从撰写角度而言，一份优秀的技术类知识产权案件的裁判文书，除了应当具备形式规范、条理清晰、说理透彻等一般性要求之外，还应当具备技术术语表述准确、兼顾专业性与可读性的要件。本案裁判文书主要在以下方面作出了努力和探索。

第一，在裁判文书中引用附图、附表。图纸是工程师的语言，对于技术类知识产权案件的事实叙述、裁判说理，图纸、图表等往往是不可或缺的一种表达方式。《最高人民法院关于加强和规范裁判文书释法说理的指导意见》也规定，为便于释法说理，裁判文书可以选择采用附图的表达方式。本案二审裁判文书为清晰表达涉案技术事实，采用了18张附图、附表，使涉案专利要求保护的技术方案、被诉侵权技术方案以及两者的技术特征的对比结果一目了然，有力地辅助了裁判说理，加强了裁判的说服力。

第二，由法庭专家辅助人把关相关技术用语准确性。在裁判文书初稿定稿后，撰写人请法庭专家辅助人对初稿中技术事实查明部分以及裁判说理涉及技术问题部分的文字进行把关，如有不同意见，则与撰写人沟通交流，提高技术术语用词准确性，避免常识性错误。

第三，在坚持裁判文书关于技术问题的专业化表述的同时，兼顾裁判文书的可读性。裁判文书的读者并非仅系当事人，社会公众、行业从业人员对于具有社会和行业影响力的案件也非常关注。这就需要裁判文书具有一定的可读性。一方面，裁判文书可以通过如前所述的图表方式以形象化地展示抽象的技术问题，另一方面，对于一些专业的技术名词或者技术问题，裁判文书可采用在表述之后及时进行解释的方式，降低阅读难度。同时，在文字风格上，裁判文书要尽可能采用平实的语言文字以及客观性的陈述和说明，避免采用带有感情色彩的华丽辞藻和修辞方式。

最后需要补充的是，对于此类具有重要影响和研究价值的裁判，法官在判后通过案例分析等方式进行经验总结和理论再思考，有助于不断提升裁判审理水平。以本案为例，承办法官在判后撰写的《"莱顿专利侵权案"裁判思路分析》一文，发表于中英文双语杂志《中国专利与商标》，受到了国内外同行的广泛关注和充分肯定。

（张晓阳，江苏省高级人民法院法官）

三、专家评析

本案系一起非常典型的专利侵权案件，案件当事人均为国内外知名汽车零配件供应商及整车制造商，受到行业及专利同行的广泛关注。

第一，就本案的意义和价值而言，本案涵盖了专利侵权案件中大部分的热点和难点问题：权利要求解释、功能性特征的认定、技术事实的查明方式、单方实验数据或鉴定报告的采信、赔偿额确定等。上述问题之所以成为热点和难点，原因在于专利自身的特点，使立法只能针对一些问题作出原则性规定，法律或者司法解释也不可能针对上述问题制定出对号入座式的细化规定。本案二审在准确把握《专利法》的立法精神和立法目的的基础上，结合案件具体情况，在现有法律框架下大胆探索和创新，在专利权利要求解释规则的细化、当事人单方提交试验数据的采信标准、律师费合理性的精细化审查等方面提出了许多具有可操作性和普遍适用意义的裁判规则。

需要特别指出的是，由于涉案技术事实非常复杂，在本案一审审理过程中，一审法院曾经两次委托司法鉴定，但均因委托内容过于专业，鉴定机构缺乏相应鉴定能力而被退回，在此情形下，本案二审法院依据《民事诉讼法》关于"有专门知识的人"的相关规定，积极探索专家诉讼辅助人在涉及复杂技术事实案件中的运用方式和机制，在技术事实的查明方面取得了非常突出的成果。笔者认为，法官唯有在司法实践中不断探索、不断积累裁判经验，才能总结出上述问题的公认规则，从而为形成具有普遍适用价值的法条搭建好坚实的阶梯，这是本案判决的重大意义和价值所在。

第二，就本案文书的撰写而言，裁判文书总体结构严谨、层次分明、说理透彻、兼顾专业性与可读性，是技术类知识产权裁判文书撰写的范本。首先，本案技术事实较多且复杂、专业性强，对于此类技术类案件文书撰写，尤其应当注意详略得当、紧扣争点，否则裁判文书容易冗长庞杂、缺乏针对性，二审裁判紧紧围绕双方争议焦点，对案件所涉事实有所取舍、详略得当，做到将诉辩意见、案件事实、争议焦点、裁判说理环环相扣，前后呼应。其次，文书在判决事实查明和本院认为部分，适时地引入或者引用附图和附表，在辅助表达的同时，增强了说服力。最后，裁判文书虽然为了表述更为精准，其中出现了大量的技术术语，有些是涉案专利中的自定义术语，有些是本案所属技术领域公知的专业技术名词，但文书在行文表达上，均注意对这些技术术语采用通俗的语言文字及时作出解释或者说明，具有较好阅读体验。因此，虽然本案二审裁判文书共计 6.8 万余字，在优秀裁判文书中属于篇幅较长的，但对于本领域技术人员以及专利从业人员，甚至是社会大众，在通读本裁判时并不感到晦涩难懂，甚至对于释法说理部分还会有兴趣去反复揣摩、仔细体会。这对于一份复杂技术类知识产权判决文书来说，难能可贵，体现了案件承办法官对于技术类知识产权案件审理的深厚积淀和较高的专业水准。如此看来，一名法官能够遇到如此疑难复杂的案件，并有能力作出经典的裁判，制作出教科书级别的技术类案件判决书，不仅是其职业生涯的幸运，其更值得为此感到骄傲。

（点评人：宋健，全国审判业务专家，原江苏省高级人民法院审判委员会委员、民三庭庭长）

（2015）苏知民终字第 00172 号裁判文书原文

55. 利马格兰欧洲和黑龙江阳光种业有限公司、黑龙江省农业科学院玉米研究所、甘肃恒基种业有限责任公司植物新品种追偿权纠纷案[*]

【关键词】

　　植物新品种权　品种审定　追偿权　更名申请　停止侵权

【裁判要旨】

　　1. 取得植物新品种权的权利人，依据《植物新品种保护条例》规定享有植物新品种权。品种审定是一种行政许可行为，他人取得品种审定不能对抗新品种权利人行使植物新品种权。

　　2. 一方享有植物新品种权，另一方通过品种审定，法院应根据证据规则确认品种权的归属。

　　3. 植物新品种权利人行使追偿权，可参照该品种的实施许可费标准计算经济补偿费用。

　　4. 冒用他人的植物新品种通过品种审定是一种侵权行为，人民法院可以判令侵权人向原审定机构申请更改名称予以纠正，作为停止侵权的一种方式。

一、简要案情

　　玉米品种"利合228"由利马格兰欧洲培育，2015年1月22日利马格兰欧洲向农业部（现农业农村部，下同）提出对该品种的植物新品种保护申请，农业部于2015年5月1日予以公告，并于2018年1月2日对该品种授予植物新品种权，品种权人：利马格兰欧洲。玉米品种"哈育189"由黑龙江省阳光种业有限公司（以下简称阳光种业公司）、黑龙江省农业科学院玉米研究所（以下简称黑龙江农科院玉米研究所）选育，并向黑龙江省农作物品种审定委员会申请品种审定，该委员会对该品种通过审定，于2015年5月14日颁发《黑龙江省农作物品种审定证书》，申请者及育种者为黑龙江省农科院玉米研

　　[*]（2018）甘民终695号。

究所、阳光种业公司。另，阳光种业公司、黑龙江农科院玉米研究所曾对"哈育189"向农业部提出植物新品种保护申请，后经农业部植物新品种保护办公室审查，因"哈育189"与在先申请的利马格兰欧洲玉米品种"利合228"相比不具备特异性，被依法驳回植物品种权申请。"哈育189"通过黑龙江省农作物品种审定后，阳光种业公司即对该品种进行委托生产，并对上述委托代繁的玉米种子在黑龙江省范围内进行了销售。

原告（上诉人）利马格兰欧洲认为其对阳光种业公司生产、销售行为享有追偿权，黑龙江农科院玉米研究所及甘肃恒基种业有限公司亦应承担相应的责任，故诉请法院判令：（1）阳光种业公司、黑龙江农科院玉米研究所申请将审定品种"哈育189"名称变更为"利合228"；将"哈育189"审定公告中的育种单位由"黑龙江省农业科学院玉米研究所、黑龙江省阳光种业有限公司"申请变更为"利马格兰欧洲"。（2）阳光种业公司赔偿利马格兰欧洲损失500万元，甘肃恒基种业有限公司、黑龙江农业科学院玉米研究所对上述损失承担连带赔偿责任。

法院审理认为：关于双方当事人争议的"利合228"玉米品种权是否具有合法性，该问题实际涉及行使追偿权的权力基础。法院对此分析如下：（1）"利合228"玉米新品种权取得合法有效。《植物新品种保护条例》规定审批机关要授权时，授予品种权的植物新品种应当具有新颖性、特异性、一致性、稳定性及适当的名称条件，还专门规定审批机关要对新品种申请授权的初步审查与实质性审查，对符合条件的植物新品种才授予品种权，颁发品种权证书，予以登记和公告。经审查，"利合228"玉米新品种权的取得符合以上规定。同时，"利合228"玉米新品种权在案件审理期间，尚无证据证明有宣告无效的情形，该权利状态稳定，因此，"利合228"玉米新品种权合法有效。（2）国家实行植物新品种保护制度。《植物新品种保护条例》明确规定，被授权人对其授权品种，享有排他的独占权，其他任何单位或个人未经品种权所有人许可，不得为商业目的的生产或者销售该授权品种的繁殖材料。基于该植物新品种权的延伸性保护，《植物新品种保护条例》第33条同时赋予品种权人享有追偿权。因此，法院对利马格兰欧洲取得的"利合228"玉米新品种权的法律效力应当予以维护。（3）"哈育189"通过品种审定不会影响"利合228"玉米新品种权及追偿权的正当行使。首先，根据当事人出具的证据以及各自的陈述，能够确定"哈育189"与"利合228"互相不具有特异性，两者属于同一玉米品种。其次，植物新品种权属于知识产权的范畴，是一种民事权利，权利归属于被授权的品种所有权人。而品种审定，是指我国对主要农作物包括玉米实行品种审定制度，主要根据品种区域实验结果和小面积生产表现，审查评定其推广价值和适应范围，其目的是加强对农作物新品种的管理和合理推广，是一种行政许可行为，只有取得品种审定通过，才能合法在审定的种植范围内进行推广、生产、销售。因此，阳光种业公司与黑龙江农科院玉米研究所不能以已取得品种审定对抗利马格兰欧洲行使"利合228"新品种权延伸的追偿权。（4）关于利马格兰欧洲主张"哈育189"涉嫌剽窃"利合228"，以及阳光种业公司与黑龙江农科院玉米研究所主张"利合228"品种的真实性问题，该争议实际涉及涉案玉米品种的权利归属。法院认为，在"利合228"已被授权的情况下，阳光种业公司与黑龙江农科院玉米研究所提交的证据均不足以证明该品种权属其所有；同时，结合利马格兰欧洲在案件审理期间提交经所在国公证、认证的"利合228"及亲本、亲本的亲本繁殖材料，并申请进行比对鉴定，以辨别"利合228"品种的真实性，而阳光种业公司与黑龙江农科院玉米研究所在法院对其采取证据保全时表示不能提供"哈育189"相应的繁殖材料以供鉴定。根据以上证据情况，综合运用民事证据规则的"谁主张，谁举证"原则、优势证据认定原则，应确认"利合228"授权的真实、合法、有效。

关于追偿权的经济补偿费用数额确定。法院认为，在被追偿人不能证明其在追偿期间内生产、销售所获利益的情况下，可以依据品种权人的主张，参照植物新品种许可使用费计算补偿费。在阳光种业公司认可2015年、2016年委托伊犁金天元种业科技有限责任公司生产"哈育189"种子以及收货后向市场销售的前提下，根据伊犁金天元种业科技有限责任公司生产"哈育189"的《植物产地检疫合格证》记载，确认阳光种业公司共计生产"哈育189"1 455 000公斤。同时，法院根据利马格兰欧洲所举两份许可协议的约定以及实际履行的相关证据，结合国内相类似玉米品种许可使用费收费行情，按每公斤2.5元确定许可使用费，计算补偿数额为3 637 500元。

关于利马格兰欧洲诉请变更"哈育189"名称及育种者名称的问题。根据《种子法》第27条规定，授予植物新品种权的植物新品种名称，即为该植物新品种的通用名称，同一植物品种在申请新品种保护、品种审定、品种登记、推广、销售时只能使用同一个名称。因此，利马格兰欧洲作为"利合228"玉米品种权人，向国家级或省级农业部门申请审定该品种时，必须使用"利合228"名称。由于"利合228"与"哈育189"是同一玉米品种，"哈育189"已通过黑龙江省的品种审定，因此，在该审定未经更正或撤销的情况下，利马格兰欧洲不能通过黑龙江省的"利合228"品种审定，进而也无法在黑龙江省适宜区域推广、生产、销售"利合228"玉米品种。这种结果，均因阳光种业公司与黑龙江农科院玉米研究所在申报审定品种时填报品种名称和育种者名称不真实、不符合法律规定所致，该行为已对利马格兰欧洲民事权益造成实际损害，其应承担停止侵权的法律责任。作为停止侵权的一种方式，将审定品种"哈育189"名称变更为"利合228"，将"哈育189"审定公告中的育种单位变更为利马格兰欧洲，恢复涉案玉米品种的真实状态，并不与法相悖。阳光种业公司与黑龙江农科院玉米研究所可以通过报原审批单位申请变更的方式予以纠正，该申请行为为自主行为，属于民事行为范畴，法院应予处理。同时，利马格兰欧洲应履行在更名中的相应协助义务。至于能否通过审批，属于审批单位的行政行为，由审批单位依法审查决定。

二、撰写心得

本案为同一玉米品种的授权品种权人、品种名称与通过品种审定的申请人及品种名称发生冲突，为此引发品种权人行使追偿权与要求变更审定登记与公告信息产生的诉讼纠纷。

（一）审理本案涉及的法律问题

1. 植物新品种权的权利性质、法律效力及与品种审定的关系。植物新品种权属于知识产权的范畴，是一种类似于物权的绝对权利，其中，授权品种的独占排他使用权包括了授权品种种子的生产、销售行为。品种审定实质是一种行政许可行为，只有取得品种审定通过，才能在审定的种植范围内合法进行推广、生产、销售。取得新品种权的主要农作物品种，必须通过品种审定，才可以在审定区域进行种子的生产销售等行为。一般情况下，农作物品种的审定申请人应该与授权品种权人一致，即使不一致，也应是经过了授权品种权人相应的授权或得到了同意。之所以出现本案这种情况，除审定申报不真实、审定不严格的原因外，还源于我国《种子法》并未规定申请审定的品种必须经过新品种授权。由于我国实行植物新品种保护制度，本案涉及的追偿权包括在新品种权中，因此，利马格兰欧洲依据其取得的"利合228"玉米新品种权来行使追偿权理应得到法律的保护。但需要说明的是，如果涉案品种权已进入宣告无效程序或者权属发生争议，可能会影响案件处理结果，因此，案件审理需要对该情况予以审查。

2. 植物新品种追偿权的经济补偿标准及赔偿对象。由于植物新品种追偿权追偿的是对品种初步审查合格公告之日起至被授予品种权之日止期间的品种使用补偿，该期间品种权还未授予，因此该追偿不是侵权赔偿。对于追偿费用如何计算等问题，《种子法》等法律法规均未作出明确具体的规定。本案考虑植物新品种追偿权类似于《专利法》中发明专利的临时保护制度，故比照《最高人民法院关于审理侵犯专利权纠纷案件应用法律若干问题的解释（二）》第18条"权利人依据《专利法》第十三条诉请在发明专利申请公布日至授权公告日期间实施该发明的单位或者个人支付适当费用的，人民法院可以参照有关专利许可使用费合理确定"的规定处理，即追偿费参照植物新品种实施许可费合理确定，体现了利益均衡的价值理念。关于追偿权补偿对象问题，在无特别约定情况下，补偿对象依法应当是品种权人。利马格兰欧洲虽未直接生产、销售授权品种种子，但授权关联公司通过品种审定进行"利合228"玉米品种的推广、生产和销售，该授权行为也是一种使用行为。阳光种业公司对涉案品种的育种生产与销售行为会挤占利马格兰欧洲国内关联公司的市场份额与经济利益，当然会给利马格兰欧洲造成经济损失，故法院在新品种授权后，支持被告以追偿补偿费形式予以补偿权利人，较为符合鼓励种业科技创新、植物新品种培育的立法精神。

3. 冒用他人植物品种通过品种审定行为的法律属性。冒用他人植物品种通过品种审定，扰乱了种子职能部门正常的行政管理及国家对种子生产经营的管理活动，属行政违法行为，根据《种子法》等法律规定，应该受到相应的行政处罚或处理。同时，该行为也侵犯了品种权人或其被授权人以自己名义进行申报的权利，类似于《专利法》规定的专利申请权，即只有具备申请条件的主体才能申请新品种权和品种审定，否则侵犯了权利人的申请权。本案阳光种业公司与黑龙江农科院玉米研究所以"哈育189"名称通过了品种审定，造成利马格兰欧洲无法以其自己名义及"利合228"品种名称通过审定，侵害了利马格兰欧洲的审定申请权。该侵权行为可以由利马格兰欧洲向黑龙江品种审定委员会反映，由品种审定委员会按照《种子法》及《主要农作物品种审定办法》的规定撤销审定的"哈育189"品种，然后由利马格兰欧洲申请"利合228"品种审定，也可以按照民事侵权处理，由侵权人自行通过向原品种审定委员会申请变更，该申请行为属于侵权人纠正侵权行为的独自可为的行为，作为民事停止侵权的一种方式亦无不可。

（二）该案例对加强我国植物新品种管理方面的思考

1. 我国能否在立法中将植物新品种申请权、品种审定申请权明确为一种法定权利；或者将审定申请人已取得新品种权或者至少已经申请植物新品种权作为审定的前提条件。这样可以保证新品种权人与审定申请人一致，保证品种的真实性、一致性。

2. 种子管理部门对植物新品种的有关品种性状、实验数据、标准样品、品种授权及品种审定情况信息应当在其信息平台及时公开，同时也应对社会有条件地公开，供社会查询和监督。种子管理部门在有条件的情况下，可对授权品种制作 DNA 指纹图谱以供比对、鉴别。

（三）该案例对我国农作物种子研发、育种主体的经验借鉴

本案为涉外案件，当事人利马格兰欧洲是一家国际知名的法国种子公司。案件审理中，为防止对方当事人就涉案品种进行权属抗辩，利马格兰欧洲通过公证认证程序，提交了涉案品种的欧盟品种权授权证明以及培育该品种的母本、父本品种权授权证明以及母本的亲本、父本的亲本的品种授权证明，同时提交了相应的国家馆藏授权品种样品 5 份，以备通过鉴定证明授权品种的真实性。以上举证的严密性，提醒我国植物新品种研发、育种主体，应该考虑如何通过品种权的系列申请形成对品种权的严密法律保护；同时，应注意留存品种研发过程中的行政文件、科研材料、实验数据等，最终研发成果要妥善保管，必要时采取一定保密措施。以上措施的采取，能够在发生相关纠纷时，使当事人有充足的证据证明自己研发培育的真实性及法律权利的合法有效性，避免因证据不足得不到法律的合法保护。

（刘锦辉，甘肃省高级人民法院法官）

三、专家评析

植物新品种权是国家通过法律规定的授权行为，赋予申请人具有私权性质的所属权利，与其他类知识产权授权行为一样，实质是赋予权利人就该植物品种的财产权利在一定期间内的排他垄断权，目的是鼓励植物品种创新，推动社会生产力的发展。品种审定是《种子法》规定的农业行政主管部门为规范农业生产秩序而设置的市场准入制度，是确定申请品种推广范围的一种行政管理措施，其本质为行政许可行为。这两种权利性质、对象、目的不同，但是在品种审定审查中，除品种的种植适应性问题外，对于品种的特异性、一致性、稳定性与植物新品种授权的审查标准基本一致，两种权利在所有权归属上也有交叉，我国对于品种审定的品种是否为授权新品种并没有要求。由于审定品种与新品种授权不是同一个审查部门，审定品种还存在国家审定与省级审定区分，因此，出于当事人不诚信或内部矛盾等原因，可能会出现同一育种品种被冒名顶替或重复申请现象，比如本案。究其最终原因，是由于法律规定的漏洞、实际操作中不规范以及科学技术上的障碍造成。

本案为解决以上问题纠纷，在判决中根据法律规定，界定当事人双方各自权利的概念、性质及行使方式。对于新品种所有权归属，属于植物新品种权与品种审定权的交叉问题，对此，本判决综合运用民事证据规则的"谁主张，谁举证"原则、优势证据认定原则，对涉案种子所有权归属予以认定，从而确认涉案新品种权的真实、合法、有效性，在此基础上，依据法律规定对追偿权予以支持。本判决逻辑推理层次清晰，论证有力，判决结果符合保护知识产权的司法政策。

在论证原告获得授权的新品种权的玉米品种与被告通过审定的品种为同一玉米品种且育种所有权属于原告的基础上，对于原告申请更改审定的玉米品种名称及育种者名称诉请，法院根据《种子法》第27条"授予植物新品种权的植物新品种名称，应当与相同或者相近的植物属或者种中已知品种的名称相区别。该名称经授权后即为该植物新品种的通用名称……同一植物品种在申请新品种保护、品种审定、品种登记、推广、销售时只能使用同一个名称"的规定，认为造成同一玉米品种不同名称的责任在于被告在申报审定品种时填报品种名称和育种者名称不真实、不符合法律规定所致，因此，被告应承担停止侵权的法律责任。作为停止侵权的一种方式，侵权人向原审定机关申请变更审定玉米品种名称及育种单位，恢复真实状况，审理法院将该申请行为界定为民事行为，不失为一种便民、及时、有效地启动行政程序纠错以及承担民事责任的措施。类似做法之前也存在于民事案件审理中，比如，在确认审批性合同需要继续履行情况下，法院判决违约方按合同约定履行报批义务；在房屋权属民事案件审理中，法院按照约定或请求判决违约方或侵权人承担向房屋产权登记部门办理申报或变更登记的申请行为；等等。

综上，本篇裁判文书论理中涉及的专业概念清晰，逻辑推理严密，案件事实把控严格，法律适用准确恰当，判决处理结果有创新，能够更好维护权利人的合法权益。

（点评人：李红，甘肃省高级人民法院审判员）

（2018）甘民终695号裁判文书原文

56. 广西壮族自治区博白县农业科学研究所、王某某、刘某某、四川中升科技种业有限公司和四川中正科技有限公司侵害植物新品种权纠纷案*

【关键词】

植物新品种权　侵权　侵权赔偿数额

【裁判要旨】

1. 侵害植物新品种权诉讼中，与植物新品种权的权利状态有关的证据属于审理案件需要的证据，人民法院可以自行调查收集。

2. 被控侵权人重复以授权品种的繁殖材料为亲本与其他亲本另行繁殖的，人民法院一般应当认定该行为属于为商业目的将授权品种的繁殖材料重复使用于生产另一品种的繁殖材料，未经品种权人许可的，应当认定该行为侵犯了植物新品种权。

3. 当事人未提交充分证据证明《最高人民法院关于审理侵犯植物新品种权纠纷案件具体应用法律问题的若干规定》第 6 条第 2 款规定的被侵权人所受损失或者侵权人因侵权所得利益数额，法院从而依据该规定第 6 条第 3 款之规定确定侵权赔偿数额的，应当在 50 万元以下确定赔偿数额。①

一、简要案情

"博Ⅲ优273"获植物新品种权，品种权号为 CNA20040223.4，品种权共有人为广西壮族自治区博白县农业科学研究所（以下简称博白农科所）、王某某、刘某某。"博ⅢA"亦获植物新品种权，品种权号为 CNA20040339.7，系"博Ⅲ优9678""博Ⅲ优273"的亲本，"博ⅢA"植物新品种的品种权人为博白农科所。2003 年 11 月 2 日，博白农科所与四川中升科技种业有限公司（以下简称中升公司）签订《品种使用权转让协议书》（以下简称 2003 年协议），将

---

　　* （2017）桂民终 95 号。

　　① 该款规定中 50 万元的赔偿数额已被修改。《最高人民法院关于审理侵害植物新品种权纠纷案件具体应用法律问题的若干规定》（2020 年修正）第 6 条第 3 款已将赔偿数额上限确定为 300 万元。

"博Ⅱ优815""博Ⅲ优273"的使用权转让给中升公司独家使用开发。2007年11月16日，中升公司与博白农科所签订协议约定，博白农科所将"博Ⅲ优9678""博Ⅱ优815"的品种使用权转让给中升公司独占使用开发（"博Ⅱ优815"仅限于广东省），中升公司继续享有"博Ⅲ优273"的使用开发权，博白农科所不得将"博Ⅲ优9678""博Ⅱ优815"（只限广东省）的品种权转让或授权给第三方，否则应赔偿中升公司相关损失。本协议签订生效后，2003年协议终止执行。2008年1月7日，博白农科所授权中升公司生产经营"博Ⅲ优9678""博Ⅲ优273"种子。"博Ⅲ A"仅用于配组"博Ⅲ优273""博Ⅲ优9678"，不得作其他商业用途使用。授权时间从2008年1月7日至2012年12月31日止。四川中正科技有限公司（以下简称中正公司）根据中升公司的授权和2007年签订的协议的约定，经营"博Ⅲ优9678""博Ⅱ优815"及"博Ⅲ优273"等品种。2011年11月2日，中升公司分别致函中正公司、博白农科所，决定从2011年11月2日起终止对中正公司生产、经营"博Ⅲ优9678""博Ⅲ优273"及"博Ⅱ优815"（已退出市场）种子的授权，有关品种的生产、经营权为中升公司独占所有。中升公司享有"博Ⅲ优273"的开发权，博白农科所不得再向中正公司提供"博Ⅲ优9678""博Ⅲ优273"及"博Ⅱ优815"的不育系、恢复系。博白农科所等主张中正公司在2011年11月2日之后仍委托他人生产"博Ⅲ优9678""博Ⅲ优273"种子的行为构成侵权，遂向一审法院起诉，请求判令：（1）中正公司立即停止生产、销售水稻新品种"博Ⅲ优9678"和"博Ⅲ优273"种子；（2）中正公司立即停止散布与水稻新品种"博Ⅲ优9678"和"博Ⅲ优273"种子相关信息；（3）中正公司立即停止侵权，消除影响，赔礼道歉；（4）中正公司向博白农科所、王某某、刘某某、中升公司赔偿经济损失197.16万元；（5）本案诉讼费由中正公司承担。

二审另查明，"博Ⅲ A"（品种权号为CNA20040339.7）、"博Ⅲ优273"（品种权号为CNA20040223.4）这两个植物新品种因品种权人未按规定缴纳年费，于2013年11月1日被公告终止授权，于2014年12月4日被恢复权利，于2015年11月1日因品种权人未按规定缴纳年费又被公告终止授权。

根据双方当事人的诉辩意见，本案二审争议焦点如下：（1）一审判决认定"博Ⅲ A"系"博Ⅲ优9678""博Ⅲ优273"的亲本，且"博Ⅲ A""博Ⅲ优273"这两个植物新品种权仍然有效是否正确；（2）被上诉人中升公司是否已将"博Ⅲ优9678""博Ⅲ优273"品种使用权转让给上诉人中正公司，上诉人中正公司生产经营涉案"博Ⅲ优9678""博Ⅲ优273"品种种子的行为是否构成侵权，上诉人中正公司权利用尽抗辩是否成立；（3）如果上诉人中正公司的行为构成侵权，则一审判决判令上诉人中正公司承担相应侵权民事责任是否有事实和法律依据。

二、撰写心得

本民事判决书是严格按照最高人民法院《民事诉讼文书样式》要求制作的二审改判的民事判决书，本裁判书要素齐全，结构完整，格式统一，逻辑严谨，条理清晰，文字规范，繁简得当。对当事人二审提交的新证据及法院依职权调查取证的证据是否应予采信进行了深入的分析，准确体现了审理案件过程中的事实认定、法律适用，对每一个争议焦点均逐一进行了充分的辨析说理，准确回应、评判当事人的诉讼请求、诉讼争议。这是一份内容客观、说理透彻、形式规范、裁判正确的二审民事判决书，使司法分配正义的功能以看得见的形式展现，让人民群众真真切切感受到司法公平。本案被评为"2017年中国法院10大知识产权案件"，本民事判决入选首届"全国法院百篇优秀裁判文书"。

裁判公正是裁判文书的灵魂，裁判文书是裁判公正的载体。唯有实体裁判公正，裁判文书才能称之为优秀裁判文书，故穷尽一切手段保障实体裁判公正，这是制作优秀裁判文书的"真经"。

（一）要依照法定程序，准确查明案件事实，这是公正裁判的基础

本案二审法院充分发挥司法职能，依职权调取关键证据，查清涉案"博Ⅲ A""博Ⅲ优273"这两个植物新品种权是否仍然有效，为本案正确裁判奠定了坚实基础。上诉人中正公司在二审期间提交了第二组证据，欲证明被上诉人涉案品种权均有终止公告或者终止使用公示，权利人已经停止缴纳年费，品种权不受保护。被上诉人质证认为，第二组证据是复印件，没有原件，对其形式和内容真实性均不认可，且其中两个证据只是公示不是公告，尚未发生效力。由于四被上诉人对第二组证据终止公告真实性不予认可，二审庭审时法庭要求当事人在庭上登录互联网查询验证。虽然查询验证情况与第二组证据终止公告相符，但被上诉人对第二组证据的真实性依然不予认可，其理由是无法证实登录的网站就是农业部（现农业农村部，下同）植物新品种保护办公室网站，且被上诉人在一审提交的补充证据1证明涉案品种权人在2013年、2014年、2015年均缴纳了年费，网站显示内容与事实不符。为了进一步查明涉案植物新品种的权利状态，在当事人没有申请法院调查取证的情

况下，根据《民事诉讼法》第 64 条第 2 款①"当事人及其诉讼代理人因客观原因不能自行收集的证据，或者人民法院认为审理案件需要的证据，人民法院应当调查收集"之规定，承办人带领书记员于 2017 年 5 月 23 日到农业部植物新品种保护办公室调取相关证据，查明如下事实："博Ⅲ A"（品种权号为 CNA20040339.7）、"博Ⅲ优 273"（品种权号为 CNA20040223.4）这两个植物新品种因品种权人未按规定缴纳年费，于 2013 年 11 月 1 日被公告终止授权，于 2014 年 12 月 4 日被恢复权利，于 2015 年 11 月 1 日因品种权人未按规定缴纳年费又被公告终止授权。上述事实对认定上诉人中正公司的被诉行为是否构成侵权以及如何确定侵权赔偿数额起关键作用，也是二审改判的基础事实。如果人民法院没有依职权调取相关证据，则争议事实无法查明，公正裁判只会变成镜中花、水中月，无从实现。

（二）正确适用法律，准确认定被诉侵权行为是否侵犯了权利人涉案植物新品种权，如果已构成侵权则判令侵权者承担相应的民事责任，这是公正裁判的必然要求

本案涉及的法律问题比较多，分别阐述如下。

1. 植物新品种权在保护期限内是否当然有效。涉案植物新品种"博Ⅲ优 273""博Ⅲ A"授权时间均为 2007 年 11 月 1 日，根据《植物新品种保护条例》第 34 条"品种权的保护期限，自授权之日起，藤本植物、林木、果树和观赏树木为 20 年，其他植物为 15 年"之规定，涉案植物新品种权至本案一审判决作出之日即 2016 年 12 月 22 日并未超过保护期限 15 年，仍处在保护期限内。如无相反证据证明，法院则可推定上述两个植物新品种权在保护期限内仍然有效。

中正公司上诉主张涉案两个植物新品种权已于 2013 年 11 月 1 日及 2015 年 11 月 1 日被公告终止授权，其行为不构成侵权，并提交了"博Ⅲ优 273"及"博Ⅲ A"品种权终止公告复印件予以证明。植物新品种权在保护期限内是否可以间歇性地处于终止状态？这是令人困惑的问题，也是审理其他类型知识产权侵权案件从未遇到的问题。由于被上诉人质证认为上述证据是复印件，没有原件，不认可其真实性，故二审庭审时组织当事人登陆农业部植物新品种保护办公室网站查询，结果均显示涉案品种因品种权人未按规定缴纳年费分别于 2013 年 11 月 1 日、2015 年 11 月 1 日被公告终止授权。

---

① 对应《民事诉讼法》（2021 年修正）第 67 条第 2 款。

为了进一步查明涉案植物新品种的权利状态，二审法院决定依职权调查取证，到农业部植物新品种保护办公室调取相关证据。经查，因品种权人未按规定缴纳年费，"博Ⅲ优273""博Ⅲ A"两个植物新品种权于2013年11月1日被公告终止授权，2014年12月4日公告恢复权利，2015年11月1日，因其未按规定缴纳年费又再次公告终止授权。2014年12月，有关机关对其恢复权利的理由是品种权人提出的恢复权利请求符合《植物新品种保护条例实施细则（农业部分）》第48条第1款"当事人因不可抗力而耽误《条例》或者本细则规定的期限或者品种保护办公室指定的期限，导致其权利丧失的，自障碍消除之日起2个月内，最迟自期限届满之日起2年内，可以向品种保护办公室说明理由并附具有关证明文件，请求恢复其权利"之规定。由于涉案植物新品种权两次被公告终止，且第二次公告终止之后再没有恢复权利，故一审判决判令中正公司立即停止侵权、刊登声明消除影响没有事实和法律依据，二审判决予以撤销，确定的赔偿数额也相应地作出调整。

《植物新品种保护条例实施细则（农业部分）》第48条之规定可能导致植物新品种权在保护期限内有可能间歇性地处于终止状态，这是其他类型的知识产权侵权诉讼所不具备的特殊性。法院若不注意审查就会导致认定当事人是否构成侵权以及确定侵权赔偿数额不当。虽然该规定有其合理性，如使品种权人的权利得到较高程度的保护，但也可能造成社会关系处于不确定状态，损害相关利害关系人的合法权益。

2. 如何认定被诉侵权行为是否侵犯植物新品种权。《植物新品种保护条例》第6条规定："完成育种的单位或者个人对其授权品种，享有排他的独占权。任何单位或者个人未经品种权所有人（以下称品种权人）许可，不得为商业目的生产或者销售该授权品种的繁殖材料，不得为商业目的将该授权品种的繁殖材料重复使用于生产另一品种的繁殖材料……"《最高人民法院关于审理侵犯植物新品种权纠纷案件具体应用法律问题的若干规定》第2条第1款、第3款①分别规定："未经品种权人许可，为商业目的生产或销售授权品种

---

① 该两款已被《最高人民法院关于审理侵害植物新品种权纠纷案件具体应用法律问题的若干规定》（2020年修正）第2条第1款、第3款修改。《最高人民法院关于审理侵害植物新品种权纠纷案件具体应用法律问题的若干规定》（2020年修正）第2条第1款规定："未经品种权人许可，生产、繁殖或者销售授权品种的繁殖材料，或者为商业目的将授权品种的繁殖材料重复使用于生产另一品种的繁殖材料的，人民法院应当认定为侵害植物新品种权。"第3款规定："被诉侵权人重复以授权品种的繁殖材料为亲本与其他亲本另行繁殖的，人民法院一般应当认定属于为商业目的将授权品种的繁殖材料重复使用于生产另一品种的繁殖材料。"

的繁殖材料，或者为商业目的将授权品种的繁殖材料重复使用于生产另一品种的繁殖材料的，人民法院应当认定为侵犯植物新品种权"，"被控侵权人重复以授权品种的繁殖材料为亲本与其他亲本另行繁殖的，人民法院一般应当认定属于商业目的将授权品种的繁殖材料重复使用于生产另一品种的繁殖材料"。根据上述规定，侵害植物新品种权的行为可分为两种类型，一是未经品种权人许可，为商业目的生产或销售授权品种的繁殖材料；二是未经品种权人许可，为商业目的将授权品种的繁殖材料重复使用于生产另一品种的繁殖材料。

本案"博Ⅲ优273""博ⅢA"获授予植物新品种权，中正公司在中升公司于2011年11月2日终止授权后，未经品种权人许可，为商业目的生产、销售"博Ⅲ优273"品种，其行为侵犯了博白农科所等共有的"博Ⅲ优273"植物新品种权，属于侵害植物新品种权的第一种行为类型，上诉人对此并无异议。但本案无证据证明"博Ⅲ优9678"获授予植物新品种权，中正公司为商业目的生产、销售"博Ⅲ优9678"品种是否构成侵权？一、二审判决均认为，虽然"博Ⅲ优9678"未获授予植物新品种权，但"博ⅢA"系"博Ⅲ优9678""博Ⅲ优273"的亲本，中正公司为商业目的生产、销售"博Ⅲ优9678"品种，系"被控侵权人重复以授权品种的繁殖材料为亲本与其他亲本另行繁殖"，属于为商业目的将授权品种的繁殖材料重复使用于生产另一品种的繁殖材料，其行为亦构成侵犯植物新品种权，即侵犯了博白农科所所享有的"博ⅢA"植物新品种权。这属于侵害植物新品种权的第二种类型，在司法实践中比较少见。本案同时涉及以上两种侵权行为的判定，在法律适用方面具有典型性。

3. 关于侵权赔偿数额的确定问题。《最高人民法院关于审理侵犯植物新品种权纠纷案件具体应用法律问题的若干规定》第6条第2款、第3款①分别规定："人民法院可以根据被侵权人的请求，按照被侵权人因侵权所受损失或者侵权人因侵权所得利益确定赔偿数额。被侵权人请求按照植物新品种实施

① 该两款已被《最高人民法院关于审理侵害植物新品种权纠纷案件具体应用法律问题的若干规定》（2020年修正）第6条第2款、第3款修改。《最高人民法院关于审理侵害植物新品种权纠纷案件具体应用法律问题的若干规定》（2020年修正）第6条第2款规定："人民法院可以根据权利人的请求，按照权利人因被侵权所受实际损失或者侵权人因侵权所得利益确定赔偿数额。权利人的损失或者侵权人获得的利益难以确定的，可以参照该植物新品种许可使用费的倍数合理确定。权利人为制止侵权行为所支付的合理开支应当另行计算。"第3款规定："依照前款规定难以确定赔偿数额的，人民法院可以综合考虑侵权的性质、期间、后果，植物新品种权许可使用费的数额，植物新品种实施许可的种类、时间、范围及权利人调查、制止侵权所支付的合理费用等因素，在300万元以下确定赔偿数额。"

许可费确定赔偿数额的，人民法院可以根据植物新品种实施许可的种类、时间、范围等因素，参照该植物新品种实施许可费合理确定赔偿数额"，"依照前款规定难以确定赔偿数额的，人民法院可以综合考虑侵权的性质、期间、后果，植物新品种实施许可费的数额，植物新品种实施许可的种类、时间、范围及被侵权人调查、制止侵权所支付的合理费用等因素，在 50 万元以下确定赔偿数额"。上述司法解释是侵害植物新品种权纠纷案件确定侵权赔偿数额的法律依据。

一审判决以当事人无充分证据证明权利人所遭受损失或者侵权人因侵权所得利益的具体数额为由，不支持一审原告关于按照侵权人因侵权所得利益确定赔偿数额的诉讼请求。一审法院综合考虑了以下因素：（1）《关于生产经营博Ⅲ优 9678 及博Ⅲ优 273 水稻种子的说明》显示的亩产量、销售价格以及中正公司认可的生产面积、成本；（2）中正公司明知授权终止仍实施侵权行为的主观过错；（3）本案的侵权持续期间较长；（4）涉案植物新品种实施许可费的数额，植物新品种实施许可的种类、时间、范围等具体情节。因此，一审判决酌定赔偿数额为 180 万元。

从一审判决阐明的理由分析，一方面，其既没有根据一审原告诉请按照侵权人因侵权所得利益确定的赔偿数额；另一方面，其也未按照《最高人民法院关于审理侵犯植物新品种权纠纷案件具体应用法律问题的若干规定》第 6 条第 3 款规定的法定赔偿方式确定赔偿数额。一审判决究竟是根据上述司法解释第 6 条第 2 款还是第 3 款之规定确定赔偿数额，论述前后自相矛盾，法律依据不足。

二审判决认为，本案当事人均无充分证据证明权利人所受损失或者侵权人因侵权所得利益的具体数额，四被上诉人要求按照其陈述的侵权获利计赔，一审法院以缺乏事实依据为由不予支持，并无不当。即不适用上述司法解释第 6 条第 2 款之规定确定赔偿数额，而是适用上述司法解释第 6 条第 3 款规定的法定赔偿方式确定赔偿数额。二审判决确定赔偿数额综合考虑的因素中，有两点与一审判决差异甚巨：其一，关于侵权持续时间。一审判决认为"本案的侵权持续期间较长"，即自 2011 年 11 月 2 日起至一审判决作出之日 2016 年 12 月 22 日止，侵权期间长达 5 年多。二审判决则认定，本案侵权持续期间从 2011 年 11 月 2 日至 2013 年 11 月 1 日、2014 年 12 月 4 日至 2015 年 11 月 1 日，侵权期间不足 3 年。其二，关于中升公司终止授权中正公司经营涉案植物新品种后对中正公司侵权责任的评判不同。中升公司原授权中正公司自

2008 年 1 月 7 日起至 2012 年 12 月 31 日止生产经营"博Ⅲ优 9678""博Ⅲ优 273"品种。在授权期间，中升公司于 2011 年 11 月 2 日突然终止授权。一审判决确定赔偿数额考虑的因素之一为"中正公司明知授权终止仍实施侵权行为的主观过错"，言下之意即中正公司明知故犯，主观过错严重，应加重其赔偿责任。二审判决则认为"中正公司在 2011 年 11 月 2 日之前被授权经营涉案品种，中升公司突然中止授权，没有给予中正公司相应准备时间，中正公司不可避免遭受一定损失"，即中升公司在授权期间突然中止授权违背诚信原则，中正公司基于合理预期为经营涉案植物新品种所作的投入不可避免地会遭受一定损失，因此法院可减轻其赔偿责任。基于上述情形，考虑本案具体情况，二审判决适用《最高人民法院关于审理侵犯植物新品种权纠纷案件具体应用法律问题的若干规定》第 6 条第 3 款规定的法定赔偿方式，在法定最高赔偿数额 50 万以下酌定上诉人中正公司赔偿四被上诉人经济损失人民币 40 万元。宣判以后，各方当事人服判息诉，取得较好的社会效果和法律效果。

（三）查明案件事实，准确适用法律，判令侵权人承担与其侵权行为的性质、情节及损害后果等相当的民事责任，实现裁判结果公正，这是优秀裁判文书的灵魂

在查明案件事实的基础上，撰写人要严格按照最高人民法院《民事诉讼文书样式》要求制作裁判文书，对当事人提交的证据是否应予采信进行深入的分析，对每一个争议焦点均逐一进行充分的辨析说理，努力做到内容客观、说理透彻、形式规范，使司法分配正义的功能以看得见的形式展现，让人民群众真真切切感受到司法公平。

（周冕，广西壮族自治区高级人民法院法官）

三、专家评析

本案被最高人民法院评为"2017 年中国法院 10 大知识产权案件"之一，是涉及植物新品种权保护的典型案例：侵害植物新品种权的行为司法实践中可分为两种类型：一是未经品种权人许可，为商业目的生产或销售授权品种的繁殖材料；二是未经品种权人许可，为商业目的将授权品种的繁殖材料重复使用于生产另一品种的繁殖材料。本案同时涉及以上两种侵权行为的判定，在法律适用方面具有典型性。此外，植物新品种权在保护期限内有可能间歇性地处于终止状态，这是其他类型的知识产权侵权诉讼所不具备的特殊性。本案裁判充分考虑植物新品种保护中的特殊因素，对侵权行为及赔偿数额作

出了正确认定，对类似案件的裁判具有规则指引意义。

本案判决书是严格按照最高人民法院《民事诉讼文书样式》要求制作的二审改判的民事判决，要素齐全，结构完整，格式统一，逻辑严谨，条理清晰，文字规范，繁简得当。判决书对当事人二审提交的新证据及法院依职权调查取证的证据是否应予采信进行了深入的分析，准确体现了审理案件过程中的事实认定、法律适用，对每一个争议焦点均逐一进行了充分的辨析说理，准确回应、评判当事人的诉讼请求、诉讼争议。这是一份内容客观、说理透彻、形式规范、裁判正确的二审民事判决书，使司法分配正义的功能以看得见的形式展现，让人民群众真真切切感受到司法公平。

《植物新品种保护条例实施细则（农业部分）》第48条之规定致使植物新品种权在保护期限内有可能间歇性地处于终止状态，这是知识产权其他侵权诉讼所不具备的特殊性。法院若不注意审查就会导致认定是否构成侵权以及确定侵权赔偿数额不当。《植物新品种保护条例细则（农业部分）》第48条之规定虽然有其合理性，但品种权人因未按规定缴纳年费失权之后最迟2年内还可以申请恢复植物新品种权，造成社会关系处于不确定状态，损害相关利害关系人的合法权益。

我国《专利法》第69条第1项①规定了权利用尽抗辩原则，为专利侵权诉讼适用该原则提供了法律依据，但《植物新品种保护条例》及相关司法解释中均没有明文规定，立法对此可进一步完善。

（点评人：谭庆华，广西壮族自治区高级人民法院民一庭庭长，全区审判业务专家）

（2017）桂民终95号裁判文书原文

---

① 对应《专利法》（2020年修正）第75条第1项。

第二节　不正当竞争纠纷

57. 百威（中国）销售有限公司和江西蓝色柔情啤酒有限公司、赣州百惠酒业有限公司、上海市浦东新区张江镇强玲食品店侵害商标权及不正当竞争纠纷案[*]

【关键词】

　　不正当竞争　　商业外观标识

【裁判要旨】

　　1. 原告的注册商标标识同时构成具有一定影响的产品装潢，原告同时主张被告行为构成侵犯商标权和不正当竞争的，人民法院可以区分商标注册日之前和之后，分别认定被告行为构成反不正当竞争和侵害商标权。

　　2. 确定法定赔偿数额应全面反映知识产权的市场价值，并与被告的主观状态、侵权情节相适应，在事关消费者生命健康的食品等领域还需充分考虑裁判的价值引导和预防功能。

一、简要案情

　　案外人安海斯－布希有限责任公司（ANHEUSER－BUSCH，LLC）系第18960795号注册商标、第1221628号注册商标、第1711371号注册商标（以下简称涉案商标）的商标权人。原告经授权享有涉案商标的使用权，并有权对侵犯涉案商标专用权的行为提起诉讼。原告百威（中国）销售有限公司（以下简称百威公司）发现，被告上海市浦东新区张江镇强玲食品店（以下简称强玲食品店）在其位于上海市某区的店铺内销售了500毫升名为"baiwanbeer"的易拉罐装啤酒（以下简称被诉侵权产品）。被诉侵权产品上标注的制

---

　　[*]（2018）沪0115民初17015号。

造商为被告赣州百惠酒业有限公司（以下简称百惠公司），监制为被告江西蓝色柔情啤酒有限公司（以下简称蓝色柔情公司），并有"美国百威啤酒（江西）集团有限公司授权"的字样。原告认为被诉侵权产品的整体装潢以红白搭配为主基调，罐体正面使用老鹰、绶带、麦穗、艺术体"Baiwanbeer""SINCE2016"字样等要素侵害了原告第18960795号注册商标专用权；罐体上突出使用"美国百威啤酒（江西）集团有限公司授权"字样侵害了原告第1221628注册商标专用权；罐体正面及侧面"Baiwanbeer"字样侵害了原告第1711371注册商标专用权。此外，原告产品整体装潢以红白搭配为主基调，产品罐体正面由绶带加英文文字、圆章加AB字母、叶子、麦穗、艺术体"Budweiser"字样、"SINCE1876"等要素组成，具有明显的区别特征，属于具有一定影响的装潢。被诉侵权产品罐体上突出使用"美国百威啤酒（江西）集团有限公司授权"字样系擅自使用原告具有一定影响力的企业名称的不正当竞争行为。原告遂诉至法院请求各被告停止侵权、消除影响并赔偿损失300万元。

浦东法院经审理认为，商标、商号、包装装潢等商业标识是一种重要的商业资源，它们既是企业商誉的重要载体，亦承载着区分商品或服务来源的重要功能。依法注册的商标受法律保护。同时，经营者对于他人在先使用并具有一定影响的装潢亦负有一定的避让义务，以避免引起消费者的混淆。本案的争议焦点在于：被诉侵权行为是否构成对原告涉案注册商标专用权的侵害；被诉侵权行为是否构成对原告的不正当竞争；如构成商标侵权或不正当竞争，三被告应当承担何种民事责任。

首先，关于商标侵权行为的判定。因涉案第18960795号商标设计较为复杂，法院通过总体比对法与主要部分比对法相结合的方式进行判定后认为，二者在结构、色彩搭配、要素、构图等方面均较为相似，相关公众施以一般注意力，不易察觉到二者的细微差异，足以造成消费者混淆，被诉侵权产品罐体正面的标识侵害了原告涉案第18960795号注册商标专用权。因涉案被诉侵权行为发生于该商标注册之前，对于商标注册之后的行为属于侵权该注册商标专用权的行为，对于该商标注册之前的侵权行为，法院认为该标识经过原告长时间的使用，属于反不正当竞争法意义上的有一定影响的装潢，被告在该标识注册为商标之前的使用属于擅自使有一定影响的装潢的不正当竞争行为。关于涉案第1711371号注册商标侵权的判定，法院认为，二者均为英文字母的组合，两者的字母数目仅相差一个，长度近似，且二者使用相同类型的艺术字体，均采用连体，且都突出首字母 B，整体视觉效果相似，在隔离观察的情况下，不易被消费者所察觉其中的不同。特别是考虑到本案侵权行为发生在以中文为主要语言的我国，对于消费者而言，其对于英文字母并不敏感，不易察觉出其中的不同，故二者构成近似，且容易导致相关公众的混淆。故被告该行为应认定为对涉案第 1711371 号注册商标专用权的侵害。

其次，关于不正当竞争行为的判定。原告主张"美国百威啤酒（江西）集团有限公司授权"字样既侵害了涉案第 1221628 号注册商标专用权，又构成对原告的不正当竞争。对此，法院认为，上述文字均以相同字体、相同颜色、相同大小的方式予以呈现，并未将"百威"二字突出使用，该使用方式不属将与他人注册商标相同或近似的文字作为企业的字号在相同或类似商品上的突出使用，不能将其认定为商标侵权行为。但该行为不仅扰乱了市场竞争秩序，损害了原告的合法权益，亦容易导致相关公众对原被告之间的关系以及被诉侵权产品的来源产生混淆，属于《反不正当竞争法》第 6 条第 4 项规定的其他足以引人误认为是他人商品或与他人存在特定联系的混淆行为，构成对原告的不正当竞争。

最后，关于赔偿数额的确定。法院认为，知识产权的法定赔偿数额不仅要体现填平原告损失的补偿性，亦应具有足以制止侵权行为再次发生的惩罚性，以实现知识产权民事责任的引导和预防功能，这在与广大消费者生命健康息息相关的食品领域更应如此。法院在综合考虑涉案商标的知名度、被诉侵权行为情节、被告主观状态的基础上，最终适用法定赔偿上限顶格判赔 300 万元。

二、撰写心得

裁判文书是人民法院审判活动最重要的载体，是法官价值取向、法律素养、文字功底的集中反映，也是社会公众认识司法的重要途径。因此，如果说司法裁判是一种艺术的话，那么裁判文书就是一名法官最重要的"作品"。如何创作好这部"作品"并经受法理和社会公众所的双重检验，对法官来说是一个挑战。本案涉及多个被告，各方当事人均提交了大量证据，案情较为复杂。此外，本案为商标侵权及不正当竞争复合案由案件，法律适用上亦存在一定争议。在撰写此类案件事实和法律适用较为复杂的裁判文书过程中，笔者认为应坚持结构完整、详略得当、说理充分、价值导向几个基本原则。

关于结构完整，这是一篇裁判文书最基本的要求，最高人民法院亦专门制定了《民事诉讼文书样式》，笔者对此不再论述，现将其他几个方面结合本案案情详述如下：

首先，关于详略得当。知识产权侵权纠纷案件特别是涉及侵害知名商标或者包装装潢的案件中，当事人往往提交大量的证据。笔者认为，在此类案件裁判文书的撰写过程中应注意化繁为简，将当事人提交的证据中有用的信息提取出来为我所用，避免过于冗长的事实堆砌。此外，法院查明事实部分的写作应当紧紧围绕争议焦点展开，对于争议焦点涉及的主要事实予以详细描述，对于其他事实则当简则简，做到详略得当。本案的争议焦点有三个，即被诉侵权行为是否构成对原告涉案注册商标专用权的侵害；被诉侵权行为是否构成对原告的不正当竞争；如构成商标侵权或不正当竞争，三被告应当承担何种民事责任。因此，在案事实查明部分，裁判文书紧紧围绕与涉案商标注册、使用及宣传相关的事实，与三被告主体及经营情况相关的事实以及与被诉侵权行为相关的事实三方面展开。其中第一、第二部分主要涉案注册商标及装潢的知名度、被告注册资本、经营规模等方面的事实，该节事实与争议焦点中涉案注册商标、装潢的保护强度及被告可能承担的赔偿责任密切相关。第三部分系原告主张的被告实施商标侵权及不正当竞争的具体表现，为后面争议焦点中论述该行为是否构成商标侵权及不正当竞争提供事实基础，该部分建议按照时间先后顺序进行逐一撰写，以避免遗漏重要的事实。在原告主张某一行为适用多个请求权基础的情况下，应注意将某一行为的细节进行清晰地描述，以便准确适用法律。

其次，说理充分。一份优秀的裁判文书是一道靓丽的司法风景，而文书说理部分则是这道风景的灵魂。在本院认为部分的撰写过程中，在前期固定当事人诉辩意见并归纳争议焦点的基础上，裁判文书围绕争议焦点展开论述的首要任务是确定请求权基础规范和抗辩权基础规范，即该争议焦点应当适用的实体法律规范，并以此作为大前提，将法院查明的事实与该实体法律规范的要件相比对，最终得出该请求权基础是否适用的结论。在涉及请求权基础适用存在争议的过程中，裁判文书在论述时应当从法理出发，将该请求权基础适用的法理讲清讲透，以使判决更具有说服力。本案中，鉴于《最高人民法院关于审理商标民事纠纷案件适用法律若干问题的解释》第1条"将与他人注册商标相同或近似的文字作为企业的字号在相同或类似商品上突出使用，容易使相关公众产生误认的"，属于侵害商标专用权的行为的规定在适用上存在一定争议。本案判决首先归纳出适用该条规定的要件，即一是使用了与他人注册商标相同或近似的文字；二是行为人将所使用的文字作为其企业的名称、字号；三是将名称、字号在与商标权人注册商标所标识的相同或类似商品上突出、醒目地使用；四是容易使相关公众产生误认的效果。后又从企业字号与商标两种不同商标标识在授予机关、获取程序和商业用途上的不同，从理论上指出，在企业字号侵害商标的司法判定中，之所以要符合"突出使用"的构成要件，是因为经营人将企业名称、字号的突出使用使得该名称、字号发挥了区分商品、服务来源的识别作用，从而落入商标权规制的范围，进而可能构成商标侵权。

最后，关于价值导向。2021年1月，最高人民法院发布《关于深入推进社会主义核心价值观融入裁判文书释法说理的指导意见》，该意见突出了法官在法律框架内运用社会主义核心价值观释法说理这一基本定位并提倡充分发挥司法裁判在国家治理、社会治理中的规范、评价、教育、引领等功能。本案中，被告实施了对原告产品商业外观的全面抄袭，具有明显的主观故意。其行为不仅有违基本的商业道德，亦违反了诚信这一社会主义核心价值观。是故，本案裁判文书就两被告侵权行为的持续时间、侵权范围、被诉侵权产品销量、侵权主观意图等因素进行了详细的论述并作出了法定赔偿额上限即300万元的判赔。除此之外，法院在判决中进一步指出，本案被诉侵权产品属于事关消费者健康的食品领域，食品生产对卫生、质量、生产工艺等都有较高的要求。两被告作为专门从事食品生产、销售的经营者，通过商标侵权和实施不正当竞争等方式误导公众，致使消费者对食品的生产者、产品质量等产生误认，亦使得消费者暴露在食品安全的风险之中。法院认为，知识产权的法定赔偿数额不仅要体现填平原告损失的补偿性，亦应具有足以制止侵权行为再次发生的惩罚性，以实现知识产权民事责任的引导和预防功能，这在与广大消费者生命健康息息相关的食品领域更应如此。本案判决亦向社会传递出，对事关消费者生命健康领域进而可能危及食品安全的侵权行为，司法将从严、从重予以判处，充分体现了司法判决的价值导向作用。

（姜广瑞，上海市浦东新区人民法院法官）

三、专家评析

本案系对知名商品的商业外观进行全面模仿的典型案件，案情较为复杂。

该案判决以近 25 000 字的篇幅详细、准确地厘清了商标侵权行为和不正当竞争行为的边界，说理较为充分，对审理涉及商业外观全面模仿的案件具有较强的指导意义。除此之外，本案判决在知识产权专门法与反不正当竞争法之间的关系、商标与企业字号的冲突等法律适用问题上进行了较为深入的分析，具有一定的理论深度。

关于商标法等知识产权专门法与反不正当竞争法的适用关系。最高人民法院在《关于充分发挥知识产权审判职能作用推动社会主义文化大发展大繁荣和促进经济自主协调发展若干问题的意见》中指出，"要妥善处理好知识产权专门法与反不正当竞争法的关系，在激励创新的同时，又要鼓励公平竞争。反不正当竞争法补充保护作用的发挥不得抵触知识产权专门法的立法政策，凡是知识产权专门法已作穷尽性规定的领域，反不正当竞争法原则上不再提供附加保护，允许自由利用和自由竞争，但在与知识产权专门法的立法政策相兼容的范围内，仍可以从制止不正当竞争的角度给予保护"。本案的判决较好地贯彻了最高人民法院的该项司法政策。在涉案第 18960795 号商标的侵权判定过程中，因涉案被诉侵权行为发生于该商标注册之前，本案判决对于该商标注册之后的行为通过适用商标法进行判定。对于该商标注册之前的侵权行为，法院认为该标识经过原告长时间的使用，属于反不正当竞争法意义上的有一定影响的装潢，被告在该标识注册为商标之前的使用属于擅自使用有一定影响的装潢的不正当竞争行为。该判决通过对知识产权专门法与反不正当竞争法适用条件的准确把握，既实现了对商业外观的全面、立体保护，又未扩张反不正当竞争法的适用范围从而导致附加保护的后果，法律适用准确。

关于商标与企业字号冲突的处理。企业字号与商标系两种不同的商业标识，其授予机关、获取程序和商业用途均存在一定的差异，经营者可以在法律规定的范围内以法定方式使用其获得的企业字号和商标，但不得逾越法律边界，否则可能构成侵权。在企业字号侵害商标的司法判定中，之所以要符合"突出使用"的构成要件，是因为经营人将企业名称、字号的突出使用使得该名称、字号发挥了区分商品、服务来源的识别作用，从而落入商标权规制的范围，进而可能构成商标侵权。本案判决对企业字号与商标的功能定位和保护路径进行了较为深入的分析，并指出未突出使用字号的行为虽然未落入商标法保护的范围，但如果被告主观上具有攀附原告商誉的故意，客观上容易导致相关公众对原被告之间的关系以及被诉侵权产品的来源产生混淆，进而扰乱市场竞争秩序，损害原告的合法权益，被告的该种使用行为具有不当性，可通过反不正当竞争法予以规制。

（点评人：金民珍，原上海市浦东新区人民法院副院长、二级高级法官）

（2018）沪 0115 民初 17015 号裁判文书原文

58. 东阳正午阳光影视有限公司和太平人寿保险有限公司不正当竞争纠纷案*

【关键词】

竞争关系　一般条款　利益衡量

【裁判要旨】

1. 是否构成不正当竞争行为以及是否适用《反不正当竞争法》应主要从被诉行为的属性上判断，而非主要考虑竞争关系。被诉竞争行为可能给其他经营者造成竞争利益的损害，或者破坏其他经营者的竞争优势，该其他经营者即与被诉竞争行为具有了法律上的利害关系，有权提起不正当竞争诉讼。

2. 在文章中使用知名电视剧人物角色对人群类型进行划分，利于简便高效地向公众传递信息，利用的是电视剧的公共文化功能，并未侵害电视剧著作权人的竞争利益，也未损害公平有序的竞争秩序，不构成不正当竞争行为。

一、简要案情

东阳正午阳光影视有限公司（以下简称正午阳光公司）是一家影视制作公司，其是电视剧《欢乐颂》出品方。该电视剧主要讲述了同住在欢乐颂小区 22 楼的五个来自不同家庭、性格迥异的女孩儿安迪、樊胜美、曲筱绡、邱莹莹、关雎尔从陌生到熟悉再到互相体谅、互相帮助、共同成长的故事。百度、搜狐等网络媒体在对该电视剧的介绍中均将该电视剧中上述五个女孩儿称为"五美"。

太平人寿公司是经营个人意外伤害保险、个人终身寿险等保险业务的公司。2016 年 5 月 9 日，太平人寿公司在其博客、微博、微信公众号中发表了题为《跟着〈欢乐颂〉"五美"选保险》的文章，全文如下："正在热播的

---

　*（2017）京 0105 民初 10025 号。

《欢乐颂》你看了吗？都说《欢乐颂》备受女性观众欢迎，是因为剧中个性鲜明的'五美'契合了从'职场小白'到'精英金领'的职场各阶层人群，让人十分有代入感。的确，'五美'悲喜交加的成长故事让人感同身受，可电视剧里，即便风险降临也总有化解之法，守个几集就能等到圆满结局。而现实中一旦风险袭来，可不像电视剧那么轻易过去，那么生活中的'五美'们该怎么样应对风险，才能获得剧中的圆满结局？也许，保险这个小工具，可以助你迎来 happy ending。金领人群。关键词：三高人群——高收入、高强度、高压力。[如何买保险] 以超高收入，投资收益立身的金领人群也需要买保险吗？答案当然是肯定的。投资能力强，不等于风险抵御能力同样强。尤其像安迪这样高收入高强度高压力的'三高'金领人群，身体真真是革命的本钱，时间也真真如金子般珍贵，因此最需要一份涵盖全球医疗的高端医疗险，让他们在天南海北的运筹帷幄间无后顾之忧。白领人群。关键词：白（领）骨（干）精（英）、能赚会花、家庭顶梁柱。[如何买保险] 靠工资维持体面生活的资深白领，虽然收入不错也精打细算，但需要凭一己之力撑起整个家庭，工作数年可能积蓄也不是很多。这样的家庭顶梁柱一旦因疾病、意外丧失经济能力，整个家庭将倾覆，因此尤其需要保险保障。首先要考虑的就是重大疾病保险，同时考虑到万一罹患重疾后医疗费用和家庭负担的双重压力，顶梁柱们一定要给自己配置足额的重疾保障。职场新丁人群。关键词：职场小白、社会菜鸟、月光族、偶尔'啃老'。[如何买保险] 邱莹莹和关雎儿代表了很多职场新人的状态，虽然收入不高，但至少没有家庭负担，甚至时不时地还能享受父母的荫庇。不像樊胜美那样肩负整个家庭，是不是就不需要保险了呢？事实也不尽然，虽然职场新丁们不用负担家庭，但一旦罹患重疾，却有可能成为家庭的负担，在医疗费用与治疗水平成正比的当下，一场重疾很可能拖垮关雎儿这样的中产家庭，甚至将邱莹莹的普通家庭拖进深渊。对职场新人来说，重疾险同样很重要。而保费低廉的短期重疾险，是他们最好的选择。创业人群。关键词：有钱任性、创业狗。[如何买保险] 虽说曲筱绡给人第一印象是有钱任性的富二代，但不可否认她在回国创业的过程中也展现出色的资源整合能力和执行力，显然是要摘掉'富二代'的标签，通过创业向着企业家迈进。那么作为未来的'企业家'，保险之于创业人群的作用，除了为当下的自己提供高端医疗保障，通过保单贷款盘活资金。当未来身家进一步丰厚，还可以用分红型两全险实现资产保值增值，用终身寿险实现资产的保值传承，为'富三代'留下一笔物质与精神的财富。"在其中一篇文章内标题"金领人群""白领人群""职场新丁人群""创业人群"上方分别有安迪、樊胜美、邱莹莹和关雎尔、曲筱绡的尺寸稍大些的剧照。在另一篇文章内上述标题左侧有上述尺寸较小些的剧照。

正午阳光公司认为太平人寿公司在其发布的上述宣传文章中使用了涉案电视剧的"五美"人物设置宣传保险产品，违反了诚信原则和公认的商业道德，破坏了市场竞争秩序，构成了《反不正当竞争法》第2条规定的不正当竞争行为。同时认为太平人寿公司使用剧照构成擅自使用知名商品特有装潢的不正当竞争行为，且实施了虚假宣传行为。故请求法院判令太平人寿公司公开赔礼道歉、消除影响，赔偿经济损失。

太平人寿公司认为其与正午阳光公司不存在竞争关系；正午阳光公司对涉案电视剧以及其中的名称、人物设置、剧照不享有著作权，无权单独提起诉讼；其涉案行为属于对涉案电视剧相关元素的合理使用，不属于不正当竞争行为。

法院经审理认为，是否构成不正当竞争行为并适用《反不正当竞争法》，应当主要从被诉具体竞争行为本身的属性上进行判断，而非要求经营者之间必须属于同业竞争者。故对于太平人寿公司提出本案不适用《反不正当竞争法》的意见不予支持。

从涉案文章内容来看，涉案电视剧的人物角色主要起到了以举例的方式对现实中职场人群进行类型划分的作用。该种使用会使社会公众感同身受，容易理解文章表达的不同人群都有保险需求以及相关的保险知识和理念。这是一种简便高效的表达方式，有利于传递信息，有利于消费者找准自身定位并在有保险需求时更好地购买保险产品，也有利于传播保险知识和理念。尽管涉案电视剧是正午阳光公司制作并出品的影视作品，其对该电视剧享有竞争利益，但该竞争利益的边界应当顾及公共利益、消费者利益和竞争自由。本案被诉行为仅是利用了涉案电视剧的公共文化功能，不会给正午阳光公司造成损害。太平人寿公司的行为符合商业伦理标准和诚信原则，不属于不正当竞争行为。同时，正午阳光公司起诉的虚假宣传以及擅自使用知名商品特有装潢的不正当竞争行为均不成立。法院判决驳回正午阳光公司的诉讼请求。

二、撰写心得

撰写一篇优秀的裁判文书，需要从多个方面下功夫，可以说优秀的裁判文书需要各个方面均表现俱佳。通过这篇文书的撰写，笔者对如何撰写优秀裁判文书有了一些体会，下面主要从四个方面谈谈个人的感想。

（一）深挖有价值的问题

一篇文书能否成为优秀裁判文书，首当其冲的就是这个案件是否具有值得研究的问题。所谓值得研究的问题应当主要体现在法律适用方面，即该案是否具有规则意义，而非当事人比较知名、社会舆论高度关注等。例如，当事人争议涉及的问题在法律适用上具有疑难复杂性，在审判实务中对当事人争议的问题尚存在分歧意见，规范当事人争议问题的法律规定需要进一步细化，需要对某个法律规定进行解释从而赋予其新的意义，法律对当事人争议的问题未有规定，首次适用新颁布的法律规定从而明确其构成要件，对某个问题需要首次进行表态等。带有这些问题的案件无疑都是值得认真研究的案件，通过对案件审理不仅需要解决当事人当下的纠纷，更需要为此类案件树立标杆，且能够促进法律的发展和完善。在这样的案件中，法官需要立足法律精神，结合法律规定，对这些疑难复杂问题提出解决方案，并进行法律论证，这正是法官发挥才智的地方，也是孕育优秀裁判文书的沃土。在有些案件中，通过当事人的起诉和答辩意见，就能够很清楚地确定当事人争议的问题是否具有研究价值。但也有相当一部分案件，当事人主张不甚清晰，无法仅凭双方当事人的意见将双方存在实质争议且有研究价值的问题提炼出来，此时，法官就应该结合当事人的诉辩意见和争议实质，将有研究价值的问题挖掘出来，从而直面该问题，并将其作为本案处理的焦点问题。法官需要有发现疑难复杂问题的慧眼，并具有直面疑难复杂问题的勇气。在承办本案时，通过当事人的诉辩意见，可以清楚地了解到双方争议的问题涉及如何看待竞争关系、如何审慎适用《反不正当竞争法》的一般条款、如何看待《反不正当竞争法》与知识产权法的关系等疑难复杂问题，尤其是在结合本案事实处理这些问题时有可能得出与通常认识不一致的结论。所以，本案是有研究价值的，这为写好裁判文书奠定了基础。

（二）认真对待事实论理

司法办案就是发现事实、适用法律的过程。"以事实为根据，以法律为准绳"是司法办案应当坚持的基本原则。以"事实为根据"，就需要通过诉讼活动查明案件事实，在裁判文书中将事实叙述清楚，并以该事实作为判断是非曲直的基础。"以法律为准绳"，就需要准确寻找到可资适用的法律规范，对其进行符合法律精神的解释，并在事实与规范之间作出合乎逻辑的法律论证。所以，事实和论理构成了裁判文书的两大支柱，在撰写裁判文书过程中，需要对事实的查明和叙述、对法律论证投入较多的精力，花费更多的心血。

对于裁判文书中的事实问题，至少应当关注两个方面：一是尽量追求"客观事实"；二是注意叙述事实的方法。一份优秀的裁判文书除有值得研究的法律问题外，首先还是应当公平公正地解决当事人之间的纠纷。公平公正需要建立在"客观事实"基础之上的。如果案件"客观事实"得以查明，即使输掉官司的一方，也会输得哑口无言。相反，如果案件"客观事实"不能被发现，那么即便判决书论理再逻辑清晰，也无法使当事人心服口服，甚至无法使当事人罢访息诉。当然，法官不是案件事实的亲历者，只能靠证据还原客观真实，但因受到各种限制，法官可能无法通过证据百分之百还原"客观事实"，而只能做到查明"法律事实"。这种情况虽然符合诉讼规律，符合法律规定，但作为法官不应当将查明"法律事实"作为最终目标，而应当将发现"客观事实"作为终极目标，只有在穷尽法律规定的一切事实查明手段，仍然无法查明"客观事实"的情况下，才能退而求其次地接受"法律事实"，将其作为裁判的事实依据，只有这样作出的裁判文书才能经得起历史的检验，也才能算得上是优秀裁判文书。在查明案件事实后，如何叙述案件事实也是撰写裁判文书极其重要的一环。一般来讲，案件事实的叙述有两种方法，一种方法是逻辑方法，一种方法是历史方法。逻辑方法是按照法律构成要件事实的逻辑顺序安排事实叙述的结构。历史方法是按照事件发生的时间顺序安排事实叙述的结构。法律论证从整体上需要有逻辑结构，同时众多的案件事实也有发生的时间先后，故一篇优秀的裁判文书应当根据需要综合运用逻辑方法和历史方法，做到逻辑与历史的统一。例如，在侵犯著作权案件中，从侵权构成到责任承担，需要的逻辑结构就是原告享有权利、被告实施了侵权行为、被告需要承担法律责任，那么在事实的整体叙述结构中，就应当按照该逻辑进路叙述事实。但在每一个逻辑环节中，案件涉及的事实可能有多个，此时就应当按照事件发生的先后顺序进行叙述。如此叙述方能显示出既有逻辑又有条理，让人清晰明白。

（三）合理安排篇章布局

凡是文章均需谋篇布局。裁判文书是一类公文，而且在文书格式上有规范性要求，法官不能像写文学作品那样随心所欲，必须受规范性格式的拘束。例如，判决书必须有标题、正文、落款三部分组成，正文必须有首部、事实、理由、裁判依据、裁判主文、尾部组成。这些组成部分是一份判决书必不可少的要素，不能随意省略。尽管如此，撰写判决书仍然需要合理安排篇章结构。首先，从整体上讲，判决书必须体现"诉审判"一致原则，这就要当事人的诉辩意见、查明的事实、论证说理、裁判主文必须有内在的一致性，即原告诉什么，被告就要针对原告诉的内容进行答辩，事实部分就应当围绕诉辩焦点查明相关事实，说理部分就需要以查明的事实为根据从法律上论证当事人的诉辩是否成立，裁判主文就需要判定原告的诉讼请求是否成立，这四部分必须协调一致，不能诉辩不一致，查明的事实脱离当事人诉辩意见，说理论证不结合当事人诉辩和查明的事实而天马行空，裁判主文不回应当事人的诉讼请求。这是裁判文书谋篇布局的内在逻辑性。其次，在概括原告的起诉意见和答辩意见时要有合理的逻辑思路。在概括原告起诉意见时，应当按照法律要件事实的逻辑结构进行撰写，不能原告怎么说就怎么写，否则不但起诉意见杂乱无章，也会导致整篇文书混乱无序，当然需要将原告的意见概括齐全，不能遗漏。在概括被告的答辩意见时，要与原告的起诉意见有针对性，不能让原告的起诉意见、被告的答辩意见自说自话，形不成焦点。再次，在撰写查明的事实时，要以诉辩意见形成的焦点为指引，综合运用逻辑方法和历史方法，形成条理清晰、详略得当的事实叙述。最后，在论理部分，要以逻辑方法为主导，紧扣争议焦点问题，以查明的事实为根据，辨法析理，充分论述当事人的诉辩意见有无事实和法律依据，应否得到支持。在该部分，尤其要注意对规则意义的阐发。在引述法律规定之后，应当注重阐发该法律规定的法理基础，归纳构成要件，阐发规则意义，注重结合案情提炼对本案及类似案件的规则指引，将有研究价值的问题通过本部分进行充分论述，提出解决之策，提炼相关规则。

（四）细心雕刻语言文字

一份优秀的裁判文书离不开对语言文字的精雕细刻。对语言文字的要求，首先是要使用书面语言，不能口水话连篇，要符合书面语言的规范，不能出现语法错误、病句等。这是最起码的要求。其次是要使用法言法语，不能为了追求通俗易懂就使用大白话，使裁判文书丧失应有的品味。再次是要讲究语言文字表意的精确性。法律语言的一个最大特点就是精确性，所以对词句的选择务必精准表达出相关意义，不能含糊不清，甚至出现歧义。最后是要简洁流畅，使读者读起来如行云流水，而非磕磕绊绊。

（李自柱，北京市朝阳区人民法院法官）

三、专家评析

本案是一个极具研究价值的案例，案件争议涉及的重要理论问题包括：（1）《反不正当竞争法》之下的不正当竞争行为认定是否以原、被告之间存在竞争关系为要件；（2）影视剧的剧照是否构成《反不正当竞争法》所指的商品装潢；（3）就影视剧中的角色姓名、人物设置、人物关系等，影视剧权利人是否享有著作权之外的《反不正当竞争法》上的利益；（4）类比引用影视剧角色以说明某一问题（包括某种产品或服务），是否构成《反不正当竞争法》下混淆意义上的虚假宣传；（5）他人能否以及在何种条件下自由使用知名影视剧中的角色姓名、人物关系等用于社会生活中的表达。对于以上问题，法院均给出了与本案理论重要性相称的高水平判决。

首先，竞争关系作为《反不正当竞争法》上不正当竞争行为认定的传统要件，其地位一再弱化，取而代之的是经济利益影响的直接与否。其中原因在于，《反不正当竞争法》旨在保障公平竞争，更多着眼于经营者的行为正当性，这导致"竞争关系"虽在法院判决中得到提及，其范围却一再延伸，边界变得越来越模糊。本案判决指出，是否构成不正当竞争行为以及是否适用《反不正当竞争法》，应主要从被诉行为的属性上判断，而非主要考虑竞争关系。这一观点无疑是科学的。

其次，就适用《反不正当竞争法》一般条款的前提条件而言，需要注意到《反不正当竞争法》在某种意义上是一部特别侵权法，其特征在于，将一般侵权规定以绝对权保护为中心的模式扩张到纯粹经济利益保护。由于此种调整模式涉及对企业竞争行为的评价，因此，在无法将经营者的利益凝结为某种权利时，评价一方的行为构成不正当竞争应当极为谨慎。所谓"公认的商业道德"包含两项要求，一是公认的，二是道德的。本案判决认为，鉴于一般条款具有较大的不确定性，因此在具体案件中适用时应当特别慎重，要立足于市场竞争的环境，结合案件具体情况，重点考察被诉竞争行为的正当性，并对竞争秩序、经营者的利益和消费者的利益进行综合考量。这一表述是反不正当竞争法宗旨的准确阐述。

再次，判决准确地把握了反不正当竞争法所指的"装潢"与产品／服务本身之间的分界。判决指出，当商品的装饰具有区分商品来源的功能时，才属于《反不正当竞争法》保护的特有装潢。涉案文章使用的剧照不是涉案电视剧的装饰，不属于涉案电视剧的装潢。上述认定对于今后的司法裁判具有指导意义。

最后，本案触及一个重大法律问题，即对影视剧的人物姓名、角色称谓、场景名称等，当其尚不足以受著作权保护时，他人是否可以未经许可而加以使用。针对原告关于不得使用上述要素否则构成《反不正当竞争法》上的攀附的主张，本案判决区分了类比性使用与攀附性使用，指出，涉案电视剧人物角色在涉案文章中仅仅起到划分职场人群类型、容易让消费者感同身受地理解、容易使信息更简便高效地传递的作用，这正是利用了涉案电视剧的公共文化功能。该种使用行为不会给正午阳光公司造成损害，其也不应当从该种使用行为中获得市场利益。这一论述说理充分，逻辑缜密，是对反不正当竞争法一般理论的丰富，值得高度肯定。

另外，本案判决书结构完整、事实清楚、论理充分、逻辑清晰、语言流畅，是一篇非常优秀的裁判文书。

（点评人：刘文杰，中国传媒大学法律系教授，博士生导师）

（2017）京 0105 民初 10025 号裁判文书原文

59. 广东加多宝饮料食品有限公司和广州医药集团有限公司擅自使用知名商品特有包装装潢纠纷案 *

【关键词】

　　知名商品　特有包装装潢　权益归属

【裁判要旨】

　　1. 抽象的商品名称，或无确定内涵的商品概念，脱离于包装装潢所依附的具体商品，缺乏可供评价的实际使用行为，不具有依据《反不正当竞争法》（1993 年）第 5 条第 2 项①规定进行评价的意义。

　　2. 确定特有包装装潢的权益归属，既要鼓励诚实劳动，也应尊重消费者基于包装装潢的显著特征，已客观形成的对商品来源指向关系的认知。

一、简要案情

　　2012 年 7 月 6 日，广州医药集团有限公司（以下简称广药集团）与广东加多宝饮料食品有限公司（以下简称加多宝公司）于同日分别向法院提起诉讼，均主张享有"红罐王老吉凉茶"知名商品特有包装装潢的权益，并据此诉指对方生产销售的红罐凉茶商品的包装装潢构成侵权。广东省高级人民法院一审认为，"红罐王老吉凉茶"包装装潢的权益享有者应为广药集团，广州王老吉大健康产业有限公司（以下简称大健康公司）经广药集团授权生产销售的红罐凉茶不构成侵权。由于加多宝公司不享有涉案包装装潢权益，故其生产销售的一面"王老吉"、一面"加多宝"和两面"加多宝"的红罐凉茶均构成侵权。一审法院遂判令加多宝公司停止侵权行为，刊登声明消除影响，并赔偿广药集团经济损失 1.5 亿元及合理维权费用 26 万余元。加多宝公司不服两案一审判决，向最高人民法院提起上诉。

---

　　*　（2015）民三终字第 3 号。

　　①　对应《反不正当竞争法》（2019 年修正）第 6 条第 1 项。该条规定："经营者不得实施下列混淆行为，引人误认为是他人商品或者与他人存在特定联系：（一）擅自使用与他人有一定影响的商品名称、包装、装潢等相同或者近似的标识……"

最高人民法院终审判决认为，本案中的知名商品为"红罐王老吉凉茶"，在红罐王老吉凉茶产品的罐体上包括"黄色王老吉文字、红色底色等色彩、图案及其排列组合等组成部分在内的整体内容"，为知名商品的特有包装装潢。广药集团与加多宝公司均主张对红罐王老吉凉茶的特有包装装潢享有权益，具体而言，作为"王老吉"注册商标的权利人，广药集团认为，因"王老吉"商标是包装装潢不可分割的组成部分，并发挥了指示商品来源的显著识别作用，消费者当然会认为红罐王老吉凉茶来源于"王老吉"商标的权利人，而配方、口味并不会影响消费者对商品的识别和判断。作为红罐王老吉凉茶曾经的实际经营者，加多宝公司认为，包装装潢权益与"王老吉"商标权的归属问题各自独立，互不影响。消费者喜爱的是由加多宝公司生产并选用特定配方的红罐王老吉凉茶，本案包装装潢由加多宝公司使用并与前述商品紧密结合，包装装潢的相关权益应归属于加多宝公司。最高人民法院对此认为，结合红罐王老吉凉茶的历史发展过程、双方的合作背景、消费者的认知及公平原则的考量，因广药集团及其前身、加多宝公司及其关联企业，均对涉案包装装潢权益的形成、发展和商誉建树，各自发挥了积极的作用，将涉案包装装潢权益完全判归一方所有，均会导致显失公平的结果，并可能损及社会公众利益。因此，涉案知名商品特有包装装潢权益，在遵循诚信原则和尊重消费者认知并不损害他人合法权益的前提下，可由广药集团与加多宝公司共同享有。在此基础上，广药集团所称加多宝公司生产销售的红罐凉茶商品，以及加多宝公司所称大健康公司根据广药集团授权生产销售的红罐凉茶商品构成擅自使用他人知名商品特有包装装潢权益的主张，均不能成立，遂于 2017 年 7 月 7 日二审判决对广药集团及加多宝公司的诉讼请求均予以驳回。

二、撰写心得

知识产权制度的重要目的在于保障和激励创新，知识产权司法保护应当以维护有序规范、公平竞争、充满活力的市场环境为己任。最高人民法院严格遵循《反不正当竞争法》等相关法律规定，在充分考虑双方当事人对本案特有包装装潢权益作出贡献的前提下，平等、全面地保护了相关产权主体。判决之后，双方当事人在第一时间对最高人民法院的判决作出了积极的回应，对判决结果表示充分尊重。社会公众与主流新闻媒体也对案件的处理结果给予高度评价，认为最高人民法院的判决"用法治收获了双赢"，实现了法律效果与社会效果的统一。判决也充分体现了人民法院充分发挥审判职能作用、切实加强产权司法保护的决心。

本案涉及的是《反不正当竞争法》中的"知名商品特有包装装潢纠纷"。与"知名商品特有包装装潢"的认定与保护有关的法律规则，体现在我国《反不正当竞争法》第5条第2项，以及最高人民法院2007年颁布的《最高人民法院关于审理不正当竞争民事案件应用法律若干问题的解释》① 第1条、第2条之中。此外，《反不正当竞争法》第1条、第2条所倡导的保护公平竞争、维护诚信等原则，也是指导我们正确审理本案的重要法律依据。对此，我们在判决书中均明确予以援引。

本案的核心法律问题是"红罐王老吉凉茶"特有包装装潢权益的归属问题。对此，双方在一审阶段都提出了自己的权益主张，具体来说，作为"王老吉"注册商标的权利人，广药集团认为，因"王老吉"商标是包装装潢不可分割的组成部分，并发挥了指示商品来源的显著识别作用，消费者当然会认为红罐王老吉凉茶来源于"王老吉"商标的权利人，而配方、口味并不会影响消费者对商品的识别和判断。作为红罐王老吉凉茶曾经的实际经营者，加多宝公司认为，包装装潢权益与"王老吉"商标权的归属问题各自独立，互不影响。消费者喜爱的是由加多宝公司生产并选用特定配方的红罐王老吉凉茶，本案包装装潢由加多宝公司使用并与前述商品紧密结合，包装装潢的相关权益应归属于加多宝公司。本案确实在事实与法律问题上都比较复杂，双方又曾经存在长期合作的历史，社会公众对案件的处理给予了高度关注，最高人民法院对本案的处理也是极为慎重的。对于权益归属问题，判决着重考虑了消费者认知和公平原则的衡量。在确定特有包装装潢的权益归属时，既要在遵循诚信原则的前提下鼓励诚实劳动，也应当尊重消费者基于包装装潢本身具有的显著特征，而客观形成的对商品来源指向关系的认知。红罐王老吉凉茶推出市场后，经过加多宝公司及其关联企业有效的营销活动，红罐王老吉凉茶使用的包装装潢因其知名度和独特性，已经形成了独立的商业标识性权益。但本案的特殊之处在于，作为涉案包装装潢实际经营者的加多宝公司，在设计、使用及宣传推广的过程中，始终将作为广药集团注册商标的"王老吉"文字在包装装潢中进行了突出使用，且从未着意阻断和清晰区分包

---

① 该解释已于2022年3月20日被《最高人民法院关于适用〈中华人民共和国反不正当竞争法〉若干问题的解释》废止。

装装潢与其中包含的注册商标之间的关系，客观上使包装装潢同时指向了加多宝公司与广药集团。消费者亦不会刻意区分法律意义上的商标权与知名商品特有包装装潢权益，而会自然地将红罐王老吉凉茶与广药集团、加多宝公司同时建立联系。实际上，涉案包装装潢中确实也同时蕴含了广药集团"王老吉"品牌的影响力，以及加多宝公司通过十余年的生产经营和宣传推广而形成、发展而来的商品知名度和包装装潢的显著识别效果。

综合考虑上述因素，结合红罐王老吉凉茶的历史发展过程、双方的合作背景、消费者的认知及公平原则的考量，因广药集团及其前身、加多宝公司及其关联企业，均对涉案包装装潢权益的形成、发展和商誉建树，各自发挥了积极的作用，将涉案包装装潢权益完全判归一方所有，均会导致显失公平的结果，并可能损及社会公众利益。因此，判决最终认定涉案知名商品特有包装装潢权益，在遵循诚信原则和尊重消费者认知并不损害他人合法权益的前提下，可由广药集团与加多宝公司共同享有。

"红罐之争"被媒体称之为"中国包装第一案"，也是广药集团与加多宝公司持续时间最长、分量最重的一次博弈。从一审立案到终审判决作出的五年时间里，受到了社会公众的高度关注。本案纠纷的产生，源于双方在签订和履行商标许可使用合同的过程中，并未对可能产生于许可使用期间的衍生利益如何进行分割作出明确的约定，涉及复杂的历史背景和事实查明。其中，注册商标制度与知名商品特有包装装潢权益保护制度之间的关系等问题，不仅是双方当事人争议的焦点，也是实务界、理论界广泛讨论的问题。二审判决书近5万字，合议庭按照4个争议焦点、11个具体法律适用问题，全面回应了当事人各项诉讼主张，全面论述了《反不正当竞争法》中知名商品特有包装装潢保护制度中的各项法律适用要件。人民网转发《华商报》文章报道称，从法律层面和司法判决层面说，红罐凉茶共享的判决具有重大的标杆意义，为今后这类纠纷提供了一个示范案例，也符合大众的期望和社会的公平正义。

（佟姝，最高人民法院法官）

三、专家评析

2017年8月16日对广药集团和加多宝公司来说注定是一个特别的日子，最高人民法院对"红罐王老吉凉茶"包装装潢案作出了终审判决："确认双方在不损害他人合法利益的前提下，可以共同享有涉案知名商品特有包装装潢权益。"

最高人民法院的判决中认为：广药集团的"王老吉"商标三个字也是红罐王老吉凉茶的知名度得以产生、延续和发展的重要基础"，既然双方都对这一包装装潢有特别的贡献，也就有了法律上共享权益的基础。

在双方拔弓弩箭、各执一词的诉讼大战中，在社会各方静观其后究竟如何结束这场旷日持久的诉争时，最高人民法院的这一判决无异于在熊熊战火上泼了一盆冷水，让双方各自冷静下来。判决书还特别对双方给予希望："双方应本着相互谅解、合理避让的精神，善意履行判决，秉持企业应有的社会责任，珍视经营成果，尊重消费者信赖，以诚实、守信、规范的市场行为，为民族品牌做大做强，为消费者提供更加优质的产品而努力。"纵观判决书全文共 77 页，法院充分分析了双方的主张、证据和历史纷争背景，最后得出双方在"红罐王老吉凉茶"这一知名商品上的包装装潢都作出了贡献，应当共同享有这一权益的判决结果，这实际上是作了一次利益平衡的判决。

法院认为："知识产权制度在于保障和激励创新。劳动者以诚实劳动、诚信经营的方式创造和积累社会财富的行为，应当为法律所保护。知识产权司法保护应当以维护有序规范、公平竞争、充满活力的市场环境为己任，并为社会公众提供明确的法律预期。知识产权纠纷常产生于复杂的历史与现实背景之下，权益的分割和利益的平衡往往交织在一起。对于这类纠纷的处理，需要我们充分考量和尊重纠纷形成的历史成因、使用现状、消费者的认知等多种因素，以维护诚信并尊重客观现实为基本原则，严格遵循法律的指引，公平合理地解决纠纷。"

不过本案也给我们留下思考，法院认定双方共有的包装装潢是"标明在王老吉红罐凉茶产品的灌装体上包括黄色字体'王老吉'等文字、红色底色等色彩、图案及其排列组合等组成部分在内的整体内容"。这是否可以说加多宝今后可以继续使用带有"王老吉"字样的红罐包装装潢？还是需要修改一下，去掉"王老吉"字样，如此，加多宝就要修改双方共有的包装装潢。加多宝能否享有修改权？法院显然已经预见到这一问题，所以才特别强调"双方在不损害他人合法利益的前提下，可以共同享有"，相信这一判决不仅仅给本案画上了句号，也希望对双方其他案件产生连锁的"定分止争"的司法效果。

判决后，双方都表达尊重法院的判决，加多宝公司更是坚决拥护。能够让诉讼双方"服法"，这是法官的智慧，而能够让双方"共赢"，则是大智慧了。期待双方在日后能如法院所期望的，各自打造出两个优质民族品牌，这一判决也将计入史册，成为司法判决的经典。

（点评人：张平，北京大学法学院教授）

（2015）民三终字第 3 号裁判文书原文

60. 卢某某、新疆众信力拓电气设备有限公司和北京天拓四方科技有限公司不正当竞争纠纷案 *

【关键词】

侵害商业秘密　不正当竞争赔偿数额的确定　不正当竞争　竞业限制

【裁判要旨】

自然人隐瞒其作为公司法定代表人的身份，入职有竞争关系的其他公司，且在任职期间将该公司客户资料泄露给其任法定代表人的公司并进行交易，侵犯该公司的商业秘密，构成不正当竞争。

一、简要案情

2000 年 12 月 19 日，北京天拓公司经核准成立，2013 年 2 月 12 日，新疆众信力拓电气设备有限公司（以下简称新疆众信公司）经核准成立，法定代表人为卢某某。2014 年 8 月 4 日，卢某某隐瞒其法定代表人身份，与北京天拓四方科技有限公司（以下简称北京天拓公司）签订《劳动合同书》，入职北京天拓公司，担任该公司新疆区域主管的工作，《劳动合同书》中包括了商业秘密和竞业限制条款。当日，卢某某与北京天拓公司签订了《保密协议》。上述协议签订后，卢某某以北京天拓公司新疆区域主管的身份开始工作，2014 年至 2015 年，卢某某入职北京天拓公司后，以北京天拓公司代理人身份与新疆众信公司签订了一系列《工矿产品购销合同》。同时，卢某某以陕西华恒公司代理人身份与新疆众信公司签订了系列《工矿产品购销合同》，上述合同总价 142 240 元。北京天拓公司系陕西华恒公司的控股股东。在 2015 年 12 月 11 日北京天拓公司王某与卢某某的录音聊天记录中，卢某某认可在新疆众信公司未注销的情况下，其利用北京天拓公司的平台，发展新疆众信公司的业务，并安排北京天拓公司的客户与新疆众信公司签订销售合同。北京天拓公司在新疆区域的销售业绩呈现下滑趋势，2018 年 2 月，北京天拓公司以不

---

* （2018）新民终 448 号。

正当竞争为由，起诉卢某某及新疆众信公司。诉讼中卢某某当庭认可北京天拓公司在其任职期间（2014 年 8 月至 11 月）发放工资及缴纳社保的金额合计99 504 元。北京天拓公司为维权支付律师费 47 500 元。双方当事人的主要争议：（1）卢某某及新疆众信公司是否存在不正当竞争行为；（2）北京天拓公司诉请卢某某及新疆众信公司连带承担赔偿损失 1 099 504 元是否具有相应的事实及法律依据。

二、撰写心得

　　本案是一起不正当竞争纠纷案件，撰写该类案件的民事判决书，首先，要分析双方当事人之间是否存在竞争关系。将北京天拓公司与新疆众信公司的经营范围比对，存在多项相同，案件中双方提交的证据不能反映出两家公司之间存在合作关系，卢某某将本属于北京天拓公司的部分客户业务交由新疆众信公司经营，由此可确定两家公司之间具有竞争关系。其次，要分析新疆众信公司是否实施了《反不正当竞争法》规定的不正当竞争行为。北京天拓公司主张了多项不正当竞争行为，对其主张进行了逐一分析是否构成不正当竞争行为。北京天拓公司提出的卢某某隐瞒其为新疆众信公司法定代表人和股东的身份构成不正当竞争。对于该行为是否构成不正当竞争要从现行法律规范来分析，《反不正当竞争法》并未将该行为列为不正当竞争行为，因此不属于不正当竞争行为。但该行为违反卢某某与北京天拓公司之间的劳动合同约定，属于《劳动法》调整的范围，卢某某担任北京天拓公司高管职务，其与公司之间的纠纷亦可由《公司法》予以调整，由于均不属于反不正当竞争法调整范围，故在本案中不作评判，仅对北京天拓公司的主张能否成立作出认定。对于卢某某将北京天拓公司的客户资料泄露给其妻子的行为是否构成不正当竞争行为，需要分析客户资料是否属于商业秘密。依据相关法律法规规定，不为公众所知悉、能为权利人带来经济利益、具有实用性并经权利人采取保密措施的技术信息和经营信息属于商业秘密。本案中的客户资料按照保密协议的约定属于商业秘密，卢某某应当遵守合同的约定和法律的规定，不得向第三人泄露，尤其是具有竞争关系的主体，否则构成不正当竞争行为。对于北京天拓公司主张新疆众信公司截取本属其公司的客户进行交易，北京天拓公司提出两项侵权事实，根据证据逐一进行分析，对能够证明的予以认定。对于一审判决将华恒公司与新疆众信公司之间订立的合同也列入认定不正当竞争事实中，二审判决通过分析华恒公司与北京天拓公司之间的关系以及未作为案件原告参与诉讼的情况，纠正一审的不当认定。综合分析后认定卢某某和新疆众信公司构成不正当竞争。在确定赔偿损失金额时，一审判决是酌定的赔偿金额，考虑到侵权事实认定发生部分变化，二审判决依据北京天拓公司对于损失的举证情况，已经侵权事实认定发生的变化，以及新疆经济发展的情况，酌定进行了适当调整。二审判决撰写的整体逻辑为先确定存在竞争关系，再对原告主张的不正当竞争事实逐一认定，排除不构成不正当竞争的事实后确定是否构成不正当竞争，最后根据原告举证和法律规定确定损失赔偿金额。

（陆建蔚，新疆维吾尔自治区高级人民法院法官）

三、专家评析

该份判决书格式规范，结构分明，要项齐备，证据列举全面准确，质证认证过程充分，焦点归纳简明扼要，是非辨析分明，理由阐述充实有力，针对性强，逻辑严密，文字通顺，判词简洁无歧义。

一份优秀的裁判文书，最重要的特质就是"说理充分"，这个"理"，应该包括法理、学理、情理、事理等。关于法理。本案是一起不正当竞争纠纷案件，原告的诉讼请求能否得到支持，首先，要分析双方当事人之间是否存在竞争关系。其次，要分析新疆众信公司是否实施了《反不正当竞争法》规定的不正当竞争行为。该份判决书将北京天拓公司与新疆众信公司的经营范围进行比对，发现存在多项相同，在没有证据证明两家公司之间存在合作关系的情况下，卢某某将本属于北京天拓公司的部分客户业务交由新疆众信公司经营，由此确定两家公司之间具有竞争关系。在分析新疆众信公司是否实施了《反不正当竞争法》规定的不正当竞争行为时，由于北京天拓公司主张了多项不正当竞争行为，该份判决书对其主张进行了逐一分析。在析判卢某某隐瞒其为新疆众信公司法定代表人及股东身份入职北京天拓公司的行为性质时，对《反不正当竞争法》关于何为不正当竞争条款的内涵进行了分析并运用了民法中的诚信原则，作出了卢某某的行为虽有违诚信原则，但并非不正当竞争行为的正确认定。关于卢某某将北京天拓公司的客户资料泄露给其妻子的行为是否构成不正当竞争行为的问题，该份判决书根据卢某某与北京天拓公司所签《保密协议》的约定内容，结合卢某某在北京天拓公司任职期间的职权范围，对客户资料是否属于商业秘密进行了详细分析和论述，具有较强的说服力。关于情理。在确定赔偿损失金额时，该份判决根据侵权事实认定发生的变化，以及新疆经济发展的情况，酌定进行了适当调整。总的来说，该份判决书逻辑清晰，层次分明，说理透彻，符合优秀法律文书的评判标准。

（点评人：蒋新华，新疆维吾尔自治区高级人民法院副院长、一级高级法官，全国审判业务专家、法学博士）

（2018）新民终448号裁判文书原文

61. 重庆指南针建材有限公司、重庆市建筑材料协会和吴某某不正当竞争纠纷案[*]

【关键词】

商业诋毁 经营者 竞争对手 虚假信息 行为主体 侵权责任

【裁判要旨】

1.《反不正当竞争法》第2条对"经营者"的界定采用的是"行为标准"。行业协会从事商品生产或者提供服务等经营活动的，应认定为经营者。

2. 若行业协会的特定会员与协会存在身份、利益混同且对协会具有控制能力，则对以协会名义实施的以该会员为直接受益对象的经营行为，应认定为协会和该会员的共同行为。

一、简要案情

重庆指南针建材有限公司（以下简称指南针公司）的经营范围包括生产、销售建筑通风烟道、阀门等，在与重庆多捷茂建材有限公司（以下简称多捷茂公司）、重庆大渡口区任瑞住宅烟道厂就重庆市公共住房开发建设投资有限公司开发重庆空港佳园公共租赁住房建设工程中使用的烟道防火止回阀项目竞标后，其产品被重庆市地产集团纳入指定产品。2018年4月15日，重庆市机制排烟气道专委会（以下简称烟道专委会）以渝机制烟道专字（2018）12号文件分别致函重庆市地产集团及其项目部，指称指南针公司的防火止回阀与标准规范要求不符合，不能满足相关要求，指南针公司自行委托鉴定机构出具的检测报告不具备权威公正性，希望地产集团慎重，不必产生麻烦影响工程验收等。函末留有工作联系电话。该电话号码使用者为吴某某，其系重庆市建筑材料协议（以下简称建材协会）二级分会烟道专委会的负责人，又

---

[*]（2019）渝01民终1026号。

是小米品牌防火止回阀产品的重庆总代理、多捷茂公司的股东和经理，还是重庆云帆保温材料有限公司（以下简称云帆公司）的法定代表人和股东，后者系万居品牌防火止回阀的重庆总代理，小米牌、万居牌防火止回阀与指南针公司的产品同为公租房指定品牌，多捷茂公司和云帆公司均为重庆市地产集团的供货商。指南针公司认为，该函针对其产品质量现状所作的陈述无事实依据，属于捏造事实、曲解相关标准，构成商业诋毁，请求法院判令：吴某某立即停止发布与《工作联系函》内容相同或近似的商业诋毁内容并在重庆晨报上连续30天发布致歉声明以消除影响；吴某某及建材协会共同赔偿经济损失及合理费用共计2 000 000元。本案争议焦点为：（1）建材协会能否被认定为《反不正当竞争法》规定的经营者，本案被控侵权行为的行为主体是谁；（2）被控侵权行为是否构成商业诋毁；（3）吴某某与建材协会应否共同承担责任，以及承担何种责任。

二、撰写心得

裁判文书是完整反映诉讼争议和裁判结果的最终载体，体现着司法机关对个案的法律裁量、价值判断，代表国家强制力对涉诉当事人权利义务的终极决断。在推行司法公开、文书上网的当前环境下，裁判文书质量直接决定着社会公众对人民法院审判水平的评价。高质量的裁判文书有利于增强司法权威、提高司法透明度和公信力、维护法律尊严和人民法院的形象，其重要意义毋庸赘言。因此，无论是法院还是法官都应当高度重视裁判文书制作，掌握裁判文书的制作要领。制作裁判文书，笔者认为应注意以下几点。

（一）规范性

规范的裁判文书，要求叙述事实清楚、说理充分透彻，引用法条准确无误，在裁判文书中体现人民法院采用证据、认定事实、适用法律的过程，展示裁判结论的公正性，格式和规范符合要求，努力做到裁判文书无懈可击，使其成为向社会公众展示人民法院文明、公正司法形象的载体，真正具有司法权威。具体而言：（1）对审判程序及审判过程的叙述。应当如实叙述当事人的名称、案由、立案及开庭审理时间、诉讼参加人到庭等情况。（2）对诉讼各方诉状、答辩状的归纳。应当简要、如实归纳诉讼各方的诉、辩主张，不能对其进行简单地复制粘贴。在归纳时做到公平、合理分配篇幅。（3）对当事人质证过程和争议焦点的叙述。应当简述庭前证据交换和庭审质证阶段各方当事人质证过程；准确概括各方当事人争议的焦点；案件事实、法律关系较复杂的，应当在准确归纳争议焦点的基础上分段、分节叙述。（4）对事实认定部分的叙述。应当表示客观，逻辑严密，用词准确，避免使用明显的褒贬词汇；详细分析说明各方当事人提交证据采信与否的理由以及被采信的证据能够证明的事实；对证明责任、证据的证明力以及证明标准等问题应当进行合理解释。（5）对案件定性及审理结果的分析论证。应当进行客观、全面、充分的说理，对代理意见等是否采纳需阐释理由。（6）法律条文的引用。应当在裁判理由部分视情况尽可能引用法律条款原文；说理中涉及多个争议问题的，应当一论一引；在裁判主文理由部分最终援引法律依据时，只引用法律条款序号；一般法和特别法都有规定的，应当引用特别法；既有原则性法律条文又有具体法律条文时，应当引用具体法律条文。

（二）逻辑性

裁判文书的逻辑性，是指裁判文书的写作应当按照基本的逻辑方法分析证据以确定案件事实、解释法条以正确适用法律，进而得出裁判结果的写作方式。一般而言，纠纷涉诉至人民法院时，案件相关事实可能已无法完全还原其客观样貌，这就需要法官充分运用法律知识、生活常识或者借助专业人士的辅助进行裁决。实际上，筛选、运用法律的过程即逻辑推理的过程。裁判案件进行逻辑推理一般需经四个环节：（1）事实认定。根据当事人提交的证据，运用道德、价值、专业知识、生活经验等尽可能还原案件的真实情况。（2）法律的选择。主要是对法律法规的解读或者解释。（3）裁判。根据案件事实的确认和法律法规的选择从而作出裁判，确定案件处理结果。（4）将推理的过程以适当的语言表现出来。裁判文书应当对事实认定和法律适用的过程予以详细展现，一份在逻辑推理上令人疑窦丛生的裁判文书，肯定无法得到社会公众的尊重和信任。

（三）说理性

裁判文书所传达的公平公正理念，不仅在于判决结果的公正性，更强调判决由何而来。裁判理由是裁判文书的核心，是证据与结论、法律与事实的连接点，也是判决结果合理化的前提。裁判说理能约束司法恣意，杜绝滥用自由裁量权，最大限度地保障个案裁判公正。如果在判决理由上模糊不清、含混带过，甚至没有阐述理由，不仅整体上降低裁判文书的质量水准，也为当事人甚至社会公众质疑裁判公正性埋下隐患。说理性应当做到：（1）逻辑有序。裁判文书说理通常由文字、内容和逻辑三要素组成，其中逻辑要解决的即轻重有序、自圆其说和以理服人的问题。裁判的说理过程实际上是一个三段论的推理过程，即结合法律规定大前提和案件事实小前提进行论理分析，从而得出最终结论。因此必须强调裁判结果和事实依据、法律准绳之间的逻辑联系。避免只罗列法条，而不进行分析推理，或者只陈述事实，不说明法律依据等割裂法律适用与案件事实之间相关性的做法，要求裁判文书的事实、论理和结论之间必须有严密的逻辑关系，保持各个部分同一概念的周延，保持认定事实和所适用的法律之间流畅的衔接。（2）针对争议。即要针对案件纠纷的争议焦点，对当事人的诉讼请求和理由，进行相应地分析和回答，对采信、否定、支持等理由要阐述清楚、分析透彻，力争对每个争议问题进行合理合法的回应和结论，避免为说理而说理，说理内容与被说理对象应当相互照应。（3）文理通俗。当事人对裁判文书说理部分看得懂或听得懂，是对裁判文书在文理上的最基本要求，故说理要通俗易懂，而不是晦涩难懂，引经据典或者咬文嚼字只会让当事人费神费力，甚至不能理解。因此，要注重说理的形式和技巧，用当事人最容易明白、最容易接受的方式把裁判理由讲清楚，包括法言法语在内也尽可能使之通俗化，让当事人准确无误地理解裁判文书的内容。

（张琰，重庆市第一中级人民法院法官）

三、专家评析

在现实生活中，借他人之名行自己侵权之实的现象日渐多发。虽然在刑事诉讼中，单位构成犯罪的同时，实际行为人也往往承担刑事责任。然而，在民事诉讼中，因为名义上侵权人的主体人格独立，往往难以追究实施侵权幕后行为人的民事责任。这种现象如果不能有效制止，不仅仅在个案中难以体现正义，而且将助长侵权人借用壳公司等方式金蝉脱壳，实施变相侵权和重复侵权。本案是科以幕后侵权人法律责任的重要探索。

本判决书格式规范，用语精确，逻辑严谨、说理透彻。最重要的是，探索了许多法律适用中值得被推广的规则，具体而言，以下内容可圈可点。

其一，对于借他人之名行自己侵权之实者，应当与名义上的侵权人作为共同侵权人承担连带责任。判决提出："法院在认定某一民事行为的行为主体时，应当综合考虑实施该行为的自然人身份、职责、行为名义、组织业务范围、受益人、行为性质等因素，以合理界定个人行为、组织行为以及共同行为。如果自然人与其所属组织存在身份、利益混同情形且自然人对该组织有控制能力，则对该自然人以组织名义实施的以该自然人为直接受益对象的行为，即便该组织自认其为组织行为，仍应被认定为共同行为。"

其二，对于行业协会的行为，明确了中立和谨慎的义务，避免被会员操控，成为他人侵权的工具。判决认为："协会机构，应当与其会员保持正常的距离，从而保证其中立性。对于涉及会员与非会员之间的直接竞争关系，更应当中立和谨慎，尤其应当避免会员操控协会，并借协会之名行会员市场竞争之实。"

其三，在《反不正当竞争法》上经营者的认定，明确了"行为标准"。判决提出："不论其主体资格如何，只要其从事或参与了商品生产、经营或者提供服务的市场行为，均应认定为反不正当竞争法上的经营者。"

其四，明确了商业诋毁中虚假信息的参考时点和评判标准。判决书提出："虚假信息是指与真实信息情况不相符的信息，但此处的'真实情况'不是指'绝对真实'，而是指在特定时间相关主体所认可的'真实'。'特定时间'点应确定为经营者编造或者传播相关信息的时间点；'相关主体'则指与所实施行为相关的市场主体以及市场监管主体。""在无任何根据的情况下向竞争对手的客户发函陈述不利于竞争对手的信息，即便事后能证明该信息的真实性，该行为仍然有违经营者应当遵守的理性、诚信的商业道德进而具有不正当性，理应禁止。"

其五，明确了对于法人不应当适用赔礼道歉，如果有不良影响，应当适用消除影响。判决书提出："赔礼道歉与消除影响系针对民事侵权可并用的两种救济方式，然前者的实施对象为自然人而非法人，法人只是法律上拟制的'人'，既不会因侵权行为而导致心理创伤，亦无须以赔礼道歉的方式来恢复自我评价以维护人格尊严。当然，若法人的人身权受到侵害导致其商誉评价降低，则可以适用消除影响的救济方式。"

本判决不足之处在于，对于具有实际竞争利益关系的吴某某，以烟道专委会名义发送涉案函件的加害行为，吴某某与烟道专委会构成何种形式的共同侵权，从而承担连带责任，这方面的论述还可更进一步加强。

（点评人：邓宏光，西南政法大学民商法学院教授）

（2019）渝 01 民终 1026 号裁判文书原文

62. 德标管业（深圳）有限公司和德标管业（上海）有限公司、贵州德标管业有限公司商业诋毁纠纷案*

【关键词】

商业诋毁　不正当竞争　虚伪事实　侵权责任

【裁判要旨】

经营者在司法机关或行政机关尚未对竞争对手是否侵害其注册商标专用权纠纷作出认定的情况下，在微信朋友圈传播缺乏充分事实依据的言论，误导社会公众对竞争对手作出负面评价以致商业信誉、商品声誉受到损害，足以影响竞争对手交易机会和竞争优势的，其行为已超出维权合理限度，可以认定为散布虚伪事实，构成商业诋毁。

一、简要案情

德标管业（上海）有限公司（以下简称上海德标公司）、贵州德标管业有限公司（以下简称贵州德标公司）与德标管业（深圳）有限公司（以下简称深圳德标公司）均为从事铝塑管、板，PPR 管材、管件的生产商、销售商。2017 年 2 月 15 日，深圳德标公司的维权代理人何某向贵阳市观山湖区市场监督管理局投诉，称上海德标公司生产、贵州德标公司销售的同类产品侵犯了深圳德标公司的注册商标专用权。市场监督管理局按办案程序首先对涉案物品进行查封，调查中发现深圳德标公司涉嫌伪造国家商标转让证明文件，"德标 TUB" 商标权属存在争议，遂中止案件调查。其间，深圳德标公司代理人何某将偷拍的执法现场照片在其手机微信朋友圈中发布。《公证书》显示，何某在朋友圈中发布了 8 张照片：其中 4 张显示的是 "不给傍山寨货及不法分子可乘之机……" 字样；另外 4 张为执法人员执法过程的照片，内容是上海德标公司生产的 "DBEN 德标" 包装盒上贴有市场监督管理局的封条。上述图文照片被相关公众在微信朋友圈转发，并附有 "山寨货" "德标管被查封"

---

* （2018）黔民终 665 号。

"假打，打假，上海德标被查封被收！"等类似信息。上海德标公司、贵州德标公司认为深圳德标公司的行为构成商业诋毁不正当竞争，诉至法院要求停止侵权，并赔偿相应损失。

二、撰写心得

随着经济的高速发展，商誉在企业竞争中的地位和作用日益凸显，直接影响着企业的经营和发展。商业诋毁案件由于缺乏配套司法解释，规定过于原则，以致司法实践中对相关行为进行定性存在较大争议。本案探索了正当商业言论与商业诋毁的界限，回应了实践中对"虚伪事实"理解与适用中的不确定问题。认定行为人是否构成商业诋毁，要看其是否对竞争对手的营业活动、服务进行了捏造、散布虚伪事实，降低竞争对手的市场评价而损害其商誉。经营者对于他人的服务或者其他经营活动并非不能评论或批评，但批评或评论必须有正当目的，必须客观、真实、公允和中立，不能误导公众和损人商誉。

关于裁判文书的撰写，有三点感想。

一是充分说理是裁判文书的生命所在。作为司法工作者，大家都熟知裁判文书的撰写必须遵循基本的逻辑，进行充分的说理。作为裁判过程的载体，裁判文书不仅是整个审判过程的客观反映，也是法官辨法析理、释明法律最为直接的途径。因此，优秀的裁判文书应当聚焦案件焦点问题，结合在案证据，对当事人的诉求、法律的具体适用等问题进行符合逻辑的基本分析，使当事人和社会公众能够理解、认同并接受裁决的结果，从而维护法律应有的权威。

二是裁判的形成应当秉持基本的法治理念。如同优秀的艺术工作者所秉承的"角色无大小"理念，法官同样应当树立"案件无大小"的司法理念。法官不能因案件广受关注、法律问题新颖等自带光环的因素，在裁判文书撰写过程中长篇累牍、顾左右而言他；也不能因案件事实相对简单等因素，在裁判文书撰写过程中应付了事、蜻蜓点水。

三是知识产权裁判文书的形成应充分重视知识产权的公共属性。虽然知识产权作为一项民事私权已为《民法典》所明确，但知识产权的行使与社会公众利益、社会公共利益息息相关。一份侵权判决的作出，可能使得前景无限的商业模式进退维谷，可能使一个行业发生翻天覆地的变化，也可能危及公共健康……因此知识产权裁判文书的形成要尽量保证权利人利益与社会公众利益、社会公共利益之间的平衡，以实现裁判结果的政治效果、法律效果与社会效果的统一。

（秦娟，贵州省高级人民法院法官）

三、专家评析

本案同时入选 2018 年中国法院 50 件典型知识产权案例。二审判决对于"虚伪事实"这一较为疑难复杂问题，深入分析，层层剖析，对此类案件处理具有一定的指导意义。文书结构安排科学合理，思路清晰。首先，格式规范、表述通畅；其次，诉辩主张概括简明准确，判决叙述事实层次清楚、繁简得当；再次，归纳争议焦点逻辑周严，分析透彻、全面、客观，论证具有较强说服力；最后，从判决的社会效果看，《反不正当竞争法》具有建立规则、规范交易的作用，该判决对损害商誉行为进行规制，维护了诚信、公平、安全的交易环境，有利于法治化营商环境的建立。

（点评人：冷传莉，贵州大学法学院院长、二级教授）

（2018）黔民终 665 号裁判文书原文

63. 陕西白水杜康酒业有限责任公司和洛阳杜康控股有限公司商业诋毁纠纷案[*]

【关键词】

　　不正当竞争　　商业诋毁　　误导性信息

【裁判要旨】

　　经营者片面陈述真实事实，引人误解，损害竞争对手的商业信誉、商品声誉的，构成商业诋毁。

一、简要案情

　　陕西白水杜康酒业有限责任公司（以下简称白水杜康公司）向一审法院起诉请求：（1）判令洛阳杜康控股有限公司（以下简称洛阳杜康公司）立即停止侵犯白水杜康公司商业信誉、商品声誉的行为；（2）判令洛阳杜康公司在全国范围内对白水杜康公司公开赔礼道歉、消除影响、恢复信誉、恢复声誉；（3）诉讼费及其他费用由洛阳杜康公司承担。（4）判令洛阳杜康公司承担因其侵权行为给白水杜康公司造成的损失 200 万元。

　　一审法院经审理查明：白水杜康公司与洛阳杜康公司均为国内知名白酒生产企业。白水杜康公司系 915685 号"白水杜康"商标的商标权人。洛阳杜康公司使用的第 152368 号、第 9718179 号、第 9718151 号、第 9718165 号商标系其子公司伊川杜康酒祖资产管理有限公司授权许可使用，并授予维护商标权的权利。

　　杜康是中华酿酒始祖。"杜康"商标也并非哪家创设的品牌，该商标的注册和使用有着不同于一般商标的复杂过程和历史背景。20 世纪 70 年代，河南伊川杜康酒厂、河南汝阳杜康酒厂及陕西白水杜康酒厂均生产杜康酒，但均未以"杜康"作为商标注册，仅作为酒的特定名称使用。1980 年国家工商行政管理总局、轻工业部、商业部联合发布《关于改进酒类商品商标的联合通

知》，伊川、汝阳、白水三家酒厂均提出注册申请。由于当时没有商标共有制度，只能由一家企业注册。后经国家工商行政管理局、河南省人民政府、陕西省人民政府及相关部门协调，决定由伊川杜康酒厂注册"杜康"商标，汝阳杜康酒厂和白水杜康酒厂共同使用。国家工商行政管理总局商标局于1981年12月15日核准了伊川杜康酒厂的注册申请。1983年10月25日，河南省伊川县杜康酒厂与陕西省白水县杜康酒厂签订了《关于"杜康牌"商标使用合同协议书》，伊川杜康酒厂同意白水杜康酒厂继续使用"杜康牌"商标。在共用"杜康"商标的十多年间，包括汝阳杜康酒厂在内的三家酒厂通过在商品包装上注明企业名称的方式以示区分。

1992年9月1日，"杜康"商标进入续展注册期，白水、伊川、包括汝阳三家酒厂，因商标归属和使用问题再起争端。最终，在国家工商行政管理总局同意白水杜康酒厂可以注册带有地名的杜康商标，并于1996年12月14日核准了白水杜康酒厂申请的第915685号"白水杜康"商标。2001年，第152368号"杜康"商标的商标权人河南省伊川杜康酒厂，以915685号"白水杜康"商标与152368号"杜康"商标构成近似商标为由，提出撤销第915685号"白水杜康"商标的申请。国家工商行政管理总局商标评审委员会对第915685号商标的注册予以维持。北京市第一中级人民法院维持了该裁定。河南杜康酒业股份有限公司向北京市高级人民法院提起上诉，后撤回上诉。

2015年，白水杜康公司在市场上发现洛阳杜康公司在其生产、销售的50度一品杜康鉴品酒外包装上印制有"杜康商标唯一持有企业"，并于2016年1月13日在"1919"酒类直供陕西渭南临渭区乐天大街店购得该产品一件。自2015年开始，洛阳杜康公司以白水杜康公司产品侵犯其注册商标专用权为由，陆续在内蒙古、北京、天津等地投诉白水杜康公司生产的部分类型产品，导致白水杜康公司产品在天津、北京、内蒙古多地被工商行政管理部门扣押、查封、封存、停止销售，给白水杜康公司造成了一定的损失。2016年10月31日，陕西省工商行政管理局复函天津市市场和质量监督管理委员会，认为在判断商标是否近似时，应以普通消费者的一般注意力为标准，如果两个商标不会导致消费者对商品来源产生混淆和误认，则不应判断为近似商标。

渭南市中级人民法院一审判决：（1）洛阳杜康控股有限公司于本判决发生法律效力之日起立即停止在产品包装上印制"杜康商标唯一持有企业"广告语，并立即销毁或更换现有的印制该广告语的产品包装。（2）洛阳杜康控股有限公司于本判决发生法律效力之日起三十日内在《法制日报》刊登声明（持续时间一个月），消除影响，恢复陕西白水杜康酒业有限责任公司商业信誉、商品声誉。（内容需经一审法院审定，费用由洛阳杜康公司承担。）（3）洛阳杜康控股有限公司于本判决发生法律效力之日起十五日内赔偿因商业诋毁行为给陕西白水杜康酒业有限责任公司造成的损失人民币 50 万元。（4）驳回陕西白水杜康酒业有限责任公司的其他诉讼请求。

一审宣判后，双方均上诉至陕西省高级人民法院。陕西高院认为本案的争议焦点在于洛阳杜康公司在其产品外包装上印制"杜康商标唯一持有企业"的语句是否构成商业诋毁。二审审理后作出判决：（1）维持渭南市中级人民法院（2016）陕 05 民初 23 号民事判决第 1、3、4 项。（2）变更渭南市中级人民法院（2016）陕 05 民初 23 号民事判决第 2 项为：洛阳杜康控股有限公司于本判决发生法律效力之日起三十日内在《法制日报》刊登声明（持续时间十天），消除影响，恢复陕西白水杜康酒业有限责任公司商业信誉、商品声誉（内容须经渭南市中级人民法院审定，费用由洛阳杜康控股有限公司承担）。

二、撰写心得

本案中杜康标识成为竞争中企业争夺的资源，绝非某家企业的创制之功，乃是来源于文化的影响和历史的机遇。之所以形成今日几家企业分别注册有"杜康"或含有"杜康"的商标的局面，在一定程度上也是在有关行政机关协调下相互妥协的结果。因此，在确定本案中当事人权利与义务、商业诋毁行为的构成、保护的力度与保护的方式时应当考虑这些特殊因素。

（一）"杜康"的历史渊源及围绕"杜康"而形成的商标权与商誉

杜康，古为人名。《辞源》对杜康的注释为："【杜康】传说最早造酒的人。见世本。因转称酒为杜康。文选三国曹操（魏武帝）短歌行：'何以解忧？唯有杜康。'"《辞海》对杜康的注释为："即少康。传说中酿酒的发明者。《说文解字·巾部》：'古者少康初作箕帚、秫酒。少康，杜康也。'后即以'杜康'为酒的代称。曹操《短歌行》：'何以解忧，唯有杜康。'"在这两部经典辞书中，都直接将杜康作为酒的代称。而众多文学作品中亦经常以杜康指代酒。这既是文化的传承，也是民族的记忆，而非专属于某一人、某一地。

由于杜康二字在中国文化中的特殊意义，其与酒的联系如此之密切，因此杜康二字作为商标使用在酒类产品上能够产生巨大的价值，伴随着该商标的巨大商誉是无法以普通的宣传方式所取得的，这也是本案中双方当事人诉争的深层次的原因。另外，本案中所涉及的杜康是商标法意义上的杜康，这与传统文化中的杜康既存在密不可分的联系，也存在一定的区别。其联系在于，本案中的两家公司所使用的商标法意义上的杜康均非由其自己所独创，而是来源于传统文化意义上的杜康。其区别在于，审视本案中的"杜康"或含有"杜康"字样的商标及由此带来的竞争行为，确定双方的权利义务，判断法律行为的效力，必须是从现行商标法与竞争法的角度出发而言，此法律意义之"杜康"与彼传统文化意义之"杜康"的内涵及承载的权利义务并不同一。

具体到双方的商标专用权而言，白水杜康公司与洛阳杜康公司分别是"白水杜康"商标和"杜康"商标的商标专用权人和授权许可商标专用权人，在现行商标法体系内，两者对各自的注册商标均享有相应的权利。杜康的商誉不仅只及于洛阳杜康所使用的"杜康"这一商标，"白水杜康"这样经依法注册的包含"杜康"的商标也享有受法律保护的与"杜康"有关的相应商誉。因此，其在法律允许的范围内使用包含杜康二字的"白水杜康"商标是受法律保护的行为，而对其使用经过注册的"白水杜康"商标所形成的商誉造成损害的行为在法律上可以构成商业诋毁行为等不正当竞争行为。

（二）本案竞争关系中商业诋毁行为的判定

是否构成商业诋毁，其根本要件是相关经营者之行为是否以误导方式对竞争对手的商业信誉或者商品声誉造成了损害。如果不公正、不准确、不全面地陈述客观事实，意在贬低、诋毁竞争对手的商誉行为，客观上会造成竞争对手商誉的下降。

本案中，洛阳杜康公司在其产品外包装上印制了"杜康商标唯一持有企业"这一广告语。由于该企业是"杜康"注册商标的唯一持有企业，这样的说法从字面来看是一个真实的事实。但洛阳杜康公司享有的本就是经过授权的仅包含"杜康"二字的商标的商标专用权，由于商标注册中先申请原则的限制，不可能出现两个只包含"杜康"二字的商标，当不针对其他竞争者时，"杜康商标唯一持有企业"的说法并无实质意义。在目前市场中"杜康"注册商标与含有"杜康"二字的注册商标均合法存在的前提下，这句话真正的含义在于暗示消费者该产品的生产企业与"杜康"商标拥有最亲近的关系，其产品是最正宗的"杜康"牌酒。而这一意义只有在与其他含有"杜康"二字的商标进行比较时才会产生，在这里的"唯一"是隐含了在所有含有"杜康"字样的酒类商标中进行比较的含义的。由于前述的"杜康"的历史渊源、该商标的历史形成过程及不同企业均在使用含有"杜康"两字的商标的现状，不用再作额外的解释或铺垫，这样的陈述足以误导相应的消费者领悟到这句话隐含的意义。因此，可以认定洛阳杜康公司是在比较的意义上使用"杜康商标唯一持有企业"的宣传语。这样的比较，虽然没有指明比较对象，但一般同业人员或普通消费者是可以轻易推知的。而该比较是以削弱竞争对手的市场竞争能力，并谋求自己的市场竞争优势为目的的，是一种名为宣传自己，实为贬低他人的行为。

　　根据本案查明的事实，"杜康"商标是一个复杂的历史问题，它不是哪一家企业自己独创的商标，而是在20世纪70年代初期伊川、汝阳、白水三家酒厂生产的"杜康"酒（酒名，非商标）的基础之上延续而成，而且曾有过共同使用"杜康"商标的阶段。白水杜康公司持有的"白水杜康"商标虽然在杜康前加了白水二字，但这是出于历史的原因用于区分的目的，而不是对"白水杜康"中包含的"杜康"二字的限制，并不意味着"白水杜康"的商标权利小于或弱于"杜康"商标。"白水杜康"商标作为一个整体，依法经过了注册，拥有完整的商标专用权，其在商标中使用"杜康"二字受法律保护，并享有与"杜康"二字有关的相应商誉。因此，洛阳杜康公司作出"杜康商标唯一持有企业"的表述与历史及事实不符。在信息时代，消费者主要依靠各种信息来挑选企业提供的产品或服务，良好的商誉形成困难，毁损却十分容易，修复和挽回的代价巨大。"杜康商标唯一持有企业"由于其语意上的多重意义及其明显的含义，会传递误导性的信息，同虚假宣传一样容易引人误解，足以导致相关消费者对相关商品产生错误认识，进而影响消费者的决定，并对竞争对手的商业信誉产生负面影响，损害竞争者的利益。

　　一般而言，对竞争对手的商业信誉、商品信誉进行恶意的诋毁、贬低，这样的行为是出于故意而非过失。洛阳杜康公司明知其他酒厂在使用包含"杜康"二字的注册商标，也明知围绕"杜康"的争议的来龙去脉，但其仍在商品外包装上使用"杜康商标唯一持有企业"，足以令消费者对其他包含"杜康"二字的商标的商品来源是否正宗产生怀疑，可以推定其主观上明知自己的行为会发生损害他人商誉的结果，但希望或者放任这种商誉毁损的危害结果的发生。

　　商业诋毁行为不仅侵犯了商誉主体的利益，同时也损害了正常的竞争秩序。竞争关系中的善良经营者应当合理地行使自己的权利，并尊重竞争对手的权利。如对竞争不加限制，则竞争必会陷入无序，不仅可能损害竞争对手的商誉，误导消费者，客观上也会抬高企业的经营成本，导致企业必须以更高的投入去防范对手的不可预计的行为及进行相应的解释宣传等工作。这样的经营成本提升没有止境，直至陷入恶性竞争也不会停止，不仅对于产品或服务质量的提高毫无帮助，而且成本提升的后果是由全社会来承担的。因此，商业诋毁不仅是违背商业道德的行为，也是不符合经济规律的行为。不论是出于商誉保护、竞争秩序、商业道德还是社会经济成本的考量，对本案这样的不正当竞争行为应当予以规范。

（三）本案对于审判实践的意义

本案审理之时，适用的仍是 1993 年颁布施行的《反不正当竞争法》，其中对于商业诋毁行为在第 14 条作出了规定："经营者不得捏造、散布虚伪事实，损害竞争对手的商业信誉、商品声誉。"该条仅规定了虚伪事实，并未对本案这样的存在真实性的商业诋毁行为的认定作出明确规定。但在本案于 2017 年 6 月裁判后，2017 年 11 月 4 日经过全国人大常委会修订，于 2018 年 1 月 1 日起开始施行的新《反不正当竞争法》对商业诋毁行为在第 11 条作出的新的规定是："经营者不得编造、传播虚假信息或者误导性信息，损害竞争对手的商业信誉、商品声誉。"增加了对误导性信息的规定。回顾新法的修订过程，2017 年 2 月国务院提交全国人大常委会审议的《中华人民共和国反不正当竞争法（修订草案）》中关于商业诋毁行为的第 13 条仍规定为："经营者不得捏造、散布虚伪事实，损害竞争对手的商业信誉、商品声誉。"但在 8 月公布的二次审议稿中第 11 条的规定已经变为："经营者不得编造、传播虚假信息或者传播误导性信息，损害竞争对手的商业信誉、商品声誉。"增加了对传播误导性信息这一行为的规制。本案的审理，正值新法旧法更替之际，合议庭在旧法的文字规定之外，依照法条所蕴含的法律规范的内在含义，作出了合乎法律解释和时代发展的理解和适用，对商业诋毁行为的法律规制提供了有价值的实例。在审判实践中，尤其在知识产权审判实务中，法条的规定不足以涵盖诉争民事行为的情形经常存在，此时，法院亦不能以没有明确的法条规定为由拒绝裁判。这就需要审判人员注意日常的积累和学习，深刻理解法律规范的内在涵义，才能在遇到新的问题时作出正确的理解和适用。

（常宝堂，陕西省高级人民法院法官）

三、专家评析

本案系《反不正当竞争法》修订前的商业诋毁纠纷案件，适用原《反不正当竞争法》（1993 年）的相关规定。根据该法第 14 条规定，商业诋毁行为是指经营者通过捏造、散布虚伪事实等不正当手段，损害竞争对手的商业信誉、商品声誉的行为。其构成要件概括为：一是经营者之间存在竞争关系；二是行为人实施了捏造、散布虚伪事实的行为；三是行为人主观上存在过错；四是行为人的行为可能或者已经造成相对人商誉的损害。此类案件审理中，关于"虚伪事实"的认定对是否构成商业诋毁行为起着至关重要的作用。

判定洛阳杜康公司的被诉行为是否属于捏造、散布虚伪事实，关键在于其在案涉商品外包装上印制的"杜康商标唯一持有企业"的词语是否属于《反不正当竞争法》（1993 年）规定的"虚伪事实"。一方面，从一般意义上讲"虚伪事实"是与真实情况不相符合的信息；另一方面，"虚伪事实"还应包括"片面真实""真实但不完整"，或者对真实的事件采用不正当的说法等容易引人误解的信息。前者较容易判断，而后者往往表面上看似是真实事实，但由于其可能存在不公正、不准确、不全面地陈述客观事实进而引人误解的情形，因而较为隐蔽，不易判断，需要结合具体案件进行认定。就本案而言，仅从表面上的字词看，洛阳杜康公司在商品外包装上印制的案涉词语表述的是真实事实。但由于在中国，"杜康"二字与酒有着特殊的联系，且历史上存在案涉三家酒厂共用"杜康"注册商标的过程，直到现今仍存在着洛阳杜康公司和白水杜康公司均持有含"杜康"二字注册商标的现状。因此，无论案涉三家酒厂中的哪家酒厂将"杜康"作为商标法意义上的商标使用，均非由其自己独创，而由此产生的商誉也不应由其中一家独享。在目前洛阳杜康公司与白水杜康公司持有的含"杜康"二字的注册商标均合法存在的情况下，各自的含"杜康"二字的注册商标及相应的商誉均应受到法律保护。鉴于上述历史和客观情况，洛阳杜康公司在其商品外包装上印制"杜康商标唯一持有企业"的词语，其中的"唯一"表述即含有与其他含有"杜康"二字商标对比的含义，而此种对比，实际上是片面地割断有关"杜康"商标的历史过程，极易使相关公众产生只有洛阳杜康才与"杜康"商标存在唯一的对应关系的错误认识，进而对白水杜康公司相关商品产生负面评价，从而导致白水杜康公司的商誉受到影响。洛阳杜康公司的案涉行为是在其明知有关"杜康"注册商标的历史和现状的情况下所为，因而具有削弱竞争对手的市场竞争能力，谋求自己的市场竞争优势的主观故意，因此，属于《反不正当竞争法》（1993 年）第 14 条规定的情形。

　　本案的典型意义在于，本案将"片面地陈述真实事实但容易引人误解"的表述，明确认定为法律规定的"虚伪事实"，这是对《反不正当竞争法》（1993）第 14 条规定的"虚伪事实"的细化。二审判决作出后，《反不正当竞争法》进行了修订，新法针对司法实践中"虚伪事实"的认定难题，适度扩大了旧法中"虚伪事实"的外延，增加了"误导性信息"的编造或传播也可能构成不正当竞争的相关内容。

　　（点评人：张小燕，原陕西省高级人民法院民三庭庭长，三级高级法官）

（2017）陕民终 154 号裁判文书原文

64. 北京微梦创科网络技术有限公司和北京淘友天下技术有限公司等不正当竞争纠纷案[*]

【关键词】

不正当竞争　大数据　三重授权　明示同意

【裁判要旨】

网络平台获取并使用用户信息应遵循"用户明示同意" + "最少够用"的基本原则。数据是网络平台重要的竞争优势与商业资源，网络平台提供方可以就他人未经许可擅自使用其经过用户同意收集并使用的用户数据信息主张权利。互联网中第三方应用通过开放平台例如 Open API 模式获取用户信息时应坚持"用户授权" + "平台授权" + "用户授权"的三重授权原则，第三方应用未经用户同意且未经开放平台授权，获取并使用平台用户信息的行为，构成不正当竞争行为。

一、简要案情

被上诉人北京微梦创科网络技术有限公司（以下简称微梦公司，一审原告）独立运营新浪微博，上诉人北京淘友天下技术有限公司（以下简称淘友技术公司，一审被告）、上诉人北京淘友天下科技发展有限公司（以下简称淘友科技公司，一审被告）共同运营脉脉软件。新浪微博与脉脉软件同属于社交类软件，二者存在竞争关系。

被上诉人在一审中诉称，上诉人通过脉脉软件对其实施了四项不正当竞争行为，请求法院判令上诉人立即停止四项不正当竞争行为；在 www.maimai.cn 网站首页显著位置及 App 应用显著位置连续 30 天刊登声明，消除影响；赔偿微梦公司经济损失 1000 万元及合理开支 30 万元。

一审法院经审理判决：二被告停止涉案不正当竞争行为；二被告在脉脉网站（网址为 www.maimai.cn）首页、脉脉客户端软件首页连续 48 小时刊登

---

* （2016）京 73 民终 588 号。

声明，消除影响；二被告共同赔偿微梦公司经济损失 200 万元及合理费用208 998 元。

上诉人不服一审判决，向北京知识产权法院提起上诉。

根据双方当事人的诉辩主张及理由，二审的焦点问题为：（1）上诉人获取、使用新浪微博用户信息的行为是否构成不正当竞争行为；（2）上诉人获取、使用脉脉用户手机通讯录联系人与新浪微博用户对应关系的行为是否构成不正当竞争行为；（3）上诉人是否对被上诉人实施了商业诋毁行为；（4）一审判决有关民事责任的确定是否适当。

二审认为，互联网中第三方应用通过开放平台例如 Open API 模式获取用户信息时，应坚持"用户授权"＋"平台授权"＋"用户授权"的三重授权原则。本案上诉人与被上诉人通过新浪微博平台 Open API 进行合作，上诉人未经新浪微博授权，获取并使用新浪微博用户的职业信息、教育信息，未经非脉脉用户的新浪微博用户的同意，获取并使用其新浪微博的相关信息，损害了用户的知情权、选择权和隐私权，破坏了被上诉人的竞争优势和互联网行业的公平竞争秩序，构成《反不正当竞争法》第 2 条规定的不正当竞争行为。此外，在互联网环境中，一方披露另一方负面信息时，虽能举证证明该信息属客观、真实，但披露方式显属不当，且足以误导相关公众产生错误评价的行为构成商业诋毁。本案上诉人没有客观、完整地披露其与被上诉人终止合作的前因后果，上诉人公开发表的声明中称"新浪微博今日要求交出用户数据才能继续合作"等内容将会误导新浪微博用户及其他相关公众，对被上诉人产生泄露用户信息及以交换用户数据为合作条件的错误评价，进而导致新浪微博的信用度降低，影响被上诉人的商业信誉，故上诉人淘友技术公司、淘友科技公司的前述行为构成对被上诉人微梦公司的商业诋毁。综上，北京知识产权法院依法判决驳回上诉，维持原判。

二、撰写心得

作为一名知识产权法官，在笔者眼中，裁判文书就像一枚商标。商标是商誉的载体，能够表彰商品来源。裁判文书是审判工作的载体，能够体现公平正义。从小的方面讲，裁判文书是法官个人职业素养的体现，要让当事人能够从字里行间读出事实是如何认定、法律是如何适用；从大的方面讲，裁判文书是司法公信力的载体，要让老百姓能够通过裁判文书感受到司法的公平正义。因此，裁判文书不仅承载着告知当事人案件是如何裁判的职责，还承载着法律是如何被适用的使命。众所周知，驰名商标具有极高的美誉度和影响力，商家不断地提高商品和服务品质以提升商标的价值。一份经典的裁判文书恰如一枚驰名商标，法官不断地投入心血和智慧，把案件办成铁案，以使裁判文书不仅能经得起案件当事人的检验，还能经得起社会公众的评判和历史的考验。将一份裁判文书打造成一枚驰名商标不仅需要法官用工匠的精神和手艺沉下心来，耐心地在字里行间打磨，还需要运用司法的智慧，定分止争，确立规则，平衡利益，让裁判文书带着法治的精神和思想的光芒照亮当事人的心头疑云，指明相关领域、行业发展的方向。一份好的裁判文书背后凝结着很多人的付出和贡献。以这篇裁判文书来说，正是在创设国际一流裁判文书理念的指引下，在钻研案件研究问题的浓厚氛围中，在身边审判专家的指导下，在与大家如切如磋，如琢如磨的交流过程中，在技术调查官、法官助理和书记员的辅助下，在一审判决的基础上几易其稿终得完成。其中的辛苦和付出的心力不足为外人道也。裁判文书不仅实现了案结事了，还实现了一定的社会价值，身为法官的幸福则溢于言表。

作为一名知识产权法官，在笔者心中，一份好的裁判文书又像是专利。专利是以公开换保护，进而推动科学技术进步和社会经济发展。裁判文书是以公开赢得权威和公信，进而推进法治化的进程。法律需要被信仰。"正义不仅要得到实现，而且应当以看得见的方式实现。"随着全社会法治水平和权利意识的不断提高，当事人对于司法审判过程的公平和结果的公正的要求日益提高，社会公众对于热点案件的关注度和意见表达的诉求日益迫切，各相关行业对于裁判文书指引功能的需要也日益强烈，这些都对如何撰写高质量的裁判文书提出了更大的挑战。回应这些诉求，就需要我们法官在撰写裁判文书时像撰写专利的权利要求一样，让当事人和社会公众读完判决后就能够清楚、明白、毫无疑义地知道案件结果是如何产生的，类似行为今后将如何规范，进而通过一份份裁判文书辨法析理、明确规则，不断提高社会的法治意识，推动依法治国的进程。如何才能实现上述目标，笔者认为可从以下三个环节下功夫：首先，庭审时，要保障各方当事人对证据及焦点问题充分发表意见，这是裁判文书确定法律事实和法律问题的关键环节。"汝果欲学诗，功夫在诗外。"庭审开得好是裁判文书撰写好的基础和前提。其次，合议时，合议庭要对案件的待证事实和法律问题进行全面、深入、细致地研究和讨论，这是案件结果公正的重要保障，也是裁判文书能经得起考验和检视的重要条件。最后，撰写时，承办人不仅要条分缕析，抽丝剥茧一般把证据中认定的事实写清楚，还要辨法析理，将抽象的法律规定合理恰当地运用到具体的案件中。此外，要想打造出一份经典的裁判文书还要带着司法的温度和智慧，力透纸背，通过个案中的裁判说理明晰规则，平衡利益，为行业发展指引方向。

作为一名知识产权法官，在笔者心中，每一份裁判文书都是法官智慧的结晶，属于智力劳动成果。同时，笔者也清楚地知道裁判文书不受著作权法保护，但这丝毫没有影响我们法官创作裁判文书的热情。作品重在有独创性，裁判文书则不需要标新立异。裁判文书的撰写一定是以事实为基础，以法律为准绳，裁判的论理要符合基本逻辑，裁判的结果要满足实体正义。法官不能拒绝裁判。随着科学技术的飞速发展，社会新类型矛盾不断涌现，在法律尚未对一些具体行为明确性质、新型利益纠葛作出明确规定的情况下，面对诉讼，法官只有在具体个案中通过裁判文书的辨法析理，适度解释法律，恰当适用法律，才能合理解决当事人之间的纠纷，进而明晰该类纠纷的处理原则和标准。从这篇获奖的裁判文书来讲，"大数据面前我们每个人都将是透明的，这绝不是皇帝的新装"，大数据经济时代，数据已经成为各个企业所掌握的重要资源，也已经在市场经济活动中转换为财富，但当时的法律对于数据是否给与保护以及如何保护均没有明确具体的规定。面对法律的空白，技术和市场的变化，当事人的利益诉求，如何保障大数据经济的发展，保护个人用户的相关信息，需要司法进行裁判。为了清楚地写明白个人公开信息是如何被收集、获取、计算和使用的，更好地尊重用户的知情权和选择权，保障企业基于自身经营活动收集到的相关数据的权益，以及表达司法对于大数据经济健康发展的价值导向，这份判决共用了 74 580 字。正如《庄子》所言"长者不为有余，短者不为不足。是故凫胫虽短，续之则忧；鹤胫虽长，断之则悲"。藉此，判决已出，无须再言，此为适宜。

（张玲玲，北京知识产权法院法官）

三、专家评析

本案是全国首例社交网络平台涉大数据不正当竞争纠纷案，也是将消费者权益保护作为判断经营者行为正当性依据的典型案例。因涉及互联网用户个人数据信息的商业化利用，以及互联网新技术手段和新商业模式的评判，使得本案兼具技术查明、法律适用及利益平衡三重难题。张玲玲法官撰写的裁判文书通篇七万四千余字，以流畅生动、通俗易懂的文字将复杂的技术问题转化为容易理解的法律事实和法律问题，并合理恰当地适用法律法规，适度解释法律填补漏洞，同时引用司法政策、实务观点等，将复杂的法律问题条分缕析，对"《反不正当竞争法》第 2 条的适用范围""保护消费者利益与不正当竞争间的关系"等多个争议问题进行了详实论证，令人信服。裁判文书中确立的"用户明示同意原则""最少够用原则"以及三重授权原则等均在实务中和理论界产生一定反响。这份文书在精确把握本案事实和深入剖析法律问题的基础上，对于大数据时代背景下如何合法使用以及保护网络用户信息作出了妥善的回应，具有非常好的法律效果和社会效果。本案在个人用户信息保护以及大数据商业化利用方面确立的裁判标准对大数据行业产生了一定影响，在适用《反不正当竞争法》原则条款时确立的考量因素对于个人数据保护以及数据竞争的司法实践具有一定影响。

（点评人：宋鱼水，北京知识产权法院党组成员、政治部主任兼副院长，全国审判业务专家）

（2016）京 73 民终 588 号裁判文书原文

第三节　垄断纠纷

65. 深圳微源码软件开发有限公司和腾讯科技（深圳）有限公司、深圳市腾讯计算机系统有限公司垄断纠纷案 *

【关键词】

　　滥用市场支配地位　相关市场　被诉行为　需求替代　供给替代

【裁判要旨】

　　1. 围绕互联网平台服务发生的垄断纠纷，相关服务市场的界定，原则上从被诉行为直接影响的具体服务出发，依据不同服务特性按照需求者对服务用途的实际需求进行替代分析。如果供给替代对被诉行为经营者也能形成竞争，确定相关市场范围时，提供同样或类似服务的替代者也应当纳入相关服务市场。

　　2. 确定互联网平台在特定服务领域的市场支配能力时，如不能证明增值服务通过基础服务用户数获得显著的市场力量，提供增值服务的互联网基础服务平台用户数量并不当然构成某项增值服务的用户数量。

一、简要案情

　　原告深圳微源码软件开发有限公司（以下简称微源码公司）诉被告腾讯科技（深圳）有限公司、深圳市腾讯计算机系统有限公司（以下两公司共同简称腾讯公司）滥用市场支配地位。原告诉称被告利用其在中国移动互联网即时通信和社交软件与服务市场的市场支配地位，擅自封禁原告在被告运营的微信公众号平台上开办的 26 个微信公众号，认为被告行为构成滥用市场支配地位的垄断行为。对原告实施了无正当理由"拒绝交易"和"差别待遇"的滥用市场支配地位，进而提出九项诉讼请求。

---

　　*（2017）粤 03 民初 250 号。

两被告共同答辩称：原告对本案相关市场界定错误，且未能证明被告在相关市场中具有市场支配地位以及实施了滥用市场支配地位的行为。被告对原告涉案 26 个微信公众号采取封号措施是依据双方此前达成的《微信公众平台服务协议》和《微信公众平台运营规范》的明确规定，具有充分的正当理由，不构成反垄断法项下的滥用市场支配地位的行为。

经审理查明：原告提交了 2015 年被告未经审核的第三季度业绩，确定微信和 WeChat 合并月活跃用户量达到 6.5 亿人。《2015Q4 中国移动社交通信季度报告》，原告认为微信、QQ、陌陌等移动互联网即时通信和社交软件的统计数据显示微信用户远超过其他移动互联网即时通信和社交用户数量，证明本案涉及的微信产品在移动社交通信行业占有具有市场支配地位。关于原告被封禁的 26 个微信公众号的使用功能和目的，原告陈述主要用于其推广宣传和代理销售，即有销售产品的功能。26 个微信公众号均属于认证公众号中的服务号，不仅可以开展发布信息和咨询的自媒体活动，具有自媒体的宣传推广功能，更是综合营销平台，并开展与产品服务、小程序有关的一整套营销活动，可以销售产品和提供服务。原告认为本案涉及的相关商品是对软件和服务的推广平台。在对相关市场的界定上，原告主张"移动互联网的即时通讯和社交平台服务市场"。被告提交的公证书证明被告在其运营的 26 个微信公众号上发布大量涉及推广、介绍使用"数据精灵"等接入微信系统的外挂软件的信息以及链接。原告在其自办、运营的互联网网站上以及其他互联网平台上，通过推广文案、视频等方式宣传推广其"数据精灵"等软件与服务。原告在其他互联网网站宣传的产品与微信公众号中宣传的产品高度重合，且推广内容也高度一致。其通过网站公示的微信二维码，以及公众号推送信息内的"阅读原文功能"，也可以实现二者的交互访问。

法院认为，原被告双方争议行为所直接指向的"产品"，是微信软件所提供的公众号服务，因此本案纠纷涉及的产品是"微信公众号"而不是"微信"。原告在被告微信公众平台注册并运营涉案"微信公众号"主要是为了宣传、推广其数据精灵等产品，具有自媒体的宣传推广功能。原告对诉争的服务拥有的身份不是使用微信聊天功能的普通微信用户，而是在微信公众平台注册运营微信公众号的主体。

第一，关于相关市场的界定方法。相关商品市场是根据商品的特性、用途及价格等因素，由需求性认为具有替代关系的一组或一类商品所构成的市场，这些商品表现出较强的竞争关系，在《反垄断法》项下可以作为经营者竞争的商品范围。界定相关市场主要从需求者角度进行需求替代分析，需求替代是根据需求者对商品功能用途的需求、质量的认可等。

第二，本案相关市场的界定。一方面，法院认为原则上相关市场的界定从被诉行为直接影响的具体服务出发，依据不同服务特性按照需求者对服务用途的实际需求进行替代分析，基于本案具体情况及证据，主要从功能、特性角度进行需求替代性分析。另一方面，从供给替代分析，上述具有同样满足互联网宣传推广功能的平台对需求者提供的类似服务对本案被告经营的微信公众号也能形成竞争压力，也应当纳入相关市场界定的范围。综上，本案相关商品市场应为互联网平台在线推广宣传服务市场，能够满足原告产品宣传、推广主要需求的渠道如自办网站、微博，视频平台如优酷、搜索引擎服务平台，社交网站如 QQ 空间等应纳入本案相关商品市场。而原告主张本案相关商品市场界定为即时通信和社交软件与服务市场，系未能明晰互联网平台基础服务与增值服务之间相互独立的关系，偏离了原告对微信公众号作为宣传推广需求的本质，法院不予支持。

第三，被告在本案相关市场是否具有市场支配地位。（1）微信用户数量不等于具有天然垄断属性基础。（2）用户花费在互联网上的时间和范围以及关注兴趣是有限的，即用户注意力并非随着产品或服务或者平台的增加而无限扩张，并非所有的微信用户均会对所有在微信公众号上的产品和服务感兴趣，对于一类产品或服务的关注会仅限于特定用户群，因此不存在所有微信普通用户都可称为公众号的关注基础。法院认为原告认为微信个人用户总量是被告拥有垄断支配地位的天然属性的观点无法成立。

综上，原告未能证明被告在互联网在线推广平台的市场支配地位，其诉称被告构成"拒绝交易"和"歧视待遇"滥用市场支配地位不能成立，法院驳回原告全部诉讼请求。

二、撰写心得

在互联网已经高度融入社会生活的时代，个体的日常活动、经济交往更多依赖于互联网技术，微信、淘宝、微博等互联网平台的发展历程均表明，互联网平台运营方均会利用基础平台开展研发各类新的产品（服务）等增值服务以期获得用户广泛和持久的注意力。互联网平台运营方因此展开的竞争呈现出多边竞争的特点，互联网平台之间的边界也越来越模糊。平台间提供的各项服务在细分领域展开具体的竞争，而提供增值服务通常与基础服务的互联网平台共享同一个接口路径。因而在互联网平台相关的垄断诉讼中，相关市场的界定往往容易把增值服务和基础平台服务混为一谈，无法客观反映互联网细分领域的竞争实质和现状。

本案围绕互联网平台服务发生的垄断纠纷，提出对相关服务市场的界定方法，原则上从被诉行为直接影响的具体服务出发，依据不同服务特性按照需求者对服务用途的实际需求进行替代分析。

第一，关于相关市场的界定方法。相关商品市场是根据商品的特性、用途及价格等因素，由需求性认为具有替代关系的一组或一类商品所构成的市场，这些商品表现出较强的竞争关系，在《反垄断法》项下可以作为经营者竞争的商品范围。界定相关市场主要从需求者角度进行需求替代分析，需求替代是根据需求者对商品功能用途的需求、质量的认可等。

第二，本案相关市场的界定。法院认为，原则上相关市场的界定从被诉行为直接影响的具体服务出发，依据不同服务特性按照需求者对服务用途的实际需求进行替代分析。如果供给替代对被诉行为经营者也能形成竞争，确定相关市场范围时，提供同样或类似服务的替代者也应当纳入相关服务市场。在已经明确了原告指控被告垄断行为的争议服务系通过互联网平台进行的宣传推广服务，基于本案具体情况及证据，主要从功能、特性角度进行需求替代性分析。判决书在撰写过程中，详尽结合证据和查明事实，从功能角度看，通过对其他互联网产品的分析认定都具有原告所主张的宣传、推广功能，能够对微信公众号实现有效的替代实现了原告的宣传、推广需求。从商品特性上看，前述互联网产品提供的推广服务都是面对广大用户提供的，运营主体通过注册相关账号并主动投放相关推广内容即可实现在线推广，如本案原告即在微信公众平台和新浪微博上注册了账号并发布了大量推广文章，在优酷视频网站亦注册了账号并投放了数百个宣传推广视频；就普通互联网用户而言，其可以通过关注或订阅等方式对运营主体的推广账号进行实时关注，也可以通过主动搜索等方式顺利获取前述在线推广内容。

另外，判决从反垄断法的理论上以供给替代分析，认定上述具有同样满足互联网宣传推广功能的平台对需求者提供的类似服务对本案被告经营的微信公众号也能形成竞争压力，也应当纳入相关市场界定的范围。在理论与事实的完整结合下，判决认定本案相关商品市场应为互联网平台在线推广宣传服务市场，能够满足原告产品宣传、推广主要需求的渠道如自办网站、微博、视频平台如优酷、搜索引擎服务平台，社交网站如 QQ 空间等应纳入本案相关商品市场。原告主张本案相关商品市场界定为即时通信和社交软件与服务市场，系未能明晰互联网平台基础服务与增值服务之间相互独立的关系，偏离了原告对微信公众号作为宣传推广需求的本质。

该案获得 2018 年最高人民法院全国五十大典型知识产权案例，并入选 2019 年发布的《中国互联网审判白皮书》附件的十大案例，第二届全国法院百篇优秀裁判文书，第四届中国知识产权裁判文书特等奖。

（蒋筱熙，广东省深圳市中级人民法院法官）

三、专家评析

该判决主要亮点是条理清晰、逻辑严密、注重说理。在格式体例方面做到要素齐全、结构完整。在语言文字方面做到行文流畅，用语简洁、规范。结合庭审诉辩意见、举证、质证、法庭辩论以及法庭调查核实证据等情况准确归纳争议焦点，事实叙述详略得当，论述层次分明，说理透彻，适用法律正确。

该判决围绕争议焦点进行释法说理，尤其是相关市场的界定，从互联网商品（服务）区别于传统商品（服务）的特有功能和特性进行了详尽分析，具有较强的理论性，对当事人主张的主要观点进行了全部回应；并从事实到法理上对被告是否具有市场支配地位进行详尽阐述，理论性高，裁判理由体现法、理、情相协调，符合社会主义核心价值观，合理运用说理技巧，增强说理效果。

该判决对被告在原告主张的相关市场是否具有支配地位作了有依有据的详细论述，认定虽然被告微信用户数量众多，但不等同于其就具有天然的垄断属性，平台内的用户总量与平台内个体所能获得的市场力量不具有必然联系。本案首次在判决中提出了"用户注意力"的概念，并认为考虑用户注意力替代的一个重要指标是各竞争者提供的产品是否具有差异化，现有产品或服务的替代品是否更容易引起用户注意力的转移。判决从互联网提供的产品或服务的功能、特性的角度进行充分分析，最终认定原告关于微信个人用户总量是被告拥有垄断支配地位的天然属性的主张不能成立。

该判决对被告对原告涉案公众号进行封禁的行为，是否构成《反垄断法》规定的拒绝交易和歧视待遇进行了详细的论述，准确认定被告的行为不具有排除、限制竞争的动机和效果，从而不构成滥用市场支配地位。

该判决从以下几方面对被告封禁原告涉案公众号的行为是否具有正当理

由进行了充分阐述：（1）被告制定、发布的《服务协议》和《运营协议》，是否基于企业自身经营需要和维持微信公众平台正常运营需要，其内容是否违反国家法律法规的规定；（2）被告对微信公众号运营主体进行管理，是否有利于保障广大微信用户的利益和互联网公共秩序；（3）原告涉案微信公众号是否违反了《服务协议》和《运营规范》的规定。该分析方法对评价互联网平台经营者或者软件开发者制定的《服务协议》《运营规范》等格式合同（条款）是否有效、是否合理亦具有参考意义。

本案确立的裁判规则，对目前日益增多的涉互联网反垄断诉讼具有较好的参考价值，对规范互联网平台的治理以及网络用户行为具有很好的指引作用。

（点评人：邓燕辉，广东省高级人民法院民三庭二级高级法官，广东省第二届全省审判业务专家）

（2017）粤03民初250号裁判文书原文